우리는 왜
싸울

우리는 왜 사소한 결정조차 어려워할까

—

2024년 4월 30일 초판 1쇄 발행

—

지은이 티모시 콜필드
옮긴이 이시은
펴낸이 김관영

—

책임편집 유형일
마케팅지원 배진경, 임혜솔, 송지유, 장민정

—

펴낸곳 (주)로크미디어
출판등록 2003년 3월 24일
주소 서울특별시 마포구 마포대로 45 일진빌딩 6층
전화 번호 02-3273-5135
팩스 번호 02-3273-5134
편집 02-6356-5188
홈페이지 http://www.rokmedia.com
이메일 rokmedia@empas.com

—

ISBN 979-11-408-2462-5 (03190)
책값은 표지 뒷면에 적혀 있습니다.

—

• 잘못 만들어진 책은 구입하신 서점에서 교환해 드립니다.

우리는 왜
사소한 결정조차
어려워할까

이시은 옮김

티모시 콜필드 지음

RELAX, DAMMIT!

ROK
MEDIA

과학에게,

조금만 더 힘내길!

수많은 결정의 연속 그리고 불안

"아들이 죽으면 어쩌려고요! 정말 끔찍하고 후회스러울 거예요!"

일요일 저녁 가족 모임에서 일어난 일이었다. 다 같이 위험에 대해 열띤 논쟁을 벌이던 도중 형수가 이렇게 직격타를 날렸다. 내가 가족들에게 스카이다이빙을 하기로 결정했다고 말한 참이었다. 약 3km 상공에서 자유 낙하하는 대담한 행동을 하기로 결심했노라고 가족에게 선언했다.

다들 내가 미쳤다고 생각했다. 사실 우리 가족은 주기적으로 대담한 행동을 즐기는 측면이 있다. 그래서 내가 무서운 속도로 땅에 곤두박질치는 스카이다이빙을 하겠다는 게 논쟁의 불씨는 아니었다. 정작 가족들의 불안감이 극에 달한 이유는 내가 열네 살짜리 아들 마이클을 데려가려 한다는 계획 때문이었다.

여기서 잠시 생각해보자. 우리는 매일 터무니없이 많은 결정을 내린다. 일부 추정치에 따르면, 하루 동안 결정할 일은 수천 가지에 이른다. 음식만 해도 수백 가지나 된다. 언제 일어날지, 어떻게 이를 닦을지, 아침 식사로 무엇을 먹을지, 커피를 얼마큼 마실지, 아이들을 어떻게 학교에 데려다줄지 등등 우리는 정말 쉬지 않고 결정을 내린다.

이 책은 우리가 잠에서 깬 순간부터 잠들기 전까지 하루 동안 내리는 온갖 결정을 중심으로 구성되어 있다. 결정의 순간마다 우리는 수십 가지 선택지를 놓고 고심한다. 이 중에는 비교적 사소한 것들도 있다. 많은 사람이 쓰는 공중화장실 좌변기에 엉덩이를 대고 앉아야 할까? 주차를 어디에 해야 좋을까? 직장 동료에게 소리 지르는 게 좋은 생각일까? 섹스 후에 상대와 스킨십을 가져야 할까? 등등이 그렇다. 반면 어떤 건 좀 더 심각하고 논쟁의 여지가 있다. 아이들이 걸어서 통학하게 해야 할까? 매일 체중계로 몸무게를 재야 할까? 자녀와 충분한 시간을 보내지 못하면 나쁜 부모인게 아닐까? 등의 문제들 말이다. 이 책은 많은 사람이 일상적으로 고민하는 주제들을 다룬다. 일부 주제에 대해서는 특정한 결정의 역사를 간략히 훑어보고 과학적 근거와 대중 담론을 왜곡하는 사회적 영향력에 대해 분석한다. 나머지 주제들은 간단히 사실만을 전달할 것이다. 이를 통해 어느 특정한 결정의 과학적 근거를 유용하게 요약하여 제시할 것이다. 그리고 궁극적으로는 문화적, 역사적, 과학적 영향력이 어떻게 우리가 겪는 일상 문제에 대한 우리의 생각을 지배하고 형성했는가를 통찰할 것이다.

물론 사람들이 결정을 내릴 때 근거에만 의존하지 않을 것이다. 그렇다고 잘못될까봐 불안해할 필요는 없다. 오히려 하루 동안의 결정들을 쭉 훑어보면 우리가 좀 더 긴장을 풀고 살아도 된다는 것을 깨닫게 될 것이다. 대부분의 결정은 우리가 생각하는 것만큼 중대하지 않다. 정보가 점점 더 상업적, 이념적, 개인적 이익에 따라 왜곡되어가는 현대 세상에서는 치약부터 변기 시트까지 어떤 주제에 대해서도 객관적인 진실에 이르는 길을 찾기 어려울 수 있다. 그래도 그 길은 분명히 존재한다. 그 길을 찾으면 우리는 자유로워질 수 있다.

먼저 우리의 결정에 영향을 미치는 요인부터 살펴보자.

결정을 내리는 일은 힘든 일이다. 너무나 힘든 나머지 우리를 지치게 한다. 그래서 우리는 피곤할수록 안 좋은 음식을 선택하게 된다(뇌가 지칠수록 더 많은 정크푸드를 먹게 된다). 또 증권 분석가들도 오후로 갈수록 실적이 점점 나빠진다. 심지어 의사의 약물 처방과 판사의 판결도 피로 때문에 달라질 수 있다. 이처럼 더 많이 고민하고 신중하게 결정을 내릴수록 결정은 너무나 피곤한 일이 된다.

의사 결정은 복잡하고 골치 아픈 행위여서 상당한 스트레스를 유발한다. 하지만 꼭 그래야 할 필요가 있을까. 이 책의 목표 중 하나는 의사 결정을 자꾸만 쓸데없이 불안한 과정으로 만드는 수많은 사회적 영향력의 먹잇감이 되지 말자고 스스로에게 상기시키는 것이다. 대중문화의 소음, 마케팅 압력, 이념적 성향의 의견을 그냥 흘려들을 수만 있으면, 과학적 근거가 있고 스트레스를 덜 받는 길을 찾을 수 있다.

나는 일상적인 선택을 할 때 유용한 맥락적 정보를 제공할 것이다. 우리가 내리는 많은 결정을 새로운 시각으로 바라볼 수 있게 돕기 위함이다. 그런다고 결정이나 마음이 바뀌지는 않더라도 말이다. 그래서 이 책에서 주로 다루고자 하는 부분은 우리가 선택한 결정을 합리화할 때 사용되는 근거와 이를 형성하는 문화적, 역사적, 과학적 영향력이다.

우리는 누구나 올바른 결정을 내리기를 원한다. 적어도 자신에게 적합한 결정을 내리기 원한다. 그래서 우리는 자신의 건강에 좋다고 생각하는 특정 음식을 선택한다. 그래야 더 건강에 좋거나 환경에 이롭다고 믿기 때문이다. 또 이가 상하기를 원치 않기 때문에 이를 닦고 치실을 쓴다. 카페인을 너무 많이 섭취하면 몸에 해로울 수 있기 때문에 커피를 무턱대고 마시지 않는다. 그뿐만이 아니다. 자신과 가족의 안전에 좋다고 생각하는 일을 선택한다. 아이들의 안전이 걱정되기 때문에 아이들을 학교까지 차로 태워준다. 세균이 전염될까봐 두렵기 때문에 공중화장실 좌변기에 엉덩이를 대고 앉기를 꺼린다. 또 우리는 외부의 이야기를 듣고 결정을 내리기도 한다. 낮잠을 자면 생산성이 향상된다고 들었기 때문에 오후에 낮잠을 자려고 한다. 앉아 있는 생활이 '제2의 흡연'이라 불릴 만큼 안 좋다고 들었기 때문에 되도록 서서 생활하려고 한다. 영양 부족으로 질병에 걸릴 수 있다고 들어서 비타민을 섭취한다. 심지어 분노를 표출해야 심리적으로 바람직하다고 들어서 종종 화를 내기도 한다. 만약 왜 그런 결정을 했느냐는 질문을 받으면, 대부분 이처럼 비교적 일관된 근거를 제시할 것이다. 더 건강하다거나, 더 안전하다거나, 더 맛있다거나, 그냥 더 좋다는 식으로 말이다.

이 책에서 살펴보겠지만 그런 근거와 믿음의 상당 부분은 과학적 근거와 일치하지 않는다. 우리는 잠에서 깨어나는 순간부터 다시 잠드는 순간까지 많든 적든 잘못된 정보를 기반으로 수십 가지 결정을 내린다.

우리 모두는 사실에 부합하는 결정만을 추구하는 초이성적인 존재가 아니다. 오히려 수많은 문화적, 사회적, 심리적 영향력에 좌우된다. 우리는 종종 이미 결정을 내린 후에 그럴싸한 결정의 근거를 덧입힌다. 이 말은 일단 결정을 내리고 나서 의식적이든 무의식적이든 간에 그 결정이 올바른 이유, 즉 우리의 결정과 개인적 정체성, 일관되거나 논리적으로 보이고 싶은 욕망에 부합하는 이유를 구성한다는 뜻이다. 결정을 내린 진짜 동기는 다른 데 있거나 본인조차 모르더라도 말이다.

이는 이른바 '의사 결정 후 부조화post-decision dissonance'를 피하려는 한 가지 방법이다. 연구에 따르면, 사람들은 새로운 직장이나 진학할 대학을 선택하고 나면 이전에 비해 자신이 선택한 기관을 더 좋게 평가하고 자신이 포기한 기관을 더 나쁘게 평가하는 경향이 있다. 좀 더 말하자면, 우리는 스스로 일관된다고 느낄 만한 결정을 하려고 한다. 그래서 과거의 결정이 미래의 결정을 좌우한다. 예를 들어, 이전에 유기농 식품을 구입한 사람이 비GMO 식품을 구입했다고 하자. 이는 개인적 정체성과 일치하는 일관된 패턴으로 보인다. 물론 단순히 일관성을 유지하려는 충동에서 비GMO 식품을 선택했더라도 그 결정을 정당화할 근거가 필요해진다. 그래서 일단 결정을 내리고 나면, 결정의 근거에 더욱더 매달리게 된다. 이제는 그 선택이 자기 정체성의 일부가 되었기 때문이다.

우리는 누구나 이런 과정을 거친다. 당신도 그렇고, 나도 그렇다. 물론 완벽한 과학적 지식에 접근할 수 있더라도 철저하게 과학에 기반을 둔 이상적인 세계가 펼쳐지진 않는다. 그렇더라도 우리가 결정을 내린 근거나 믿음과 실제 과학적 지식 사이의 심한 격차는 인식할 수 있을 것이다. 그러면 점점 세상에 만연하는 유해한 세 가지 사회적 역설을 깊이 파고들 기회를 갖게 된다. 사실 나는 이런 역설이 심각하고도 바람직하지 못한 우리 시대의 특징이 아닌가 싶다. 어쨌든 이 세 가지 역설은 우리의 의사 결정을 어렵게 만들어 끝없는 스트레스를 유발한다.

첫째는 '지식 시대의 역설knowledge-era paradox'이다. 우리는 정보가 넘쳐나는 세상에 살고 있다. 과학적 지식이 지금처럼 많았던 시대는 없었다. 전 세계 과학적 연구 성과는 9년마다 두 배씩 증가하는 것으로 추정된다. 1665년에 프랑스와 영국에서 최초의 학술지가 발간된 후로 지금까지 5천만 건 이상의 학술 논문이 발표됐다. 매년 약 250만 건의 새로운 과학 논문이 발표되고 있다. 이 수치들만 봐도 과학 연구의 양과 성장에 대해 감을 잡을 수 있을 것이다(물론 이 논문들이 전부 다 일상적인 의사 결정에 유용한 것은 아니다). 이처럼 세상에 수많은 정보가 넘쳐난다. 게다가 과거 그 어느 때보다 정보에 접근하기가 쉬워졌다. 그래서 우리는 점점 더 정보와 근거에 기반을 두고 결정을 내린다고 착각하기 쉽다.

지식이 넘쳐나고 접하기 쉬워진 만큼 지식을 왜곡하는 사회적 세력의 수와 영향력도 증가해왔다. 바야흐로 가짜 뉴스, 음모론, 대안적 사실, 소셜 미디어 증언이 범람하는 시대다. 정보가 왜곡되거나 과장되거나 잘못 전달되거나 완전히 잘못 해석되는 경우는 너무나도 빈번하다. 그래서 아무리 접근 가능한 정보의 양과 질이 개선되어도 더 나은 결정으로 이어지지 않는 경우가 태반이다. 하지만 특정 결정에 대한 근거를 따져보면, 정보가 어떻게, 또 어째서 왜곡되는지를 밝혀낼 수 있다. 이런 분석은 우리가 어디에 주의를 기울이고 무엇을 무시해야 하는지 알아내는 데 도움이 된다.

둘째는 '위험 감소의 역설less-risk paradox'이다. 우리는 많은 경우에 손해를 피하거나 위험을 최소화하는 결정을 내린다. 언제 잠자리에 들지, 무엇을 먹을지, 어떻게 출근할지, 심지어 어떻게 손을 씻을지 등 아무리 봐도 위험과 거리가 먼 선택에도 종종 위험의 개념이 작용한다. 광고주들은 이 점을 간파하고 있다. 불필요한 두려움 조장은 제품과 아이디어 마케팅에서 지배적인 주제가 되었다. 이는 특히 건강 분야에서 두드러진다. 수조 달러 규모의 건강 산업은 독소를 피해야 한다는 식으로 두려워할 이유를 만든다. 그리고 그 두려움에 대한 해결책을 제시한다.

모든 산업이 우리 자녀를 안전하게 보호하려는 목표에 매달린다. 낯선 사람의 접근이나 유괴를 막기 위한 모니터링 장비도 있고, 아이들의 건강을 위협하는(또는 그렇다고 광고에서 이야기하는) 무수한 화학 물질로부터 아이들을 보호한다는 제품도 있다. 10억 달러 이상의 기업 가치를 자랑하는 제시카 알바Jessica Alba의 어니스트 컴퍼니The Honest Co.는 두려움과 부모의 죄책감을 결합하면 잘 팔린다는 철학에 기반을 둔 듯 보인다. 이 회사는 '당신과 당신이 사랑하는 사람들을 보호하는 것'이 자신들의 사명이기 때문에 '마음의 평화'를 제공한다는 철학을 표방하며 (당연히 천연 소재로 만든) 기저귀, (확실히 유기농 및 비GMO 성분인) 비타민, (명백히 저자극성인) 세척제 같은 제품을 판매한다.

물론 우리는 주위 환경에서 잠재적으로 위험한 물질을 경계할 필요가 있다. 하지만 우리가 사는 곳은 우리의 피부를 녹이고 DNA

를 변이시키는 유독성 화학물질로 넘쳐나는 디스토피아적인 매드 맥스Mad Max의 세상이 아니다. 믿기 어렵지만, 사실 대부분의 나라를 살펴보면 지금이 살아남기에 가장 안전한 시대다. 어떤 객관적인 지표를 보더라도, 현재의 상황은 과거 그 어느 때보다 좋아졌다. 일례로, 미국에서는 강력 범죄와 재산 범죄 발생률이 지난 25년에 걸쳐 꾸준히 유의미하게 감소했다. 그런데도 2017년에 미국인의 약 70%는 1년 전보다 더 많은 범죄가 발생했다고 생각했다. 범죄가 줄었다는 사실을 제대로 아는 사람은 19%에 불과했다.

십대의 임신도 감소했다. 실종되는 아이도 줄었다. 십대의 불법 마약 사용도 감소했다. 폭음과 흡연은 수십 년 전보다 대폭 감소했다. 심지어 어린이 보행자들이 차에 치이는 사고도 줄어들고 있다. 과거 그 어느 때보다 인구가 많아졌고 전체 운전자 수와 주행거리도 늘어났는데 말이다(2017년에 미국인은 사상 최고인 약 5조 1,800억 km을 운전하는 기록을 세웠다). 우리가 어렸을 때보다 지금 아이들이 더 안전하게 길을 건너고 있다. 미국 고속도로교통안전국National Highway Traffic Safety Administration의 자료에 따르면, 1993년 이래로 매년 교통사고로 사망하는 어린이 수는 800명 이상에서 250명 이하까지 감소했다.

질병의 경우도 마찬가지다. 전염병 사망자는 계속 줄어들고 있다. 매년 수백만 명의 생명을 구하는 백신이 개발된 덕분이다. 암에 대해서도 우리는 실제 위험을 과대평가하고 엉뚱한 데(Wi-Fi, 스트레스, GMO 등)에 책임을 물을 때가 많다. 여전히 암이 심장병 다음으로 주된 사망 원인이긴 해도 상황은 호전되고 있다. 2018년에 미국 국립암연구소National Cancer Institute는 1990~2014년에 전체 암 사망률이

25% 감소했다고 보고했다.

세계적으로도 비슷한 추세를 확인할 수 있다. 전 세계 대부분의 사람들은 빈곤율과 아동 사망률이 증가하고 있다고 믿는다. 하지만 둘 다 지난 수십 년간 현저히 감소했고, 감소 속도도 점점 빨라지고 있다. 1960년 이래로 아동 사망자 수는 연간 2천만 명에서 6백만 명으로 감소했다. 전 세계의 평균 기대 수명도 2000년 이후 5.5년이 늘어났다. 상황이 개선되고 있음을 인식하는 사실은 매우 중요하다. 하지만 제대로 인식하는 사람은 많지 않다. 2015년 조사에 따르면, 세계가 점점 나아지고 있다고 생각하는 미국인이 6%에 불과한 것으로 나타났다. 결론적으로 우리는 건강과 안전상의 위험이 전례 없이 낮은 시대에 살면서도 역설적으로 현실과 생각 속의 위험을 제거하는 데 점점 더 집착하고 있다.

물론 우리는 이웃의 거주 적합성, 거리의 안전성, 건강한 식품에 대한 접근성, 공기와 물의 청결성 등을 개선하기 위해 끊임없이 노력할 필요는 있다. 게다가 우리는 기후 변화, 생물다양성 훼손, 비만율 증가, 정신 건강에 대한 우려, 항생제 내성, 끊이지 않는 국가 간 충돌, 미흡한 수준의 사회적 관용과 다양성 등을 비롯한 엄청난 과제들에 직면해 있다. 나는 현재의 상황이 완벽하다고 주장하는 것은 아니다. 다만 균형 잡힌 시각으로 상황을 바라볼 필요가 있다고 강조하는 것이다. 다시 말하지만, 똑바로 보려는 사람이 거의 없다.

우리가 도처에 위험이 도사리고 있다고 믿는 이유는 여럿 있다. 특히 우리는 유전적으로 위험을 감지하고 그 전에 피하기 위해 노력하도록 타고났기 때문이다. 하지만 우리의 의사 결정이 두려움에 지배당하게 내버려두어서는 안 된다. 실제로 우리가 위험과 건강에 집착할수록 오히려 건강과 행복에서 멀어진다는 신뢰할 만한 연구들이 있다. 심지어 건강에 대한 불안과 심장병에 걸릴 위험의 상당한 증가 사이의 상관성이 발견되는 연구도 있다.

아이러니하게도, 건강과 안전상의 위험을 낮추려는 우리의 결정들은 대부분 정반대의 결과를 낳는다. 내가 보기에는 이게 우리 시대의 가장 당혹스러운 모순 중 하나다. 비타민 정맥주사와 결장 세척 같은 터무니없는 예들을 보라. 이런 방법은 위험하고 과학과 무관한데도, 종종 우리 몸을 해독하고 건강을 증진시키는 방법으로 대체의학 전문가와 유명한 건강 전도사들에 의해 추천된다. 또한 수면, 식사, 가족과 자신의 교통수단 등 위험을 낮추고자 하는 일반적인 결정들도 우리가 기대하는 효과를 얻지 못하고 있다.

마지막으로, 의사 결정을 더욱 어렵게 만들어 스트레스를 유발하는 세 번째 역설은 '완벽의 역설perfection paradox'이다. 우리는 외모, 커리어, 관계, 육아, 정신 건강, 성생활 등 어떤 측면에서든 자신을 계발하고 완벽해질 때까지 끊임없이 노력해야 한다는 압박감에 시달린다. 이런 강요는 너무나 왜곡된 나머지 토머스 제퍼슨Thomas Jefferson이 주장한 천부인권처럼 누구나 추구해야 할 진리로 여겨진다. 대학생 4만 명 이상을 대상으로 한 2017년의 대규모 분석을 비롯해 최근 연구에서는 완벽주의적인 태도와 사회의 완벽주의 요구가 지난 수십 년간 현격히 증가한 것으로 나타났다. 역설적인 것은 일반적으로 볼 때 완벽을 추구하거나 완벽을 지향하는 목표를 달성하더라도 장기적으로는 더 큰 행복을 누리지 못한다는 사실이다. 오히려 완벽주의는 여러 신체적, 정신적 건강 문제와 연관된다.

우리가 추구하도록 강요받는 많은 목표는 외모, 관계, 커리어 등 어떤 분야에 관한 것이든 순전히 환상에 불과하다. 사람들은 존재하지도 않는 완벽함을 얻으려 분투한다. 예를 들어, 우리를 비참하게 만드는 소셜 미디어 앱들이 있다. 요즈음 소셜 미디어 앱들은 보정 기능을 통해 온라인상에서 자신의 모습을 완벽하게 보일 수 있게 해준다. 그래서 모든 사람이 오래전부터 보정 프로그램을 활용해온 연예인이나 모델처럼 완벽한 모습을 보일 수 있게 되었다. 완전히 비현실적인 미의 기준이 탄생한 셈이다. 게다가 소셜 미디어와 모바일 기기는 우리를 끊임없이 사회적 비교를 하게끔 유도하기 때문에 많은 사람이 비참하고 불안해하며 자신에게 만족하지 못하게 되었다.

이런 완벽의 역설이 의사 결정에 관한 이 책과 무슨 관련이 있을까? 우리는 매일 이상향에 다가가기 위해 수많은 선택을 하고, 때로는 많은 돈과 시간이 드는 결정도 서슴지 않는다. 사회적으로 자기 계발의 압력이 증가하는 것은 자기 계발을 돕는 제품을 마케팅하려는 기업들이 포진해 있기 때문이다. 하지만 그렇게 완벽해지기 위한 결정은 종종 무의미할 뿐만 아니라 과학적 근거도 없다. 예를 들어, 반드시 챙겨 먹어야 할 건강식품이나 취업에 성공하기 위한 전략 등을 생각해보라. 우리는 시간, 에너지, (종종) 돈까지 3중의 손해를 보는 셈이다.

다시 내 이야기로 돌아오면, 내 아내 조앤도 내 결정(아들을 데리고 스카이다이빙을 하겠다는 것)을 반기지 않았다. "당신은 가도 상관없지만,

꼭 마이클을 데려가야 해요?"

내 계획을 들은 모든 사람이 조앤의 의견에 동의했다. 정말 단 한 명도 예외가 없었다. 다들 내가 아들을 데려가는 것은 미친 짓이며 매우 나쁘고 무책임한 부모의 결정이라고 입을 모았다. 하지만 마이클은 따라가고 싶어 안달이 났었다. 내 아들은 죽음의 공포를 겪게 해줄 최고의 스카이다이빙 팀을 찾아냈다. 그리고 예약해 달라고 계속 나를 졸랐다. "이번 주말에 날씨가 꽤 좋을 것 같아요, 아빠. 우리 자리를 예약하는 게 좋겠어요"라고 하루에도 몇 번씩 말했다.

스카이다이빙을 해보는 게 좋은 경험이 될 수도 있다고 말하려는 건 아니다. 사실 나도 겁이 났다. 막내아들이랑 함께 뛰어내린다는 사실은 말할 것도 없고. 게다가 나는 경비행기를 타는 것도 싫어한다. 경비행기만 타면 공포증 탓인지 토하기 때문이다. 더군다나 상공을 날고 있는 비행기에서 밖으로 내 몸을 내던진다니. 생각만으로도 정말 무서웠다. 어느 모로 보나 나는 특별히 용감한 사람이 아니다. 오히려 흑곰을 보면 혼자 부리나케 달아나 아름다운 어린 신부를 잡아먹히게 놔두는 겁쟁이에 가깝다. 실제로 나는 신혼 시절에 아내와 함께 가다가 흑곰과 마주쳤을 때 정확히 이렇게 행동했다. 진짜 두렵기는 해도 나는 스카이다이빙이 비교적 안전한 활동이라는 것을 알고 있었다. 그래서 스카이다이빙을 해보기로 결심할 수 있었다.

스카이다이빙은 무서워 보이지만, 우리가 생각하는 것만큼 위험하지는 않은 활동이다. 그러면 스카이다이빙은 얼마나 안전할까? 미국낙하산협회United States Parachute Association에 따르면, 매년 약 300만 회의 점프가 이뤄진다. 그중 연간 20명 정도가 사고로 사망한다. 1,000회의 점프를 한다고 치면 사망할 확률이 0.007%인 것이다. 아주 낮은 확률이다. 오히려 확률만 따지면, 점프 장소까지 차를 몰고 가거나, 동네 가게를 다녀오는 일이 훨씬 더 위험하다. 게다가 나와 내 아들이 택한 탠덤 스카이다이빙(전문가와 끈으로 연결된 채 함께 뛰어내리는 방법)을 하는 경우에는 사망률이 훨씬 더 낮다. 영국낙하산협회British Parachute Association에 따르면, '1988년 이후 통틀어 탠덤 스카이다이빙의 사망률은 점프 10만 회당 0.14명꼴이다.' 달리 표현하자면, 70만 3,000회의 점프 중 1명이 죽는 셈이다. 이정도면 생각하는 것보다 안전한 활동이라 할 수 있지 않겠는가.

마이클은 실력 있는 체조 선수다. 내 아들은 높은 바의 꼭대기에서 스윙을 하고, 평행봉에 십자로 매달리고, 링에서 몸을 비틀어 떨어지고, 마루와 뜀틀에서 플립을 돈다. 연구 결과에 따르면, 마이클이 체조를 하다가 심각한 부상을 입을 확률은 스카이다이빙에서 작은 찰과상이라도 입을 확률보다 10배 이상 더 크다. 그런데도 나의 스카이다이빙 계획을 나무란 사람들 중 마이클에게 체조를 그만두게 하라고 경고한 사람은 아무도 없었다. 또 나를 질책한 일부 사람들은 자녀에게 하키를 시키고 있었다. 하지만 내가 보기에는 하키가 스카이다이빙이나 체조보다 훨씬 더 위험한 운동이다. 한 연구에 따르면, 고등학교 하키 선수의 경우 1,000경기당 약 18.69명이 부상(뇌진탕이나 인대 손상과 같은 상당히 심각한 수준으로)을 당한다.

체조나 하키나 운전이 스카이다이빙에 비해 나쁜 결정이라고 말하려는 건 결코 아니다. 그저 우리가 얼마나 이상하고 혼란스런 방식으로 위험을 따지고 생각하는지를 보여주려는 것이다. 특히 아이들과 관련해서는 말이다.

곰 이야기가 나온 김에 말하자면, 곰에게 살해당할 위험도 매우 희박한 편이다. 곰을 보고 두려워하여 내 아내를 희생양으로 바치고 품위 없게 줄행랑쳤던 내 결정도 비이성적인 결정이라 할 수 있다. 1900년부터 2009년까지 북아메리카에서 흑곰의 습격으로 사람이 사망한 사건이 63건 있었다. 생각해보자. 저 긴 기간 동안 곰 서식지에 노출된 사람들이 얼마나 많겠는가. 수백만, 아니 수천만 명은 될 것이다. 그러니 곰에게 살해당할 위험이 얼마나 낮은지를 짐작할 수 있다. 그런데도 곰 공격 사건이 발생하면 거의 항상 큰 뉴스가 되어 헤드라인을 장식하고 TV에 보도되며 공격당한 사람과 마을에 대한 흥미로운 후속 기사가 뜬다. 그래서 우리는 곰에게 공격당할 위험을 실제보다 더 크게 인식하고, 사랑하는 사람과 함께 숲속을 걷고 있을 때 끔찍한 일이 벌어지는 장면을 상상하게 된다.

바로 이런 사고방식 때문에 우리는 가능성이 희박한 위협에 지나치게 중점을 두게 된다. 우리는 어떤 사건이 쉽게 떠오르거나 유난히 강한 감정적 반응을 유발할 때 그 사건과 관련된 위험을 심각하게 여기는 경향이 있다. 이를테면 과일과 채소를 충분히 먹지 않거나 잠을 충분히 자지 않아서 발생하게 될 명백한 악영향보다 소름끼치는 곰의 습격이나 스카이다이빙 사고를 상상하기가 더 쉽다. 그래서 우리는 곰을 보면 당장 도망쳐도, 당근을 먹지 않거나 잠을 못 자는 일에 대해서는 매 순간 걱정하지는 않는다. 이런 인지적 편향은 가용성 휴리스틱availability heuristic과 감정 휴리스틱affect heuristic으로 잘 알려져 있다. 우리는 가급적 손쉬운 방법으로 세상에 대해 판단하려는 경향을 타고났다. 그래서 종종 위험을 최소화하는 방법에 대해 논리적이지 않은 결정을 내리게 된다. 많은 사람이 스카이다이빙을 나쁜 아이디어라고 공격하는 이유도 바로 여기에 있다. 스카이다이빙은 비행기에서 땅으로 철퍼덕 떨어진다는 끔찍한 결과를 쉽게 떠올릴 수 있는 극단적인 활동이니까.

우리는 불행히도 위험을 증폭시키고 불안을 조장하는 미디어 세상에 살고 있다. 안타까운 사실은 그런 상황이 점점 더 악화되고 있다는 것이다. 워릭 대학교의 2018년 연구에서는 전염병, 테러, 자연 재해 등의 위험에 관한 이야기가 공유되는 과정에서 점점 더 부풀려지고 부정적이며 부정확한 내용으로 와전된다는 사실이 발견됐다. 옮겨 말하기 게임을 떠올려보면 이해하기 쉽다. 한 사람씩 말을 옮길수록 내용이 조금씩 더 왜곡되고 변질되지 않는가. 이 연구의 수석 저자인 토머스 힐스Thomas Hills 교수의 말이다. 사람들은 정보를 들을 때 두려운 내용을 위주로 취사선택하는 경향이 있습니다. 모든 사람이 이러다 보면 정보가 온통 두려운 이야기로 치닫게 되어 점점 더 위험해 보이게 됩니다.

힐스 교수는 의사 결정 과정에서 정보가 어떻게 사용되는지를 연구한다. 그는 오늘날의 세계가 위험 사회라고 불리는 이유를 다음과 같이 설명했다. "우리가 위험을 최소화하는 데만 관심이 쏠려 있기 때문입니다. 그래서 무슨 일이든 위험의 정도를 따지고 그 일을 하거나 혹은 하지 않게 되었죠. 그 탓에 장단점을 객관적으로 평가하기가 힘들어졌습니다."

위험이 분명히 결정에서 큰 비중을 차지하지만, 다른 사회적 요인도 의사 결정에 근거가 되는 정보에 영향을 미친다. 소셜 미디어에서 정보가 유포되는 과정에 관한 최신 연구에 따르면, '거짓말이 진실보다 훨씬 더 멀리, 더 빠르게, 더 깊이, 더 광범위하게 퍼져나간다.' 이는 단순히 거짓말이 진실보다 더 재미있기 때문일 수 있다. 어쨌거나 전체적으로 인지적 편향과 왜곡된 정보의 확산이 결합되면 사실상 가장 좋고 근거가 확실한 결정이 무엇인지를 파악하기가 거의 불가능해진다.

오늘날과 같은 미디어 환경에서는 걷잡을 수 없이 잘못된 정보에 휘말리기 쉽다. 위험에 대한 잘못된 해석, 과장된 과학적 근거, 음모론, 건강에 대한 유언비어 등으로 우리의 의사 결정이 흐려지기도 쉽다. 하지만 다행히 우리는 시시각각 내리는 많은 결정에 대해 과학적 근거에 의지할 수 있다. 우리가 무엇을 찾아야 할지만 안다면 근거에 입각하여 선택할 수 있는 것이다.

결국 나와 내 아들 마이클은 스카이다이빙을 하러 갔다. 우리가 탄 비행기는 1950년대의 작고 낡은 세스나^{Cessna}기였다. 연식이 오래된 탓에 몹시 시끄러웠다. 게다가 좌석을 다 치운 탓에 우리는 조종석 바로 뒤 좁은 공간에 갇혀 꼼짝도 못했다. 너무 비좁아서 다리를 펴거나 자세를 바로 할 수가 없었다. 내 뒷골에서 밀실공포증이 스멀스멀 올라왔다. 비행기는 규정 고도에 이르자 신음하며 몸서리를 쳤다. 마치 잔디 깎는 기계를 타고 하늘을 나는 기분이었다. 매우 잘못된 결정을 한 것만 같았다.

약 3km 상공에 도달하자 엔진이 느려지더니 조종사가 문을 휙 열었다. 거센 바람소리와 그보다 더한 굉음이 들렸다. 마이클과 나는 서로 마주보았다. 아들은 얼굴에 환한 미소를 띠며 반사적으로 입모양으로만 말했다. "대박."

마이클과 교관이 조금씩 문 쪽으로 다가갔다. 마이클이 비행기에서 발을 뗐다. 이윽고 내가 무슨 일이 일어나는지 깨닫기도 전에, 아들은 사라졌다. 아들이 허공으로 떨어져 순식간에 작은 점만 해지는 것을 보고 있자니 속이 뒤틀렸다. 대체 내가 무슨 짓을 한 거지?

다음은 내 차례였다. 생각을 하면 겁먹고 물러서게 될까 봐 아무 생각 없이 비행기 밖의 작은 플랫폼에 발을 디뎠다. 바람이 세차게 불었다. 숨쉬기조차 힘들었다. 결국 나는 비행기에서 굴러떨어졌다. "으아아아아아아아!" 나는 정신없이 소리를 질러댔다.

"대단하네! 진짜 대단해!"

PART 2

점심

PART 1

아
침

MORNING

☀ ─────────────────────────────────────── • 06 : 30

기상

당신이 못 말리게 원기왕성한 아침형 인간이 아니라면, 침대에서 빠져나오는 것이 가장 힘든 일과 중 하나일 것이다. 그런데 정확히 언제 일어나야 할까? 정말로 일찍 일어나는 새가 벌레를 잡을까?

우리 아버지는 자식들이 늦잠 자는 꼴을 그냥 두고 보지 못했다. 내가 군이 일찍 일어나야 할 이유가 없을 때도, 아버지는 꼭두새벽부터 불쑥 내 방에 들어와 손가락으로 불규칙하게 내 어깨를 두드리며 "하루 중 가장 좋은 시간을 낭비하고 있다"거나 "얼른 일어나서 생산적인 일을 하라"고 소리쳤다(아니면 부모들의 뻔한 잔소리를 퍼부었다). 그래봤자 아침에 일찍 일어나기가 더욱더 싫어질 뿐이었다. 지금도 나는 누군가가 그런 불규칙한 리듬으로 나를 찔러대면 저절로 몸이 움츠러든다.

당장 일어나라는 아버지의 명령을 뒷받침할 근거가 과연 있을까?

사치다난다 판다^{Satchidananda Panda} 교수는 "일어나는 시간에 관한 일관성이 가장 중요하다. 사실 당신의 하루는 전날 밤 잠자리에

들 때부터 시작되는 것이다"라고 말한다.

판다 교수는 캘리포니아 솔크 생물학 연구소^{Salk Institute for Biological} Studies의 연구원으로, 인간의 일주기 리듬에 관한 저명한 전문가다. 일주기 리듬이란 우리 신체 기능을 조절하는 데 도움을 주는 기본 생체시계다. 그는 이런 일주기 리듬이 세포, 파리, 쥐, 인간에게 미치는 영향을 연구해왔다. "우리는 매일 밤 가급적 같은 시간에 잠자리에 들려고 노력해야 합니다. 그리고 매일 비슷한 시간에 일어나야 합니다." 그는 이렇게 조언했다.

판다 교수가 나에게 수면에 대한 이런 조언을 해준 때가 마침 밤이었다. 그가 얼굴에 미소를 띠고 손에는 와인잔을 들고 있어 그가 건넨 조언은 다소 아이러니하게 느껴졌다. 우리는 둘 다 산타바바라의 학술대회에서 강연을 했고, 그 순간에는 행사 후의 한가한 시간을 즐기고 있었다. 그날 낮에 판다 교수는 체내시계를 무시하면 건강에 얼마나 심각한 영향을 미치는지에 대한 설득력 있는 연구 결과를 발표했다. 그는 "물론 일관성을 유지하기란 매우 어려울 수 있지요"라며 잔을 들었다.

일관된 수면 패턴이 중요하다는 판다 교수의 주장은 많은 연구로 뒷받침된다. 이런 연구들은 대부분 수면 패턴을 엄격하게 준수하지 않는다고 알려진 대학생 집단을 대상으로 실시되었다. 2017년의 한 대학생 대상 연구에서는 수면 패턴이 불규칙한 학생들이 학업성취도가 낮다는 사실이 밝혀졌다. 100명 이상의 학부생을 대상으로 한 2017년의 또 다른 연구에서는 규칙적인 수면이 전반적인 건강 증진과 상관관계가 있다는 것이 발견됐다. 놀랍지 않게도 일정한 수면 패턴은 더 장시간의 질 높은 수면과도 상관관계가 있었고, 이는 비단 만성피로 상태인 학생들에게만 해당되는 결과도 아니었다. 2018년에 300명 이상의 노인—종종 잠을 잘 못 자서 고생하는 인구 집단—을 대상으로 한 호주 연구에서는 규칙적인 수면이 권장 수면 시간을 유지하는 데 도움이 된다는 사실이 발견됐다. 대부분 성인의 권장 수면시간은 (상당한 차이가 있기는 하지만) 하루 7시간 정도다. 또한 불규칙한 수면 패턴은 건강에 좋지 않은 식단 선택과 체중 증가와도 상관관계가 있었다.

그렇다면 우리 아버지가 옳았던 것일까? 정말 짜증나게도 손가락으로 쿡쿡 찔러 잠을 깨우는 아버지의 기상 전략이 나의 일관된 수면 패턴을 유지시켜 나에게 도움이 된 것일까?

딱히 그렇지는 않다.

연구 결과에 따르면, 아침형 생활 습관은 더 큰 삶의 만족도, 학업 성취도, 업무 생산성 등과 상관관계가 있는 것으로 나타났다. 사실 일찍 일어나는 것이 성공적인 인생을 사는 법으로 보일 때가 많다. 그게 승자들의 방식이고, 열정적인 기업가들의 방식이다. 애플사의 CEO 팀 쿡Tim Cook은 오전 3시 45분에 기상한다고 알려져 있다. 미셸 오바마Michelle Obama는 영부인 시절에 4시 30분에 일어났다. 미식축구선수 톰 브래디Tom Brady는 오전 5시 30분에 축구 영화를 본다. 배우 드웨인 '더 록' 존슨Dwayne "the Rock" Johnson은 4시에 체육관에 가서 무지막지한 무게를 들어올린다.

그러나 건강과 생산성의 관점에서 보자면, 아침에 일찍 일어나는 것이 대중문화의 권고와는 달리 하루를 시작하는 좋은 방법은 아니다. 적어도 상당수의 사람들에게는 그렇다. 언제 일어나는 것이 바람직한지에 대해 사회적 통념과 실제 연구 결과 사이에는 현격한 차이가 있다. 심지어 일부 연구자들은 우리 사회 전체가 업무 시간을 잘못 설정했다고 주장하기도 한다. 영국 방송통신 대학교Open University에서 수면, 체내시계, 기억신경과학을 연구하는 폴 켈리Paul Kelley 박사는 우리 몸의 선천적인 생물학적 리듬이 현행 스케줄과는 맞지 않으므로 등교나 출근 시간을 재조정해야 한다고 주장한다. 그는 아침형 인간과 저녁형 인간이 있다는 점을 고려할 때 다 같이 아침 10시에 일을 시작하면 너무 늦다고 생각하는 사람들도 있겠지만, 대다수는 오히려 생산성이 향상될 것이라고 믿는다. 그의 주장에 따르면, 일찍 일어나는 습관이 이제 거의 보편적인 규범이 되었지만 뇌 활동을 저해하여 창의력을 떨어뜨리고 실수할 위험을 증가시킨다. 또 그런 습관은 감정 기복, 체중 증가, 삶의 만족도 감소 등으로 이어질 수도 있다. 일부 직종에서는 작업장 안전 문제를 초래하기도 한다.

켈리 박사는 "나는 사실 완전히 아침형 인간입니다"라고 말했다. "아침을 좋아해요. 그 빛, 고요함. 저녁 8시만 되면 완전 기진맥진하죠. 그래요. 역설적이란 것은 잘 알아요. 나는 현재의 상황에서 이득을 보면서도 사회적 변화를 주장하고 있어요. 모든 근거를 고려할 때 그렇게 하는 것이 옳고요."

켈리 박사를 비롯한 아침형 인간들이 더 성공한 것처럼 보이는 것은 단순히 우리 사회가 아침형 인간에게 유리하게 조직된 결과일 수 있다. 일찍 일어나는 새의 이로운 점은 널리 알려져 있다. 일찍 일어나는 일은 거의 항상 바람직하고 훌륭한 행동으로 묘사된다. 반면 일반적으로 적당하다고 보는 시간보다 늦게 일어나면 게으르거나 무기력한 사람 취급을 당한다. (연구에 따르면, 나라마다 편차가 있긴 해도 미국인의 평균 기상 시간은 오전 6시 37분, 슬로베니아인은 6시 2분, 캐나다인은 6시 50분, 아르헨티나인은 8시 44분이다.) 일찍 일어나는 습관의 가치를 찬양하는 온갖 유명한 인용문과 격언을 생각해보라. 토머스 제퍼슨 Thomas Jefferson은 '나는 50년 동안 한 번도 침대에 누운 채로 아침 해를 맞이한 적이 없다'고 말했다. 아리스토텔레스는 '동이 트기 전에 일어나는 것이 좋다. 이런 습관은 건강과 부, 지혜를 얻는 데 유익하다'라고 조언했다. 그리고 벤저민 프랭클린Benjamin Franklin의 노랫말 같은 격언이 아마 가장 유명할 것이다. '일찍 자고 일찍 일어나는 습관은 사람을 건강하고, 부유하며, 현명하게 만든다.'

혹시 침대에 좀 더 오래 누워 있으라고 권하는 격언을 하나라도 떠올릴 수 있는가? 아무래도 우리가 몇 개 만들어야 할 것 같다. "늦잠 자는 사람이 결국에는 승리한다!"라면 어떤가? 혹은 "해가 중천에 떴을 때 일어나면 생산적인 하루를 만들 수 있다!"라거나 "시계를 무시하면 최고에 오른다!"라고 하면?

우리의 토론에서 켈리 박사는 전 세계 대부분의 지역에서 저녁형 인간에 대해 뿌리 깊은 편견이 있다고 주장했다. 어떤 사람들은 아무 잘못이 없는데도 단지 아침에 활동적인 유전적 성향이 아니라는 이유로 명백한 불이익을 당한다. 그는 이런 상황에 좌절감을 감추지 못한다. "오래전부터 누구나 아침 일찍 하루를 시작해야 좋다는 가정이 있었죠. 그것은 사실이 아니에요! 그런 편견은 정말로 부정적인 결과를 초래할 수 있습니다."

일찍 일어나거나 늦게 일어나는 성향, 즉 크로노타입chronotype은 주로 유전에 의해 결정된다. 2017년에 쌍둥이 분석을 포함한 유전자 데이터 분석 결과, 크로노타입이 최대 50%까지 유전적 요인으로 설명되는 것으로 밝혀졌다. 뇌 스캔 결과에서도 크로노타입에 따라 달라지는 뇌의 구조적 차이가 발견되었다. 그러므로 우리가 언제 잠에서 깨느냐는 상당 부분 타고난 생물학적 요인으로 정해진다고 말해도 무방하다. 이 말은 크로노타입을 억지로 바꾸어 아침 일찍 일어나는 일이 쉽지도 않을뿐더러 권장되지도 않는다는 의미다. 내 친구이자 동료인 찰스 새뮤얼스Charles Samuels 박사는 캘거리 대학교 수면 및 인간 성과 센터Centre for Sleep and Human Performance의 의료 책임자인데, 일관된 전략을 적용하면 타고난 크로노타입을 약간, 한 시간 정도 바꾸는 것이 가능하고, 이때의 핵심 전략은 역시 일관된 수면 패턴을 유지하는 것이라고 말했다.

아침형 인간이 아닌 것이 성격적 결함은 아니지만, 40만 명 이상이 참여한 2018년 연구에서는 저녁형 인간이 '모든 원인 사망률의 소폭 증가와 상관관계가 있는' 것으로 드러났다. 하지만 앞에서 말했듯이 이런 결과는 현대 사회의 스케줄이 누구나 아침 일찍 일어나야 좋다는 전제하에 짜였기 때문인지도 모른다. 다른 2018년 연구에서 저녁형 인간과 상관관계가 있는 건강상의 위험에 대해 타고난 생물학적 요인과 생활 방식 요인의 상대적 기여도를 분석했는데, 그결과 건강상의 위험이 주로 밤늦게까지 깨어 있게 만드는 생물학적 요인보다는 늦은 밤과 관련된 행동들(야식, 수면 부족, 많이 앉아 있는 생활 등)에서 기인하는 것으로 나타났다. 이는 좋은 소식이다. 그런 행동들은 바꿀 수 있고, 특히 다양한 크로노타입을 수용하는 좀 더 유연한 사회로 변화될 경우 그렇기 때문이다.

크로노타입이 우리의 건강에 어떻게, 왜 영향을 미치는지는 연구자들도 여전히 풀고자 노력 중인 분야다. 일상적인 의사 결정의 측면에서 중요한 점은 이제 크로노타입이 우리의 건강과 안녕에 문제가 된다는 광범위한 공감대가 형성되었다는 것이다.

십대들의 생체시계가 현행 학교 스케줄에 맞지 않는다는 근거는 훨씬 더 많다. 2017년 연구에서는 2년 동안 3만 명이 넘는 학생들을 추적한 결과, 학교 수업을 더 늦게 시작하면 성적 향상, 졸업률 증가, 그리고 놀랍지 않게도 전반적인 출석률 향상이 이뤄지는 것으로 나타났다. 켈리 박사는 등교 시간이 늦어지면 학업 성취도가 10%까지 향상될 수 있다는 근거를 지적한다. 십대들에게 자는 시간을 더 많이 허용하면 다른 사회적 이득도 있다. 2013년의 뇌 영상 연구는 십대들이 잠을 충분히 자지 못하면(실제 청소년의 80%가 그런 상태다) 그들의 자제력이 평소 수준보다도 떨어져 훨씬 더 심각하고 위태로운 행동을 저지른다는 결론에 도달했다. 바로 이런 이유로 켈리 교수를 비롯한 많은 학자가 등교 시간을 늦추는 방안을 추진하고 있다. 그리고 이런 입장을 뒷받침하는 근거가 점점 늘어가면서 세계의 정책 기관들도 이 제안을 진지하게 받아들이기 시작했다. 랜드 연구소 RAND Corporation는 2017년 연구에서 등교 시간을 늦추면 10년 내에 미국 경제에 830억 달러의 효과가 발생할 것으로 추정했다. 이런 효과는 주로 청소년의 학업 성적이 향상되고(연구소는 이런 방법으로 더 생산적인 시민을 양성할 수 있다고 예측한다) 잠에서 덜 깬 청소년과 부모들이 일으키는 교통사고가 감소하는 식으로 나타날 것이라고 했다. 나는 1980년대로 거슬러 올라가 내 어깨를 두드리는 아버지에게 이 자료를 전해드리고 싶다.

등교 시간을 늦추고 기업의 근무 일정을 재구성하는 방안에 대한 논의가 계속되고 있는데, 이런 연구들의 요지는 간단하다. 자신의 수면 리듬(크로노타입)을 파악하고, 가능하다면 그 리듬에 맞게 일정을 조정하여, 일관되게 유지하려고 노력하라는 것이다.

그렇다면 자신의 크로노타입을 어떻게 파악할 수 있을까? 아마 본인이 이미 알고 있을 것이다. 그냥 스스로에게 물어보라. "나는 아침형 인간인가?" 물론 과학자들은 좀 더 체계적인 접근법을 사용한다. 영국의 2018년 연구에서 약 50만 명의 크로노타입을 조사했다. 그 결과 인구의 27%가 완전 아침형, 35.5%가 유사 아침형, 28.5%가 유사 저녁형, 9%가 완전 저녁형으로 나타났다. 이 결과는 널리 알려진 아침형-저녁형 설문지Morningness-Eveningness Questionnaire를 사용하여 조사한 것이다. 1976년에 개발된 이 설문지는 (온라인에서 쉽게 찾을 수 있어) 누구나 실시할 수 있고 스스로 크로노타입의 스펙트럼에서 어느 지점에 해당하는지 파악할 수 있다. 이 질문지의 목표는 우리가 언제 '최고의 기분'에 도달하는지를 알아내는 것이다. (검사 결과 나는 '유사 아침형'으로 분류되었는데 정확히 맞는 듯하다.)

물론 나도 잘 안다. "당신의 크로노타입에 맞게 살라"는 조언은 말하기는 쉬워도 행동에 옮기기는 쉽지 않다. 많은 사람이 교대 근무를 하고, 오전 7시나 8시까지 출근해야 한다. 또 끊임없는 보살핌

이 필요한 어린아이들 때문에 일찍 일어나야 한다. 하지만 모두가 자신의 크로노타입에 정확히 맞게 기상시간을 조정할 수는 없더라도, 이 조언은 여전히 타당성이 있다.

"일찍 일어나는 것이 언제나 더 좋다"는 고정관념에 억지로 따르려 애쓰지 말자. 우리는 드웨인 존슨이 아니다. 사람마다 다 다르다. 현실적인 삶의 제약 조건 안에서 나에게 맞는 리듬을 찾으려 최선을 다하자. 그리고 아마 가장 중요한 조언일 텐데, 일관성을 지키자. 당신이 유지할 수 있는 리듬을 찾자.

그렇다고 일관성을 지키는 데 너무 엄격해지지는 말자. 판다 교수는 "그래요, 일정한 시간에 잠들고 일어나는 것이 더 좋지요. 동시에 충분한 수면을 취하는 것도 중요합니다"라고 말했다. 피곤할 때는 조금 늦게 일어나자. 한 시간가량은 여유를 부려도 괜찮다. 사실 가끔씩, 그리고 잠깐씩이라면 주말의 편안한 늦잠이 지친 몸을 회복하는 데 도움이 된다는 근거가 있다. 물론 건강하고 원기를 회복하는 수면 패턴을 유지하려면 일관성이 중요하다. 주말에 늦잠 자는 것을 장기적인 수면 전략으로 사용해서는 안 된다.

새뮤얼스 박사가 강조했듯이, 당신의 특별한 리듬을 찾는 것이 관건이다. 내가 그에게 시중에 떠도는 온갖 수면 조언에 대해 묻자, 그는 "바보 같은 짓이에요. 다른 사람의 수면 패턴을 본인에게 적용하지 마세요. 톰 브래디의 패턴을 택하지 마세요. 그의 패턴은 나한테 맞는 패턴과는 정반대일 수 있어요. 누구에게나 좋은 마법 같은 패턴이란 없으니까요!"라고 대답했다.

그러니까 당장은 기상 시간에 대해 안심해도 된다. 꼭 팀 쿡처럼 새벽 3시 45분에 일어날 필요는 없는 것이다.

— 06 : 31

휴대폰 확인

하지 마라. 진심이다.

2015년의 한 연구에 따르면, 대부분의 미국인이 잠에서 깼을 때 가장 중요하게 생각하는 것이 커피나 옷 입기, 심지어 파트너가 아니라 스마트폰이라고 한다. 그러므로 61%의 사람들이 잠에서 깬 지 5분 안에 스마트폰을 확인한다는 사실도 결코 놀라운 일은 아니다. 약 50%는 잠에서 깨는 순간 폰을 확인한다. 밀레니얼 세대는 이 수치가 66%에 이른다. 이런 행동에는 두 가지 문제가 있다.

첫째, 나중에 두고두고 후회할 내용을 문자, 메일, 트윗, 페이스북으로 보내버릴 수 있다. 잠에서 깬 직후는 인지 기능이 저하된 수면 관성 상태다. 뇌가 이제 막 예열을 시작하여 아직 온전히 작동하지 않는다. 우리가 민망한 내용을 쓰지 못하게 막는 고차원적 뇌기능이 가동하려면 시간이 더 필요하다.

둘째, 일어나자마자 휴대폰을 확인하는 것은 하루를 시작하는 좋은 방법이 아닐 것이다. 강박적인 휴대폰 확인은 불안 및 스트레스와 상관관계가 있다. 그러니 이메일, 다이렉트 메시지, 페이스북 게시물, 문자 메시지의 바다에 뛰어들기 전에 잠시 스스로에게 시간을 주자.

아예 전날 밤 잠자리에 들기 전에 휴대폰을 다른 방에 놔둘지를 결정하자. 아마 이 결정이 정신 산란한 이메일로 하루를 시작하거나 'covfefe'(트위터광 도널드 트럼프가 아마도 'coverage'의 자판을 잘못 쳐서 낸 오타) 같은 트위터 대란을 일으킬 위험을 피하는 가장 좋은 방법일 것이다.

────────────────────────────────── • 06 : 35

양치질

이집트인은 기원전 5000년경에 처음으로 치약을 사용했다. 나뭇가지나 손가락에 치약을 바르는 식이었다. 칫솔은 기원전 3000년경부터 사용되었고, 뻣뻣한 돼지 목털로 만든 칫솔은 서기 1600년경에 중국에서 처음 등장했다. 오늘날과 비슷한 모양의 칫솔은 1780년부터 대량 생산되었다. 대부분의 북미인은 제2차 세계대전이 끝나고 유럽에서 양치질을 배운 군인들이 귀국한 후에야 정기적인 양치질을 시작했는데, 이제 구강 위생은 최첨단 칫솔, 각양각색의 치약, 치실, 구강 청결제, 미백 제품과 세정 기구 등이 포함된 수십억 달러 규모의 산업이 되었다. 하지만 이런 장구한 역사와 강력한 사회적 관행에도 불구하고, 우리의 많은 구강 위생 습관이 이롭다는 근거는 대단히 불분명하다. 실제로 치아를 관리하는 많은 행동을 뒷받침할 수 있는 좋은 연구는 놀라울 만큼 드물다. 아침부터 풍기는 입 냄새는 분명히 타인과의 상호작용에 심각한 영향을 미칠 수 있다. 하지만 아침 일과와 관련하여 우리가 정말 걱정해야 할 것은 무엇일까?

　나는 이 가상의 하루가 끝날 즈음 구강 위생에 관한 몇몇 연구를 살펴볼 것이다. 자기 전에 치아 관리에 신경 써야 한다는 데는 대부분의 전문가가 동의하기 때문이다. 반면 이제 막 욕실을 사용하려는 아침 시점은 불소와 물 불소화에 대해 커져가는 우려의 목소리를 짚어보기에 딱 알맞은 시간이다(생활정보와 관련된 뉴스가 아침에 주로 송출되는 점을 꼬집는 농담-편집자).

이 주제는 두려움과 허위 정보의 영향을 보여주는 단적인 예다. 앨버타주 캘거리 같은 선진국의 일부 지역은 물 불소화를 중단하기로 결정했다. 〈캐나다 공중보건 저널Canadian Journal of Public Health〉에 실린 2015년 연구에 따르면, "물 불소화에 반대하는 움직임이 격렬히 되살아나고 있다." 닥터 오즈Dr. Oz 같은 유명 인사들도 불소화 반대 운동에 힘을 실어주었다. 불소화 반대는 가짜 뉴스 웹사이트에서 흔히 볼 수 있는 주제다. 건강 관련 유언비어를 퍼뜨리는 매체로 가장 악명 높은 내추럴뉴스NaturalNews는 "수백 명의 용감한 치과 의사들이 물 불소화에 반대하는 목소리를 높이다"라는 거짓 헤드라인과 함께 터무니없는 기사를 게재했다. 물에 든 불소가 아이들의 지능을 떨어뜨리고 다양한 종류의 암을 유발한다는 근거 없는 이론의 유포를 촉구하는 불소화 반대 단체들도 급격히 성장해왔다.

흔히 그렇듯이, 물 불소화에 대한 대중들의 반감은 상당 부분 음모론에 기인한 것으로 보인다. 인터넷에서 '불소화fluoridation'를 잠깐만 검색해 봐도 이것이 공산주의자, 나치, 일루미나티Illuminati와 관련 있다고 주장하는 사람들이 눈에 띈다. 각국 정부가 국민을 조용히 만들려고 물에 불소를 넣었다는 통설도 있다. 음모론에서는 이것이 정부가 더 복종적인 시민을 양성하는 방법이라고 한다. 어처구니없

는 주장이라고 생각할지 몰라도, 2013년의 한 연구에 따르면 미국인
의 9%가 이를 사실이라고 믿었고 17%는 긴가민가해했다. 이 정도
면 꽤 충격적인 수치다. 미국인의 4분의 1 이상이 정부가 수십 년간
체계적으로 온 국민에게 진정제를 먹여왔다는 주장에 동의하는 것
이니 말이다.

또 다른 불소화 반대 밈에서는 히틀러와 스탈린이 강제수용소 수
감자들을 진정시키는 방법의 일환으로 불소화가 시작되었다고 선언
한다. 이런 주장은 역사적으로나 과학적으로나 명백히 터무니없다.
물 불소화를 우려하는 극소수의 사람들이나 믿을 법한 주장이다. 하
지만 아무리 황당무계한 음모론이라도 거기에 단순히 노출되는 것
만으로 대중의 인식이 왜곡될 수 있음을 보여주는 연구는 많다.

음모론은 불소화가 해롭다는 잘못된 주장에 생명력을 불어넣어
건강에 대한 우려를 낳는다. 이런 우려가 일단 뿌리내리면 주류 문
화나 직관적으로 호소하는 아이디어와 연계될 수 있다. 불소화의
경우에는 산업계가 연구에 부적절한 영향을 미쳤거나 물 불소화가
얼마나 효과적이든 상관없이 개인의 자유를 침해한다는 믿음과 연
계될 수 있다. 두 가지 모두 고려할 가치가 있는 의견이지만 근거에
기반한 의사 결정보다는 이념이나 개인적 가치관에 더 근간을 두고
있다.

불소화에 관한 음모론은 히틀러, 마인드 컨트롤 약물, 거대 정부
의 은폐 등과 관련되어 너무도 기이하고 극단적이기 때문에 기억에
잘 남는다. 이런 음모론의 경우 설령 그 핵심 아이디어가 받아들여
지지 않더라도 불소화에 대한 일반적인 우려를 널리 퍼뜨리는 데는

성공한다. 앞서 언급했듯이, 무언가를 떠올리기 쉽거나 더 자주 들을수록 더 그럴싸하게 느끼게 된다는 것이 상당히 많은 연구를 통해 입증되었다. 아마도 히틀러나 마인드 컨트롤 음모론을 믿는 사람은 극소수겠지만, 불소화를 둘러싼 온갖 '잡음'을 자꾸 접하다 보면 은연중에 불소가 포함되지 않은 치약을 선택하게 될 수 있다. 실제로 모든 잡음은 불소화의 장점과 안전성에 대한 인식에 영향을 미치는 것으로 보인다. 미국 질병통제예방센터Centers for Disease Control and Prevention, CDC가 2015년 미국인을 대상으로 한 설문조사에 따르면, 비교적 큰 수치인 27%가 지역사회의 물 불소화가 건강에 아무런 도움이 되지 않는다고 믿었고, 55%만이 불소화된 물이 안전하다고 여겼다.

하지만 우리가 정말 불소화에 대해 걱정해야 할까? 불소화를 이용해 국민을 마취시키려는 거대한 음모가 정말 존재할까? 연구가 계속되고 있어 수시로 최신 정보를 확인해야겠지만, 불소화의 장점과 안전성 평가에 대한 연구 결과는 상당히 일관된다. 캐나다 정부가 2016년 불소화 관련 입장 선언문에서 발표했듯이 "지역사회의 물 불소화는 여전히 안전하고 비용 효율적이며 공평한 공중보건 정책으로, 국민의 건강과 웰빙을 지키고 유지하는 데 중요한 수단이다."

미국 국립보건원National Institutes of Health의 지원하에 2~8세 아동 7,000명과 9세 이상 인구 약 1만 2,000명을 대상으로 한 2018년 연구에서도 지역사회 물 불소화의 실질적인 건강상 이점이 확인되었고, 특히 아동에 대한 효과가 확인되었다. 불소화가 너무 심하면 치아에 흰 얼룩이 생기는 등 부작용이 나타날 수 있지만, 공중보건 목적상 식수에 첨가되는 불소량은 철저히 안전 범위 내에 있다. 반면 불소화 정책을 중단하는 데 따른 악영향은 크다. 실제로 캘거리처럼 불소화가 중단된 지역에서는 충치 발생률이 크게 증가했다. 이런 자료로 볼 때, 미국 질병통제예방센터가 지역사회 물 불소화를 역사상 가장 성공적인 10대 공중보건 정책 중 하나로 선언한 것도 놀랍지 않다.

물 불소화에 대한 결론은 명확하다. 이롭다는 근거는 명확하고 해롭다는 근거는 약하다. 만약 당신이 사는 지역에서 불소화를 시행한다면, 감사한 마음으로 긴장을 풀기 바란다.

그럼 아침 양치질 이야기로 돌아가보자. 시중의 불소치약을 사용해야 할까? 이 질문도 답은 명확하다. 그렇다. 7만여 명의 어린이가 참여한 70건 이상의 임상시험을 종합적으로 검토한 결과 '불소치약의 사용에 따른 아동과 청소년의 충치 예방 효과'가 확인되었다.

사실 건강 측면에서 치약을 사용하는 이유는 오로지 불소 때문이다. 치과 의사 겸 작가인 그랜트 리치Grant Ritchie 박사는 과학 기반의 구강 위생 접근법을 옹호하며 이렇게 주장했다. "양치질의 이점은 대부분 칫솔모의 기계적인 움직임으로 치석을 제거하는 데 있습니다. 치약을 사용하는 주된 효과는 입안에 불소를 전달하는 것이지요." 그는 놀랍지 않게도 칫솔질을 매우 강조한다.

그럼에도 불소가 포함되지 않은 '천연' 및 '유기농' 치약이 잔뜩 시판되고 있다. 이런 제품은 우리 입에서 유기농 냄새가 나게 하는 것 외에는 아무런 쓸모가 없다. 실제로 나는 이런 제품의 사용을 지지할 만한 연구 자료를 한 건도 찾을 수 없었다. 숯 치약에 대한 한 연구를 진행한 연구진은 신뢰할 만한 선행 연구가 턱없이 부족하다고 언급했다. 피츠버그 대학교의 치과 공중보건 교수인 로버트 웨이언트^{Robert Weyant} 박사는 내 의견에 동의한다. "자연주의적 오류 naturalistic fallacy(윤리적 판단과 사실 판단을 동일시하여 현상과 당위를 혼동하는 오류-옮긴이)에 속지 마세요. 그런 '천연' 제품은 마케팅이 과학을 이기는 한 예입니다. 솔직히 '천연'이 무엇을 말하는지 정의된 바도 없고요. 천연 제품이 효과적이라는 증거는 하나도 없습니다. 나라면 그런 제품의 가치를 완전히 무시할 겁니다."

웨이언트 박사는 대중이 구강 관리에 대한 엄청난 양의 잘못된 정보에 노출되어 있다고 믿는다. 그는 치아를 관리하는 것도 중요하지만, 늘 그렇듯이 우선 기본 수칙부터 지켜야 한다고 강조한다. "몸에 좋은 식사를 하고, 담배를 피우지 말고, 불소치약으로 하루에 두 번 이를 닦으세요. 그 외 나머지는 전부 부차적인 것입니다. 만약 수돗물이 불소화되는 지역에 산다면, 보너스를 얻는다고 생각하시고요."

(혹시 어떤 종류의 칫솔을 사용해야 좋을지 궁금하다면 부드러운 칫솔모를 선택하는 것을 권한다. 상처가 날 가능성이 적기 때문이다. 그리고 전자 칫솔이 잇몸 질환 예방에 더 좋다는 증거가 있긴 하지만 아주 충분하지는 않다. 2014년의 한 연구에서는 "칫솔모의 디자인은 칫솔의 치석 제거 능력에 거의 영향을 미치지 않는다"는 결과가 나타났다.)

사실 아침 양치질에 특별한 의미는 없다. 연구 결과에 따르면, 하루에 두 번 양치질을 할 때 불소가 공급되어 가장 많은 효과를 얻게 되지만, 더 자주 닦는다고 더 많은 효과를 얻는 것은 아니다. 대부분의 전문가는 밤에 잠들기 직전의 양치질이 중요하다는 데 동의한다. 웨이언트 박사는 "그러면 불소가 밤새도록 입안에 머물며 제 역할을 하기 때문"이라고 설명했다. 따라서 아침에 반드시 양치질을 해야 할 필요는 없다. 그래도 아침에 양치질을 하면 입 냄새를 완화시키는 효과는 분명 있을 것이다. 그러니까 나와 함께 일할 때는 부디 양치질을 하시길!

다시 휴대폰 확인

하지 말자. 아마 당신은 또 휴대폰을 확인하겠지만, 그래서는 안 된다. 스마트폰이 인류의 경험을 얼마나 급속도로 변화시켰는지는 주목할 만하다. 2007년에 애플의 아이폰iPhone이 출시된 후로 스마트폰은 우리가 세상과 소통하는 방식을 놀랍도록 변화시켰다. 일부 추정치에 따르면, 평균적으로 사람들은 하루에 100번 이상 휴대폰을 확인하고 10분 정도에 한 번씩 휴대폰을 본다. 그리고 하루에 2,500번 이상 휴대폰을 '터치'하여 어떤 기능을 수행한다. 말도 안 된다! 2018년의 한 연구에서는 사람들이 휴가 동안에도 하루에 80번씩 휴대폰을 확인하는 것으로 나타났다. 우리는 휴대폰을 쳐다보는 데 하루 평균 4시간 이상을 소비한다. 이는 한 달에 120시간으로, 꽤 진지한 아르바이트와 맞먹는 수준이다. 절반가량의 사람들은 침대에서 일어나기도 전에 휴대폰을 보고, 보통은 이메일을 제일 먼저 확인한다.

그러므로 대부분은 깨어나서 아침 먹기 전까지 적어도 두 번(혹은 10번)은 휴대폰을 확인할 것이다. 내 추측으로는, 아마 대부분 변기에 앉아서도 휴대폰을 들여다볼 것이다. 2016년의 시장조사를 믿는다면, 75%의 사람들이 화장실에 앉아서 휴대폰을 확인하고, 약 40%는 변기에 앉아 이메일을 읽고 보낸다. (다음번에 동료가 이른 아침에 메시지를 보내면 이 생각을 해보자.) 아마 이것이 19%의 사람들이 변기 속에 휴대폰을 떨어뜨린 적이 있는 이유일 것이다. 또 이는 2009년의 한 연구 결과, 95%의 스마트폰이 다양한 형태의 박테리아로 오염되어 있는 이유이기도 하다. (다음번에 누군가가 사진을 찍어달라고 부탁하면 이 생각을 해보자!)

이른 아침에 휴대폰을 확인하는 것은 일상이 되었지만, 휴대폰을 너무 자주 확인하지 말아야 할 충분한 이유들이 있다. 이 내용은 뒤에서 다룰 것이다. 일단은 그 망할 휴대폰부터 내려놓자.

☀ ─────────────────────────────────── • 06:45

체중 재기

사람들은 자기 체중에 스트레스를 받는다. 2014년의 한 여론조사에 따르면, 여성의 21%가 항상 체중에 대해 걱정하고, 34%가 가끔 체중에 대해 걱정한다. 미국인 2,000명 대상의 또 다른 2014년 설문조사에서는 성인 4명 중 3명이 "항상 살을 더 뺄 수 있을 것 같다"고 응답했다. 이는 단지 북미만의 현상이 아니다. 프랑스의 한 연구에서도 전 유럽인의 약 45%가 허리둘레 때문에 고민하고 있는 것으로 나타났다.

체중에 대한 이 모든 스트레스는 엄청난 양의 (대부분 헛된) 다이어트와 2,200억 달러 규모의 거대한 체중 감량 산업으로 이어졌다. 한 추정치에 따르면, 여성은 45세 전에 평균 61번의 다이어트를 한다. 남성도 이 수치가 증가하고 있다. 앞에서 말한 2014년 설문조사에서 미국 남성의 63%가 "항상 살을 더 뺄 수 있을 것 같다"고 답했다. 체중 감량 산업이 점점 더 남성을 겨냥하는 (그리고 다이어트 걱정을 부추기는 데 주력하는) 것도 놀라운 일이 아니다. 웨이트 워처스Weight Watchers 같은 회사들은 최근까지 다이어트 산업에서 거의 외면해온 인구의 절반에게 제품을 팔기 위해 은퇴한 축구 스타 등 남성 모델을 광고에 기용하고 있다.

체중에 집착하게 하는 사회적 영향력은 여러 가지다. 미디어의 비현실적인 묘사("해변의 계절을 즐기려면 섹시한 복근이 필요하다!")부터 다이어트 산업의 마케팅 전략("이 제품이 해변 시즌까지 당신에게 섹시한 복근을 선사할 것이다!")과 SNS에서 부추기는 사회적 비교("저 섹시한 복근을 보라!"), 나아가 더 건강해지고 싶은 진정한 욕구(섹시한 복근은 딱히 필요가 없는)까지 다양하다. 충동이 어디에서 비롯되든 간에, 요즘 사람들이 체중에 대한 불안감을 많이 느끼는 것은 분명하다.

그렇다면 우리는 체중계에 올라서야 할까? 이 기계가 정말 체중 감량과 체중 유지의 전쟁에 도움이 될까? 아니면 그저 스트레스만 줄 뿐일까? 이것이 과연 우리의 하루를 시작하는 좋은 방법일까?

이런 간단한 질문이 수많은 학술 논쟁과 공개 토론으로 이어졌다. 오타와의 칼턴 대학교가 2017년에 학내 체육관의 체중계를 치워버리기로 결정한 데 따른 반응이 대표적인 예다. 이 대학의 건강 및 웰니스 프로그램 담당자는 "우리는 체중에 대한 집착이 건강과 웰빙에 긍정적인 영향을 준다고 생각하지 않는다"고 말하며 이 논쟁적인 결정을 옹호했다. 그는 체중이 "건강에 대한 전반적인 지표를 제공하지 못하기 때문에" 체중계를 없애는 전략이 "최근의 건강 및 사회 트렌드에 부합한다"고 주장했다. 이 결정은 거의 즉각적이고 전 세계에 반응을 불러일으켰다. 일례로 영국의 〈데일리 메일Daily Mail〉은 이 대학이 '섭식장애를 유발한다는 이유로' 체중계를 치웠다는 부정확한 헤드라인으로 기사를 실었다.

나도 체중계에 대한 반발을 작게나마 경험한 적이 있다. 내가 체중을 얼마나 자주 재야 하는지에 관한 연구 내용을 트윗하자 "절대 재지 않는 게 어때요!", "저울은 건강을 측정하지 못해요!", "당신의 자존감은 숫자가 아니야!" 같은 댓글이 달렸다. 체중계에 대한 이런 반감은 저울을 밟으면 자존심이 상하고, 부정적인 자기 신체상 문제가 증가하며, 사람들이 건강보다 체중에 신경 쓸 것이라는 생각에서 비롯된다. 이런 주장은 상당히 직관적인 호소력이 있다. 〈코스모폴리탄Cosmopolitan〉지의 2017년 기사가 대표적인데, 제목이 모든 것을 말해준다. "나는 저울을 내던지고 그 어느 때보다 행복해졌다." 이와 비슷한 기사를 대중문화에서 무수히 발견할 수 있다. '체중계를 치워라throw out your scale'라는 문구로 인터넷 검색을 해보면 30만 건 이상의 결과가 나온다. 대부분은 자기 몸 긍정주의body positivity와 다이어트에 대해 '당신은 단순히 수치로 표현될 수 없다'는 접근법을 택한 블로그 게시물과 미디어 기사들이다. 사실 이런 메시지는 대중문화

어디에나 널려 있다. 아카데미상을 수상한 배우 케이트 윈즐릿^{Kate} Winslet은 「투나잇 쇼^{The Tonight Show}」에서 지미 팰런^{Jimmy Fallon}에게 지난 12년 동안 체중을 재본 적이 없다고 말한 것으로 유명하다. 그녀는 "꿀팁, 이것은 좋은 변화예요"라고 말했다.

많은 건강 전문가 역시 체중계에 반대하는 이런 풍조를 받아들였다. 예를 들어, 캐나다 공영방송 CBC의 2018년 다이어트 뉴스에 우리 모두 체중계를 없애버려야 한다는 국가공인 영양사의 조언이 소개됐다. (이러다간 북미 전역의 쓰레기 매립지가 욕실용 체중계로 가득 찰 기세다!) 그 이유는 무엇일까? 영양사의 주장은 이랬다. "체중계가 도움이 안 될뿐더러 영향력이 커서 사람들의 자기상을 고정시킨다. 사람들이 체중계 수치에 따라 자신의 자존감과 자부심이 결정되게 놔두기 때문이다."

그렇다면 과학적 근거는 어떠할까?

사실 정기적인 체중 측정이 체중 감량과 체중 유지 전략에 도움이 된다는 근거가 많다. 2015년 한 연구진은 체계적인 문헌 고찰을 통해 "자주 체중을 재는 습관이 체중 감량과 상관관계가 있다"는 결론에 이르렀다. 또 다른 연구자들은 더 나아가 "자기 체중을 측정하면 체중 결과를 개선할 가능성이 있고, 특히 매일 또는 매주 측정하는 경우에 그렇다"고 주장했다. 2년 동안 3,000명의 참가자를 추적 조사한 한 연구 결과, "체중 측정 빈도의 증가와 더 많은 체중 감량 및 더 적은 체중 증가는 관련이 있었다." 2015년에 6개월간 참가자의 절반에게 매일 체중을 재도록 시켰던 연구도 비슷한 결론에 도달했다. 체중을 재는 행위가 "체중 조절 행동을 더 많이 시도하게 하여 더 많은 체중 감량으로 이어지는 것"이다. 청소년과 대학생 대상의 여러 연구들도 모두 같은 결론을 얻었다. 체중계가 체중 조절에 도움이 된다고 말이다.

엄밀히 말하면 이런 종류의 연구에는 한계가 있다. 많은 연구가 단순히 상관성을 밝혀냈을 뿐이고(어쩌면 체중 재기를 좋아하는 사람들이 다이어트를 더 잘하는 게 아닐까?), 좀 더 통제된 일부 연구들은 그리 인상적인 결과를 발견하지 못했다. 그래도 전반적으로 보면 데이터가 매우 일관되고 설득력 있다. 체중 감량이나 체중 유지가 목표라면(사실 후자는 우리 모두의 목표가 되어야 한다), 체중계에 규칙적으로 올라서는 것은 바람직하다. 드렉셀 대학교의 부트린^{Butryn}과 동료들이 2007년 연구의 결론에서 언급했듯이, "개개인이 꾸준히 자기 체중을 측정하면 체중이 급증하기 전에 그 사실을 알아채어 추가적인 체중 증가를 막도록 행동을 바꿔 적정 체중을 성공적으로 유지하는 데 도움이 될 수 있다."

좋다, 이처럼 체중을 자주 측정하는 것은 체중 조절에 유용한 방법이다. 하지만 그 대신 어떤 대가를 치러야 할까? 심리적, 사회적으로 어떤 함의가 있을까? 만약 체중계에 올라서는 순간 우리 모두 비참해진다면, 그럴 만한 가치가 있을까? 칼턴 대학교의 체중계 사건에서 보듯이, 이것이 핵심 쟁점일 것이다. 사실 나도 이해한다. 비현실적인 체중 감량 목표를 강조하는 사회적 압력이 크고 부정적 신체상의 문제가 증가하는 상황에서 모든 사람에게 체중을 (그것도 매일같이) 측정하라고 권하는 일에 분명 신중해질 필요가 있다.

일단 우리가 체중계에 올라서면 불행해지거나 더 나쁜 경우 심각한 심신상의 건강 문제가 생길지 모른다는 것은 검증 가능한 의문이다. 그래서 연구자들이 그 의문을 검토해보았다. 결과는 어떠했을까? 대중문화의 온갖 설득에도 불구하고, 자신의 체중을 재는 습관이 장기적으로 심리적 스트레스나 신체상의 문제를 유발한다는 믿음을 뒷받침하는 근거는 거의 없었다.

체중계를 내다버리라는 주장은 '더 이상 스트레스를 받지 말라!'는 이 책의 주제에 딱 들어맞는 듯한 멋진 이미지를 제공한다. 하지만 근거를 따져보면 그 이미지가 과학을 반영하지는 않는다는 것을 알 수 있다(과학 또한 이 책의 중요한 부분이다!). 적어도 대부분의 연구에 따르면, 이는 심각한 심리적 피해와는 아무 상관없는 유용한 도구를 버리는 행위일 수 있다. 예를 들어, 2016년에 각종 데이터를 분석한 한 연구 결과에 따르면 대부분의 사람이 체중계에 올라서도 심리적 피해를 입지 않았다. 2014년의 임상시험 역시 동일한 결론을 얻었다. "자신의 체중을 재는 것은 부정적인 심리적 결과와 상관성은 없으며, 과체중인 성인들에게 효과적이고 안전한 체중 조절 전략"이라고 연구진은 밝혔다.

그렇지만 청소년들, 특히 십대에게는 훨씬 더 주의하는 편이 신중해 보인다. 빈번한 체중 측정과 신체 불만족 문제 사이에 상관관계가 있다는 연구 결과가 있다. 이는 2011년 연구의 저자들이 주장하듯이, 십대들이 "종종 마른 몸매의 이상과 요즘 사회의 미적 기준을 충족시키려 애쓰는" 인구 집단이기 때문일 것이다. 하지만 이런 청소년들도 (신체상 문제에 대한 취약성을 고려하는 등) 주의한다면 자기 체중을 재는 것이 유용할 수 있다. 청소년 약 600명의 체중 감량 습관을 조사한 2015년 연구는 "빈번한 체중 측정이 건강한 체중 관리 전략과는 상관관계가 있어도, 건강하지 않은 습관이나 우울증 증상과는 상관관계가 없다"고 결론 내렸다.

이처럼 체중계가 유익하다는 근거가 존재하고 성인에게 크게 해롭다는 근거는 부족한데도, 왜 이 간단한 가정용 기기가 그토록 강한 반발을 이끌어냈을까?

자신의 체중을 잰다는 것은 꽤나 새로운 발상이다. 인류의 오랜 역사상 거의 최근까지도 자신의 체중을 아는 사람은 지구상에 한 명도 없었다. 당연히 자신의 체중이 얼마가 되어야 하는지를 아는 사람도 없었다. 인류에게는 굶주림을 면하는 것만도 희망적인 조건이었다.

최초로 알려진 무게 측정 기구는 석회암으로 만든 8cm짜리 저울로, 이집트에서 발견되었고 기원전 5000년경부터 사용되었다. 기원전 2400년경에 등장한 작은 돌 균형추는 파키스탄의 인더스 계곡에서 발견되었다. 이런 간단한 기구들은 상인들이 금, 곡물, 기타 상품의 무게를 재는 데 사용했을 가능성이 높다. 나는 인류가 이런 초창기 기술을 이용해 자신의 체중을 관리하지는 않았다고 보는 것이 타당하다고 생각한다.

인간의 체중 데이터를 수집하려고 최초로 체계적인 시도를 했던 사람은 이탈리아의 의사 겸 교수인 산토리오 산토리오Santorio Santorio(1561~1636)였다. 갈릴레오의 동료이자 생리학의 대부로 알려진 그는 인간의 신진대사에 대한 이해를 높이기 위해 자신의 신진대사와 관련된 모든 데이터를 꼼꼼히 측정했다. 여기에는 식단, 음료,

소변, 대변, 체중 등이 포함되었다. 요컨대 몸속으로 들어가고 몸 밖으로 나오는 모든 것을 측정한 것이다. 이를 위해 그는 '천칭 의자'―저울대와 균형추로 구성되어 있어 그가 앉을 수 있는 정교한 장치―를 사용하여 식사, 배설, 섹스 등 다양한 활동을 하기 전과 후, 하는 동안의 체중 변화를 관찰했다. (혹시 궁금해할 독자를 위해 부연하자면, 나는 산토리오가 이 섹시하지 않은 기계에 앉아 얼마나 자주 섹스를 했는지에 대한 어떤 데이터도 찾을 수 없었다.) 그는 이를 30년 넘게 기록했다. 진정으로 최초의 계량화된 인간이라 할 만하다.

일반 대중이 접근할 수 있는 최초의 체중계는 1800년대 중반이 되어서야 등장했다. 그것은 동전을 넣으면 작동하는 투박한 기계로, 대개 기차역 같은 공공장소에 설치되었다. 당시에는 자기 체중을 재는 것이 아직 일상적인 활동은 아니어서, 이런 기계는 건강 기구보다는 오락거리(당신의 체중을 맞춰보세요!)로 더 많이 사용되었다. 그래도 체중계는 빠르게 인기를 얻었고, 이런 유료 체중계 수십만 대가 북미 전역으로 보급되었다. 1930년대에는 사람들이 계속 체중계에 올라서게 할 전략으로, 체중을 재면 기계에서 운세 종이나 영화배우 그림 한 장이 튀어나오게 했다. (현재 우리의 체중에 대한 집착을 고려하면, 체중과 우리 인생이 장차 어떻게 펼쳐질지를 연결시킨 점술 마케팅 전략은 불길한 전조처럼 보이기도 한다.)

1940년대에 최초의 욕실용 체중계가 등장하여 가정에 보급되기 시작했다. 초창기의 마케팅 전략은 외모가 아닌 건강에 초점을 맞추었다. 같은 시기에 자신의 체중을 수시로 측정한다는 개념이 대중문화에 유입되었다. "건강을 유지하는 것은 국민의 의무입니다.

매일 당신의 체중을 확인하세요." 전시 중의 한 영국 체중계 광고 문구이다.

이때부터 적어도 보건의료 시스템과 공중보건 당국의 관점에서는 수시로 자기 체중을 잰다는 개념이 한 번도 사라지지 않았다. 최근 들어 대중문화에서 그 빌어먹을 물건을 내다버리라고 부르짖기 전까지는 말이다. 예컨대 1996년에 미국 CDC 국립 당뇨병 예방 프로그램National Diabetes Prevention Program의 체중 관리 지침에는 "자신의 체중을 정기적으로 측정하라"는 권고가 적혀 있다. (흥미롭게도 2018년 지침은 보다 세밀하게 도표와 그림을 사용하여 자신의 체중을 계속 모니터링할 필요가 있음을 암시한다.) 영국 국민건강보험National Health Service, NHS이 제시하는 적정 체중을 유지하는 방법에 대한 권고 사항 역시 "자신의 체중 변화를 계속 면밀히 관찰할 수 있도록 정기적으로 체중을 측정하라"는 것이다.

이 글을 쓰는 현재 내가 사는 지역에서는 주민들에게 '건강한 체중을 유지하라'고 장려하는 공중보건부의 암 예방 캠페인이 한창이다. 내 트위터 피드에 올라온 이 캠페인의 홍보 이미지는 체중계 그림을 곁들여 수사적인 질문을 던진다. "우리가 건강한 체중을 유지하면 매년 앨버타주에서 약 673명의 암 환자를 예방할 수 있다는 사실을 알고 계십니까? 함께 알아봅시다." 여기에서 시사하는 바는 분명하다. 체중계를 사용하라는 것이다.

워릭 대학교의 의학 역사가 로버타 비빈스Roberta Bivins가 말했듯이, 공중보건 관료들의 입장은 예나 지금이나 변함없이 "왜 유용한 기구를 없애려 하는가?"이다.

비빈스 교수는 인간이 체중계와 맺고 있는 관계의 진화를 연구하는 보기 드문 학자 중 하나다. 그녀는 체중계 마케팅의 일관된 주제는 좋은 건강이었지만, 1960년대부터 타당화의 근거에 변화가 생겼다고 말한다. "체중계를 외모나 섹스와 연관된 물건으로 홍보하는 일이 흔해지기 시작했어요. 건강에 좋다는 메시지도 여전히 있지만, 지금은 다른 관심사들로 관심이 분산되어 있지요."

"현대적인 생활 방식은 매일 체중을 재는 것입니다." 1960년의 한 욕실용 체중계 광고는 이렇게 선언한다. "모든 여성이 날씬한 몸매를 원하며, 체중을 관리하는 데 메이페어 개인 체중계Mayfair Personal Weigher를 규칙적으로 사용하는 것만큼 간단하고 좋은 방법은 없습니다."

외모에 초점을 맞추면, 많은 사람이 체중계를 왜 건강 파괴의 주범으로 여기는지가 설명된다. 지난 세기에 자기 체중의 모니터링은 건강에 필수적인 문화적 덕목으로 권장되었고, 점점 외모와 밀접하게 연관된 일로 여겨졌다. 옳든 그르든 간에 많은 사회적 의미가 이 작은 기계에 표시되는 수치에 투영되었다. 외모가 건강보다 더 중요한 목표가 되면 결국은 실망과 분노, 좌절로 끝날 가능성이 높아진다. 특히 지속적인 연구를 통해 확인되었듯이, 지속적인 체중 감량이 극히 드물다는 점을 고려하면 더욱 그렇다. 연구에서도 주로 체중 감량 산업의 지배적인 주제인 외모 때문에 다이어트와 운동을 시작하는 사람은 성공할 가능성이 낮고 자기 몸에 대해 부정적인 태도를 가질 가능성이 높은 것으로 나타났다.

나는 스스로 체중을 재는 행위가 당연히 건강한 체중 관리의 권장과 체중 낙인(체중 때문에 어떤 사람에 대해 부정적인 태도를 취하는 것) 및 왜곡된 신체상에 대한 우려 사이의 긴장 관계에 얽혀 있다고 믿는다. 자신의 체중을 자주 확인한다는 개념은 자기 몸과의 불건강한 관계로 가는 지름길처럼 느껴지고, 특히 외모가 주된 관심사라면 더욱 그렇다. 직관적으로 아침부터 체중을 재는 것은 실수처럼 느껴지고 나쁜 소식으로 하루를 시작하라는 초대장처럼 여겨진다. 그러니까 그 빌어먹을 기계를 내다버렸다는 기념 선언이 그토록 많이 눈에 띄는 것도 놀라운 일이 아니다.

다시 체중 감량에 관한 논의로 돌아가면, 지금은 이상하고 위태로운 시대라 할 수 있다. 비만율의 증가 추세가 국제적인 위기 수준이다. 세계 인구의 3분의 1 이상이 과체중이나 비만이다. 저체중보다 과체중인 사람이 훨씬 많다. 정책적 조치가 강화되고 있음에도 상황은 계속 악화되고만 있다. 의학 학술지 〈랜싯The Lancet〉에 발표된 2015년의 한 연구에 따르면, "지금까지 어느 나라도 비만이 확산되는 추세를 역전시키지 못했다." 2017년 OECD 보고서는 2030년까지 미국인의 50%가 비만 상태가 될 것으로 전망했다. 현재 비만은 세계 경제에 매년 2조 달러의 비용 부담을 안긴다. 비만은 적극적인 정책 대응을 요구하는 심각한 공중보건 이슈가 되었고, 그 결과 체중이란 주제도 점점 더 크게 주목받고 있다. 또 개인과 사회가 이 문제를 어떻게 해결해야 할지에 대한 연구도 점점 늘어나고 있는데, 그중에는 빈번한 체중 측정 같은 전략도 포함된다.

비만 문제의 원인은 수십 가지의 생물학적, 행동적, 경제적, 사회적 요인이 얽혀 있기 때문에 말도 못하게 복잡하다. 연구자들은 여전히 인과관계를 찾아내려 노력하지만, 우리는 비만인 사람들을 비난하고 망신 줘봤자 오히려 역효과가 난다는 것을 잘 알고 있다. 체중 때문에 개인을 차별하거나 낙인찍는 체중 편견weight bias은 역설적으로 비만의 위험을 증가시킬 수 있는 심각한 사회적 이슈로 대두되었다. 그러므로 우리는 체중계의 사용을 비롯한 체중 감량 전략을 이야기하는 방식에 대해 매우 조심할 필요가 있다. 그렇다면 정기적으로 체중을 측정하는 개념을 권하는 것도 체중 편견을 부추기는 것일까?

나는 코네티컷 대학교의 러드 식품정책 비만센터Rudd Center for Food Policy and Obesity 부소장인 레베카 풀Rebecca Puhl과 함께 비만 문제의 해결책—종종 사람들에게 자신의 체중을 재보라고 권하는 것—과 신체상 및 체중 편견에 대한 우려 사이의 갈등에 대해 이야기를 나눴다. 풀은 "연구 결과는 일관됩니다. 우리는 낙인이 건강에 해롭다는 것을 압니다. 낙인은 공중보건의 적이죠. 그리고 낙인은 체중 증가와 관련이 있습니다"라고 말했다. 풀이 이렇게 말하면 맞을 것이다. 이 주제에 대한 많은 실증 연구를 이끌어온 그녀는 체중 편견에 관한 한 세계 최고의 전문가로 꼽힌다.

풀은 체중계가 많은 사람에게 유용한 도구가 될 수 있으며 체중계를 사용하는 사람들이 "체중 유지에 더 성공하는 경향이 있다"고 인정한다. 그럼에도 이 접근법에 집중하면 개인에게 너무 많은 책임을 지우게 될 수 있다고 우려한다. '문제는 너의 잘못'이란 사고방식을 조장하여 결과적으로 체중 편견 문제를 확대시킨다는 것이다. "체중계 숫자를 안다고 환경이 변하지는 않습니다. 건강한 이웃이 형성되지도 않고요."

바로 이 점이 중요하다. 자기 체중 모니터링의 가치를 강조하면, 체중이 줄거나 유지되지 않는 경우에 근본적으로 자기 자신과 공동체를 실망시키게 되리라는 인상을 줄 수 있다. 체중 문제의 복잡성을 감안할 때, 이는 분명 사실이 아니다. 폴은 이런 책임감과 부담감이 실질적인 영향을 미칠 수 있다고 지적한다. 그러면서 병원 진료실에서 체중계에 오를 때의 수치심이 비만 여성들이 필요한 치료를 받는 데 걸림돌로 작용할 수 있다는 연구 결과를 언급했다. 이것은 끔찍한 결과다.

동시에 건강에 좋지 않은 체중 증가의 악영향을 축소해서도 안 된다. 이 맥락에서 보면 체중계의 가치는 분명해 보인다. 특히 상당수가 자기 체중을 모른다는 점을 고려하면 말이다. 실제로 사람들은 자신의 체중을 잘 추측하지 못한다. 2014년의 한 연구에 따르면, 사람들이 자신의 체중을 오해하는 일은 매우 흔하여, 48.9%가 자신의 체중을 실제보다 적게 예측했고, 오직 6.8%만이 자신의 체중을 많게 예상했다. 부모들이 자녀의 체중을 추측하는 데는 더욱 서툴다. 2017년 연구에서는 놀랍게도 96%의 부모들이 과체중인 자녀의 체중을 과소평가하는 것으로 밝혀졌다.

게다가 평균 체중이 증가할수록 건강한 체중에 대한 잘못된 인식도 늘어난다. 2015년에 유니버시티 칼리지 런던에서 5,000여 명의 청소년을 대상으로 실시한 연구에서는 과체중이나 비만인 남학생의 거의 절반과 여학생의 3분의 1이 '스스로 적정 체중이라고 생각한다'는 사실이 드러났다. (연구진은 일부 좋은 소식도 발견했다. 정상 체중인 청소년들은 소수인 약 7%만이 자신이 체중이 너무 많이 나간다고 생각했다.) 연구진은 이런 "과체중이나 비만인 청소년들의 과도한 체중에 대한 인식 부족이 우려해야 할 문제일 수 있다"고 경고했다.

이런 인식의 변화는 성인에게도 나타난다. 불과 몇 십 년 전만 해도 대부분은 스스로 비만 또는 과체중 여부를 정확히 구분할 수 있었다. 일례로 1990년에는 미국인의 약 56%가 비만 또는 과체중이었고, 48%가 스스로 그렇다고 생각했다. 하지만 오늘날에는 70% 이상이 비만이나 과체중인데도 36%만이 스스로 그렇다고 생각한다. (다이어트 중인 인구수를 고려할 때, 이 수치는 사람들이 스스로 비만이나 과체중이라고 생각해서가 아니라 외모를 가꾸기 위해 다이어트를 한다는 주장을 뒷받침한다.)

이런 잘못된 인식은 과거에 비해 늘어난 체중이 정상화된 데서 기인하는 측면도 있을 것이다. 사람들이 이상적으로 여기는 체중이 크게 늘어나면서 일종의 사회적 조종이 이루어져, 비빈스 교수가 말했듯이 "'정상적인' 체중의 단서가 변했다." 바꿔 말하면, 이제는 주변의 거의 모든 사람이 다 같이 살쪄가는 추세라 우리가 살찌고 있다는 단서가 적어졌다는 의미다.

비빈스 교수는 문화적으로 이런 변화 양상이 드러나는 실질적인 예로 북미에서 기성복 치수가 어떻게 변해왔는지를 지적한다. 한때는 여성 의류에 대해 합의된 표준치수가 있었는데, 1980년대 초반부터는 제조업체들이 자체적으로 의복 치수를 정하게 되었다. 자연히 시장의 압력이 그들의 결정에 영향을 미쳤고, '배너티 사이징vanity sizing(의류에 실제보다 작은 치수로 표기하여 소비자들이 날씬해진 듯한 기분이 들게 하는 것-옮긴이)'의 시대가 도래했다. 의류회사들은 이러한 아첨 전략을 통해 고객을 유치했다. 오늘날의 8사이즈는 1958년의 16사이즈와 거의 맞먹는다. 연구를 통해 이런 마케팅 전략이 효과가 좋은 것으로 꾸준히 입증되고 있는데, 주된 이유는 역시 짐작하는 대로 그런 전략이 우리를 기분 좋게 하기 때문이다. 2012년의 한 연구는 배너티 사이징이 왜 그토록 효과적인지에 대해 다음과 같이 결론지었다. "실제 크기보다 작은 치수가 붙어 있는 청바지가 몸에 맞으면 긍정적인 자기 이미지가 증가하게 된다." 하지만 제조업체들이 이 전략을 지나치게 노골적으로 채택할 수는 없다. 이런 속임수가 드러나면 소비자들이 제품에 부정적인 반응을 보일 수 있어, 사이징 전략의 경제적 목표가 달성될 수 없기 때문이다. 그래서 시장 세력은 비빈스 교수가 주장했듯이 체중 증가에 대한 문화적 단서를 제거하는 방식으로 옷 사이즈가 야금야금 커지는 것을 허용했다. 어떤 청바지 회사도 소비자가 "이런, 나 살 쪘잖아"라고 깨닫는 날과 영원히 함께 떠오를 브랜드가 되는 것을 바라지 않는다.

혼란스런 메시지와 교묘한 마케팅 수법의 세계에서도, 우리는 체중계에 올라서면 체중의 변동을 객관적으로 측정할 수 있다. 내가 생각하기에 이때의 핵심은 양발 사이에 떠오르는 숫자에 단순한 수치 이상의 의미를 부여하지 않는 것이다. 체중계는 단지 체중 변화의 척도로, 체중 관리를 위해 사용되는 도구에 불과하다. 그게 전부다. 체중계의 수치가 남들과 자신을 비교하는 근거나 추상적인 사회적 규범이 되도록 허용하지 말자. 그것은 ―이제는 상투어가 된 (올바른) 대중문화 메시지가 누누이 강조하듯이― 당신의 매력, 당신의 자부심, 당신의 건강의 척도가 아니다. 물론 비만이나 과체중은 다양한 건강상의 위험과 상관관계가 있지만, 체구가 큰 사람이 반드시 건강하지 않은 것은 아니다. 체질량지수^{BMI}는 우리의 건강을 측정하는 정확한 척도는 아닌 것이다.

사회 전반에 침투해 있는 체중 감량의 압박을 무시하기가 쉽지 않다는 것을 안다. 나도 오랫동안 체중을 재지 못하는 출장 여행에서 돌아온 뒤에는 체중계에 오르기가 두렵다. 그리고 살찐 것을 확인하면 막 짜증이 난다. 이런 반응이 비이성적이고 아무 도움이 되지 않는다는 것을 잘 아는데도 그렇다. 그런데 역설적이게도 내게는 자주 체중을 재는 행위가 오히려 심리적 타격을 줄여주는 경우가 많다. 실제로 내가 수시로 체중계에 올라가는 큰 이유는 체중이 하루 동안에도 큰 폭으로 오르내리기 때문이다. 몇 달에 한 번씩 체중을 재서는 자신의 체중이나 체중의 변화 추세를 정확히 파악할 수가 없는 것이다.

이 사실을 입증하기 위해 나는 주말에 깨어 있는 동안 매 시간마다 옷을 벗고 몸무게를 쟀다. 내가 무엇을 알아냈을까? 첫째, 이는 주말을 보내는 재미있는 방법이 아니다. 둘째, 하루 동안에도 체중의 오르내림이 꽤 심하다. 내 체중은 오전 9시에 81.19kg였고, 11시에는 82.1kg, 오후 3시에는 82.55kg였다. 밤 11시에는 더 늘었다. 다음날에도 이런 패턴이 반복되었다. 체중의 변화는 극적이었다. 나도 모르게 피부를 통해 도넛과 아이스크림을 흡입하고 있는 듯했다. 늘어난 체중이 어디에서 비롯됐는지 전혀 알 수가 없었다.

규칙적으로 체중을 잰다면(나는 하루에 한 번 이상 재지는 않으며, 일주일에 적어도 두세 번은 재본다), 이런 의식은 우리의 부정적인 심리적 충격을 완화시키고 자연적인 체중 변화에 대한 이해를 도울 것이다. 이로써 체중계는 간단하고 유용한 모니터링 장치가 될 수 있다.

그렇다면 결론은 무엇일까? 나는 체중 낙인에 대한 우려와 체중 측정이 심리적으로 해로울 가능성에 대해 대단히 공감한다. 하지만 우리가 체중 감량 및 체중 유지 방법에 관한 결정을 내릴 때는 가능한 한 많은 근거에 기반을 두어야 한다. 아무리 선의의 의도라도 검증되지 않은 가설들 때문에 유용한 도구를 사용하는 일이 제지되어서는 안 된다. 우리는 체중계의 숫자를 성공, 실패, 심지어 건강 상태와 혼동하지 않도록 주의해야 한다(물론 건강과 관련 있을 수 있겠지만).

그럼 체중계에 올라가야 할까? 만약 그 일이 건강한 몸무게를 유지하는 데 도움이 될 거라고 생각하고 체중을 재는 일에 두려움을 느끼지 않는다면(연구에 따르면 대부분 괜찮을 것이다), 체중계에 올라서라. 그냥 도구일 뿐 다른 의미는 없다고 생각하면 된다.

속옷 입기

먼 옛날 나는 맞춤형 수제 가죽 바지를 갖고 있었다. 나는 종종 그 바지를 입었다. 공공장소에서. 심지어 무대 위에서도 입었다. 꽉 끼는 바지였다. 말했듯이 맞춤형 바지였으니까.

나는 그런 바지를 입는 것이 끔찍할 정도로 창피한 일이 아니었던 역사의 짧은 시기에 한 뉴웨이브 밴드를 이끌고 있었다. 그 밴드의 모든 멤버는 맞춤형 가죽 바지를 입는 일이 뉴웨이브와 매우 어울린다는 데 동의했다. 우리는 저마다 다른 색깔의 가죽 바지를 입었다. 농담이 아니다. 우리는 정말 그랬다.

모든 멤버가 가죽 바지를 입고 첫 공연을 끝낸 직후에 한 팬이 내게 다가와서 가죽 바지 세트가 좋았다고 말했다. 나는 멋진 록스타가 된 기분이었다. 그런데 막 돌아서려는 찰나에 그녀가 내 바짓가랑이를 가리키며 말했다. "그런데 그런 바지에는 속옷을 입으면 안 돼요. 특히 꽉 끼는 흰 팬티는요."

이런 예상치 못한 조언을 듣고 긴급회의를 소집했다. 다양한 조명 상황에서 서로의 엉덩이를 주의 깊게 살펴본 끝에, 우리는 모두 그녀의 말이 옳다고 판단했다. 속옷을 벗어야 했다. 그 속옷 라인은 도저히 봐줄 수가 없었다. 그래서 그 후의 모든 공연은 속옷을 안 입은 채로 진행했다. 노팬티 상태로.

앞에서 '가죽' 바지라고 말했지만, 사실 가죽과 비슷한 소재였다. 그래서 꼭 몸에 꽉 끼는 비닐봉지를 입은 느낌이었다. 무대는 뜨거웠다. 나는 이리저리 뛰어다니며 '돼지처럼 땀을 흘렸다Sweated like a pig'(이 관용어에서 'pig'란 용광로의 선철을 의미하지, 우리처럼 싸구려 바지를 입는 게 아닌 이상 땀을 거의 흘리지 않는 돼지를 의미하는 것은 아니다). 우리는 옷을 거의 빨아 입지 않던 다섯 명의 젊은이였다. 무슨 말을 하려는지 아마 감이 올 것이다. 나는 소변을 보려고 바지 지퍼를 열 때마다 썩은 양배추로 가득 찬 퇴비통 위에 서 있는 것 같았다. 내 기억에 이런 가죽 광기를 끝장낸 사람은 아마 조명 담당이었을 것이다. "이 빌어먹을 바지를 없애버리든지 아니면 날 없애버려!"

내가 왜 이 이야기를 꺼냈을까? 편안함과 악취 예방을 원한다면 속옷을 입는 편이 좋다. 그래서 나는 가급적 속옷 착용을 권하고, 나도 가죽 바지 참사 이후로는 매일 속옷을 입는다. 설문조사에 따르면, 25%의 사람이 가끔 속옷을 안 입고, 무려 7%는 항상 노팬티 상태로 지낸다고 한다. 속옷을 안 입는다고 건강상 위험이 따르는 것은 아니지만 지저분하기는 하다. 당신이 하루를 이런 식으로 보내고 싶다면 좋다. 하지만 비행기에서 내 옆에 앉을 때는 부디 바지를 빨아 입기 바란다. 솔직히 말해서 남자들에게 속옷에 관한 중대한 결정은 하나뿐이다. 사각팬티를 입을까, 삼각팬티를 입을까?

사각팬티 대 삼각팬티 논쟁의 화끈함을 고려하면 기대에 비해 연구가 많은 편은 아니지만, 고전적인 흰색 삼각팬티와 같이 꼭 끼는 속옷을 입으면 음낭의 온도가 높아져서 정자 수가 감소한다는 몇몇 연구 결과가 있다. 불임클리닉에 다니는 남자들을 대상으로 한 2018년 연구에서는 사각팬티를 입는다고 보고한 남자들의 정자 농도가 더 높은 것으로 나타났다. 하지만 또 다른 연구들에서는 속옷 선택이 임신을 원하는 부부들의 임신까지의 기간에 아무런 영향을 미치지 않는 것으로 나타나 덜 비관적인 결론에 도달했다. 그러니까 임신이 목표가 아니라면 아무거나 편한 속옷을 입자. 임신을 위해 노력 중이라면 사각팬티를 입는 것이 도움이 될지도 모르지만, 근거 자료가 결정적이지는 않다. 적어도 나쁠 리는 없을 것이다.

여성에 대한 은밀한 조언을 듣기 위해 나는 유명한 산부인과 의사이자 《질 건강 매뉴얼: 내 몸의 힘을 지키는 여성 건강 바이블The Vagina Bible》의 저자인 제니퍼 건터Jennifer Gunter 박사를 찾아갔다. 그녀는 모든 논쟁을 무시하라고 조언했다. "여자들은 자기가 좋아하고 편안한 속옷을 입으면 됩니다. 통념과 달리 외음부와 질은 그리 섬세하지 않아서 천 조각으로 질이 손상되지는 않거든요." 어떤 연구에서는 면 속옷이 일부 감염(특히 질염)의 위험성을 낮출 수 있다고 주장하지만, 건터는 속옷을 고를 때 그런 걱정까지 할 필요는 없다고 확신한다. "속옷은 내음부에 있는 질에 영향을 주지 않아요."

물론 편안함, 위생, 건강이 우리가 속옷을 결정할 때 고려하는 전부는 아니다. 많은 사람이 파트너가 원하는 속옷 스타일을 신경 쓰지만, 대부분은 그것을 잘못 추측한다. 여자들은 단연코 사각팬티 같은 속옷을 입은 남자를 선호한다. 사실 여성의 35%만이 몸에 꽉 끼는 삼각팬티를 선호하는데도, 남성의 57%가 삼각팬티를 선호한다. (그와 달리 몸에 짝 달라붙는 가죽 같은 비닐 바지의 매력에 대한 연구는 찾을 수 없었다.)

커피

실컷 마셔라! 커피를 마신다고 탈수되지는 않는다. (커피가 이뇨제이긴 해도 소변으로 배출되는 양보다 더 많은 수분이 함유되어 결과적으로는 수분이 공급되기 때문이다.) 커피를 마신다고 부신 피로^{Adrenal Fatigue}가 발생하지도 않는다(대체로 부신 피로란 실제로 없기 때문이다). 흔한 헤드라인과 달리, 커피가 암을 유발하지도 않는다. (커피는 석유 수준의 발암물질이다. 당신이 쥐이고 막대한 양을 강제로 들이켜지 않는 한 커피는 발암물질이 아니며, 설령 그런다고 해도 아마 발암 효과는 없을 것이다.) 그리고 커피는 아이들의 성장을 저해하지도 않는다(이것은 1800년대 후반에 시리얼 제조업자인 C. W. 포스트C. W. Post가 커피 대용품인 포스텀Postum을 만들어 팔려고 퍼뜨린 유언비어로 짐작된다).

오히려 커피는 꽤 많은 양을 마셔도 건강에 상당히 좋고 몸에 나쁠 이유는 거의 없다고 확신할 만한 연구가 충분히 많다. 사실 커피를 마시는 것은 발암 위험의 감소를 비롯해 많은 건강상의 이점과 상관관계가 있다. (이것이 대체로 상관관계이지 인과관계 연구가 아님을 명심하여 결론을 과잉 해석하지 않도록 주의해야 한다. 하지만 최근 연구에서는 커피의 생물학적 작용과 커피가 건강에 왜, 어떻게 좋은지를 규명하기 시작했다. 이런 연구들은 결정적이지는 않아도 과학적 근거를 더하여 '커피가 우리 몸에 좋다'는 가설의 신뢰성을 높인다.) 많은 사람은 아마 이런 발견이 놀랍지 않을 것이다. 그런데도 여러 대체요법 의사들과 일부 유명 건강 전도사들(특히 귀네스 팰트로, 당신 말이다)은 여전히 커피를 무조건 피해야 할 해로운 탐닉 대상으로 여긴다. 무시하라. 과학은 그들의 편이 아니다. (나는 차를 싫어하기 때문에 차에 대해서는 언급하지 않겠다. 하지만 거의 틀림없이 차를 마시는 것도 문제없을 것이다.)

☀ ──────────────────────────────────── • 07 : 00

아침 식사

아침 식사가 하루 중 가장 중요한 식사라는 말은 누구나 들어봤을 것이다. 우리는 건강하고 든든한 식사로 하루를 시작해야 한다. 이런 주장이 너무 자주 반복되다 보니, 이를 영양학의 자명한 진리라고 해도 과언이 아닌 듯하다.

나는 아침 식사를 워낙 좋아해서 내 아침 식사가 가급적 평온하게 진행되도록 보장하는 여러 성가신 의식들을 개발해왔다. 나는 뮤즐리(곡식, 견과류, 말린 과일 등을 섞어 우유에 타 먹는 것-옮긴이)에 들어가는 요구르트, 베리, 견과류의 이상적인 비율을 맞추기 위해 모든 재료를 전날 밤에 준비해놓는다. 만약 아이가 이 패턴을 방해하면 비이성적으로 화가 난다. 신이시여, 제 블루베리를 훔쳐 먹는 아이를 굽어살피소서.

그렇지만 나도 날 때부터 아침 식사의 신봉자는 아니었다. 대학 시절에는 구할 수 있는 가장 싸고 칼로리가 높은 음식을 사서 늦은 오후의 푸짐한 점심 식사 한 끼로 하루의 허기를 달래곤 했다. 메뉴는 보통 감자튀김과 그레이비소스가 든 치킨 버거였다. 분명히 나는 대학 시절에도 식사의 영양 성분을 개선할 수 있었다. 하지만 시기적으로 볼 때, 게으른 대학생과 깐깐한 건강 광신도 중 누가 올바른 접근법을 갖고 있었겠는가?

우리가 아침 식사를 중시하는 것은 비교적 최근의 현상이다. 오랜 인류 역사에서 인간은 대부분 잠에서 깨어났을 때 그냥 구할 수 있는 것을 먹었다. 물론 배가 고플 때만 말이다(아마도 자주 배가 고팠을 것이다). 그런데 19세기 후반에 존 하비 켈로그John Harvey Kellogg 같은 사람들이 주도했던 건강한 아침 식사 열풍은 거의 종교에 가까운 색채를 띠었다. 아침 식사를 챙겨먹는 습관은 근면성, 효율성, 도덕적 올바름과 연관되었다. 켈로그 같은 사람들이 보기에 훌륭한 사람은 자위행위를 하지 않았고(그는 자위를 가장 사악한 행동 중 하나로 여겼다) 아침을 먹었다.

광고, 도덕적 설교, 문화적 추진력이 결합되면서 아침 식사의 위상이 높아졌다. 많은 영양학계 종사자가 아침 식사의 인기에 편승하여 아침 식사가 건강한 라이프스타일에서 가장 중요한 부분 중 하나라고 주장했다. 제2차 세계대전 때의 공중보건 포스터에는 "새처럼 아침을 먹고 말처럼 일할 수는 없다!"라는 표제와 함께 대못 박는 총의 진동에 정신없이 흔들리는 대피 덕Daffy Duck의 모습이 그려졌다.

그런데 아침 식사는 사회적 통념이 완전히, 적어도 일부는 틀린 영역 중 하나다. 아침을 먹어야 한다고 설교해온 지가 1세기가 넘었는데도, 아침 식사의 가치를 둘러싼 연구 결과들은 의외로 엇갈린다. 일단 '가장 중요한 식사'라는 타이틀을 정당화할 만한 근거가 딱히 없다. 예를 들어 체중 감량이 목표라면 아침 식사의 가치를 정당화할 자료는 매우 실망스럽다. 2014년에 〈미국 임상 영양학 저널 American Journal of Clinical Nutrition〉에 발표된 한 연구에서는 실험을 위해 300명 이상의 참가자를 모아 아침을 먹는 그룹과 안 먹는 그룹에 무작위로 배정했다. 결과는 어떠했을까? 두 그룹에 차이가 없었다. 연구진은 "널리 수용되는 견해와 달리, 아침 식사는 살을 빼려는 독립적인 성인들의 체중 감량에 뚜렷한 영향을 미치지 않는다"고 결론지었다. 마찬가지로 2016년에 1만 2,000명 이상을 대상으로 한 캐나다 연구에서도 "아침 식사는 체질량지수BMI 또는 과체중·비만 유병률의 차이와 일관된 상관관계가 없다"는 것이 드러났다. 미국에서 공립학교 아침 식사 프로그램의 효과를 검토한 2019년 연구는 "이번 시책으로 말썽이 증가하고 비만이 확대되는 의도치 않은 결과가 초래됐다"고 결론 내렸다.

반면 아침 식사와 다양한 장점의 상관관계를 발견한 일련의 연구들도 있다. 미국심장학회American Heart Association는 2017년에 광범위하게 문헌을 고찰한 후, "아침 식사가 체중 감량에 효과가 있지는 않지만, 아침을 먹으면 보다 건강한 식습관이 형성되어 심혈관계 대사 질환의 위험(즉 제2형 당뇨병, 심장병, 뇌졸중에 걸릴 가능성)이 약간 낮아질 수 있다"고 결론 내렸다. 아침 식사와 집중력 및 학교 성적 사이의 상관관계를 발견한 연구들도 있다. 2013년의 문헌 연구 결과, 양질의 아침 식사와 더 좋은 학업 성과의 연관성을 입증하는 '일부 증거'가 발견됐다. 그러나 이런 종류의 연구에서 흔히 그렇듯이 연구진은 이런 연관성이 "SES(사회경제적 지위) 같은 교란 변수와 관찰의 주관적 특성 같은 방법론적 한계에서 기인할 가능성도 있다"고 언급했다.

그렇다면 '가장 중요한 식사'라는 타이틀에 일말의 진실성이라도 있는 것일까? 나는 이 질문을 배스 대학교의 영양 및 신진대사 연구자인 제임스 베츠James Betts 박사에게 했고, 그는 이렇게 답변했다. "나는 이 질문에서 별로 가치를 못 찾겠습니다. 설령 아침 식사가 하루 중 가장 안 중요한 식사라고 해도, 아침을 먹는 것이 나름대로 중요한지는 여전히 의문으로 남거든요."

베츠 박사는 영양 섭취 시점과 인간의 건강에 관한 수많은 연구 프로젝트와 임상시험에 참여해왔고, 이 과정에서 아침 식사를 비롯한 어떤 식사에 대한 단언에도 매우 신중해졌다. 그는 근거를 기반으로 설명하려고 대단히 신경을 쓰므로, 나는 그에게 단순한 예/아니요 대답을 얻어낼 수 없다는 데 놀라지 말았어야 했다. 그렇지만 그가 아침 식사를 마법으로 여기지 않는 것은 분명하다. 베츠 박사는 "체중 감량과 전반적인 건강을 고려할 때, 아침을 먹는 것이 거르는 것보다 긍정적이거나 부정적인 반응을 초래할 것이라고 주장할 만한 일관되고 설득력 있는 근거는 현재 존재하지 않습니다"라고 말했다.

인디애나 대학교의 저명한 영양 및 비만 연구자 데이비드 앨리슨David Allison 교수도 이 말에 동의한다. "아침 식사가 하루 중 가장 중요한 식사인지 아닌지는 우선 '가장 중요한 식사'를 어떻게 정의하느냐에 달려 있습니다. 누구한테 중요한 것이죠? 무엇을 위해 중요한 것인가요? 아침 식사는 일부 사람들이 오전 시간을 즐기거나 오후에 편안하게 느끼는 데 중요할지도 모릅니다. 하지만 그 외에는 아침 식사의 이점이 분명하지 않지요."

또 앨리슨 박사는 일부 연구에서 하루 중에 일찌감치 많은 칼로리를 섭취하면 신진대사의 건강을 증진시킬 수 있다고 주장하지만 그 근거가 결정적이지는 않다고 지적했다. "어떤 사람들은 아침 식사가 인지적 각성이나 바람직한 체중 조절을 촉진하는 데 필수적이라고 믿는 것 같습니다. 어느 쪽이 진실인지는 분명하지 않아요. 두 질문에 관한 무작위 통제 실험들은 지속적으로 아침 식사의 이점을 입증하지 못했거든요."

이렇듯 아침 식사에 관한 연구 결과들은 결정적인 것과는 거리가 멀다. 이런 사실이 대중문화에 제대로 반영되지 않는 한 가지 이유는 많은 연구가 인과관계와 상관관계의 차이를 명확히 전달하지 않아서다. 버밍햄 앨라배마 대학교의 영양비만연구센터Nutrition Obesity

Research Center에서 실시한 2013년 조사를 통해 많은 연구 문헌이 "아침 식사를 거르는 것과 비만 사이의 인과관계가 아닌 상관관계를 근거 없이 확립했다"는 사실이 발견됐다. 다시 말해, 발표된 연구들은 아침 식사를 거르면 체중이 증가하는 것처럼 말하지만, 실은 단순히 상관관계가 있을 뿐이라는 것이다. 어쩌면 아침을 먹는 사람들이 아침을 거르는 사람들보다 원래 더 날씬하고 건강한 삶을 살고 있었을 수도 있다.

건강 연구 분야의 일부 연구자들은 이런 종류의 상관관계 연구가 거의 쓸모없다고 생각한다. 비나이 프라사드Vinay Prasad 박사는 "그런 연구는 사실 연구를 아예 하지 않는 것보다 더 나쁩니다"라고 말했다. 그는 2019년에 발표된 또 다른 아침 식사에 관한 상관성 연구를 지적했는데, 이 연구는 아침을 먹는 것이 심혈관계의 건강 증진과 상관관계가 있다고 결론지었다. "이런 연구는 애초에 우리가 가졌던 선입견에서 조금도 더 진실에 가까이 다가가지 않습니다." 오리건 보건과학 대학교의 종양학 및 보건정책 연구원인 프라사드 박사가 이렇게 믿는 까닭은 상관관계 연구들이 주로 (종종 신뢰할 수 없는) 자가 보고에 의존하며 "선입견을 정당화하는 '유의미한' 결과에 대한 선택 편향이 매우 강하기" 때문이다. 무엇보다 중요한 이유로, 그는 한 사람의 영양 습관은 "개개인의 유형, 어울리는 사람들, 사회경제적 지위와 워낙 본질적으로 얽혀 있어서" 인과관계를 규명하기가 거의 불가능하다고 믿는다. 유익하거나 유해한 영향을 미치는 것이 정말 아침 식사인지, 아니면 다른 행동이나 환경 요인인지 알 수가 없는 것이다.

나와 마찬가지로 프라사드 박사도 아침 식사에 딱히 찬성하거나 반대하는 입장은 아니다. ("나는 아침 식사를 열심히 챙겨먹습니다. 그 아침 식사가 커피를 의미한다면 말이죠.") 하지만 그는 아침 식사가 "지나치게 부풀려져 홍보되고 있다"고 느끼며, 이런 과장이 우리의 이해에 혼선을 빚을까 봐 우려한다. "일반적으로 식사의 중요성에 순위를 매기는 것은 어리석은 짓입니다. 그것은 하루 중 언제의 소변이 가장 중요한지를 결정하려는 것과 같지요." (아마 아침 소변이겠지만, 그가 말하려는 요지는 이해한다.)

베츠 박사는 언론 보도와 학계 연구 모두 부적절한 인과관계의 용어를 너무 자주 사용한다는 데 동의했다. 그는 "과장 광고와 오류는 연구 기관의 홍보팀과 기자들이 만들어내는 경우가 많다"고 지적했다. 이런 부정확한 인과관계를 강조하는 헤드라인은 확실히 쉽게 찾아볼 수 있다. "아침 식사를 거르면 뚱뚱해진다", "아침 식사를 거르면 비만이 된다", "살을 빼는 비결은 아침 식사" 등이 인과관계에 대해 아무런 결정적인 사실도 밝혀내지 못한 미발표된 상관관계 소논문을 소개하는 신문 헤드라인의 예다.

식사와 음식과 연관된 모든 영역에서 그렇듯, 문화도 한몫한다. 켈로그와 같은 아침 식사 옹호자들의 영향력은 오늘날까지도 지속되고 있다. 앨리슨 박사는 "사람들은 음식과 아침 식사에 대해 강하고 열렬한 믿음이 있고, 거의 도덕주의자 같은 어조를 띨 때도 많지요. 아침 식사에 대한 생각은 일찍 일어나는 것과 같은 절제된 생활이 올바르다는 느낌과 관련이 있습니다"라고 말했다. 그러면서 "아침 식사의 효과를 평가하는 더욱 엄격한 무작위 통제 실험이 필요하다"고 덧붙였다.

아침 식사가 중요하다는 주장은 직관적으로 옳은 것처럼 느껴진다. 그리고 누구나 인과관계와 상관관계를 혼동하는 전형적인 함정에 빠지기 쉬우므로, 이런 직관에 기초한 결론을 지지하는 권위적인 목소리를 쉽게 발견하는 것은 놀라운 일이 아니다. 이는 어떤 결정을 내릴 때든 주장의 배후에 있는 증거의 본질에 어떻게 민감하게 반응해야 할지를 보여주는 좋은 예다. 기억하자, 단지 직관적으로 매력 있다는 이유로 올바른 주장이 되지는 않는다는 것을.

그럼에도 나는 대학 시절에 잘못된 식사를 선택했다고 생각한다. 대부분의 사람들에게는 아마 건강한 아침 식사를 하는 것이 현명한 결정일 것이다. 특히 베츠 박사가 그의 연구에서 언급했듯이, 육체적으로 힘든 직업을 가진 사람이라면 더욱 그럴 것이다. 현재까지 발표된 최선의 연구 결과들은 항상 방법론적으로 강력하진 않아도 대부분 아침 식사에 찬성하는 방향을 가리킨다. 그렇지만 만약 당신이 아침 식사를 즐기지 않거나 효과가 좋은 다른 식습관을 발견한다면, 그것도 좋다. 다시 한 번 말하지만, 결론은 너무 걱정하지 말고 자신에게 가장 좋은 방법을 택하라는 것이다.

☀ ────────────────────────────────── 07:05

우유

믿을 만한 가정용 냉장고가 보급되기 전까지 대부분의 북미 가정에서는 매일 우유를 배달받아 마셨다. 이때는 선택의 여지가 별로 없었다. 우유배달부는 그저 주문한 개수의 우유병을 대문 앞에 놓아두었다. 대개는 전유였고, 보통 현지에서 생산된 제품이었다. 그러다가 1960~70년대에 식료품점에서 파는 우유가 더 저렴해지면서 우유배달부의 시대는 저물었고, 비슷한 시기에 다양한 우유 제품이 등장하여 소비자의 선택권이 확대되었다. 상업적 실패작이었던 탈지우유가 저렴하고 건강한 대안으로 떠올랐다. 1942년에 〈뉴욕 타임스〉에는 분말 형태인 탈지우유가 해외 파견된 군대에 쉽게 조달될 수 있어 '전쟁에서 승리하는 데 도움이 될 것'이라는 기사가 실렸다. 수십 년이 지나자 낙농업계는 탈지우유를 날씬해지는 선택이라며 홍보했다. 이 홍보 전략은 지방 섭취를 점점 더 죄악시하던 추세에서 힘을 얻었다. 1980년대에 미국 농무부를 비롯한 많은 정부 기관은 탈지우유를 더 건강한 선택지로 공식 인정했다.

하지만 무엇이 옳은 선택일까? 이제는 너무도 다양한 우유와 유사 제품이 있다. 우리는 아침 식사에서 어떤 종류의 우유를 마셔야 할까? 전유? 탈지우유? 아몬드우유? 초콜릿우유? 아니면 생우유는 어떤가?

우선 가장 기본적인 질문으로 시작해보자. 우유는 우리 몸에 좋을까?

"'고름pus'이라니, 진짜 최악이야. 역겨워." 내 아내 조앤은 조금도 망설이지 않고 말했다. 조앤은 가정의학과 의사다. 그녀는 역겨운 것에 대해 해박한 지식이 있다. "맞아요, 그건 정말 나쁜 말이에요." 내 아들 애덤이 이에 동의했다. "단연 최악이죠." 그러자 내 딸 제인이 혐오감에 얼굴을 찌푸렸다. "왜 그런 단어를 말하는 거죠? 끔찍해!" 막내 아들 마이클이 침착하게 끼어들었다. "사실 영어에서 최악의 단어는 'moist(고름이 나온다는 뜻-옮긴이)'지. 하지만 'pus'라는 단어도 가장 구역질나는 단어 중 하나이긴 해."

이런 세계 최악의 단어에 대한 가족 논쟁은 우유에 대한 '공포'를 다룬 한 블로그 게시물로 인해 벌어졌다. '하얀 독: 우유의 공포White Poison: The Horrors of Milk'가 이 인상적인 게시물의 제목이었다. 이 블로거는 '우유 안에 든 고름, 혈액, 항생제, 발암물질 그리고 우유 섭취로 인한 만성피로, 빈혈, 천식, 자가면역장애 등은 누구에게도 좋지 않다'는 말로 시작했다. 이것은 꽤나 센 표현이다. 고름이라고?

우유에 반대하는 이런 극단적인 정서는 어디에서나 찾아볼 수 있다. 「우유에 대한 불편한 진실Got the Facts on Milk?」 같은 다큐멘터리나 《우유: 치명적인 독Milk: The Deadly Poison》 같은 책은 우유를 마시는 것이 암, 심장병 등의 다양한 질병과 관련된다고 주장한다. 많은 유명인이 공공연히 모든 유제품을 거부한다고 선언했는데, 그중에서도 톰 브래디Tom Brady, 제시카 알바Jessica Alba, 카다시안Kardashian 가문의 몇 사람은 유제품이 건강에 나쁘고 다이어트의 적이라고 주장한다. (카다시안 가문 사람들은 소젖을 멀리하는데, 킴 카다시안이 피부를 개선하기 위해 여동생의 모유를 마시는 것은 괜찮은 듯하다.) 또 감기에 걸렸을 때 우유를 마시면 점액이 더 심해진다는 등의 많은 유언비어가 떠돈다. (이는 아무 과학적 근거가 없는 중세 신화다.)

그러니까 사람들이 우유를 적게 마시는 것도 놀랄 일은 아니다. 캐나다 정부의 2017년 연구에 따르면, '캐나다인은 유제품을 선택할 때 전통적인 우유와 가공품 또는 고지방 제품에서 벗어나 저지방 유제품이나 대체품을 지향하는 추세다.' 내 고향 앨버타주에서는 우유 소비량이 1996년부터 2015년 사이에 21% 감소했다. 미국의 우유 소비량은 1970년부터 2012년 사이에 33% 감소했다. 이런 변화에는 인구통계학적 변화와 채식주의 식단의 인기 등 여러 이유가 있지만, 우유에 문제가 있다는 인식이 확산되고 건강 트렌드가 변한 것도 분명 큰 비중을 차지한다.

식생활과 건강에 대한 많은 신념이 그렇듯이, 우유에 반대하는 트렌드에도 정치적 측면이 있다. 많은 사람은 낙농업계가 과거의 식품 정책에 부적절한 영향을 행사했다고 믿는다. 실제로 낙농업계에서 (많은 양의 우유를 마시라고 권장하던) 과거의 식생활 지침뿐만 아니라 관련 연구를 조작했다는 증거가 있다. 게다가 요즘은 동물 복지에 관심 있는 사람도 많다. 그러므로 우유에 반대하는 입장이 왜 옳다고 느껴질 수 있는지는 쉽게 이해가 된다. 이런 입장은 고결하고 이념적으로 설득력 있게 느껴진다. 하지만 해당 산업에 대한 실망감이나 동물 복지에 대한 우려를 실질적인 근거의 내용과 혼동하지는 말아야 한다.

그렇다면 연구 결과는 이런 두려움을 지지할까?

캐나다에서는 항생제 우려에 쉽게 대답할 수 있다. 낙농업자들은 병든 젖소를 치료할 때 항생제를 사용하는데, 항생제를 맞고 있는 젖소는 우유 생산라인에 투입하지 않는다. 또 젖을 짜지 않는 건유기에도 예방 목적으로 항생제를 사용하는데(이른바 '건유 치료'다), 일각에서는 이런 용도의 항생제 사용이 너무 빈번하다고 지적한다. 어쨌거나 항생제를 사용하는 목적과 방법을 불문하고, 몸에서 항생제 성분이 완전히 제거되어야만 다시 생산라인에 투입될 수 있다. 농가에서는 반드시 우유 검사를 거쳐 항생제 성분이 남아 있지 않은지 확인받아야 한다. 항생제가 검출되면 오염된 우유는 전량 폐기되고 농가는 벌금을 물게 된다. 더욱이 우유 생산 과정에서 성장 호르몬을 사용하는 것은 캐나다에서 불법이다.

미국식품의약국^{FDA}은 2015년에 우유를 표본 조사하여 항생제 잔류물질을 검사한 자료를 발표했다. 1,912건의 표본 중 15건에서만 잔류물질이 검출되었다. 우유에 항생제 성분이 남아 있는 경우는 드물며, FDA의 연구는 우유 공급의 안전성을 확인하는 데 도움이 된다.

항생제 내성의 증가와 관련된 골치 아픈 문제들도 있다. 우리는 분명히 농업에서 항생제 사용을 줄이도록 더욱 권장할 필요가 있다. 하지만 그것은 우리가 마시는 우유에 항생제가 들어 있으리란 우려와는 다른 문제다.

고름과 피에 대한 공포를 조장하는 분위기는 당연히 오해의 소지가 있다. 엄밀히 말하면 고름을 어떻게 정의하느냐에 따라 달라지겠지만 말이다. 낙농업계는 규제가 상당히 심해서 독립된 검사관들이 수시로 제품을 테스트한다. 물론 우유에는 소량의 동물 세포가 들어 있을 수 있다(인간 모유에 인간 세포가 들어 있는 것과 마찬가지다). 이런 세포는 대개 백혈구다. 식물이든 동물이든 생명체와 관련된 제품에는 세포가 들어 있다. 하지만 우유에 반대하는 사람들이 묘사하는 식의 고름이나 피와는 전혀 다르다. 그러니까 우유 제품에 비위생적이거나 안전하지 않게 적혈구나 백혈구가 잔뜩 떠다니지는 않는다는 말이다. 그리고 솔직히 말해서 고름이나 피 같은 단어는 진지한 논쟁보다는 우리 가족의 대화에서 보듯 수사적으로 그 시각적 이미지를 상기시킬 목적으로 이용된다. 실제로 인간은 채식주의자가 아닌 이상 거의 매끼 식사에 동물 세포를 섭취한다.

그렇다면 우유가 건강에 이로운 점과 해로운 점에 대한 주장은 어떠할까? 여기서부터 이야기가 복잡해진다. 많은 연구 결과가 우유 마시는 것을 지지한다. 예를 들어, 2016년 덴마크의 문헌 고찰을 시행한 연구진은 연구 결과들이 '우유와 유제품의 섭취를 지지한다'면서, 이런 제품들이 '가장 널리 퍼진 만성 질환에서 보호해줄 것'이라고 결론 내렸다. 2018년 〈랜싯〉에는 9년 동안 13만 명 이상을 추적 조사한 대규모 다국적 연구 결과가 실렸다. 적당량의 유제품 섭취가 '사망 위험 및 주요 심혈관 질환의 감소와 상관관계가 있다'는 것이었다. 반면 다른 연구들은 그다지 흥미롭지 않은 결론에 도달했다. 이를테면 21개 연구를 검토한 2016년 연구에서는 '성인이 우유를 섭취할 경우에 모든 원인 사망률, 관상동맥성 심장병, 뇌졸중의 위험이 늘거나 줄었다는 아무런 증거도 없다'는 사실이 드러났다. 다시 말해, 우유가 우리 몸에 특별히 좋지도 나쁘지도 않다고 판명된 것이다. (이 연구의 저자들은 발표 편향, 즉 산업 자금이 투입된 경우에 보다 긍정적인 결과를 발표하려는 경향이 어느 정도 불확실성을 유발한다고 언급했다.)

내가 구할 수 있는 모든 연구와 학술 논평, 영양 가이드라인을 훑어본 결과 몇 가지 주제가 분명히 드러났다. 우유는 슈퍼 푸드가 아니다. 지난 수년 동안 우유의 장점이 과장되게 홍보된 측면이 있다. 그 배후에는 마케팅과 산업계의 압력이 부분적으로 작용했다. 그렇다고 우유가 독도 아니다. 우유는 많은 영양분의 훌륭한 공급원이다.

대중문화와 학술 문헌의 혼란스러운 메시지에도 불구하고, 내가 여러 영양 전문가들에게 들은 메시지는 놀랍게도 일관성이 있었다. 나는 앨버타 대학교의 저명한 인체영양 전문가인 론다 벨Rhonda Bell 교수에게 우유에 대해 한 문장으로 말해달라고 부탁했다. 딱 한 문장으로. 그녀는 결국 관련 문헌을 분석한 사려 깊은 두 단락짜리 서문을 보내왔고, 내 요청에 응해야 할 의무감을 느꼈는지 이런 근사한 요약으로 결론을 내렸다. "제 생각을 한마디로 말하자면 '우유는 제법 좋다'는 것입니다."

캐나다 영양사협회Dietitians of Canada의 수석 이사인 제인 서스크Jayne Thirsk 박사도 이에 동의한다. 그녀는 소젖이 '비타민D 표준량을 비롯한 여러 주요 영양소의 훌륭한 공급원'이고 유제품 회사가 '부당한 비방'에 시달리는 것 같다고 말했다.

영양 및 비만 전문 소아과 의사 대니얼 플랜더스Daniel Flanders 박사는 유제품이 '칼슘, 비타민D, 지방, 단백질이 풍부한 고영양 식품'이라는 데 동의한다. 하지만 그는 '유제품이 만능 식품이나 필수 식품은 아니'라는 데도 동의한다. 그렇더라도 '사람들이 균형 잡힌 식단을 구성할 때 편안하게 유제품을 선택할 수 있어야 한다'고 말한다.

영국 국민건강보험NHS은 이 상황을 간결하게 정리한다. '우유와 치즈, 요구르트 같은 유제품은 단백질과 칼슘의 훌륭한 공급원이며 건강하고 균형 잡힌 식단의 일부로 이용할 수 있다.'

요약하자면, 우유는 모든 사람에게 필요한 초자연적인 음료가 아니다. 하지만 우유를 소화할 수만 있다면(상당수의 사람들이 유당을 분해·

흡수하지 못하는 유당불내증이다), 우유를 피해야 할 이유는 없다.

그렇기는 해도 날로 더해가는 문화적 인기와 상반되게 꼭 피해야 할 우유가 있다. 바로 살균 처리를 하지 않은 생우유의 소비 열풍에 대한 이야기다.

'푸드 베이브Food Babe'로 알려진 음식 블로거 바니 하리Vani Hari는 '100% 목초로 사육한 소의 생우유가 최선의 선택'이라고 믿는다. 또 귀네스 팰트로는 몸에서 기생충을 없애기 위해 모든 사람이 염소 생우유로 세척해야 한다고 주장한다. 귀네스의 연구팀에 따르면 누구나 몸속에 기생충이 있다. 그것을 누가 알았을까?

생우유가 건강을 완전히 바꾸는 슈퍼 푸드라는 주장을 비롯해 이런 유명인들의 지지는 생우유 시장의 성장을 이끈 원동력이 되었다. 지금은 전 세계적으로 우유업의 규제 완화를 요구하는 생우유 옹호 단체들이 있다. 그리고 이런 노력들이 효과가 있어 생우유의 인기는 날로 높아지고 있다. 미국에서도 생우유의 판매를 허용하는 지역이 늘고 있다. 푸드 베이브의 기본 주장은 "생유 제품이 '살아 있어' 프로바이오틱스, 비타민, 효소 등이 전혀 손상되지 않았다"는 것이다. 다시 말해, 생유 제품은 생산 과정에서 인간의 개입이 없어 건강에 더 좋다는 것이다.

(우리 문화에서 어떻게 우유에 대한 이런 양극단의 입장이 동시에 유지될 수 있는지 궁금하다. 한쪽에서는 우유를 건강의 영약이자 슈퍼 푸드로, 다른 한쪽에서는 무슨 수를 써서라도 피해야 할 고름투성이 독으로 묘사한다. 전자는 많은 생물학적 불순물을 비롯해 생우유의 '자연적인' 특성을 수용하고, 후자는 바로 그런 특성이 해롭다고 본다.)

생우유 지지 견해는 직관적인 호소력에 비해 놀라울 만큼 사실과 다르다. 그 사실을 2017년 미국 질병통제예방센터의 연구가 잘 알려준다. 연구에 따르면, 미국인 중 단 1.6%만이 생우유를 마신다고 한다. 그리고 그들은 우유로 인해 질병을 앓은 환자 중 96%에 해당했다. 바꿔 말하자면, 미국에서 생우유는 살균유보다 840배 더 많은 질병과 45배 더 많은 입원을 유발한 셈이다. 그리고 생우유 판매가 제한된 지역보다 허용된 지역에서 유제품과 관련된 질병이 더 많다. 일부만 언급하더라도 유엔 식량농업기구, 영국 국민건강보험, 캐나다 보건부, 미국 질병통제예방센터 등이 모두 생우유를 마시지 말라고 경고했다. 일례로 미국 질병통제예방센터는 생우유를 마시면 매우 아프거나 죽을 수 있다고 명시한다. 그렇다, 이 영양 트렌드와 관련된 위험으로 사망까지 거론되는 것이다. 2017년에 뉴욕 북부에서는 2명이 생우유 치즈를 먹고 병으로 사망했다.

바로 이런 이유로 전 세계 많은 지역에서 생우유 판매를 금지하거나 엄격히 규제하고, 상업적으로 유통되는 모든 유제품의 살균 처리를 요구하는 것이다. 프랑스의 유명한 미생물학자 루이 파스퇴르Louis Pasteur는 1862년에 최초의 저온살균 검사를 수행했다. 1895년에 상업적인 살균법이 도입되면서 우유의 안전성이 획기적으로 개선되었고 유제품의 저장과 운송이 가능해졌다. 살균이라면 복잡하고 고도로 산업화된 공정처럼 들리지만, 실은 유해균을 멸균하기 위해 우유를 가열하는 간단한 과정이다. 이 과정에서 유제품의 영양분이 어떤 식으로든 유의미하게 감소한다는 증거는 없다. 오히려 일부 국가에서는 초고온 살균UHT 공정을 이용해 우유를 냉장 보관할 필요가 없게 만든다. 예를 들어, 프랑스에서는 우유의 95% 이상이 초고온 살균 과정을 거친다.

앞서 말했듯이, 생우유 지지자들은 생우유에 중요한 건강상의 이점이 있다고 믿는다. 흔한 주장은 생우유를 마시면 알레르기와 천식이 줄어든다는 것이다. 생우유의 '건강에 좋은' 박테리아에 노출되면 면역 체계가 강화되기 때문이라고 한다. 그러면서 지지자들은 생우유를 마시는 아이들이 천식과 알레르기 수치가 낮다고 주장하는 관찰 연구를 근거로 든다. 하지만 그런 연구는 조금도 결정적이지 않다. 그런 효과가 우유 속의 박테리아 때문인지, 아니면 또 다른 제품이나 물질, 작용 때문인지 불분명하다. 다시 말해, 생우유를 마시는 것은 단순히 알레르기와 천식 위험을 줄이는 다른 행동과 상관관계가 있을 수도 있다. (역시 상관관계와 인과관계가 혼동되는 딜레마다!) 어느 쪽이든 근거가 약하다. 2015년에 뉴질랜드 정부의 문헌 검토를 한 연구진이 지적했듯이, '연구에서는 알레르기 장애의 위험이 있는 아동에게 생우유를 섭취하라는 권장안의 타당성이 입증되지 않았다. 아동기의 감염 취약성을 고려할 때 이런 연령 집단이 생우유에 노출되는 것은 특히 위험하기 때문이다.' 2015년에 위스콘신 대학교 매디슨에서 관련 연구를 검토한 결과도 동일했다. '생우유는 본질적으로 안전하지 않으며 생우유를 마시면 상당한 식중독 위험이 수반된다. 생우유에 특별히 건강 및 영양상의 이점이 있다는 증거는 아무것도 없다.'

설령 지지자들이 주장하는 대로 생우유에 건강 및 영양상의 이점이 있다고 해도(아직 이런 주장을 뒷받침하는 근거는 없다), 그 차이는 측정하기도 힘들 만큼 매우 미미하여 굳이 살균유에서 생우유로 바꿔야 할 필요성을 정당화하지 못한다. 비타민, 미네랄, 효소가 극소량 더 많이 함유된 것이 정말 중요할까? 대답은 '아니요'다.

사실 생우유 운동은 대부분 과학적 근거와는 무관하다. 생우유를 옹호하는 것은 정치적 선언이 되었다. 영양을 위한 선택보다는 미학적 행동이고 패션의 표현이다. 생우유는 식품 자유주의의 상징이 되었다. 정부의 엄격한 개입이 없는 천연 식품은 그 실질적인 장단점에 대한 근거와 상관없이 본질적으로 더 좋아 보이게 마련이다. 생우유를 마신다는 것은 정부가 강요하는 규제보다 선택의 자유를 택한다는 의미다. 이런 운동은 아주 작은 일탈 행위일 뿐이다. 그러나 이 프레임은 매우 효과적인 것으로 입증되었다. 선택의 자유('푸드 프리덤')에 호소하는 주장이 공중보건 문제에 근거한 주장보다 대중들에게 더 큰 반향을 불러일으킨다는 증거가 있다. 특히 이 주제를 처음 접하는 사람에게는 우리가 선택할 권리를 가져야 한다는 주장이 대중에게 미칠 잠재적 해악에 대한 주장보다 더 설득력을 지닐 수 있다.

생우유 논쟁은 목소리 크고 정치에 관심 있는 소수가 어떻게 잘못된 정보를 유포하여 다수 소비자의 결정을 왜곡시킬 수 있는지를 보여준다. 생우유의 인기가 날로 높아지는 것은 생우유가 건강에 이롭다는 근거 없는 주장과 '천연 제품이 더 좋다'는 비논리적인 인식이 확산되었기 때문이다. 그리고 이런 주장들은 대개 선택의 자유를 강조하는 직관적인 논리로 포장되므로, 생우유 지지 운동은 실제 과학적 근거나 상식으로 설득하는 주장보다 더 호소력을 지닌다. 미심

쩍은 과학과 매력적인 이데올로기적 입장을 연결시키는 것은 미심쩍은 과학을 대중 담론으로 둔갑시키는 확실한 방법이다. (내가 거의 날마다 접하는 이런 접근법의 예를 들자면 다음과 같다. "대형 제약회사들은 악독하므로, 동종요법 같은 유사 과학적인 대체의학이 효과적이다. 당신이 이런 대체의학의 효과를 믿지 않는다면, 대형 제약회사들을 지지하는 것이 분명하다!")

분명히 생우유를 마시는 데 따른 위험은 있지만, 그런 위험이 개별 소비자에게 의미하는 바를 과장하지 않도록 주의할 필요가 있다. 미국 질병통제예방센터의 연구에서 보듯이, 거시적으로 바라보면, 살균유 대신 생우유를 마시는 게 몸에 나쁘다는 사실을 쉽게 발견할 수 있다. 하지만 개인적인 관점에서 바라보면, 생우유를 하나 마신다고 해서 심각하게 앓아누울 가능성은 비교적 낮다. (아이들이나 면역 체계가 손상된 사람에게는 이 위험성이 더 높을 것이다.) 그러니까 누가 생우유 치즈를 준다면, 꼭 한 번 먹어보라. 병이 날 위험은 분명 증가하겠지만, 아마 치즈를 맛보는 즐거움을 포기해야 할 정도로 크지는 않을 것이다.

그렇다면 결론은 무엇일까? 생우유를 마시는 결정은 간단한 위험 대 효익의 계산이다. 생우유는 건강상의 이점이 분명하지 않고 오히려 해롭다는 것이 경험적으로 입증되었다. 물론 시골 사람들처럼 한평생 생우유를 마시고도 아무런 부작용을 경험하지 않을 수도 있다. 그렇다고 생우유를 마시는 것이 현명한 결정이란 말은 아니다. 생우유를 안 마시는 건 안전벨트를 매는 것과 같다. 안전벨트 없이도 몇 년씩 혹은 평생 동안 무사고로 운전하는 사람이 있겠지만, 그렇더라도 안전벨트 착용의 의무화는 좋은 사회 정책이다. 미국 질병통제예방센터는 안전벨트 덕분에 미국에서만 1975년 이래 25만 5,000명이 생명을 구한 것으로 추정한다. 그리고 안전벨트를 꾸준히 매는 것은 개인적으로도 현명한 결정이다.

뉴질랜드 정부의 문헌 검토 결과는 이 논의를 훌륭하게 요약하고 있다. '살균유에 비해 생우유가 제공하는 건강상의 이점은 대부분 과학적 증거로 뒷받침되지 않으며, 특히 취약한 집단들에서는 생우유의 유익 대비 위험 비율이 매우 높아진다.'

생우유에 대한 결정을 내릴 때 이데올로기적 주장에 흔들리지 말자. 분명한 사실은 살균 처리가 생명을 구한다는 것이다.

아침 우유 이야기를 마치기 전에, 탈지유와 저지방 우유에 대해 간단히 언급하고 넘어가자. 수십 년 전부터 저지방 유제품을 옹호하는 추세에도 불구하고, 과학계는 유지방 함량에 대해 점점 더 관대한 입장을 취하고 있다. 이런 변화는 유지방이 우리 몸에 그리 나쁘지 않다는 새로운 근거에 따른 것이다. 오히려 상반된 방향을 가리키는 연구 결과도 일부 있다. 2013년에 〈스칸디나비아 일차보건의료 저널Scandinavian Journal of Primary Health Care〉에 실린 연구에서는 유지방 섭취가 더 낮은 비만 위험과 상관관계가 있고, 저지방 유제품의 섭취가 더 높은 비만 위험과 상관관계가 있다는 것이 발견됐다. 2013년의 연구 메타 분석에서는 탈지유가 건강에 더 좋다는 주장을 뒷받침하는 근거가 없는 것으로 나타났다. 그리고 2016년의 문헌 고찰에서는 '유지방 함량과 관계없이 유제품 섭취가 지방질 관련 위험 인자, 혈압, 염증, 인슐린 내성, 혈관 기능 등 다양한 심혈관계 변수에 잠재적으로 해로운 영향을 미칠 명백한 위험성은 없다'는 결론이

내려졌다.

이는 주로 관찰연구 결과이므로, 이 자료를 확대 해석하지 않도록 주의해야 한다. 하지만 이 자료는 새로운 근거로서 설득력이 있다. 이 자료들은 우리가 유지방 함량에 대해 걱정을 내려놓고 그냥 본인의 입맛에 따르면 된다고 주장한다. 지방 함량이 얼마든 간에 내키는 만큼 먹어도 아마 괜찮을 것이라는 말이다.

비타민

비타민

비타민, 먹을 가치가 있을까?

거대 산업은 그렇다고 말하지.

연구 결과는 아니라고 말한다.

보험이라고 말하는 사람도 있지.

유감이지만, 알약은 효과가 없다.

균형 잡힌 식단을 섭취하자, 제발.

과학은 무시된다.

그래도 그들은 우긴다, 돈을 벌려고.

보라! 비싼 오줌이 흐른다.

시가 복잡한 주제를 분석하는 데 그다지 만족스러운 방법은 아니겠지만, 그래도 나는 한번 시도해볼 가치가 있다고 생각했다. 비타민D 등의 일부 영역에서는 흥미로운 연구와 학술적 논쟁이 계속되고 있지만, 전반적으로 비타민과 보충제 섭취를 지지할 만한 증거는 부족한 실정이다. 또 많은 보충제가 오염되었거나 라벨에 표기된 성분이 실제로 들어 있지 않다는 사실도 발견됐다. 그럼에도 대체로 과학과 무관한 비타민 산업은 수십억 달러 규모의 시장을 확보하고 있다. 결론을 내리자면 이렇다. 일반적으로 보충제는 무시해도 된다. 보충제가 필요하다고 임상적으로 진단받은 경우가 아닌 한(물론 대체 요법 의사들의 사이비 검사에 따른 진단은 여기에 해당되지 않는다) 우리는 매일 먹는 음식을 통해서 비타민을 섭취하기만 해도 충분하다.

☀ ────────────────────────────── 07 : 45

아이들 차로 등교시키기

나는 출근길에 자전거를 타고 우리 동네 초등학교를 지나간다. 그곳은 북미 교외에서 흔히 볼 수 있는 학교로, 지붕이 평평한 네모난 상자 모양에 작은 체육관이 한쪽 구석에 붙어 있는 1층짜리 건물이다. 우리 아이들 네 명이 모두 그 학교를 다녔다. 그리고 수십 년 전에는 내 아내와 형제자매들도 거기에 다녔다. 물론 내 아내가 그 학교 복도를 뛰어다닐 때와는 많은 것이 달라졌다. 1970년대에 비해 지금은 훨씬 더 근사한 운동장이 생겼다. 또 컴퓨터와 스마트 칠판(뭔지는 모르겠지만)이 생겼고, 와이파이 파장에 대한 우려도 생겼다.

하지만 아마 가장 큰 변화는 아침 등굣길의 교통 체증일 것이다. 어쩌다가 아이들의 등교가 한창일 때 학교 앞을 지나게 되면, 길가에 차를 세우고 다시 차를 빼고 무분별한 유턴을 일삼는 수많은 부모의 SUV 차량들을 헤치고 지나가야 한다.

아이들을 학교에 태워다주는 부모들이 왜 점점 늘어나는지는 결코 간단히 이해할 문제가 아니다. 2017년의 한 연구에서는 편리함이 가장 큰 이유로 나타났다. 부모들이 차로 태워다 주면 시간이 절약된다고 응답했던 것이다. 하지만 이는 무엇보다 상당수의 부모가 아이들끼리 학교에 걸어가게 내버려둘 수 없다고 믿기 때문이다. 차로 태워다주면 시간이 절약된다는 것은 부모들이 자녀와 함께 학교까지 걸어가는 시간에 비해 그렇다는 것이니 말이다. 또 같은 연구에서 놀랍게도 거리가 별로 중요하지 않은 것으로 드러났다. 장거리는 차로 태워다주려는 결정에 영향을 미칠 수 있었지만, 짧은 거리는 그렇지 않았다. 연구진은 '거리가 차로 태워다주려는 결정에 영향을 미치지 않으며, 이는 부모들이 거리와 상관없이 아이들을 학교까지 태워다준다는 일부 연구의 주장을 지지한다'고 결론 내렸다.

그렇다면 아이들을 통학시키는 방법에 대한 의사 결정의 배경에는 어떤 요인이 있을까? 두려움, 주로 거리의 차량과 나쁜 낯선 사람에 대한 두려움일 것이다. '낯선 사람의 위험stranger danger'에 대한 우려부터 이야기를 시작해보자.

2009년 연구에 따르면, 안전이 주된 문제라고 응답한 부모들에게는 낯선 사람에 대한 두려움이 단연코 큰 관심사였다. 이런 부모들은 '차량에 대한 우려보다 낯선 사람의 위험에 대한 우려가 훨씬 더 컸으며, 75%의 부모는 자녀들이 어른의 보호 없이 학교에 걸어 가는 것을 허락하지 않는다'고 대답했다. 2010년 연구에서도 자녀를 학교까지 태워다주는 결정에 대해 수십 명의 캐나다 부모들과 면 담한 결과, 역시 낯선 사람에 대한 불안이 중요한 문제임이 드러났 다. 부모들은 자녀가 "학교 가는 길에 낯선 사람을 만날지도 모른다" 거나 "변태와 마주칠 수 있다"거나 "어떤 미친놈이 아이를 붙잡아 다 트럭 뒤에 태울 수도 있다"는 두려움을 토로했다. 그리고 워싱턴 D.C.의 퓨 리서치 센터Pew Research Center의 2015년 설문조사에서는 부 모들이 자녀에 대해 가장 걱정하는 문제 가운데 아동 유괴가 왕따와 정신 건강 문제에 이어 3위를 차지했다.

사실 아이가 낯선 사람에게 유괴당할 위험은 놀라울 정도로 낮 다. 2011년에 캐나다의 한 연구에서는 실종 신고된 4만 6,718명의 아이들 중 25명만이 낯선 사람에게 유괴된 것으로 밝혀졌다. 이 연 구에서는 친지와 가까운 친구들도 직계가족 외의 낯선 사람으로 정 의했기 때문에 유괴범 중에 진짜 낯선 사람은 더 적은 수일 것이다. 실제로 2003년의 한 연구에서는 '낯선 사람'의 유괴로 분류된 90건 의 사건 가운데 단 2건만이 친척이나 가족의 가까운 친구가 아닌 사 람의 범행으로 밝혀졌다. 학계 야외놀이 전문가 19명은 2015년에 아이가 낯선 사람에게 유괴될 확률은 약 1,400만 분의 1이라는 결론 이 담긴 입장 선언문을 발표했다. 이 정도면 극도로 희박한 확률이 라 일상적 위험의 측면에서는 '그냥 일어나지 않을 일'로 분류될 만 한 수준이다.

하지만 대부분의 사람은 그런 낮은 확률을 가늠하기가 힘들다. 사실 이 책의 핵심적인 메시지는 우리가 위험을 평가하는 데 대단히 서툴다는 것이다. 유괴당할 위험이 얼마나 낮은지를 다른 프레임으로 설명해보겠다. 예를 들어, 당신이 어떤 이상한 이유로 아이가 유괴되기를 바란다고 가정해보자. 워릭 케언스Warwick Cairns라는 작가의 계산으로는, 이런 사건이 확실히 일어나게 하려면 20만 년 동안 아이를 혼자 거리에 내버려두어야 한다. 그래도 아이는 24시간 안에 당신에게 돌아올 가능성이 매우 높다. 만약 아이가 납치되어 살해되는 것이 당신의 목표라면(물론 나도 안다, 이것은 터무니없이 엽기적인 사고 실험이다), 수백만 년 동안 아이를 밖에 혼자 내버려두어야 할 것이다.

앞서 언급한 입장 선언문의 작성자 중 한 명인 마리아나 브루소니Mariana Brussoni는 공중보건학 교수이자 야외 활동 및 아동 안전에 관한 전문가이다. 그녀는 일련의 연구에서 나무 타기, 그네 타기, 자연 탐험하기, 학교까지 걸어가기 등 어른의 감독 없는 야외 활동이 아이의 건강과 발달에 미치는 이점을 강조해왔다. 그녀는 2015년에 구할 수 있는 모든 근거를 체계적으로 검토한 결과 '아동의 건강한 발달을 위해서는 모험적인 야외 놀이'를 지지하고 권장할 필요가 있다고 결론 내렸다.

나는 브루소니 교수가 영국 런던에 머물 때 그녀를 만나러 갔다. 그녀는 감독자가 없는 독립적인 놀이의 이점을 연구하는 최신 동향을 배우기 위해 다양한 연구 기관을 방문하며 일종의 미니 월드 투어 중이었다. 나는 부모들이 자녀를 혼자 학교에 보내는 데 주저하는 주된 이유가 뭐라고 생각하는지 그녀에게 물었다.

브루소니는 '복잡한 문제'라며 편리함과 타이밍 같은 요소들을 인정했다. 하지만 '가장 밑바닥에는 '화이트 밴 맨White Van Man(자영업을 하는 백인 노동자 계급을 의미하며 그들이 주로 커다란 흰색 밴을 난폭하게 운전하는 데서 생긴 별칭-옮긴이)'에 대한 불안이 깔려 있다'고 말했다. 그리고 부모들이 이성적이고 정직하게 위험을 평가하지 않는다고 덧붙였다. "그런 평가는 아이들의 독립성이라는 더 광범위한 사회 문제와 연관되지요." 통계 결과와 대조적으로, '부모들은 낯선 사람의 아동 유괴가 자주 일어난다는 인식을 갖고 있다'며 수많은 문화적 영향력이 이런 잘못된 인식을 형성한다고 설명했다.

낯선 사람의 위험에 대한 두려움은 뉴스 매체의 유괴사건 보도 방식에 의해 조장된다. 2011년 연구에 따르면, 뉴스에서는 '중상류층 가정의 어린 백인 소녀들이 낯선 남자들에게 납치된' 이야기를 유독 자주 보도하며 강조했다. 이런 뉴스는 아동 유괴를 가족의 가치, 악한 외부인, 공동체의 응집과 관련된 프레임으로 접근한다. 이런 종류의 스토리텔링은 계급과 인종의 요소를 주입하는 것 외에도 생생한 이미지를 통해 위험을 더 상상하기 쉽게 만들어 더욱 현실적이고 현재적인 느낌을 준다. 「본즈Bones」, 「크리미널 마인드Criminal Minds」, 「CSI 과학수사대CSI: Crime Scene Investigation」, 「법과 질서Law and Order」 등의 인기 TV 시리즈물도 이 세계가 식인종 연쇄 살인마들로 가득 차 있다는 인상을 더하기에 충분하다.

이런 종류의 콘텐츠에 노출되면 범죄와 형사사법제도에 대한 대중적 인식이 왜곡되고 대중의 공포가 부풀려질 수 있음을 보여주는 연구들이 점점 늘고 있다. 펜실베이니아 대학교의 한 연구 결과, 실제 범죄율과 상관없이 TV 프로그램의 범죄 묘사가 대중의 범죄 공포와 상관관계가 있었다. 오히려 범죄율은 현재 불안에 떠는 부모들이 자랄 때보다도 훨씬 더 낮은 수준인데 말이다.

아동 유괴에 대한 소셜 미디어 논쟁과 앰버 경고amber alerts의 사용이 확대되면서 낯선 사람의 위험이 부모들이 주의를 기울일 만한 심각한 문제라는 인식이 더 높아진 측면도 있다. 앰버 경고란 아이가 유괴되었을 때 빠른 귀환을 돕기 위해 다양한 매체로 실종 사실을 알리는 비상대응 시스템으로, 9세에 텍사스에서 납치되어 살해당한 소녀 앰버 해거먼Amber Hagerman의 사건에서 영감을 얻어 이름을 따온 것이다. 그렇지만 이 비극적인 배경 사건과는 별개로(이 이야기는 앰버 경고가 울릴 때마다 가슴 아픈 느낌을 더해준다), 여러 연구자들은 앰버 경고의 유용성에 대해 의문을 제기해왔다. 이를테면, 2007년 티모시 그리핀Timothy Griffin과 모니카 밀러Monica Miller는 앰버 경고가 몇몇 사건에서 극적인 성공을 거두긴 했어도 전반적으로는 낯선 사람에게 유괴된 아이들의 복귀에 거의 도움이 되지 않았다고 결론 내렸다. 두 연구자는 이런 시스템을 '범죄 통제 연극crime control theatre(범죄에 대처하는 것처럼 보이나 실효성이 떨어지고 대중에게는 선호되는 범죄 대처 정책을 일컫는 말-옮긴이)'이라 부른다. 그리고 이런 시스템이 사회적 구성물이라고 주장한다.

물론 앰버 경고가 단 한 명의 아이라도 구하는 데 도움이 된다면 가치 있다는 주장도 일리가 있다. 실제로 앰버 경고의 옹호자들은 대개 이런 논리를 펼친다. 나도 부모로서 이런 관점에 분명 동의

한다. 몇몇 상황에서는 앰버 경보가 가족 구성원에게 유괴된 아이의 위치를 알리는 데 도움이 되었다. 이런 경우가 단연코 가장 흔한 시나리오다(비록 2016년의 한 연구 결과, 경보가 대체로 직접적인 역할은 하지 않는다는 것이 밝혀졌지만 말이다). 그러나 우리는 또한 시스템에 대가가 따른다는 점도 인식할 필요가 있다. 경보 시스템은 유괴에 대한 비현실적인 두려움을 부추기고 정당화할 위험이 있다. 그리고 앞으로 살펴볼 것처럼 이 두려움은 광범위하고 부정적인 사회적 결과를 초래할 수도 있다.

여기서 잠시 두 가지를 분명히 짚고 넘어가는 것이 좋겠다. 첫째, 나는 '화이트 밴 맨'에 대한 우려에 공감한다. 아이가 유괴되어 해를 입는다는 것은 강렬하고 원초적이며 아마도 진화적으로 형성된 두려움이다. 일부 학자들은 요즘의 실체가 없는 낯선 사람에 대한 공포는 전설의 '부기맨boogeyman'이 현대적으로 구현된 결과라고 주장해 왔다. 불확실한 위험이 가득한 세상에서 소름끼치는 낯선 사람들이 주변에 도사리고 있다는 생각은 끝 모를 막연한 불안을 대변한다. 둘째, 앞서 언급했듯이 이런 두려움은 합리적이지 않다. 물론 부모들이 사건이 일어날 통계적 확률을 냉정하게 평가하지 못하는 것은 얼마든지 이해가 간다. 우리는 로봇이 아니다. 많은 부모가 자녀의 위험에 대한 자신의 두려움이 실제 위험에 비해 너무 지나치다는 것을 스스로 인식한다는 연구 결과도 있긴 하지만, 그런 인식과 무관하게 자녀의 독립적인 등하교에 관한 부모들의 결정은 사실이 아닌 두려움에 지배되고 있다.

거의 모든 부모가 그렇듯이, 나도 여러 번 아이를 잃어버렸다는 생각에 압도되어 피가 거꾸로 쏠리고 숨이 막히는 극도의 패닉 상태를 경험한 적이 있다. 한 예로 수년 전에 관광객들로 붐비는 에든버러 성에서 막내 마이클을 잃어버렸다. 물론 아이가 실종되기에 더 나쁜 장소도 있을 것이다. 하지만 당시 다섯 살이던 마이클이 갑자기 획하고 어디론가 사라져버린 것 같았다. 이 일은 즉시 내 최악의 공포에 불을 붙였다. 유괴, 상해, 영원한 행방불명 등. 성의 직원들까지 가세하여 미친 듯이 찾아 헤맨 끝에, 침착하게 안내소 옆에 앉아 있는 마이클을 발견했다. 아직도 그때 정확히 어떤 일이 일어났는지 모르지만(중세 유령의 심술궂은 참견이었다는 것이 여전히 유력한 가설로 남아 있다), 마이클은 무사했고, 만약 당시에 이성적인 사고가 가능했다면 이 사건에서는 이런 결과가 나올 확률이 가장 높다고 예측할 수 있었을 것이다. 하지만 두려움은 이성적이지 않다. 특히 자녀와 연관된 문제라면 더더욱.

또 한번은 내가 갓난아기 딸을 문이 잠긴 계단참에 놔두고 온 적도 있었는데, 이것은 또 다른 이야기다.

낯선 사람의 위험에 관해서는 자체적으로 강화되는 문화적 피드백 루프가 작동하는 듯하다. 브루소니 교수는 이를 '코호트 효과cohort effect'라고 말한다. 두려움과 잘못된 정보가 확산되면서 아이들을 학교까지 태워다주는 부모들이 늘어나자 이것이 점점 부모의 규범으로 여겨지게 되었다. 그래서 자녀를 학교까지 태워다주지 않으면 비정상적이고 나쁜 부모로 취급당하게 되는 것이다.

이 사회적 '규범'은 레노어 스커네이지Lenore Skenazy를 아주 나쁜 부모로 만들었다. 얼마나 나쁘냐고? '미국에서 가장 나쁜 엄마'로 불렸을 정도다. 모든 일의 발단은 2008년에 아홉 살 난 아들을 백화점에서 집까지 혼자 뉴욕 지하철에 태워 보내기로 한 그녀의 결정이었다. 그녀는 지역 신문에 실린 기사에 이 결정에 대해 썼고, 그 결과 부모 노릇에 대한 빗발치는 항의에 시달렸다. "정말 이상했어요." 스커네이지는 10년이 지난 지금도 여전히 그 경험에 분통을 터뜨렸다. "나는 그 기사를 쓰고 이틀 후에 「투데이 쇼Today Show」, 「폭스 뉴스 Fox News」, 「미국 공영 라디오NPR」에서 입장을 해명해달라는 요청을 받았어요. 어디를 가나 그랬죠." 그녀의 아들은 완전히 무사하게 집으로 돌아왔고, 블루밍데일 백화점에서 집까지 혼자 돌아온 경험을 통해 오히려 자신감을 얻었지만, 여론의 지배적인 반응은 스커네이지가 명백히 태만한 부모라는 것이었다. "비난의 요지는 '어떻게 감히 아이를 위험에 빠뜨릴 수 있는가'였지요. 이런 생각은 히스테리로 더 부추겨져요. 공포, 죽음, 걱정, 두려움 같은. 그런데 나는 히스테리에 기반을 둔 결정이 싫어요."

다른 부모들은 빗발치는 비난 공세보다 더한 봉변을 당해왔다. 2016년에 캐나다 위니펙의 한 여성은 아이들이 어른의 감독 없이 자기네 뒷마당에서 뛰놀게 내버려둔 혐의로 아동가족서비스Child and Family Services의 조사를 받았다. 사우스캐롤라이나에서는 한 여성이 일하는 곳의 길 건너 공원에 9세 자녀를 혼자 놀게 내버려두었다는 이유로 체포되었다. 플로리다에서는 11세 아들을 집 마당에서 90분 동안 혼자 놀게 내버려둔 부모가 아동 방치 혐의로 기소되었다. 2017년에 밴쿠버의 한 남성은 브리티시컬럼비아주의 아동가족부 Ministry of Children and Family Development로부터 자녀들을 대중교통으로 통학시키는 것을 중단하라는 명령을 받았다.

　이 같은 사례는 아이들을 거의 항상 직접적인 감독하에 두어야 한다는 양육 규범을 형성하는 데 일조했다. 이제 아이들을 감독하지 않고 혼자 놀거나 학교에 걸어가게 놔둔다면 도덕적으로 용납할 수 없는 짓을 저지르는 셈이 된다. 2016년의 한 연구 결과 사람들이 우발적인 경우보다 고의적으로(예를 들면, 일을 하거나 혹은 휴식을 취하기 위해) 자녀를 혼자 내버려두는 부모를 더 가혹하게 판단하는 것으로 나타났다. 더욱 흥미롭게도, 연구진은 '사람들이 일, 휴식, 심지어 불륜 등 부모가 아이를 혼자 두는 이유를 도덕적으로 용납하기 힘들수록, 아이가 더 큰 위험에 처해 있다고 생각한다'는 것을 발견했다.

　이런 결과는 문화적 규범이 부모의 의사 결정에 미치는 막강한 영향력을 잘 보여준다. 아이들을 학교까지 태워다주려는 결정은 아동 유괴에 대한 비이성적인 두려움뿐 아니라 당장 주변의 시선에 대한 (아마도 무의식적인) 우려에 의한 것이다. 브루소니 교수는 '이 점에서 비난을 당하는 학부모가 많다'고 말했다. "자녀에게 무슨 일이든 일어난다면 부모의 책임이고 부모가 비난을 받습니다. 특히 여성(엄마)들이 그렇죠. 그리고 소셜 미디어로 여론몰이가 이뤄집니다. 부모로서 우리는 끊임없이 심판을 받고 있는 셈이죠."

　공개적으로 심판받고 비난당한 부모로서, 레노어 스커네이지는 이 말에 전적으로 동의한다. 그리고 상황이 점점 더 나빠지고 있다고 느낀다. 그녀는 이제 기술 덕분에 자녀를 감독하기가 더 쉬워졌고 부모와 자녀가 계속 연락을 유지할 수 있는 다양한 웨어러블 기기를 판매하는 회사도 등장하여 자녀 모니터링에 대한 사회적 기대는 계속 높아지고 있다고 말한다.

스커네이지가 '자녀안전 업종'이라 부르는 이 새로운 시장의 광고들은 자연히 부모들의 두려움을 조장하는 또 다른 문화적 압력으로 작용한다. 일례로, GPSprotectsourkids.com라는 웹사이트는 (인터넷 주소만 봐도 짐작되듯이) 아동 GPS 추적기가 반드시 필요하다고 광고한다. '오늘날 세계의 아이들은 많은 어려움에 직면하고, 유괴, 성폭행, 학교 총격 난사부터 왕따까지 아이들의 안전에 대한 위협이 실재하기' 때문이다. 또한 이 사이트는 부모들에게 '유괴 아동의 76%가 유괴된 지 180분 내에 살해된다'고 선언하는데, 이는 완전히 오해의 소지가 있는 표현이다. 여기에는 물론 부모들이 항상 경계를 늦추지 말아야 한다는 함의가 담겨 있다. 악의 손길이 사방에서 뻗어오니 빠르게 대처할 수 있어야 한다는 것이다!

공정하게 말하자면, 이런 식의 마케팅과 부모들의 집요한 걱정에도 불구하고 연구 결과에서는 낯선 사람은 위험하다는 신화가 철저히 틀린 것으로 밝혀졌다. 그렇다면 교통에 대한 우려는 어떠할까?

안타깝게도 아이들은 학교까지 걸어가는 길에 교통사고로 다칠 수 있다. 정확한 통계를 찾기는 어렵지만, 내가 사는 인구 1백만 명 이상의 도시인 에드먼턴에서는 2016년에 어린이보호구역에서 2건의 보행자 부상 사고가 발생했다. 인구 약 3백만 명의 토론토에서 실시된 2014년 연구에 따르면, 10여 년 동안 어린이보호구역에서 발생한 교통사고로 아동이 심한 부상을 당한 사건은 30건이었고 사망자는 1명이었다. 이처럼 비극적인 사건들이 실제로 벌어지긴 해도, 전체적으로 보자면 비교적 드물게 발생하는 편이다. 오히려 상해 예방 차원에서는 아이들을 학교까지 차로 데려다주는 것보다 학교까지 걸어가게 하는 편이 더 안전하다는 주장이 설득력 있게 들린다. 토론토 대학교의 연구자 조지 마멘George Mammen에 따르면, '연구 결과 아이들이 (부모 차로 등하교하는 것이) 걸어갈 때보다 차 사고로 피해를 입을 가능성이 더 높은 것으로 밝혀졌다.'

의심할 여지 없이, 운전은 인간이 할 수 있는 가장 위험한 활동 중 하나다. 미국에서는 매년 자동차 사고로 약 3만 5천 명이 사망한다. 특히 학교를 통학하는 5~24세의 경우에는 상해사망의 주된 원인이 단연 차 사고다. 물론 인구가 전체적으로 증가했고 이전보다 장거리를 이동하는 사람들이 늘어나면서 이동수단으로 걷기보다 차량을 이용하는 사람이 많아진 탓도 있다. 그러나 사망자 수를 비교해봐도 차량 운전이 더 안전한 이동수단이라고 할 수 있는 유의미한 근거는 발견할 수 없다.

여기서 핵심은 자녀를 학교까지 태워다주는 것이 본질적으로 더 안전한 방법이라는 근거가 없다는 것이다. (안전이 가장 중요하다면 아마 비행기가 가장 안전한 교통수단일 테니 아이를 여객기에 태워 학교에 보내는 방법을 고려해야 한다. 하지만 그 경우에도 매일 아침마다 공항 보안 검색을 거쳐야 하니 유쾌한 일은 아닐 것이다.)

낯선 사람의 위험에 대한 우려와 마찬가지로, 안전에 대해서도 강력한 피드백 루프가 작용한다. 부모 차로 학교에 가는 아이들이 늘어나면 부모들의 교통에 대한 걱정이 증가하여 아이들이 학교까지 걸어가는 것이 덜 안전해졌다고 믿게 될 수 있다. 그러면 그들도 아이들을 학교에 태워다주게 되고, 그 결과 교통 문제가 더 복잡해진다. 이런 식으로 악순환이 반복되는 것이다. 학교 근처의 교통이 문제라고 지적하는 연구들이 점점 늘어나는 것도 놀라운 일이 아니다. 교통 체증은 안전하지 않고 나쁜 운전으로 인해 더 악화된다. 118개 학교 주변의 교통을 분석한 토론토 대학교의 2016년 연구 결과, 88%의 학교에서 위험한 하차 행위가 발견됐다. 더구나 모든 충돌 사고의 약 3분의 1은 학교의 반경 300미터 이내에서 일어난다. 그러므로 부모의 우려에 따른 차량 정체에도 불구하고, 아이들이 걸어서 통학하는 것은 여전히 합리적인 선택이며 모든 면을 고려할 때 안전한 선택이다.

결론적으로, 자녀에게 미치는 위험을 따져보면 아이들이 학교에 걸어가지 못하게 할 이유는 없다. 물론 거리, 나이, 성숙도, 주변의 교통 상황 같은 요소를 고려해야 한다. 또 아이들의 독립적이고 활동적인 통학이 기본 원칙이 되어야 한다. 그뿐만 아니라 걷지 않으려는 개개인의 선택이 지역 공동체에 미칠 영향도 고려할 필요가 있다. 예를 들어, 걷는 아이들이 줄어들수록 지역 공동체가 안전한 거리를 조성해야 할 부담이 줄어든다. 2014년의 한 연구에서는 등굣길 어린이 보행자 사고에 관한 10년간의 데이터를 검토했는데, 유사 연구들과 마찬가지로, 어린이 사고가 비교적 드문 것으로 나타났다. 이에 연구진은 의사들이 '부모들에게 건강한 생활 방식의 일환으로 아이들을 걸어서 학교에 보내도록 권장해야 한다'고 결론 내렸다. 이 연구 결과에서 등굣길 어린이 보행자 사고와 관련된 가장 유의미한 변수는 주변 교통 환경, 특히 건널목이었다. 이처럼 아이들이 걸어서 통학하는 것이 안전하며, 횡단보도를 개선해 기존보다 더 안전하게 만들면 아이들도 더 안전하게 통학할 수 있음을 입증한 또 다른 연구 결과도 있다. 하지만 그런 횡단보도를 만들려면 부모들의 관심이 필요하다. 지금처럼 아이들이 학교에 걸어가지 않는다면 부모들은 여전히 관심을 보이지 않을 것이다.

걸어서 통학하는 아이들이 늘어나면, 낯선 사람의 위험에 관련된 악순환을 깨는 데도 도움이 된다. 2015년 호주의 한 연구진은 낯선 사람에 대한 두려움이 자녀들을 걸어서 학교에 보내는 부모들의 결정에 어떻게 영향을 미치는지를 실험했다. 이 연구 결과 또한 주변 환경이 주요 변수로 드러났다. 걸어 다니는 이웃이 많아질수록 걸어 다니는 아이들도 많아졌고, 낯선 사람에 대한 부모들의 두려움도 줄어들었다. 아이들을 안전하게 지켜보는 눈들이 많을수록 부모들도 덜 두려워한 것이다.

우리는 아이들이 걸어서 학교에 통학하는 게 매우 중요한 장점이 있음을 충분히 입증했다는 사실을 고려해야 한다. 먼저, 꾸준히 운동하게 된다는 점은 당연히 큰 장점이다. 북미의 아이들은 대부분 운동량이 부족하다. 그리고 대부분의 부모는 그 실상을 제대로 파악하지 못한다. 캐나다에서는 88%의 부모가 자녀들의 운동량이 충분하다고 믿지만, 실제로는 7%의 아이들만이 충분한 운동을 하고 있다. 학교까지 걸어가거나 자전거를 타고 가는 아이들이 늘어난다고 이 심각한 문제가 해결되지는 않겠지만, 이는 분명히 올바른 방향으로 나아가는 한 걸음일 것이다.

알기 쉬운 장점인 운동량 말고도 아이들의 사회성이 더 발달한다는 장점이 있다. 2018년 스웨덴 연구에서는 부모가 데려다주지 않고 혼자 학교에 가는 아이들이 사회성이 더 발달했다는 사실이 발견됐다. 이 연구의 저자가 지적한 대로, 부모가 학교까지 차로 태워다주는 아이들은 '스스로 이웃 지역을 탐험하고 친구들과 교류할 수 있는 자연스러운 기회를 잃게 된다. 그 결과 그들은 독립성과 주변 환경에서 느끼는 안정성이 저하된다.'

또한 이 연구는 학교에 걸어가는 아이들이 학업에서 더 좋은 성과를 보인다는 결론에 도달했다. 이는 다른 연구 결과와도 일치한다. 일례로, 약 2만 명의 학생이 참여한 2012년 덴마크 연구에서는 걷거나 자전거를 타고 학교에 가는 것과 집중력 사이의 상관관계가 밝혀졌으며, 이런 효과는 오전 내내 지속되었다. 여기에는 스트레스와 불안이 감소하는 등 정신 건강상의 이점도 있을 수 있다.

역설적으로, 스스로 걷거나 자전거를 타고 학교에 가는 아이들은 장기적으로 교통 상황에 더 잘 대처하게 된다. 6~12세 어린이 약 800명을 대상으로 한 스페인의 연구 결과, 부모의 도움 없이 통학하는 아이들은 부모와 함께 통학하는 아이들보다 안전 문제에 더 능숙한 것으로 나타났다. 다시 말해, 부모들이 아이를 학교까지 태워주거나 데려다주면 아이들이 안전 문제를 대처하는 능력에 악영향을 미친다.

이런 현실을 감안할 때, 일부 지역에서 부모들에게 자녀들을 학교까지 태워다주지 말고 더 많은 독립성을 부여하도록 장려하는 정책을 시행하는 것도 놀라운 일이 아니다. 영국의 일부 통학 구역은 학교 앞에서 차를 공회전하는 부모들에게 벌금을 부과한다. 이보다 더 놀라운 일도 있다. 자녀가 따로 놀게 내버려둔 부모들을 법적 책임에서 보호하기 위해 유타주에서 2018년에 마련된 법이다(레노어 스커네이지가 이 법을 추진한 원동력이었다). '자유방목형 자녀양육법free-range parenting law'이라 불리는 이 법은 아이들을 혼자 걸어서 통학시키는 일 등을 장려할 목적으로 발의되었다. 아이들의 안전과 이익을 보장하는 것이 최우선적인 고려사항이라는 데는 모두가 동의하지만, 이런 종류의 정책은 우리가 아이들에게 무엇이 최선인지를 평가하는 방법에 변화가 일고 있음을 시사한다.

오늘날 우리가 사는 세상에는 위험이 만연해 있다. 하지만 그릇된 의사 결정을 할 정도로 위험을 부풀려 해석해서는 안 된다(지금이 인류 역사에서 가장 안전한 시대라는 사실을 잊지 말자). 레노어 스커네이지의 말을 빌리자면, 우리의 하루하루가 공포, 두려움, 걱정에 지배당하도록 내버려두지 말자.

궁극적으로 비합리적인 두려움, 인지적 편향, 미디어의 과장, 마케팅의 설득, 소셜 미디어로 촉진되는 주변인의 압력 등이 모두 결합되어 아이들을 차로 태워다주는 것이 합리적인 선택이라는 생각에 도달할 수밖에 없었다.

그러니 이런 생각에 저항하자. 부모가 고려해야 할 사항은 다음과 같다. 도보 통학에는 실질적으로 입증된 건강, 사회, 심리, 환경, 교육의 이점이 존재한다. 반면 아이들을 학교까지 태워다주는 데에는 낯선 사람과 범죄에 대한 대부분 근거 없고 명백히 과장된 우려가 있을 뿐, 그것을 지지하는 근거는 거의 없다. 선택이 가능하다면, 어느 쪽을 선택할지는 명백하다. 부디 긴장을 풀고, 아이가 학교로 걸어가는 길을 즐기게 해주자.

출근

대부분 이 이야기가 어디로 흘러갈지 알고 있을 테니 결론부터 말하겠다. 합리적으로 가능하다면 걷거나 자전거를 타는 활동적인 통근 방법을 택하자. 이런 출근 방법이 불러오는 효과는 충분히 입증되었다. 한 연구에서는 자전거로 출퇴근하는 사람들의 모든 원인 사망률이 30% 낮은 것으로 밝혀졌다. 2017년 25만 명 이상을 대상으로 영국에서 진행된 연구에서는 재산과 교육 수준 등의 다양한 변수를 통제했을 때 자전거 통근이 암 및 심장병의 낮은 발병률과 상관관계가 있는 것으로 드러났다. 2018년 케임브리지 대학교의 연구에서도 비슷한 결론에 도달했다. 활동적 방식의 통근자들이 '심장병과 뇌졸중으로 사망할 위험이 30% 낮고' 모든 원인 사망률도 더 낮았다. 또한 걷거나 자전거를 타고 출퇴근을 하면 상당한 정서적 보상을 얻는 것으로 입증됐다. 통근자 약 1만 8,000명을 대상으로 한 연구에서는 자전거 통근이 심리적 안녕에 유의미하게 긍정적인 영향을 미친다는 사실이 밝혀졌다. 자전거 통근은 스트레스를 낮추고, 집중력을 향상시키며, 기분을 고양시킨다.

물론 이런 주제는 제대로 연구하기 어렵고, 관련 연구가 대부분 상관관계 위주로 다루는 것도 사실이다(이를테면, 활동적인 통근을 택한 사람들은 그냥 더 낙천적인 성향일 수도 있다). 그럼에도 통근 방법이 우리의 건강과 행복에 영향을 미친다고 주장하는 연구 결과가 많고 또 점점 늘어나고 있다. 통근은 과연 얼마나 중요할까? 2018년 영국의 연구 조사에 따르면, 사람들은 짧고 즐거운 출퇴근을 섹스보다 더 높은 우선순위로 꼽았다. (섹스와 달리 통근 시간은 짧을수록 좋다.)

나는 종종 영혼이 짓뭉개지고 많은 시간을 잡아먹으며 차를 타야만 하는 유쾌하지 않은 통근이 필요 없다는 데 감사한다. 가족들을 태워다주거나 일을 하는 데 차량이 필요하거나 통근 거리가 멀다면, 걷기나 자전거를 이용한 출퇴근이 매우 비현실적일 수 있다. 미국에서는 인구의 76.3%가 혼자 차를 몰고 출퇴근하는 반면, 4% 미만의 사람들만이 활동적으로 출퇴근한다. 화창하고 따뜻한 샌디에이고에서는 걷거나 자전거를 타고 통근하는 사람들이 1%에도 못 미친다. 춥고 어둡고 비가 내리는 코펜하겐에서는 인구의 약 40%가 자전거를 타고 출근한다는 사실과 비교해보자. 분명 우리는 더 나은 선택을 할 수 있다.

물론 거리 외에도 많은 요인이 걷거나 자전거를 타고 통근하지 않겠다는 결정과 관련이 있다. 그런 요인 중 대부분은 도로 환경과 같이 우리가 통제할 수 없는 것들이다(코펜하겐처럼 자전거 타기에 좋은 도시에서는 자전거 통근이 더 쉽고, 그러면 사람들의 교통에 대한 인식을 문화적으로 바꾸는 데도 도움이 된다). 그렇지만 많은 사람이 출퇴근할 때 굳이 운전을 택한다. 분명히 건강에 좋고 가장 효율적인 선택은 따로 있는데도 말이다.

사람들이 출퇴근 시에 운전을 택하는 이유는 무엇일까? 아마도 두려움, 패션, 시간 때문일 것이다.

연구에 따르면, 많은 사람이 자전거를 본질적으로 안전하지 않은 교통수단으로 여긴다. 그 이유 중 하나는 아마 자전거 사고가 심심찮게 언론에 보도되기 때문일 것이다. 뉴스를 본 사람들은 자전거 사고로 심하게 다칠 가능성이 실제보다 더 높다고 생각한다. (여기서도 '가용성 편향'이 작용한다.) 영국에서 수십 년간의 언론 보도를 분석한 연구에 따르면, 자전거 사망자 관련 보도는 1992년에 비해 2012년에 13배가량 증가했는데, 이는 다른 교통사고 보도, 예컨대 오토바이 사고 보도와 비교해도 큰 차이가 나는 수치였다. 연구진은 이 정도의 언론 보도면 자전거 타기에 대한 흥미를 떨어뜨릴 만한 부정적인 피드백 루프가 형성된다고 판단했다. 실제로 영국의 2014년 연구 결과, 인구의 64%가 도로에서 자전거를 타는 것은 너무 위험하다고 믿었고, 오직 19%만이 그렇지 않다고 생각했다.

자전거를 타는 것이 정말 이렇게 위험한 일일까? 궁극적으로 사망 위험은 걷거나 운전할 때의 위험과 거의 같다. 2016년 〈파이낸셜 타임스 매거진Financial Times Magazine〉에 실린 분석 내용은 사람들이 자전거를 탈 때보다 도시에서 걷다가 사망할 가능성이 더 높다는 것이었다. 물론 자전거를 타는 데는 분명 위험이 따른다. 충돌 사고가 일어날 수 있으니까. 하지만 위험 정도가 다른 교통수단과 크게 다르지는 않다(단, 오토바이는 말도 안 되게 위험하니 제외한다). 브리티시컬럼비아 대학교에서 분석한 통계는 이 사실을 다른 방식으로 보여준다. 자동차 운전자나 승객 중의 사망자는 1,041만 7,000명당 1명꼴이고, 보행자 사망자는 680만 3,000명당 1명꼴이며, 자전거 사망자는 724만 6,000명당 1명꼴이다. 다시 말해, 운전, 걷기, 자전거 타기는 사망률 관점에서 비교적 유사한 위험 수준을 보인다. 특히 전반적인 사망률 수치가 지극히 낮은 점을 고려하면 그렇다. 자동차를 탈 때는 사망률이 대략 0.0000001이지만, 자전거를 탈 때는 대략 0.00000014

인 것이다.

그렇지만 자전거 사고의 위험성 자체가 통근 방법을 결정하는 핵심적인 고려 사항은 아니다. 어떤 형태의 교통수단이든, 심지어 걸어간다고 해도 어느 정도의 위험은 수반된다. 하루 종일 집 안에만 머물며 베개를 뒤집어쓰고 침대에 누워 있다면 교통사고가 날 확률은 매우 낮아질 것이다. 하지만 그것은 장기적으로 건강한 생활 전략이 아니다. 그렇다면 다음과 같은 의문이 든다. 모든 점을 고려할 때 어디론가 이동할 수 있는 가장 좋은 방법은 무엇일까? 적어도 건강 측면에서 필요한 것은 위험 대 편익의 분석일 것이다. 활동적인 통근의 (환경상의 이점은 물론이고) 건강 및 심리상의 장점은 잘 알려져 있고 근거도 확실한데, 과연 이런 장점이 사고와 관련된 위험을 능가할까?

그 대답은 명백히 '그렇다'이다. 여기에 의견을 달리한 연구, 조사, 정책 설명서는 단 한 건도 찾아볼 수 없었다. 일례로, 모든 관련 자료를 체계적으로 검토한 2015년 연구에서는 '신체 활동에 따른 유익이장점이 교통사고로 인한 피해를 넘어선다'는 결론에 이르렀다. 2010년의 한 분석 결과는 자전거 통근의 건강상 장점이 '위험에 비해 상당히 크다'는 것이었다.

그러므로 도시의 도로 환경을 개선하여 안전하게 자전거를 탈 수 있다면, 자전거 통근은 언제나 건강에 좋고 논리적인 선택이 될 수 있다.

통근자들이 자전거를 택하지 못하는 또 다른 이유는 다른 사람들이 자전거족을 싫어할 것이라는 두려움 때문이다. 여러 연구에 따르면, 일반 대중이 자전거족을 바라보는 시선이 매우 부정적이라고 믿는 사람이 많다. 이 말은 기본적으로 사람들이 다른 차량 운전자를 불쾌하게 할까 봐 두려워 자전거를 타지 않는다는 의미가 된다. 안타깝게도 이런 두려움은 어느 정도 옳다. 많은 연구에서 차량 운전자들이 자전거족을 매우 짜증나게 여긴다는 사실이 확인되었다. 이런 불쾌감은 운전자들이 자전거족을 공격적으로 대할 가능성을 높일 뿐 아니라 운전자들이 실제 도로에서 자전거족을 만날 가능성도 감소시킨다. 그 결과 자전거와 자동차 사이의 긴장 관계는 증가하고, 자전거족이 성가신 존재라는 인식도 증가하게 된다!

내 개인적인 경험상 이런 두려움은 충분히 이해할 만하다. 나는 25년 넘게 자전거로 출퇴근을 해왔다. 그동안 나는 이 망할 도로에서 꺼지라는 말을 수백 번도 넘게 들었다. 그럴 때 운전자들의 눈은 종종 강렬하고 불가해한 분노로 이글거린다. 마치 내가 도덕적으로 비난받을 짓을 저질러 운전자들을 뼛속까지 언짢게 만들었다는 듯이 말이다. 한번은 내가 일하는 대학 근처의 조용한 샛길에서 자전거 전용도로를 타고 내려가고 있었다. 그때 한 운전자가 일부러 가던 방향을 바꿔 내 앞을 가로막더니 빌어먹을 인도로 가라고 외쳤다. 나는 그의 진로를 방해하거나 앞길을 가로막거나 정지 신호를 보낸 적이 없었다. 그는 그냥 내가 길 위에 있는 것 자체가 싫었던 것이다. 이런 실랑이가 벌어지던 순간, 마침 내 자전거와 나는 자전거 전용도로의 경계를 표시하기 위해 도로 위에 그려진 커다란 야광 자전거 그림 위에 멈춰 서게 되었다. 나는 그 남자가 차에서 뛰어내려 나의 힙한 싱글스피드 자전거로 나를 때려 죽일까 봐 두려워서 그저 말없이 엠블럼을 가리켰다. 그는 "뒈져버려!"라고 소리 지르고 나에게 양손의 중지를 내밀고 주먹을 흔들더니, 다시 한 번 같은 욕을 내뱉고는 냅다 도망쳤다.

자전거족에 대한 이런 증오에는 여러 요인이 있겠지만, 아마 자전거족이 도로 규정을 잘 지키지 않는다는 인식이 가장 큰 요인일 것이다. 자동차 운전자들은 이를 굉장히 약 오르는 일로 여기는 듯하지만, 사실 자전거족이 규정을 위반해도 차량 운전자의 진로를 방해할 일은 거의 없다. 더구나 연구에 따르면, 대부분의 자전거족은 규정을 잘 준수하고, 오히려 차량 운전자보다 더 잘 지킨다. 일례로, 사우스플로리다 대학교 도시교통 연구센터Center for Urban Transportation Research는 2017년 연구에서 카메라, GPS, 근접 센서를 사용하여 자전거 이용자들의 동작을 추적 분석했다. 그 결과 '자전거 이용자의 일반 교통규칙 준수율은 88.1%'로 차량 운전자의 준수율(85.8%)보다 다소 높았다. 호주의 한 연구에서는 6개월 동안 몰래 카메라를 이용하여 교차로를 모니터링했다. 전체 통틀어 총 4,225명의 자전거 이용자를 평가할 수 있었는데, 단 6.9%만이 주로 같은 방향으로 가는 차량이 없을 때 빨간 신호에서도 멈추지 않고 좌회전을 함으로써(북미에서의 우회전에 해당한다) 교통규칙을 위반했다. 나아가 콜로라도 대학교의 2017년 연구에서는 자전거 이용자들이 교통규칙을 위반하는 주된 이유가 신변의 안전을 높이기 위해서(70%)인 반면, 자동차 운전자들이 규칙을 위반하는 주된 이유는 시간 절약을 위해서(77%)라는 결과가 나왔다. 사고가 일어났을 때, 사고 과실의 대부분은 자동차 운전자측에 있었다. 한 연구에 따르면, 사고가 났을 때 전적으로 자동차 운전자의 책임인 경우는 60~70%인 반면, 자전거 운전자가 책임이 있는 경우는 17~20%다.

틀림없이 많은 독자가 이런 통계를 거의 믿기 어렵다고 생각할 것이다. 자동차 운전자라면 누구나 혼잡한 시간대에 멍청하게 차도와 인도를 넘나들며 혼란을 가중시키는 무모한 자전거족을 상대해야 했던 경험이 있기 때문이다. 실제로 캐나다의 2018년 연구에서는 대부분이 도로의 긴장과 자전거 관련 사고에 대해 자전거족의 과실로 여기는 것으로 드러났다. 상반되는 경험 연구를 고려하면, 여기에는 우리의 인지적 편향이 지배하고 있을 가능성이 높다. 우리는 몇 안 되는 멍청한 자전거족은 생생하게 기억하지만(특히 기존에 부정적인 선입견이 있다면 그것을 확증할 기회를 반기게 된다), 대다수의 자전거 이용자는 기억하지도, 심지어 알아차리지도 못한다. 나는 또한 많은 사람이 자전거족을 (자동차를 위한 도로에서!) 감히 이륜구동의 기동성을 남용하는 무임승차자로 취급한다고 본다. 셰필드 대학교의 인지과학 연구자 톰 스태퍼드Tom Stafford는 우리가 옳든 그르든 간에 교통 흐름의 도덕률을 어기는 듯 보이는 사람들에게 짜증을 내도록 타고난다고 주장한다. 인간은 사회적 동물이고, 운전은 협력을 요구하는 사회적 행위이다. 그래서 자전거족이 자전거 전용도로를 타고 교통 체증으로 꽉 막힌 도로 옆을 유유히 통과할 때, 우리는 무의식적으로 "아, 저 자전거족은 정말 운이 좋고 스마트하구나!"가 아니라 분노로 가득한 반응을 보이기 쉽다.

그러거나 말거나, 우리가 이름도 모르는 남들의 무지하고 본능적인 분노 반응에 맞춰 우리의 통근 방법을 결정해야 할까? 그렇지 않다. 그것들은 그냥 무시하는 게 답이다.

그럼 이제 패션 때문에 자전거 통근을 포기하는 이야기로 넘어가보자. 북미에서는 자전거 타기를 운동으로 보는 인식이 강하다. 많은 자전거 통근자가 특수한 사이클복을 입고 마치 스포츠 경기에 출전하듯이 출근을 한다. 그래서 사람들은 대개 자전거 통근자라고 하면 눈에 띄고 멋없는 사이클 복장을 하고 투르 드 프랑스Tour de France를 열렬히 동경하는 괴상한 중년 라이더를 떠올리게 된다.

이런 프레임은 좋지 않다. 이런 프레임은 자전거로 통근하려면 여분의 옷을 가지고 출근하여 직장에 도착하면 샤워부터 해야 한다는 믿음을 심어준다. 사이클복 차림을 남에게 보이기 싫다면(솔직히 말해서 머리끝부터 발끝까지 탄성섬유 소재를 입고 제정신으로 보일 사람은 극소수에 불과하다), 자전거족에 동참하려는 생각이 그리 매력적이지 않게 느껴질 수 있다.

또 이런 프레임은 '사이클리스트'가 되려면 어느 정도의 기초 운동능력이 필요하다고 생각하게 만든다. 이런 인식 또한 잘못되었다. 대부분의 통근자는 특별한 복장이 필요하지 않고, 샤워하고 옷을 갈아입을 필요도 없다. 그냥 자전거에 올라타서 페달을 밟아라. 그리고 기억하라, 이것은 레이스가 아니다. 투지가 넘치고 근사한 장비를 갖춘 다른 통근자들 때문에 자전거로 통근하려는 당신의 생각을 포기하지 마라. 덴마크, 벨기에, 네덜란드에서 자전거로 출퇴근하는 사람들의 사진을 한번 찾아봐라. 청바지부터 정장, 스커트, 하이힐까지 온갖 종류의 복장으로 자전거를 타는 사람이 무수히 많다.

나는 한동안 벨기에의 아름다운 도시 루뱅에서 초빙교수로 지낸

적이 있다. 당시 내 동료들은 나이를 불문하고 그날의 업무에 맞는 복장으로 자전거를 타고 직장이나 저녁 식사, 회의에 나타나곤 했다. 한번은 내가 시내에서 선배 교수를 만나 커피를 마신 적이 있다. 그녀는 활기차고 멋진 비즈니스 정장 차림으로 자전거를 타고 약속 장소에 도착했고, 자전거 앞 바구니에는 점심 도시락이 담겨 있었다. "여기서 댁이 얼마나 먼가요?" 나는 바로 근처에 산다는 그녀의 대답을 기대하며 물었다. "아, 멀지 않아요. 약 5킬로미터 정도."

우리는 항상 바쁘게 살아간다. 따라서 활동적인 통근을 선택하는 데 시간과 거리가 큰 걸림돌이 된다고 해도 놀라운 일은 아니다. 하지만 다시 한 번 말하건대, 인식은 현실과 맞지 않을 때가 많다.

펜실베이니아 주립대학교의 2018년 연구에서 수백 명의 사람에게 다양한 장소까지 걷거나 자전거를 타고 가는 데 얼마나 오래 걸릴 것 같은지 물었다. 사람들은 거의 항상 틀렸는데, 보통은 실제보다 더 오래 걸릴 것으로 예상했다. 무려 93%가 특정 장소까지 자전거를 타고 가는 데 걸리는 시간을 잘못 추정했다. 이 논문의 저자 중하나인 멜리사 보프Melissa Bopp 교수는 이렇게 요약했다. '도보나 자전거 여행에는 많은 이점이 있는데도, 실제 그렇게 여행하는 사람은 많지 않다. 사람들은 거리가 너무 멀거나 시간이 너무 오래 걸려서 도보나 자전거 여행을 할 수 없다고 생각하지만, 그것은 사실이 아닌 것으로 밝혀졌다.'

캐나다 직장인들은 편도로 평균 25~30분을 운전하여 출퇴근한다(우연히도 세계에서 통근 시간이 가장 긴 편에 속한다). 통근 거리의 중간값은 7.7km로, 이 정도면 우리가 자전거를 타고 적당한 속도로 달려

30분 이내에 도착할 수 있는 거리다. 따라서 모든 자동차 통근자의 절반 이상은 운전을 한다고 해서 출퇴근 시간을 절약하지 못한다. 특히 차를 주차하고 목적지 입구까지 걸어가는 시간을 고려하면 더욱 그렇다. 오히려 교통 체증이 심한 곳에서는(출퇴근 시간은 거의 항상 러시아워와 겹친다) 자전거를 타면 통근 시간을 절약할 수 있다.

나는 구글 지도를 이용하여 다양한 주요 도시에서 자전거로 7km를 이동하는 데 걸리는 대략적인 시간을 알아봤다. 하버드 로스쿨에서 보스턴 커먼 공원까지의 거리는 약 7km이며, 구글 지도에 따르면 자전거로 이동하는 데 31분이 걸린다. 토론토에서는 CN 타워와 에글린턴 애비뉴 사이의 거리가 7.8km이고, 자전거로 달리면 31분이 소요된다. 뉴욕에서는 배터리 공원에서 타임스퀘어까지의 거리가 7.9km이며, 자전거로 가는 데 28분 걸린다. 그리고 내가 사는 에드먼턴은 대초원 마을이고 워낙 황량하다 보니 자전거로 30분 달리면 아주 먼 거리를 이동할 수 있다.

나는 직장에서 6.5km 떨어진 곳에 살고 있어서 통근 거리가 평균에 조금 못 미친다. 자전거를 타고 편안한 속도로 달리면 여름에는 약 20분, 겨울에는 약 25분이 걸린다. 나는 이 시간이 정말 좋다. 물론 나는 운이 좋은 편이다. 대부분의 사람은 출퇴근을 싫어한다. 정말, 정말 싫어한다. 노벨상 수상자 대니얼 카너먼Daniel Kahneman이 2014년에 텍사스주 여성 900여 명을 대상으로 실시한 조사에서 응답자들은 아침의 출근이 하루 중에 가장 싫은 일이라고 대답했다. 하지만 모든 사람이 똑같이 느끼는 것은 아니다. 캐나다 통계청의 2005년 설문조사에 따르면, 약 3%의 인구는 출퇴근이 하루 중에 가장 좋은 시간이라고 대답했다. 이 이상한 사람들은 누구일까? 대부분 자전거로 출퇴근하는 사람들이었다. 실제로 자전거 통근자의 19%는 출퇴근이 '하루 중 가장 즐거운 활동'이라고 대답했다.

물론 활동적인 통근이 모든 사람에게 적합한 것은 아니다. 당신은 드물게 운전을 즐기는 사람일 수도 있다. 아니면 직장에서 멀리 떨어진 곳에 살거나, 업무나 퇴근 후의 활동을 위해 차가 필요할 수도 있다. 아니면 집과 직장 사이의 도로가 자전거를 타기에 너무 위험할 수도 있다. 얼마든지 그래도 괜찮다. 하지만 적어도 잘못된 정보나 선입견 때문에 우리의 결정이 흔들려서는 안 된다. 활동적인 통근은 건강에 더 좋다. 환경에도 더 바람직하고, 교통 혼잡을 줄이는 데도 도움이 된다. 또 대체로 시간과 비용을 절약할 수 있다. 나로서는 어느 쪽을 선택할지가 명백한 것이다.

이제 나는 "망할 도로에서 꺼지라"는 말을 들으면 그냥 웃으며 손을 흔든다. 빌어먹을 차 안에 갇혀 꼼짝 못하는 것은 내가 아니니까.

☀ ─────────────────────────────── 08:15

주차

어떤 식이든 당신이 차를 운전한다고 가정해보자. 그냥 그래야 한다. 일단 목적지에 도착하면 당신은 가장 짜증나는 인간 경험 중 하나에 직면하게 될 것이다. 특히 대도시에 거주한다면 더더욱 그렇다. 바로 주차이다.

영국의 2017년 설문조사 결과는 대부분의 사람이 주차할 장소를 찾는 데 수시로 스트레스를 느낀다는 사실을 보여준다. 이 연구에 따르면, 인구의 3분의 2가 주차 스트레스를 견디지 못해 가족 나들이를 취소한 적이 있고, 40%는 약속 시간을 놓친 적이 있었다. 미국에서는 남성 운전자의 3분의 1이 전년도에 주차 문제로 다른 운전자와 실랑이한 적이 있다고 대답했다.

사람들이 이렇게 느끼는 것은 당연하다. 주차는 터무니없이 많은 시간과 심적 에너지를 소모하게 한다. 이는 마치 총구에 겨눠진 채 설거지를 하는 것처럼 따분하면서도 불안감이 유발되는 행위다. 우리가 주차 공간을 찾으며 보낸 시간을 모두 합치면 매년 수십 시간에 이를 것이다. 예를 들어, 뉴욕시의 평균적인 차주는 주차 공간을 찾느라 1년에 무려 107시간(4.5일이다!)을 허비한다. 2017년의 한 경제 분석 결과, 주차 공간을 찾는 데 소요된 이 모든 시간이 미국 경제에 연간 710억 달러 이상의 비용을 유발하는 것으로 추정됐다.

사람들은 주차 상황에서 끔찍하게 행동한다. 1997년의 한 연구에 따르면, 운전자가 주차해놓은 차를 뺄 때 누군가가 주차 공간에 대기하고 있으면 아무도 없을 때보다 더 오래 미적거리다가 떠나는 것으로 나타났다. 연구진은 이를 '영토 방어'라고 명하며, 뒤에 기다리는 운전자에게 앙갚음을 하려는 타고난 경향이 우리한테 있다고 주장했다. 그렇게 해야 할 이유도 전혀 없고, 그런 식으로 늑장을 부려봤자 괜히 아까운 시간만 허비하여 자기 손해인데도 말이다.

우리는 비록 스스로가 타고난 주차장의 멍청이임에도 다른 사람들은 예의 바르게 행동하기를 기대한다. 그리고 남들이 주차장의 윤리적 불문율을 따르지 않으면 크게 분노한다. 언젠가 나는 아들 마이클과 함께 폐점 시간이 다 되어 대형 할인점에 들른 적이 있다. 대형 주차장은 거의 비어 있었다. 우리는 시간이 급했고, 나는 서둘러 대충 차를 댔다. 차에서 내려 보니, 우리 차가 주차선 한쪽을 넘어서 약간 비스듬히 주차되어 있었다.

내가 "주차를 다시 하는 게 좋겠다"고 말하자, 마이클은 "됐어요, 주차장이 텅텅 비었잖아요"라고 대답하며 상점으로 향했다. "우리가 이따 돌아와 보면 분명히 차에 메모가 붙어 있을 거야." 나는 장담했다.

20분 후에 우리는 장을 보고 돌아와 자동차 앞 유리에 붙어 있는 쪽지를 발견했다. 거기에는 이렇게 적혀 있었다. '온 세상 사람들이 당신이 제대로 주차하는 법을 배우길 바랄겁니다. 당신은 할 수 있어요. 그렇게 어렵지 않아요. 꼭 배우길 바랍니다.'

주차 스트레스는 대부분 우리의 통제 범위를 벗어나지만(단순히 많은 도시에서 주차 공간이 충분하지 않은 것이므로), 우리의 주차 결정에는 결과가 따른다. 사실 주차라는 단순 행위는 어떻게 우리의 인지적 편향과 잘못된 정보에 근거한 습관이 종종 나쁜 결정으로 이어져 우리의 하루를 조금 더 나쁘게 만들고, 또 시간이 흘러 나쁜 결정이 축적됨에 따라 상당한 사회적 비용을 초래할 수 있는지를 보여주는 훌륭한 예다.

사람들은 완벽한 주차 공간을 찾기 위해 많은 시간을 소비한다(라고 쓰고 '허비한다'로 읽는다). 지난번에 좋은 곳에 주차했던 기억이 있다면 더욱 그렇게 하게 된다. 우리는 그 즐거운 경험을 재연하기 위해 노력한다. 미국 TV 시트콤 「사인필드Seinfeld」의 등장인물인 조지 코스탄자George Costanza는 심지어 좋은 주차 공간을 찾는 일을 섹스와 같은 범주에 넣는다. "이 도시에서 주차하는 것은 섹스와 비슷해. 열심히 노력하면 무료로 얻을 수 있는데 왜 거기에 돈을 써?"

버지니아주 크리스토퍼 뉴포트 대학교의 심리학 교수 앤드루 벨키Andrew Velkey는 '지난번 좋은 자리 이론'과 코스탄자의 말에 숨어 있는 요지에 동의한다. 많은 주차장 행동을 관찰하며 연구해온 벨키 교수는 사람들이 '좋은 주차 공간을 확보했을 때' 그런 드문 순간을 더욱 생생하게 기억한다고 말했다. 그 결과 사람들은 조지 코스탄자와 마찬가지로 주차하기 힘든 상황에 직면할 때마다 더 열심히 노력해야 한다고 느끼게 된다는 것이다. "사람들은 보다 평범한 장소에 주차했던 더 가능성 높은 순간들을 잘 기억하지 못합니다. 그 결과 좋은 주차 장소를 찾을 확률을 과대평가하게 되지요."

한편, 좋은 주차 공간을 가로채는 것은 일종의 성취처럼 느껴진다고 한다. 주차라는 치열한 스포츠에서 골을 넣은 것처럼 느껴지는 것이다. "다른 사람들과 경쟁하고 있다는 것을 알기 때문에 성취감, 만족감, 어쩌면 약간의 승리감마저 느끼게 됩니다. '나는 공간을 차지했지만, 너는 그러지 못했지.' 이런 식으로요."

벨키 교수는 또 사람들이 과거의 주차 경험에서 학습하지 못한다는 점을 발견했다. "주차 경험이 많은 사람들도 경험이 적은 운전자와 똑같은 실수를 저지릅니다. 그 결과 별로 나아지지 않지요."

요약하자면 이렇다. 우리는 전지전능한 주차의 신이 아니다. 너무 애쓰지 말자. 주차는 경쟁이 아니다.

사실 가장 좋은 주차 전략은 이런 충동을 무시하는 것이다. 처음 눈에 띈 빈자리에 주차하는 사람들이 좋은 주차 공간을 찾아 헤매는 사람들보다 더 빠르게 목적지에 도착할 수 있다. 1998년에 발표된 한 연구에서는 수학적 모델링을 사용하여 주차 공간을 찾는 최선의 접근법을 예측했다. 그 결과, 그냥 주차장 입구에서 가장 가까운 줄(종종 목적지에서 가장 멀리 있는 줄)을 고르고 맨 처음 눈에 띄는 빈 공간에 주차하는 전략이 목적지에 가장 가까운 주차 공간을 찾으려는 공격적인 전략보다 더 유리했다. 목적지에 가까운 주차 공간을 찾는 데 들이는 시간이 그 공간에 주차해서 절약하게 되는 시간보다 길어서 무의미해지기 때문이다. 이런 노력은 당신의 하루를 더욱 짜증나게 만들 뿐이다.

이 수학적 모델링은 주차장에서 주차하는 경우에 해당한다. 그러나 논리적으로 생각하면 길거리 주차에도 통용될 가능성이 높다. 목적지에서 꽤 멀리 떨어져 있더라도 맨 처음 눈에 띄는 장소에 주차하자. 그리고 목적지까지 산책을 즐기면 어떨까? 주차를 할 때는 멍청이처럼 굴지 말고, 다른 운전자들의 멍청한 짓을 참아내며(기억하라, 당신도 아마 멍청한 짓을 일삼을 것이다), 처음 발견한 빈자리에 주차하도록 하자.

☀ ── 08 : 30

업무 시작

중요한 일부터 먼저 하자(보통 이런 일은 창의적이고 힘든 일들이다). 이메일의 소용돌이에 빨려들지 말자. 굳세게 버티자.

연구에 따르면, 우리는 하루 중 특정 시간대에 능률이 오르고, 대부분의 사람은 아침 시간에 그렇다는 결과가 꾸준히 나오고 있다. 시카고 대학교의 2016년 연구에서는 6학년부터 11학년까지 거의 200만 명의 데이터를 분석하여 시간대가 학업 성과에 얼마나 큰 영향을 미치는지를 파악했다. 그 결과, 학생들이 오후보다 오전에 더 많은 내용을 배운다는 사실을 발견했다. 오전 시간에 영어와 수학 수업을 들으면 학생들의 평점이 유의미하게 높아졌던 것이다.

☀ ─────────────────────────────── 09:30

공중 변기 시트

나는 약간 세균 공포증이 있어 개인적으로 화장실 변기 시트 문제에 민감하다. 만약 손을 대지 않고 화장실에서 볼일 보기가 올림픽 종목으로 채택된다면, 나는 거뜬히 국가대표로 뽑힐 만하다고 자부한다. 실제로 변기에 대한 불안으로 각 화장실 칸의 세균 분포 연구를 깊이 파고들었을 정도다. 그렇다, 실제로 이런 연구 자료가 존재하며 나의 매일매일의 변기 선택에 영향을 미친다. 이 지저분한 학구열로 무엇이 밝혀졌을까? 세균이 신경 쓰인다면, 화장실의 첫 번째 칸이 최선의 선택이란 것이다. 세균 공포증이 있다면 주목하자. 화장실의 중간 칸은 사용을 피하라!

공중 변기를 사용하기가 꺼림칙한 사람은 비단 나뿐만이 아니다. 1991년의 한 연구에서는 놀랍게도 무려 85%의 여성이 공중 좌변기 위에 쪼그려 앉는다는 사실이 드러났다. 즉, 접촉을 피한다는 것이다. (여성이 남성보다 화장실에서 훨씬 긴 시간을 보낸다는 —그렇다, 이런 연구 결과도 존재한다— 점을 감안하면, 이는 방광에서 유도된 엄청난 등축성 근력 운동[근육이 수축하지만 근육의 길이나 움직임에는 변함이 없는 운동-옮긴이]이다. 그래서 여성이 더 오래 사는 것이 아닐까?) 또 12%의 여성은 좌변기를 종이로 덮고 사용했고, 오직 2%만이 그냥 앉았다. 나는 이를 피할 수 없는 일에 대한 놀라울 만큼 보편적인 공포로 분류하고 싶다. 이런 공포는 번거로울 뿐만 아니라(생물학적 신호가 오는 시점과 깨끗한 시설을 사용 가능한 시점을 딱 맞추기가 어려울 수 있다) 건강에도 악영향을 미친다. 예를 들어, 대학생 173명을 대상으로 한 2017년 스웨덴 연구 결과, '학교 화장실을 이용하기 싫어서 참고 참다가 불규칙적으로 배뇨를 하면 여러 비뇨기 질환이 발생할 수 있었다.'

공중화장실을 기피하는 데는 여러 요인이 작용하겠지만, 주된 관심사는 세균일 것이다. 그런데 우리가 정말 변기 시트의 세균에 대해 걱정해야 할까? 이런 변기 시트에 커버를 사용한다고 과연 화장실 안에 서식하는 모든 지저분한 세균으로부터 보호막을 형성할 수 있을까?

공중 변기는 상당히 더럽게 보일 수 있어도, 세균과 관련된 심각한 위험이 존재하지는 않는다. 내가 중학교 친구들에게 들었던 여러 권위 있고 진심어린 경고와는 달리, 우리는 변기 시트를 통해 성병에 걸릴 수 없다. 사실 대부분의 미생물은 꽤나 무해하며 욕실 표면에서 오래 살아남지 못한다. 감염원이 통과하려면 세균을 옮기는 최악의 시나리오가 한꺼번에 겹치고 겹쳐야만 할 것이다. 예컨대 감염자가 질병을 유발하는 병원성 미생물이 빈틈없이 가득한 상처가 벌어진 채로 변기 시트를 사용한 직후에 우리가 거기에 앉아야만 가능할지도 모른다. 하지만 이런 상황에서조차 위험성은 여전히 희박하다. 밴더빌트 대학교의 예방의학 교수인 윌리엄 샤프너William Schaffner 박사는 '변기 시트는 어떤 감염원도 옮길 수 있는 수단이 아니므로, 우리는 변기 시트로 인해 어떤 병도 걸리지 않을 것'이라고 결론 내렸다.

브렛 핀레이Brett Finlay 교수도 이에 동의한다. 그는 내 동료이자 유명한 미생물 및 면역학 연구자이며, 세균을 수용하는 책《차라리 아이에게 흙을 먹여라Let Them Eat Dirt》의 저자이기도 하다. "변기 시트는 사실 그렇게 더럽지 않아요. 딱딱한 플라스틱이라 그다지 나쁘지 않죠. 아이러니하게도 싱크대가 더 더러워요. 싱크대는 늘 젖어 있어서 세균막, 즉 미생물 군집체가 생기거든요." 핀레이 교수에 따르면, 결론적으로 '딱딱하고 건조한 표면에는 세균이 많지 않고, 부드럽고 축축한 표면에 세균이 많이 서식한다.' 지속적인 연구를 통해서도 휴대폰, TV 리모컨, 운동 시설, 주방 도마, 주방 수도꼭지 손잡이 등 자주 쓰는 물건들이 공중 변기 시트보다 훨씬 더 세균이 많다는 사실이 밝혀졌다. 그러므로 우리는 어느 정도 안심하고 좌변기에 그냥 앉아도 된다.

그리고 종이로 만든 변기 시트커버는 거의 확실히 쓸모가 없다. 일단 종이 커버는 다공성이어서 작은 세균과 바이러스가 얼마든지 이를 통과하여 우리 엉덩이 표면까지 쉽게 도달할 수 있다(앞에서 말했듯이, 이는 크게 문제되지 않는다). 더구나 변기 시트커버는 배변 과정에서 정말 문제가 될 수 있는 '변기 분무 현상toilet plume'을 멈추는 데도 거의 도움이 되지 않는다. 변기 분무 현상이란 2018년 연구에서 요약된 바와 같이 '변기에서 물을 내릴 때 배설물 입자가 에어로졸처럼 분무되는' 현상이다. 이 연구는 변기에서 매번 물을 내릴 때마다 세균이 얼마나 멀리 퍼지는지를 신중하게 측정했다. 그 결과는 어떠했을까? 배설물 입자는 대단히 멀리까지 날아갔고, 대개의 공중화장실이 그렇듯이 변기의 물에 강하고 작은 세균이 포함되어 있을 때는 특히 더 그랬다. 2013년에 변기 분무 현상 데이터를 검토한 연구진은 '변기에서 물을 내릴 때 잠재적인 감염 위험이 있는 에어로졸이 상당량 생성될 수 있다'며 '수차례 변기 물을 내리다 보면 에어로졸화가 지속되어 다음 화장실 사용자들이 거기에 노출될 수 있다'고 결론 내렸다.

이 말은 매우 지저분하게 들린다. 하지만 다시 한 번 우리는 배설물 공포를 최소한으로 줄여야 한다. 물론 드물게 유해한 병원균이 공격적인 변기 물 내림 과정에서 멀리 퍼져나갈 수 있더라도, 개개인의 위험 관점에서는 변기를 통한 전염 가능성은 매우 낮은 편이다. 핀레이 교수가 상기시켰듯이, '장내 병원균을 옮기는 가장 흔한 방법은 단연 대변-구강 경로이다.' 즉, 우리가 걱정해야 할 것은 변기 시트나 세균으로 가득한 변기 에어로졸이 아니라 우리의 더러운 손이라는 얘기다.

이제 변기에 대한 두려움을 잠재웠으니 잠시 변기를 예찬하는 시간을 가져보겠다. 삶의 질과 질병 예방의 관점에서, 변기는 아마도 인간의 가장 위대한 발명품 중 하나일 것이다. 2007년에 〈영국 의학 저널British Medical Journal〉의 독자들은 위생 상태의 개선—기본적으로 깨끗한 물과 화장실—을 가장 위대한 의학적 발전으로 꼽았다. 줄기세포, 유전학, 마취제, 이식, 심지어 항생제를 제치고 위생을 선택한 것이다. 다음번에 화장실에 갈 때는 이 사실을 떠올려보자. 우리는 수백, 수천만 명의 생명을 구한 장치 위에 앉아 있는 것이다. 유감스럽게도 세계 인구의 상당수는 여전히 화장실을 이용할 수가 없다. 2017년에 세계보건기구는 약 9억 명의 인구가 여전히 야외에서 용변을 봐야 한다고 보고했다. 그리고 인구 증가로 인해 이 수치는 증가할 가능성이 높다.

끝으로 변기 시트에 관한 여담을 하나 하겠다. 화장실 경험 가운데 여성이 남성만큼 걱정할 필요가 없는 것은 무엇일까? 바로 침이다. 많은 남자(내 옆자리 소변기를 차지하는 모든 남자)가 소변을 보기 전에 침을 뱉는 우스꽝스럽고 역겹고 원시적인 버릇을 가지고 있다. 그렇다 보니 남자 화장실의 변기나 소변기는 튄 오줌 외에 침방울로 뒤덮이는 경우가 많다. 대체 왜 이런 일이 벌어지는 것일까?

비록 이 논점에 대한 실증적인 연구는 거의 찾을 수 없었지만, 일부 학자들은 남성이 자신의 영역을 표시하는 방법의 하나로 침을 뱉는다고 추측했다. (대체 왜 스포츠 경기장, 술집, 영화관 등의 화장실에 자신의 영역을 표시하려는지 나로서는 도저히 이해할 수 없다.) 여성보다 남성에게 더 많은 침이 분비되는 것도 아니다. 침을 뱉어야 할 진정한 생리학적 이유는 사실상 없다. 그러니까 제발, 세상의 남자들이여, 목표 지점에 침을 뱉는 정확도를 높이든지 아니면 공중 소변기에 권리를 주장하려는 원시적인 충동을 억제할 방법을 찾아보자. 침을 통해 심각한 병에 감염될 위험은 매우 낮지만, 변기 분무 현상처럼 침을 뱉을 때도 (소위 위장염을 일으키는) 노로바이러스와 같이 공기로 전파되는 유행성 질병의 전염 가능성은 높아질 수 있다. 실제로 영국 건강보호국Health Protection Agency은 특히 심한 독감 시즌에 프로 축구선수들이 침을 덜 뱉게 하려고 노력했다. 기관 대변인은 '선수들이 다른 사람들 근처에 침을 뱉는다면, 전염병을 옮길 위험이 분명 증가한다'고 말했다. 물론 이런 공중보건 기관의 요청으로 축구선수들의 가래 뱉기가 조금이라도 줄어들었을 것 같지는 않지만 말이다.

☀ ━━━━━━━━━━━━━━━━━━━━━ 09:33

손 씻기

당신의 손을 씻어라. 제발 그 빌어먹을 손을 씻어라! 나는 용변을 보고 나서 지퍼를 올리고 버클을 잠그고 옷을 밀어 넣으면서 곧장 화장실 밖으로 직행하는 남자들을 너무 많이 봐왔다. 나에게 테이저건이 있었다면 바로 쏴버렸을 텐데!

손 씻기는 많은 고민이 필요한 결정이 아니다. 그냥 무조건 씻어라. 아무리 화장지로 철저하게 닦는다고 해도, 앞서 언급했듯이 배설물 입자의 변기 에어로졸이 당신 몸에 병원균을 옮길 수 있다. 당신의 손이 완전히 깨끗하다고 믿을지 몰라도, 여전히 해로운 세균이 남아 있을 수 있다. 인간의 배설물 1g에는 1조 개의 세균이 들어 있을 수 있다고 한다. 그래서 미국 질병통제예방센터의 선언대로, 손 씻기는 '우리가 병에 걸리거나 다른 사람에게 세균을 전파하는 것을 막기 위해 취할 수 있는 가장 중요한 조치 중 하나'인 것이다.

이러면 내가 앞서 공중 변기 시트에 대해 이야기할 때 세균 공포

중에 반대하던 메시지에서 한발 물러나는 것처럼 들릴지도 모른다. 하지만 화장실 변기는 비교적 무해한 데 반해, 많은 병원성 세균은 손을 통해 전염된다. 우리는 종종 손으로 입, 눈, 코를 만지는 행동을 멈추지 못하기 때문이다. 더군다나 손 씻기가 효과적이고, 특히 손을 제대로 씻을 때 그렇다는 사실을 알려주는 많은 연구 결과가 있다. 초등학생 대상의 2014년 연구에서는 아이들에게 손 씻는 법을 가르치면 위장염으로 인한 결석이 36% 줄어든다는 결론을 얻었다. 효과적인 손 씻기로 일반 감기부터 더 심각하고 생명을 위협하는 중병에 이르기까지 모든 발병을 줄일 수 있다. 이는 사소한 일이 아니다. 손 씻기는 전 세계적으로 주로 설사와 관련된 사망자의 감소를 통해 매년 수백만 명의 생명을 구하는 것으로 추정된다.

이런 손 씻기의 효과성을 고려할 때, 많은 사람이 손 씻기를 좋은 생각으로 여기면서도 여전히 행동에 옮기지 않는다는 것은 실망스러운 일이다. 미국의 2015년 연구에서는 미국인의 92%가 화장실에 다녀온 후에 손을 씻는 일이 중요하다고 생각하면서도 66%만이 실제로 그렇게 하는 것으로 나타났다. 더욱 실망스럽게도 70%는 비누를 사용하지 않는다고 인정했다. 보다 객관적으로 측정해보면, 즉 실제 손을 씻는 사람 수를 세어보면, 이 수치는 훨씬 더 심각해진다. 그리고 놀랍지 않게도 남성은 여성보다 손을 더 자주 안 씻으면서도 손으로 훨씬 더 나쁜 짓을 한다. 어쨌든 전체적으로 우리 모두 이 별 것 아닌 일에 꽤나 서툴다. 3,749명을 대상으로 손 씻는 방법을 관찰한 2013년 연구 결과 겨우 5%만이 제대로 손을 씻었다.

사람들은 혼자 있을 때 손을 씻을 가능성이 훨씬 더 낮아진다. 적당한 수준의 주변 압력은 우리의 위생 습관이 올바른 방향을 향하도록 자극하는 것으로 보인다. 스탠퍼드 대학교의 2014년 연구에서는 비디오 원격감시 기능을 이용해 케냐의 도시 학교들에서 학생들의 손 씻는 행동을 추적했다. 화장실 안에 다른 사람이 있을 때는 71%의 학생들이 손을 씻었다. 그러나 혼자 있을 때는 48%만 손을 씻었다. 2009년에 런던 위생열대 의학대학원의 또 다른 연구에서는 사람들에게 손을 제대로 씻도록 설득하는 데 창피함을 불러일으키는 것이 가장 효과적이라는 사실이 발견됐다. 구체적으로 '옆에 있는 사람이 비누로 손을 씻나요?'라는 화장실 팻말이 '멍청하게 굴지 말고, 비누로 손을 씻으세요!' 같은 잔소리식 팻말보다 더 효과적이라는 것을 밝혀낸 것이다.

그렇다면 어떻게 손을 씻는 것이 올바른 방법일까? 수도꼭지 아래에서 손을 대충 헹구고 바지에 슥슥 문질러서는 아무 소용이 없다. 비누로 꼼꼼히 닦고 15~20초 동안 물에 헹구는 것을 목표로 해야 한다. 이는 '생일 축하' 노래를 두 번 부르는 데 걸리는 시간이다. (소리는 내지 말고 자유롭게 노래하자.) 그리고 양 손바닥과 손가락 사이를 씻어야 한다. 외과 의사 스타일로 문지르지는 않더라도, 어느 정도 정성을 들여야 한다.

손을 말리는 방법은 또 어떠한가? 어느덧 화려한 첨단 기술을 자랑하는 열풍 핸드드라이어가 전 세계 공중화장실을 장악해버린 듯하다. 나는 이런 변화가 비용 문제(종이 타월 구매량 감소), 환경 문제(종이 타월 폐기량 감소) 그리고 공중보건 정책을 이용해 사람들이 손을 씻게 만들려는 의도 등에서 비롯되었다고 생각한다. 핸드드라이어 산업은 빠르게 성장하여 2024년에는 16억 달러 규모에 달할 것으로 추정된다. 한 산업 보고서는 이런 확장이 '위생 관념과 청결 의식을 전파하려는 정부 시책의 증가'에 따른 것이라고 주장했다.

하지만 핸드드라이어가 위생 관점에서 최선의 선택은 아니다. 핸드드라이어보다 종이 타월이 더 낫다는 연구 결과가 지속적으로 나오고 있다. 2012년의 문헌 고찰을 한 연구진은 종이 타월이 전기식 공기 건조기보다 더 우수하다고 결론지으며 '병원과 클리닉 등 위생이 가장 중요한 장소에서는' 종이 타월만 사용할 것을 권고했다. 나처럼 세균 공포증이 있는 사람에게는 이 결론이 "전기 핸드드라이어를 사용하지 말라!"는 외침으로 들린다.

핸드드라이어를 둘러싼 이야기는 점점 더 나빠지고만 있다. 2018년 연구에서는 전기 핸드드라이어가 배설물 입자의 분배기 기능을 한다는 사실이 밝혀졌다. 핸드드라이어가 앞서 언급한 변기 에어로졸 입자를 비롯해 온 화장실의 세균성 입자들을 빨아들여 우리 손에 뿜어낸다는 것이다. 연구자들은 '잠재적인 병원균과 포자 등 많은 종류의 세균이 화장실 핸드드라이어에 노출된 손으로 옮겨갈 수 있다'는 사실을 발견했다. 게다가 핸드드라이어는 건물 전체로 세균을 퍼뜨리는 데도 일조한다.

물론 여기에는 위험에 관한 현실 점검이 필요하다. 핸드드라이어에서 뿜어내는 대부분의 세균은 무해하다. 하지만 손 씻기의 목적은 세균을 제거하는 것이므로, 전기 핸드드라이어는 최소한 역효과를 내는 것처럼 보인다. 그러므로 종이 타월을 사용하는 편이 가장 좋을 것이다.

내가 친구들에게 이 책의 손 씻기 부분을 집필하고 있다고 말하자, 많은 이가 자신이 가장 선호하는 방법은 바지에 문질러 손을 말리는 것이라고 말했다. "난 그냥 바지에 손을 닦아. 다들 그렇지 않나?"라는 것이 흔한 대답이었다. 나 역시도 그런 방법을 자주 사용하고, 다른 선택지가 있을 때도 그런다는 사실을 인정해야겠다. 우리는 항상 바지를 입고 있으니 언제든 거기에 손을 닦을 준비가 되어 있는 것이다.

이것이 과연 좋은 생각일까? 나는 이 임시방편으로 손을 말리는 전략에 대해 어떤 연구도 찾을 수 없었다. 하지만 우리 바지에는 나쁜 세균이 묻어 있을 수 있다. 우리가 최근에 용변을 보거나 토한 적이 있다면 더더욱 그럴 것이다(당신이 그런 상황이라면, 핸드드라이어, 종이 타월, 바지 중 하나를 선택하는 것보다 더 큰 문제가 남아 있다). 그렇지만 병원에서 전염병이 퍼지는 것에 의류가 미치는 영향에 대한 과학적 조사들은 대체로 양질의 증거가 부족하다고 결론짓는다. 생물학적으로는 의류를 통해 세균이 전염될 가능성이 분명 존재하기 때문에 세계의 많은 병원이 '팔꿈치 아래로는 옷을 입지 않는bare below the elbows' 반소매 가운 정책을 채택하고 있다. 물론 바지에 배설물이 묻어 있지 않는 한, 바지를 이용해 빠르고 효율적으로 손을 닦더라도 별 문제는 없을 것이다. 일반적으로 바지에서 발견되는 피부 미생물은 대개 그런 세포의 숙주(즉, 우리)에게 위험하지 않기 때문이다.

2011년에 앨버타 대학교의 레이철 매퀸Rachel McQueen 교수는 흥미로운 세균투성이 청바지 실험을 했다. 매퀸 교수는 자신의 한 학생에게 청바지 한 벌을 세탁하지 않고 15개월 동안 매일 입도록 했다.

(연구윤리위원회가 무슨 생각이었는지 궁금하다!) 실험 결과, 15개월 동안 세탁하지 않은 청바지에서는 단 몇 주 동안 세탁하지 않은 청바지와 같은 양의 세균이 발견되었다. 그 세균들은 특별히 더럽지 않았으며, 평범하고 대체로 무해한 피부 미생물이 대부분이었다.

나는 지금 청바지를 세탁하지 말라고 주장하는 것은 아니다. 물론 생지데님 마니아들 사이에서는 이제 흔한 일이 되었지만 말이다. 비누와 물로 자주 손을 씻기만 하면 가끔 청바지에 손을 문질러 닦는다고 해서 문제가 생기진 않을 것이다. 그렇더라도 더러운 청바지에는 여전히 고약한 세균이 있을 수 있다. 특히 속옷을 입지 않는다면 더더욱 그럴 것이다(앞서 이야기한 '속옷 입기' 부분을 기억하는가?). 이는 단순히 매퀸 교수의 표현대로, '바지가 우리의 항문 및 성기와 밀접하게 맞닿아 있기' 때문이다.

☀ ─────────────────────────────── • 10:00

커피 한 잔 더?

아주 좋다. 더 말할 필요가 있을까?

☀ ─────────────────────────────── • 10:30

멀티태스킹

나는 언젠가 멀티태스킹에 대해 토론하는 지역 라디오 쇼에 게스트로 출연한 적이 있다. 우리는 멀티태스킹을 해야 할까? 우리가 과연 멀티태스킹을 할 수는 있을까? 나보다 앞서 말한 사람은 인력개발 전문가였다. 그녀의 일은 사람들에게 직장을 찾아주는 것이었다. 그래서인지 그녀는 인정사정없이 이렇게 말했다. "지금 고용주들이 찾고 있는 최고의 능력은 여러 가지 일을 동시에 처리하는 능력입니다. 고용주들은 직원들이 동시에 많은 일을 해내기를 기대합니다. 이것이 우리가 살고 있는 세상입니다!"

애석하게도 그녀의 말이 옳다. 한 연구에서는 평균적인 사무직 직장인이 3분 5초마다 한 번씩 하던 일을 중단한다는 사실이 밝혀졌다! 그리고 그중 절반가량은 스스로 하던 일을 중단했다. 대부분 한 가지 일에 3분 이상 집중하지 못한다. 우리는 이메일을 확인한다. 팝업 뉴스 알림을 클릭한다. 트위터 창을 스캔한다. 김 카다시안의 인스타그램 계정을 훑어본다. 우리는 말도 안 되게 산만한 사람들인 것이다!

낮은 업무 집중도와 멀티태스킹에 관해서는 흥미로운 연구가 많다. 연구에 따르면, 노트북과 휴대폰을 모두 포함시킬 경우 사람들이 하루에 5~8시간 정도를 온라인에서 보내는 것으로 나타났다. 인구의 상당수는 잠자는 시간보다 전화와 컴퓨터상에서 보내는 시간이 더 많다. 세상은 자꾸만 더 산만해지도록 설계된다. 점점 더 멀티태스킹을 요구한다. 여기에도 시장의 힘이 작용한다. 뉴스 알림이 컴퓨터 화면 구석에 슬그머니 뜬다. 새로운 문자 메시지나 페이스북 업데이트가 있을 때마다 벨소리가 울린다. 그러다 온라인 서핑의 소용돌이에 말려들기는 어이없을 정도로 쉽다. 우리는 어떤 아이디어가 떠오르면 그것과 관련된 정보를 검색하다가, 어느새 이런저런 웹

사이트를 전전하는 자신을 발견하게 된다.

작가인 나는 종종 앉아서 이렇게 생각한다. "지금부터 이메일이나 트위터 계정을 확인하지 않고 인터넷 서핑도 하지 않는 30분의 시간을 나에게 주겠어." 하지만 그러기가 쉽지 않다. 한번 흐름을 타게 되면 시간이 가는 줄 모르고 집중할 수 있다는 걸 안다. 그러나 흐름을 타기란 너무나 힘들다. 특히 연구 목적으로 온라인상에서 일할 때는 더욱 그렇다.

끊임없는 산만함은 대가를 치르기 마련이다. 멀티태스킹과 업무 중단이 능률을 감소시킨다는 사실은 지속적인 연구를 통해 확인되고 있다. 우리 뇌는 한 번에 너무 많은 정보를 처리할 수 없다. 멀티태스킹은 인지 능력을 고갈시킨다. 여러 작업을 더 많이 오갈수록, 효율성은 더 떨어지게 된다. 한번 업무에서 신경이 분산되면, 다시 일에 집중하는 데 상당한 시간이 걸린다. 한 연구에 따르면, 업무에 복귀하는 데 평균 23분 이상이 걸린다고 한다. 그뿐 아니라 멀티태스킹은 업무 스트레스를 증가시키고, 경제적 비용을 유발하며, 시간을 낭비하게 만든다. 미국에서는 멀티태스킹 때문에 매년 6,500억 달러 이상의 비용이 지출된다고 추정한다. 또한 2015년 설문조사에 따르면 사람들은 하루 평균 3시간 정도를 낭비한다고 답했다.

종합해볼 때, 멀티태스킹이 바람직한 결정이라는 근거는 찾아볼 수 없다.

몇몇 연구에서 아주 극소수인 약 2.5%의 인구만이 효과적으로 멀티태스킹을 할 수 있는 사실이 밝혀졌다. 나머지 97.5%의 인구(즉, 거의 모든 사람)와 달리, 이런 '슈퍼태스커supertasker'는 적어도 통제된 실험에서는 두 가지 일을 동시에 처리하는 동안에도 유의미한 능률 저하를 경험하지 않았다. 만약 스스로 그런 특별한 사람이라고 생각하고 있는가? 그렇다면 그 생각은 틀릴 가능성이 매우 높다. 2013년 유타 대학교에서 진행된 연구 결과에는 스스로 멀티태스킹을 잘한다고 생각하는 사람들이 특히 그렇지 못한 경우가 많았다. 그들은 더 빨리 산만해지고 집중하지 못하기 때문에 여러 가지 일을 동시에 했던 것이다. 이 연구의 주 저자인 데이비드 샌본마츠David Sanbonmatsu 교수는 이렇게 말했다. '사람들이 멀티태스킹을 하는 이유는 멀티태스킹을 잘하기 때문이 아니다. 더 산만하기 때문이다.' 멀티태스킹을 하려는 경향은 '실제 멀티태스킹 능력과 부정적 상관관계가 있었다.' 우리는 누구나 스스로 평균보다 낮다고 생각하는 경향이 있다. 그 전형적인 예로 이 연구에 참여한 대학생의 70%는 자신의 멀티태스킹 능력이 평균보다 더 낮다고 생각했다. 통계학적으로 당연히 불가능한 일인데도 말이다.

디지털 시대의 또 다른 신화는 젊은이들이 단지 디지털 환경에서 태어났기 때문에 멀티태스킹이나 끊임없는 정보 흐름의 처리에 더 능하다는 것이다(전형적으로 '요즘 아이들' 운운하는 소리다). 그러나 '디지털 원주민digital native'이란 개념은 잘못된 것이다. 2017년 〈네이처〉 기사에 언급된 논문에 따르면, '단순히 디지털 시대에 태어났다고 해서 정보 처리에 능통한 디지털 원주민이란 존재가 되지는 않는다'는 사실이 밝혀졌다. 기성세대와 마찬가지로 젊은 세대도 멀티태스킹 능력은 형편없다는 얘기다.

집중력을 유지하기가 이렇게 어려운 시대는 없었다. 나는 나 자신과 게임을 한다. 만약 내가 이 일을 끝내면 나에게 에스프레소를 사주겠다는 식으로. 이런 방법은 단순하게 들려도 효과가 있다. 하나의 일을 완료한 후에 다음 일로 넘어가도록 하자.

☀ —————————————————————————— 11:00
점심시간 기다리기

당신은 생산적인 아침을 보냈다. 당신은 아침형 인간이기 때문에 장하게도 아침 일찍 일어났고, 생우유가 없는 건강한 아침 식사를 했다. 자녀들을 제시간에 맞춰 학교로 보냈고, 자전거를 타고 출근했다. 직장에서는 산더미 같은 이메일, 뉴스 알림, 소셜 미디어 피드를 무시한 채 중요한 프로젝트부터 먼저 처리했다. 이제 점심시간이 한 시간 앞으로 다가왔다.

아무리 즐거운 약속이라 할지라도 다가오는 약속을 생각하는 일은 생산성을 떨어뜨릴 수 있다. 정해진 약속 시간까지 남은 자투리 시간처럼 제약이 있는 시간은 동일한 길이의 제약 없는 시간에 비해 짧게 느껴진다. 흥미롭게도 사람들은 약속 시간이 다가올 때 생산성이 저하된다. 다시 말해, 하루의 일정을 구조화하면 오히려 효율성이 낮아질 수 있다는 뜻이다. 오하이오 주립대학교의 세린 말콕Selin Malkoc 교수는 우리가 약속 시간에 신경을 분산시키기 시작하여 이런 일이 벌어진다고 추측했다. 우리가 정신적으로 약속에 나갈 채비를 시작하면서 남은 시간이 실제보다 더 짧게 느껴진다는 것이다. 말콕과 동료들은 우리가 단지 미래의 약속을 떠올리는 것만으로도 업무 생산성이 낮아진다는 것을 발견했다.

그렇다면 스케줄로 인해 효율성이 저하되는 것을 어떻게 피할 수 있을까? 시간이 더 빠르게 흐를 리는 없다고 스스로 마음을 다잡는 것에 더해, 약속 시간과 업무 일정을 가급적 가까이 붙여서 잡으려고 노력하자. 그러면 하루 중에 이런 현상으로 지장을 받는 자투리 근무 시간이 최소화된다. 아울러 스케줄을 빡빡하게 잡으면 무제한적이고 생산적인 업무 시간을 더 많이 확보하는 데도 도움이 된다.

PART 2

점
심

AFTERNOON

☀ ──────────────────────────────── 12:00

점심 식사

언젠가 내가 뉴욕으로 출장을 갔을 때였다. 분주한 오전 일정을 마치고 나니 값비싼 더블 에스프레소와 달콤하고 큼직한 초콜릿 칩 쿠키 생각이 간절했다. (물론 나도 이것이 지독하게 형편없는 점심 메뉴라는 것은 안다. 인생이 원래 그렇지.) 나는 스마트폰으로 검색하여 주변에 근사해 보이는 카페를 몇 군데 찾았다. 내가 처음 발견한 카페는 빈티지한 조명, 힙한 가구, 무심한 직원들 그리고 사연 많아 보이는 에스프레소 기계까지 뉴욕시 카페의 필수 덕목을 갖추고 있었다. 하지만 딱 하나 없는 것이 있었다. 바로 글루텐이었다. 갓 구운 빵들은 먹음직해 보였지만, 전부 글루텐 프리gluten-free 제품이었다. 나는 글루텐을 포기할 기분이 아니었기에 다음 카페로 발길을 옮겼다.

이 카페도 역시 기꺼이 비싼 값을 치르고 커피를 마시고 싶을 만큼 인테리어가 훌륭했다. 하지만 여기도 거의 다 글루텐 프리 제품뿐이었다. 나는 절망에 빠져 글루텐이 잔뜩 든 유일한 메뉴인 플레인 크루아상을 골랐다. 계산을 하면서 바리스타에게 왜 글루텐 제품이 없는지 물었다. "이게 더 건강에 좋으니까요." 그녀는 고개도 들지 않고 계속 커피를 내리면서 대답했다. 그녀는 그 대답이 옳다고 믿는 것이 분명했다.

나는 그 말이 얼마나 놀랍도록 잘못된 것인지, 그리고 그 믿음이 실은 마케팅 압력과 대중문화의 끊임없는 허위 정보로 조장된 광범위한 사회적 트렌드의 일환으로서 건강한 음식을 스스로 선택하는 대중들의 능력을 얼마나 해치는지에 대해 일장연설을 늘어놓으려 했다. 하지만 순간 내 식품 정책 철학을 듣는 것이 이 까칠한 바리스타에게 우선순위가 아니라는 것을 깨달았다. 그래서 그냥 "그렇군요"라고 대꾸했다. 감사하게도, 크루아상은 환상적이었다.

여러모로 식단 메뉴를 선택하는 것은 우리가 하루 종일 내리는 결정 가운데 가장 혼란스러운 결정일 수 있다. 게다가 이 결정은 점점 더 혼란스러워지고 있다. 요즘은 하루가 멀다 하고 우리가 먹어야 할 음식에 대한 상반된 뉴스들이 등장한다. 그리고 몇 달 간격으로 완전히 새로운 식단 열풍이 난데없이 등장하여 우리에게 지방, 탄수화물, 단백질을 더 많거나 적게 먹으라고 권한다. 유행에 따르면 우리는 단식을 하거나 풀을 뜯어먹거나 즙을 짜 마셔야 한다. 슈퍼 푸드나 이런저런 음식도 챙겨 먹어야 한다. 그리고 설탕, 고혈당 식품, 글루텐은 당연히 피해야 한다.

대중의 인식은 실로 무시무시한 속도로 진화하여 유행하는 식단과 영양을 비판하는 책을 때맞춰 쓰기도 어려워졌다. 저혈당 음식 관련 책이 출간될 때쯤이면 온종일 설탕만 먹는 다이어트 열풍이 휩쓸고 있을지도 모른다. (이 말이 터무니없는 과장처럼 들린다면, 당장 지방에 대한 우리의 태도 변화를 떠올려보라!)

글루텐 프리 트렌드는 음식에 관한 우리의 의사 결정이 얼마나 심각하게 정도를 벗어나 불행히도 계속 그 상태에 머무르는지를 보여주는 한 예다. 나는 2013년에 처음 이 주제에 대한 글을 썼는데, 그때도 이미 글루텐 프리는 연예인이 주도하는 매우 인기 있는 트렌드였다. 나는 일간지 〈토론토 스타Toronto Star〉에 쓴 단평에서 글루텐 프리 제품이 체중 감량과 건강 증진에 도움이 된다는 가수 마일리 사이러스Miley Cyrus의 영양 조언에 대해 의문을 제기했다. 당시에 나는 이 유행이 금방 끝날 것이라고 생각했다. 하지만 수년이 지난 지금도 우리는 계속 이 상태고, 글루텐이 풍부한 초콜릿 칩 쿠키는 어디에서도 구할 수 없다. 우리는 대체 어떻게 밀이 없는 상태에 도달했을까?

만약 당신이 인구의 약 1%가 걸리는 심각한 자가면역질환인 소아지방변증Celiac Disease(셀리악병)을 앓고 있다면, 글루텐을 섭취하지 말아야 한다. 일부 사람들은 소아지방변증이 아니어도 글루텐 과민성이 있을 수 있다. 다만 이런 진단은 (많은 연구가 진행되고 있지만) 논란의 여지가 있다. 마케팅 자료에 따르면, 인구의 거의 3분의 1이 글루텐을 섭취하지 않으려고 한다. 2017년 산업 분석 결과, 미국인의 27%가 지난 3개월 동안 글루텐 프리 제품을 구매한 것으로 나타났다. 캐나다 농업식품부에 따르면, 약 1천만 명의 캐나다인이 글루텐을 섭취하지 않으려 노력한다. 이 정도면 엄청난 수치다.

더 흥미로운 것은 사람들이 글루텐 프리를 고집하는 이유다. 2017년 미국에서 진행된 연구 결과, 사람들이 꼽은 글루텐 프리 식품을 먹는 중요한 세 가지 이유는 새로운 것을 시도하기 위해서, 건강에 더 좋기 때문에, 살을 빼기 위해서였다. 다른 연구에서는 글루텐을 기피하는 대다수가 글루텐 불내증이나 민감성 증상이 전혀 없다는 사실이 드러났다. 2018년 청소년 대상으로 진행된 연구에서는 많은 청소년이 글루텐 프리 식품을 건강에 좋다고 생각하여 선호한다는 사실이 밝혀졌다. (이들은 유기농, 비GMO, 비가공 식품을 선호하는 부류와도 일치하는 경향을 보였다.) 또 다른 연구에서는 사람들이 글루텐 프리 식품을 글루텐 함유 식품에 비해 '열량이 적고 가공이 적어 더 건강에 좋다'고 보는 것으로 나타났다. 이 말은 글루텐 프리 트렌드가 '건강 후광health halo'을 얻었다는 의미다. 즉, 그것이 실제로는 건강에 좋지 않더라도 본질적으로 건강한 음식으로 여겨진다는 것이다.

글루텐 프리 식품에 대한 이런 믿음이 우리 문화에 얼마나 깊이 침투해 있는지는 소아지방변증이 아닌 엘리트 운동선수 900명 이상을 대상으로 한 2015년 연구에서도 잘 드러난다. 세계 챔피언과 올림픽 메달리스트들이 포함된 이 코호트에서 놀랍게도 41%가 글루텐 프리 식단을 채택했다. 글루텐 프리 식단이 더 건강해 경기력을 향상시킬 것으로 믿었기 때문이다.

그렇다면 현실은 어떠한가? 글루텐 프리 식단이 건강에 더 좋다는 믿음을 뒷받침할 만한 근거는 전무하다. 그런 근거는 한 번도 나온 적이 없다. 글루텐 프리 식단이 체중 감량에 유리하다는 주장도 마찬가지다. 글루텐 프리 식품이 건강에 더 좋다는 대중의 인식은 전적으로 부정확하다. 글루텐 프리 식품은 오히려 몸에 해로울 수 있다. 예를 들어 10만 명 이상을 대상으로 한 2017년 코호트 연구 결과, '글루텐 섭취를 피하다 보면 유익한 통곡물 식품의 소비가 감소하여 심혈관계 위험에 영향을 미칠 수 있다'는 사실이 발견됐다. 그리하여 연구 저자들은 "소아지방변증이 없는 사람에게 글루텐 프리 식단을 권장해서는 안 된다"고 결론지었다. 통곡물 식품을 피하면, 대장암과 다른 암에 걸릴 위험도 증가할 수 있다. 특별히 글루텐을 피해야 할 임상적 진단이 없는 한, 글루텐 프리 식품은 대체로 건강에 좋지 않은 선택인 것이다.

게다가 글루텐 프리 식품에는 종종 건강에 좋지 않은 성분들이 포함되어 있다. 일례로, 2018년 〈소아과^{Pediatrics}〉 저널에 실린 한 연구에서는 어린이를 겨냥한 글루텐 프리 식품의 영양 품질 실태를 조사했다. 그 결과, 글루텐 프리 식품은 '일반적인 어린이 대상 식품에 비해 영양 면에서 우수하지 않으며, 오히려 당분 함량 때문에 잠재적 위험이 더 컸다.' 이 연구의 저자인 샬린 엘리엇^{Charlene Elliott} 교수는 'GF(글루텐 프리) 라벨에 종종 부여되는 건강 후광은 실제로 보장되지 않는다. 그런데도 부모들은 (GF 식품이 더 건강하다고 믿고) 일부러 GF 식품으로 바꾸는 실수를 저지른다'고 지적했다.

글루텐 프리 제품은 대체로 글루텐이 함유된 제품보다 훨씬 더 비싸다는 사실을 잊지 말자. 한 연구에 따르면, 글루텐 프리 제품은 평균적으로 일반 제품에 비해 242% 더 비쌌다. 그리고 혹시 궁금해할까 봐 말해두는데, 글루텐 섭취를 피하면 운동 경기 능력이 향상될 것이라는 믿음은 뒷받침할 만한 근거가 없다.

마지막으로, 글루텐 프리 제품이 체중 감량에 도움이 된다는 근거 또한 없다. 오히려 연구 결과는 글루텐 프리 식단이 체중 증가로

이어질 수 있음을 시사한다. 시카고 대학교의 2019년 연구에서는 글루텐 프리 식단을 택한 청소년들의 체질량지수가 높아진 것으로 나타났다. 연구 저자들은 '시중에 글루텐 프리 가공식품의 생산이 급증한 것'을 한 가지 원인으로 추정했다.

이 모든 과학적 근거가 글루텐 프리 식품에 아무런 이점도 없음을 시사하는데도, 글루텐 프리 시장은 계속해서 성장하고 있다. 글루텐 프리 제품은 몇 년 전만큼 대중적 담론을 지배하지는 않아도 (현재 각광받는 것은 케톤체 생성 식단[저탄고지 식단]과 간헐적 단식이다) 여전히 거대 산업으로 남아 있다. 세계의 글루텐 프리 시장은 2016년에 42억 6,000만 달러에서 2021년에는 73억 8,000만 달러로 확대될 전망이다. 이 트렌드의 건강 후광을 이용하려는 시도로 글루텐 프리 반려동물 사료, 샴푸, 물 등 새로운 글루텐 프리 제품도 꾸준히 출시되고 있다. (심지어 글루텐 프리 물을 판매하는 곳도 있다. 이 웹사이트에서는 해당 물이 '글루텐 프리, 비GMO, 인증된 코셔, 할랄, 유기농 제품'이라고 주장한다. 그냥 물, H_2O인데 말이다.)

엘리엇 교수는 '글루텐 프리 트렌드가 예전의 무지방 트렌드와 마찬가지로 영양과 건강을 걱정하는 소비자들에게 손쉬운 해결책을 약속하여 눈길을 사로잡는 것 같다'고 말한다. 엘리엇 교수는 식품 마케팅 전문가이자 캘거리 대학교의 캐나다 연구 책임자이다. 그녀는 신뢰할 만한 연구들이 종종 마케팅이나 홍보성 주장에 파묻힌다는 사실을 지적했다. "가장 잘 팔리는 다이어트 책들과 소셜 미디어의 증언들은 글루텐 프리 식품이 곧 체중 감량, 건강, 무한한 에너지에 이르는 길이라고 주장합니다. 건강 후광은 문화적 매력이 커서 쉽게 사라지지 않지요."

　이는 주목할 만한 상황이다. 글루텐 프리 식단은 분명히 건강에 더 좋지도 않고, 효과적인 체중 감량 전략도 아니며, 운동 경기력을 향상시키지 않고, 가격도 더 비싸며, 글루텐을 피해야 할 임상적 진단이 없는 사람에게는 오히려 해로울 수도 있다. 그런데도 많은 사람이 글루텐 프리 식단을 건강에 좋은 선택지로 여기고, 바로 그런 인식 때문에 글루텐 프리 제품은 거대 산업이 되었다. (소아지방변증 환자들에게는 선택할 수 있는 식품이 늘어나서 글루텐 프리 트렌드가 대부분 호재로 작용했음을 언급할 가치가 있다. 그러나 2018년의 한 연구에서는 '소아지방변증을 앓지 않는 많은 사람이 글루텐 프리 식단을 선택하면서 이 병의 심각성에 대한 오해가 점점 심해져서' 글루텐 프리 산업의 성장이 사실상 소아지방변증 환자들에게도 '양날의 검'이라는 사실이 발견됐다.)

　이 책의 목적과 관련하여, 글루텐 프리 식단의 사례는 어떻게 대중문화 트렌드가 광범위한 대중의 오해로 변질되는지 그리고 시장에서 그 점을 이용하여 제품을 판매함으로써 대중의 인식 속에 과학과 무관한 오해가 더 깊이 뿌리내리는지를 잘 보여준다. 일단 건강 후광이 확고히 자리 잡고 나면, 거기서 벗어나기가 힘든 것이다.

　앨런 레비노비츠Alan Levinovitz는 제임스 매디슨 대학교 교수이자 《글루텐 거짓말: 그리고 음식에 대한 또 다른 신화들The Gluten Lie: And Other Myths About What You Eat》의 저자다. 그에게 글루텐 프리의 건강 후광이 왜 그리 오래 지속되는지를 질문하자, 그는 이렇게 추측했다. "인간은 특정한 사례를 일반화하는 경향이 있습니다. 글루텐은 일부 사람들에게 심각한 문제이므로, 사람들은 글루텐이 근본적으로 나쁜 것이라고 믿기 쉽지요. 음식은 특히 이런 일반화의 대상이 되기 쉽습니다. 먹는 일은 개인의 정체성과 공동체 구성원 자격을 규정하는 데 도움이 되는 지극히 개인적인 의식이며, 건강은 어느 정도 잘 먹는 일에 달려 있기 때문입니다."

레비노비츠 교수는 개인의 정체성과 공동체 구성원 자격에 관한 핵심을 짚고 있다. 글루텐 프리 식단에 따르는 것이 도덕적이고 건강한 식사(GMO 프리, 유기농, 현지 재배, 글루텐 프리 등)와 동일시되면서 점점 자기표현의 한 형태로 인식되고 있다. 뉴욕의 힙한 카페들이 이 트렌드를 받아들인 것도 바로 이런 이유에서다. 글루텐 프리 트렌드는 그들이 과시하고 싶은 모습과 맞아떨어진다. 생우유의 사례에서 보듯이, 어떤 것이든 일단 개인적 정체성의 일부가 되면, 생각을 바꾸기란 매우 힘들어질 수 있다.

더 넓게 보면, 글루텐 프리 트렌드는 우리에게 식단을 결정할 때 영양에 관한 '잡음'에 휘둘리지 말라는 메시지를 상기시킨다. 나는 음식을 선택하는 일이 신기할 만큼 복잡하다는 것을 깨달았다. 게다가 요즘에는 옳은 조언과 터무니없는 헛소리를 구분하기가 점점 더 어려워지고 있다. 특히 영양 연구 커뮤니티가 무엇이 건강에 좋고 나쁜지에 대한 의견을 계속 바꾸는 것처럼 보이기 때문이다. 대중은 수시로 바뀌는 조언 앞에서 혼란과 좌절감을 느낀다. 2017년 연구에 따르면, 소비자의 약 80%가 영양에 대한 상반된 조언을 자주 접한다고 대답했으며, 56%는 이런 상반된 조언 때문에 음식의 선택에 의구심이 든다고 대답했다. 실제로 과학이 불확실하다는 인식이 퍼지면, 과학에 대한 대중의 신뢰가 떨어지게 마련이다. 이처럼 영양학에 불확실성이 크다는 인식 때문에 글루텐 프리 같은 영양 트렌드가 유행할 여지가 생긴다.

그나마 다행이라면, 대체로 대중문화에서 떠도는 영양 관련 조언은 거의 다 무시해도 괜찮다는 사실이다. 이 말이 터무니없는 과장처럼 들릴지 몰라도, 실제로 마법 같은 효력의 식단이란 존재하지 않는다. 오랜 세월 꾸준히 인정받는 영양 트렌드를 단 하나라도 댈 수 있는가? 영양에 관한 조언이 끊임없이 뒤바뀌는 것처럼 보여도, 사실 건강한 식단의 기본 원리는 오래전부터 알려져 있었고 거의 변하지 않았다. 과일과 채소, 통곡물, 건강에 좋은 단백질을 섭취하자. 가급적 자연 식품 위주로 먹자. 마법의 슈퍼 푸드란 없다는 것을 염두에 두고, 가공식품을 너무 많이 먹지 말자. 기본적으로 진짜 음식을 챙겨 먹되, 너무 많이 먹지는 말자.

 ———————————————————————————————— 13:15

분노하기

버럭 소리를 지르는 것은 우리 문화에 깊숙이 뿌리박혀 있으며, 카타르시스적인 행위로 묘사된다. 감정을 표출하라! 속 시원하게 털어놔라! 화를 억눌러서는 안 된다! 그랬다간 속에서 곪아 더 큰 문제가 될 것이다!

가장 유명한 영화 장면 중 일부는 멋지게 소리를 지르는 행위로 호소력을 극대화한다. "나는 미칠 듯이 화가 났고 더 이상은 참지 않을 거야." 1976년 영화 「네트워크Network」의 잊지 못할 명장면에서 피터 핀치Peter Finch는 이렇게 버럭하며 오스카상에 빛나는 연기를 펼쳤다. 내가 1992년 영화 「어 퓨 굿 맨A Few Good Men」을 보고 기억에 남은 것은 잭 니컬슨Jack Nicholson의 "자네는 진실을 감당할 수 없네"라는 소리치는 장면뿐이었다. (그나마 데미 무어Demi Moore가 톰 크루즈Tom Cruise의 변호 실력에 회의적이었던 것도 희미하게 기억이 나긴 한다.) 거의 모든 TV나 영화 속 심리학자, 정신과 의사, 치료사, 결혼 상담사 또는 이해심 많은 친구들은 고뇌하는 주인공에게 자신의 분노를 직시하고 감정을 분출하라고(다시 말해 버럭하라고, 호통을 치라고) 조언하는 것 같다.

호통은 아마 호통 없이 살기 힘든 성가신 휴머노이드들이 탄생한 이래로 오래전부터 존재해왔을 것이다. 나는 스탠리 큐브릭Stanley Kubrick의 영화 「2001 스페이스 오디세이2001: A Space Odyssey」 초반의 '인간의 새벽' 시퀀스가 호통의 탄생을 다루고 있다고 확신한다. 이는 영화 뒷부분에서 인공지능 컴퓨터 HAL의 살인적인 호통으로 반복된다. 오늘날 소셜 미디어는 호통을 성층권까지 쏘아 올려 무한한 호통 칠 기회를 제공하고 있다. 이제 우리는 수천 명(당신이 유명인이라면 수백만 명)에게 호통을 칠 수 있고, 우리를 열 받게 만드는 항공사, 보험사, 정부 기관 등의 소셜 미디어 계정에 찾아가 직접 분노를 표현할 수도 있다(제발 켐트레일chemtrail[chemical과 contrail의 합성어로 항공기가 화학 물질 등을 공중에 살포하여 생기는 비행운-옮긴이] 좀 해결하라고!). 인터넷의 등장으로 우리는 사진, 밈meme, 동영상, 문법을 무시한 짧은 문구 등을 이용해 새롭고 창의적인 방법으로 화를 분출할 수 있게 되었다. 위스콘신 대학교의 심리학과 교수이자 분노 조절 전문가인 라이언 마틴Ryan Martin 박사는 트위터 사용자의 46%가 분노를 표출하기 위해 이 플랫폼을 사용한다는 것을 인정한다고 보고했다. 우리는 다들 세간의 이목을 끄는 호통이 전파되는 광경을 지켜보길 좋아하는 듯하다. 실제로 부정적인 소셜 미디어 게시물이 긍정적인 게시물보다 더 빠르고 더 멀리 퍼져 나간다는 사실이 연구를 통해 지속적으로 입증되었다. '분노는 기쁨보다 더 영향력이 있다Anger Is More Influential Than Joy'라는 우울한 제목의 2014년 중국 연구에서 7천만 건 이상의 트윗을 조사한 결과, 분노가 다른 감정보다 더 빨리 전파된다는 사실이 발견됐다. 그러므로 설령 공개적 분노 표출을 통해 모든 커리어가 형성되었다고 해도 과언은 아니다. 공개적 분노 표출은 트럼프 대통령의 당선에 기여했으며, 소셜 미디어상의 버럭하기는 트럼프 정권의 대표적인 특징이었다.

그렇다면 당신은 점심을 먹고 사무실로 돌아와 짜증나는 동료가 보낸(은근히 당신이 능력이 부족하다고 깔보는) 단체 메일을 봤을 때 버럭화를 내는가? 당신의 소셜 미디어 피드에 특히 불쾌한 메시지가 있을 때 그러는가? 공개적 분노 표출이 과연 적절한 방법일까? 버럭하면 기분이 좋아질까?

그 대답은 거의 매번 똑같이 '아니요'다.

지크문트 프로이트Sigmund Freud는 카타르시스 신화를 탄생시킨 공로를 상당 부분 인정받아 마땅하다. 이제는 거의 완전히 권위를 상실한 그의 정신분석적 신념 체계의 핵심은 분노를 표출하는 것이 우리의 심리적 안녕에 바람직하고 나아가 필수적이라는 믿음이다. 프로이트가 말하는 카타르시스catharsis는 희랍어 'katharsis'(정화)에서 유래한 용어로, 스트레스와 무의식적 갈등을 해소하는 한 가지 방법이다. 프로이트의 문화적 영향력을 결코 과소평가해서는 안 된다. 프로이트는 정신의 세속적 탐구를 보급하는 데 크게 기여했는데, 그의 주장이 경험적 증거로 뒷받침되는 경우는 드물었다. 그럼에도 그의 이론은 오늘날에도 여전히 엄청난 문화적 관심을 끌고 있다. (프로이트 덕분에, 시가cigar가 단순한 시가가 되는 날이 과연 올까?) 억압된 감정이 육체적, 정신적 건강에 악영향을 미칠 수 있다고 주장하는 거의 모든 이론은 직접적으로든 부분적으로든 카타르시스와 무의식에 관한 프로이트의 이론에 영향을 받았다.

많은 종교도 카타르시스 개념을 어느 정도 받아들였다. 독실하지 않은 아일랜드계 가톨릭 신자인 우리 가족은 고해성사의 경험이 많지는 않지만(사실 전무하지만) 이야기는 자주 들어왔다. "신에게 불만을 표현하는 건지는 잘 모르겠지만, 분명히 속마음을 털어놓는 행위이긴 하지." 내 형 케이스는 이 문제에 대한 토론 도중에 생각에 잠긴 채 이렇게 말했다. 용서와 회개의 요소들은 이 의식을 단순한 감정 표출 이상으로 만든다. 종교 평론가들은 고해성사 같은 종교적 관행이 카타르시스의 개념과 연결된다고 주목해왔다. 2009년에 한 의사 겸 성직자는 〈캐나다 가정 의학Canadian Family Physician〉에 발표한 논문에서 고해성사의 치료적 효과에 대해 고찰했다. '신학을 깊이 파고들지 않아도 고해성사가 지닌 카타르시스적 성격은 명백히 보인다. 참회자는 더 이상 할 말이 없어질 때까지 방해받지 않고 고백을 하기 때문이다.'

치료적 관점에서 아마 가장 잘 알려지고 극단적이기도 한 카타르시스 중심의 접근법은 원초적 비명일 것이다. 1970년대에 인기를 끌었던 이 치료법은 목청껏 외마디 소리를 지르고 극도의 감정을 분출하며 물건을 때려 부수는 식이었다. 이 치료법은 심리학자 아서 야노프Arthur Janov와 그의 1970년 베스트셀러 《원초적 비명The Primal Scream》을 통해 인기를 얻었다. 존 레넌John Lennon을 비롯한 많은 유명인이 이 치료법의 열렬한 추종자였다. 실제로 레넌의 첫 번째 솔로 앨범 『플라스틱 오노 밴드Plastic Ono Band』는 자신의 원시적 비명 치료 경험에서 영감을 받은 것으로 알려졌다. 이 앨범은 절제되지 않은 비명 소리로 가득하다. 앨범의 첫 트랙 '마더Mother'의 끝부분에 "어머니, 가지마세요Mama don't go", "아버지, 돌아오세요Daddy come home"라고 울부짖는 레넌의 가사는 확실히 카타르시스와 원초적 비명의 느낌을 물씬 풍긴다.

최근 들어서는 분노나 감정을 억제하려는 생각이 종양 같은 실제 질병으로 이어질 수 있는 질병 위험으로 묘사된다. 많은 대체의학 치료자가 '유독성 감정'을 억누르면 다양한 질병이 유발될 수 있다는 주장을 받아들였다. 예를 들어, 어느 치유 및 영적 자각 센터는 웹사이트에서 '암이 주로 분노, 증오, 원망, 슬픔 등 유독성 감정의 억제로 인해 발병한다'고 주장한다. 또 다른 웹사이트에 올라온 어느 공인된 최면술사 겸 심리영적치료사(이런 분야에서 공인을 받는 게 과연 가능한가?)의 게시물은 억눌린 분노('감정 덩어리')가 우리의 세포 기억에 각인되어 수많은 건강 문제를 유발한다고 주장한다.

이 모든 유사 과학적인 헛튼소리를 감안할 때, 억눌린 감정이 암을 유발할 수 있다고 믿는 사람들이 많은 것도 놀라운 일은 아니다. 발암 원인에 대한 사람들의 믿음을 조사한 2018년 연구에서 응답자의 43%가 스트레스 때문에 암에 걸린다고 믿는 것으로 나타났다. 연구 저자들이 지적했듯이, 이는 가장 일반적으로 지지되는 '미신적인 발암 원인'이었다. 2015년 한국의 연구도 '가장 중요하게 인식되는 발암 원인이 스트레스'라는 비슷한 결론에 도달했다.

물론 빈곤, 지속적인 갈등 상황에의 노출, 안정성 결핍 등과 관련된 만성적 스트레스는 면역 체계 약화를 비롯한 다양한 건강 문제와 관련이 있다. 스트레스 관리가 중요하다는 데는 의심할 여지가 없다. 하지만 미국 국립암연구소에서 지적한 대로 '스트레스가 암을 유발할 수 있다는 근거는 약하다.' 10만 명 이상의 데이터를 포함해 모든 기존 자료를 분석한 2013년 연구에서 스트레스와 대장암, 폐암, 유방암, 전립선암 사이에 아무런 상관관계도 발견되지 않았다. 몇몇 연구에서는 상관관계가 발견되었으나, 일반적으로 규모가 작고 스트레스 수준에 대해 응답자들의 기억에 의존한 결과여서, 신뢰할 수 있는 연구는 아니었다.

분노하느냐 마느냐의 결정에서 더 유의미한 것은 카타르시스적인 분출로 억눌린 분노를 해소하는 방법이 정서적, 육체적 안녕에 유용하다는 생각을 지지하는 과학적 근거가 없다는 사실이다. 분노를 표출하여 없애라는 주장은 직관적인 호소력이 있기는 해도, 격앙된 이메일, 트윗, 페이스북 게시물, 노골적인 인스타그램 사진을 보내는 것이 스트레스를 처리하는 좋은 방법은 아니다. 오히려 그런 행동은 대체로 상황을 더 악화시킨다.

우리는 수십 년 전부터 이런 사실을 알고 있었다. '분노를 발산하면 불길이 더 타오르는가 아니면 꺼지는가?'Does Venting Anger Feed or

Extinguish the Flame?'라는 제목의 2002년 연구를 예로 들어보자. 이후 수차례 반복 실시된 이 연구에서는 샌드백을 치거나 분노를 유발한 사람에게 큰 소리를 치는 등 다양한 화풀이 전략을 동원해도 별로 도움이 되지 않는다는 사실이 드러났다. 결국 이 연구를 수행한 사회심리학자 브래드 부시먼Brad Bushman은 '아무 일도 하지 않는 것이 분노를 터뜨리는 것보다 더 효과적'이라며 이 연구 결과가 '카타르시스 이론과 직접적으로 상충된다'고 결론지었다. 한마디로 버럭한다고 해서 화가 가라앉거나 스트레스가 해소되거나 정서적인 안정을 되찾을 수는 없다는 말이다. 오히려 정반대의 효과가 나타난다. 사람들은 버럭 화를 내고 나면 더 공격적이 된다. 2011년에 부시먼 교수는 '분노를 표출하는 것은 불을 끄려고 기름을 붓는 것과 같다. 분노를 표출하면 공격적 생각이 계속 활성화되고 분노의 감정이 계속 살아 있어 더욱 화가 날 뿐'이라고 말했다.

최근 들어 연구자들은 온라인상에서 분노를 표출하는 현상을 연구해왔다. 한 예로, 2013년 연구는 온라인상에서 버럭하는 글을 읽거나 쓰는 행위가, 특히 불만 토로 전용 사이트에서 그러는 것이 '기분의 부정적인 변화와 상관관계가 있다'는 사실을 밝혀냈다. 연구자들은 버럭하면 단기적으로는 기분이 나아진다는 것을 발견했다. 즉, 이에 대한 즉각적인 심리적 보상이 있기는 하다. 하지만 장기적으로는 기분이 더 나빠지게 된다고 주장한다. 이 연구의 주 저자인 라이언 마틴 교수는 이렇게 말했다. "지금까지 나온 대부분의 연구 결과, 분노하기는 대체로 더 큰 문제의 발생을 불러옵니다. 분노는 효과적인 방법으로 표현될 경우 건강한 감정이 될 수 있지만, 분노하기가 효과적인 방법인 경우는 거의 없습니다."

분노하기는 정서적 반응의 정크푸드와도 같다. 분노하고 나면 즉각적인 만족감을 얻지만, 시간이 흐르면 대개 그런 행동을 후회하고 심지어는 혐오하게 된다. 한 연구에 따르면, 미국인의 57%가 어떤 글을 게시했다가 나중에 후회했던 경험이 있다고 한다. 그리고 놀랍지 않게도 이런 후회스러운 게시물은 우리가 순간적인 화를 못 참아서 탄생한다. 또 다른 연구 결과, 온라인 사용자들이 종종 불쾌한 게시물을 올렸다가 삭제하는 '소셜 미디어 숙취'를 경험하는 것으로 나타났다.

정크푸드와 마찬가지로, 분노하기도 우리의 건강에 대단히 해로울 수 있다. 하버드 공중보건대학교의 엘리자베스 모스토프스키Elizabeth Mostofsky는 일련의 연구를 통해 감정 표현과 심혈관계 건강 사이의 연관성을 분석했다. 이 가운데 2013년에 발표한 연구에서 급성 심근경색(일종의 심장마비)을 경험할 위험이 '다른 경우에 비해 분노를 폭발한 직후에 2배 이상 높고, 분노의 강도가 높아지면 관련 위험도도 더 높아지는 상관성이 있다'고 결론지었다. 그러니까 다음번에 누군가가 당신에게 전부 다 쏟아내라고 권하면, 이 연구 결과를 떠올리자.

결국 정서적, 육체적 안녕의 관점에서, 분노하기 효과가 없고 해로울 가능성이 높다. 게다가 그런 호통, 특히 온라인상의 호통이 또 다른 여파를 미칠 수 있음을 잊어서는 안 된다. 나는 소셜 미디어상에서 꽤 활발하게 활동한다. 팔로워 수가 연예인 수준으로 많지는 않아도, 수많은 비난의 대상이 되기에는 충분하다. 나는 지금까지

역겹고 무식한 인간, 쪼잔하고 무식한 놈, 유독한 생물체, 공포 조장자, 주류 의학계의 대변인, 영혼 없는 개자식, 빌어먹을 멍청이 등으로 불러왔다(마지막 욕은 셀 수도 없을 만큼 자주 들었다). 어떤 사람은 트위터에서 나를 묘사하는 데 C로 시작되는 금기어를 사용하기도 했다. 또 나는 종종 입증되지 않은 대체의학 치료법을 비판한다는 이유로 거대 제약회사의 앞잡이라 불리고, 성기가 아주 작을 것이란 소리도 자주 듣는다. 후자는 내가 동종요법(인체에 질병 증상과 비슷한 증상을 유발시켜 치료하는 방법-옮긴이)이라는 과학적 근거 없는 주장을 비난하는 기사를 썼을 때 나온 반응이다. (그런데 동종요법 치료자들은 작을수록 더 좋고 강력하다고 믿으니, 어쩌면 이것은 동종요법적 칭찬이 아니었을까? 그렇다면 고마워해야 할까?)

여기서 중요한 것은 내가 이 모든 욕설을 저장해둔다는 사실이다. 나는 욕설의 콜라주를 만들어 온라인상에 공유하고 공개 강연 자료로 사용해가며, 어떤 요인이 특정 이슈에 대한 분노를 유발하는지 탐구한다. (보통 출처는 지운다.) 스크린 캡처를 이용하면 어렵지도 않다. 얼마 후면 욕하던 사람들이 종종 나에 대해 쓴 불쾌한 게시물을 삭제하지만, 그때는 이미 내가 그런 게시물을 저장해둔 후다. (게시물이나 이메일 등을 쓸 때는 그 자료가 영원히 남을 것이라고 가정해야 한다. 아무리 삭제해도 어딘가에는 남아 있을 것이다. 그렇더라도 부디 나에 대한 욕설은 계속 올려주길 바란다. 내게는 금과 같다.)

분노하기와 더 넓게는 카타르시스의 개념 자체에 아무런 과학적 근거가 없다는 점을 감안하면, 이런 개념이 지금껏 거둔 문화적 성과는 상당히 주목할 만하다. 이제는 원초적 비명 치료에 대한 이야기가 많이 들리지 않지만, 그 기본 개념에 대한 믿음은 줄어들지 않은 듯 보인다. 왜 그럴까?

이런 개념이 호소력을 유지하는 데는 대중문화에서 그 이론을 수용했다거나 그냥 일시적으로 기분이 좋아진다는 등 여러 이유가 있을 것이다. 하지만 내가 보기에 가장 큰 이유는 단순히 카타르시스의 개념이 옳을 것이라는 광범위한 집단적 직감인 듯하다. 그것은 세상이 돌아가는 원리에 대한 우리의 믿음과 일치하는 우아한 개념이다. 게다가 억눌린 분노는 병적으로 곪아간다는 설득력 있는 비유 덕분에 이 개념의 직관적인 매력이 강화된다.

내가 마틴 박사에게 카타르시스의 신화가 사라지지 않는 이유를 묻자 그는 이렇게 대답했다. "그 신화는 매우 멋지고 깔끔한 이론처럼 느껴집니다. 우리가 (미리 조금 김을 빼놓지 않으면) 터질 때까지 계속 압력이 거세진 채로 돌아다니는 인간 압력솥이라는 개념은 어느 정도 이치에 맞는 듯이 들리거든요. 하지만 결론적으로는 사실이 아니지요."

이는 단지 무언가가 옳거나 좋게 느껴진다고 해서 꼭 효과가 있지는 않다는 사실을 일깨워주는 좋은 예다. 그렇다면 분노를 느끼고 어떻게든 대응해야 한다고 생각될 때 어찌해야 할까?

우선은 대응할 방법을 결정하기 전에 잠시 생각하는 시간을 갖자. 마음을 진정시켜보자. 시간이 지나면 보통 분노가 가라앉는 경우가 많아서 조금 더 냉정한 평가를 내릴 수 있다. 분노를 사방으로 트윗하지는 말자!

둘째, 더 중요한 것은 분노를 생산적으로 이용하는 방법을 생각하는 것이다. 마틴 박사는 "어떤 이유에서든 대중은 분노를 참거나 분출하는 방법밖에 없다고 믿는 것 같습니다. 하지만 그렇지 않습니다. 인간인 우리는 무수한 방법으로 분노를 표현할 수 있습니다. 편집자에게 보내는 편지, 정중한 주장, 운동, 예술, 글쓰기, 작곡, 시, 시위 등의 방법으로요"라고 말한다. 한편으로는 분노를 참는 것이 최선의 방법일 때도 있다. 예컨대, 상사에게 화를 내는 것이 직장 내 분노를 해결하는 가장 현명한 방법은 아닐 것이다. 마틴 박사는 이렇게 말을 잇는다. "우리는 감정이 우리에게 무언가를 알려준다고 생각해야 합니다. 공포는 우리가 위험에 처해 있다고 알려주고, 슬픔은 우리가 무언가를 상실했다고 알려주며, 분노는 우리가 부당한 일을 당했다고 알려줍니다. 억울할 때 어떻게 대응할지는 우리에게 달려 있고, 우리가 택할 수 있는 건강한 방법은 많습니다."

그러니까 화가 나면 잠시 키보드에서 물러나 있자.

 ───────────────────────────── 13 : 30

감사 메모

분노를 표출하는 대신 누군가에게 감사 메모를 보낼 일을 찾아보면 어떨까? 2018년의 연구에 따르면, 우리는 메모를 받을 사람이 얼마나 긍정적인 반응을 보일지를 과소평가하는 경향이 있다. 그리고 상대방이 메모를 받고 얼마나 어색해할지를 과대평가한다(편지를 받고 어색해할 일은 거의 없다). 오히려 감사 메모는 보내는 사람과 받는 사람 모두에게 좋다는 사실이 많은 연구에서 지속적으로 확인되었다. 감사 메모는 관계를 다지는 데 도움이 되고, 놀랍지 않게도 세상이 우리를 바라보는 시선을 개선시킨다. (이런 동기로 감사 메모를 보내라는 말은 아니다.) 앞선 2018년 연구의 결론대로, '긍정적인 사회적 연결은 행복의 강력한 원천이며, 때로는 그런 관계를 맺는 데 거의 또는 전혀 비용이 들지 않을 수 있다.' 그러니까 짧은 메모를 단숨에 써서 보내보자. 단어 선택이나 필체 때문에 스트레스 받지 말자. 그냥 진실하게만 쓰자. 그러면 당신은 짧은 시간을 투자하여 하루를 즐겁게 보내고, 다른 사람의 하루도 조금 더 행복하게 만들 수 있다.

 ────────────────────────── 13:45

일어서 있기

먼저 인정한다. 나에게는 스탠딩 책상이 있다. 나는 그 책상을 사용한다. 그리고 정말 좋아한다. 나는 이 사실이 조금 민망하다. 최신 유행하는 건강 트렌드의 얼리어답터가 되는 것은 나라는 사람과는 전혀 안 어울리기 때문이다. 나는 새로운 운동, 다이어트, 웰니스 wellness(well-being과 happiness, fitness의 합성어로 신체적, 정신적, 사회적으로 건강한 상태를 의미함-옮긴이) 전략에 대해 들을 때마다(점점 '웰니스'의 비중이 커지는 듯하다, 맞나?) 보통은 '무슨 근거가 있지? 사람들은 저런 것이 장기적으로 아무 효과가 없다는 사실을 정말 모르는 걸까?'라고 생각한다.

하지만 스탠딩 책상이 출시되자마자 나도 수직 자세의 열풍에 동참했다. 많은 사람이 그렇듯이, 나도 하루의 대부분을 앉아서 컴퓨터 화면만 쳐다보며 보낸다. 그런데 인체공학적 다양성을 고려한 사무가구라니 실용적으로 들렸다. 과학 덕후답게 나는 구매하기 전 사전 조사를 했는데, 관련 자료들이 대단히 피상적이었지만 내가 이미 그 아이디어에 혹해 있던 터라 일말의 확증 편향도 작용했을 것임을 인정한다. 그래도 내가 찾아본 연구 결과는 구매를 지지하는 듯했다. 그러니 당장 주문하는 수밖에.

이처럼 내 멋진 책상에 대한 진심어린 열광에도 불구하고 나는 종종 부끄러움에 몸서리친다. 직장 동료들이 내 방 앞을 지나가면서 전 세계 사람들이 애용하는 고갯짓 인사를 건네다가 책상 앞에 전동 킥보드를 탄 관광객처럼 서 있는 나를 쳐다볼 때 특히 그렇다. 그렇더라도 뭐, 나는 내 책상이 마음에 든다. 그러니 누가 나를 비난할 수 있겠는가? 지난 몇 년간 언론에서도 스탠딩 책상에 대한 긍정적인 보도가 쏟아져 나왔다. 그리고 앉아 있는 생활의 위험성은 '제2의 흡연'이라 불리며 수많은 헤드라인을 장식했다.

스탠딩 책상은 결코 새로운 것이 아니다. 토머스 제퍼슨Thomas Jefferson은 다리가 6개 달린 아름다운 '높은 책상'을 사용했다. 그 책상은 지금도 몬티첼로 대통령 사저에 진열되어 있다. 어니스트 헤밍웨이Ernest Hemingway, 버지니아 울프Virginia Woolf, 찰스 디킨스Charles Dickens도 모두 스탠딩 책상에서 글을 썼다. (덧붙이자면 나는 스크루지가 불쌍한 직원 밥 크래칫Bob Cratchit에게 스탠딩 책상을 사용하게 했을 것으로 확신한다.) 어쨌거나 스탠딩 책상이 웰니스 기구로 개발되어 널리 보급된 것은 최근의 일이다. 스탠딩 책상 시장은 불과 몇 년 만에 급성장하여, 2025년에는 거의 30억 달러 규모에 이를 것으로 전망된다. 미국인사관리협회

Society for Human Resource Management의 2017년 연구 결과에 따르면, 미국 직장에서 가장 빠르게 증가한 직원 복리후생이 스탠딩 책상이라는 사실이 드러났다.

스탠딩 책상의 인기는 주로 앉아서 지내는 생활의 증가와 그에 따라 발생하는 심각한 건강 문제와 밀접한 연관이 있다. 미국심장학회에 따르면, 앉아서 일하는 일자리가 1950년 이후 83% 증가했다. 2019년의 한 연구는 2001년 이래로 집에 앉아서 TV를 보거나 컴퓨터를 사용하는 사람들이 크게 증가했다고 결론 내렸다. 이런 생활 방식이 좋지 않다고 주장하는 연구 결과도 점점 늘어나는 추세다. 우리 중에 운동량이 충분한 사람은 극히 드물다. 2018년에 세계보건기구는 신체 활동의 부족을 세계적인 건강 문제로 선언하며 '매년 320만 명의 인구가 불충분한 신체 활동으로 사망한다'고 추정했다. 스탠딩 책상의 마케팅은 이런 우려를 기회 삼아 체중 감소 및 집중력 향상 등의 다른 기대 효과를 함께 홍보한다.

하지만 스탠딩 책상이 정말 효과가 있을까? 그 책상을 이용한다고 건강이 증진되고 앉아 있는 시간이 줄어들까?

맥마스터 대학교 신체운동학과의 유명한 생리학자 스튜어트 필립스Stuart Phillips 교수는 이렇게 말했다. "최신 연구 결과에서는 직장에 스탠딩 책상이 있으면 실제 직원들이 앉아 있는 시간이 조금은 줄어들지만, 크게 변하지는 않는 것으로 나타났습니다." 그가 언급한 2018년 연구에서 방대한 관련 자료를 체계적으로 검토한 결과, '중단기적인 추적 조사에서는 입좌식 책상을 사용하면 직장 내 앉아 있는 시간이 줄어드는 것으로 나타났다.' 하지만 더 중요하게도 '장

기적인 추적 조사 결과 입좌식 책상이 직장 내 앉아 있는 시간에 영향을 미친다는 아무런 근거가 없다.'

필립스 교수가 보기에는 마지막 문장이 핵심이다. "스탠딩 책상이 장기적인 건강에는 어떤 영향을 미칠까요? 우리는 모릅니다. 현재로서는 스탠딩 책상의 효과에 대해 그다지 할 말이 많지 않습니다." 필립스 교수는 오래 앉아 있는 생활이 좋다고 주장하는 것이 아니다. 오래 앉아 있으면 문제가 생긴다는 연구 결과는 많다(전부는 아니라도 대부분은 인과관계를 규명하지 못하는 상관관계 연구들이다). 예를 들어, 2018년 마스트리흐트 대학교의 연구 결과, 너무 오래 앉아 있으면 신진대사에 좋지 않다는 것을 발견했다. (연구진은 실험 참가자들에게 하루에 14시간씩 앉아 있게 했는데, 화장실에 다녀오는 것이 그들의 유일한 활동이었다.) 운동하는 것과 서 있는 것은 모두 심장과 신진대사의 건강에 도움이 된다. 그러나 그 방식은 다르다. 연구 저자들의 말을 인용해 설명하자면, '매일매일 앉아 있는 시간을 줄일 뿐만 아니라 구조화된 운동을 할 필요가 있다.'

필립스 교수도 이에 동의한다. "오래 앉아 있고 신체 활동을 하지 않는 것은 나쁜 조합입니다." 신체 활동의 강력한 이점을 지지하는 좋은 연구들은 상당히 많고 거의 보편적인 합의가 이루어진 상태다. 하지만 필립스 교수는 앉아 있는 행동의 역할이 조금 더 복잡하다고 생각한다. 오래 앉아 있는 것과 나쁜 건강 사이에는 분명 연관성이 있어 보인다. 12만 명 이상이 참여한 2018년 연구를 통해 암과 심혈관질환 등의 다양한 건강 문제와 장시간 앉아 있는 생활에 상관관계가 있음이 밝혀졌다. 하지만 직장에서 서 있는 시간과 빈도가 우리의 장기적인 건강에 미치는 효과를 입증하기란 쉽지 않다. 예를 들어, 앞서 언급한 2018년의 문헌 고찰을 한 연구진은 우리가 스탠딩 책상을 사용할 경우 직장에서 앉아 있는 시간이 약 1시간 정도 줄어든다고 결론 내렸는데, 이 정도면 꽤 좋은 성과처럼 들린다. 하지만 앉아 있는 시간이 약 1시간 정도 줄어든다고 해서 어떤 건강상의 이득이 있을지는 여전히 불분명하다는 결론도 함께 지었다.

그럼에도 일부 연구들은 스탠딩 책상의 전망이 밝다고 주장한다. 2018년 영국의 대규모 연구에서는 높이 조절이 가능한 책상과 지속적인 피드백, 서 있으라는 격려와 일대일 코칭을 제공한 결과, 객관적인 수치상으로 직장에서 앉아 있는 시간이 줄어들고 업무 성과가 향상되는 결과를 얻었다(비록 전반적인 신체 활동의 증가는 없었지만). 하지만 이런 식의 집중적인 개입이 연구 환경 밖에서도 적용될 수 있을지는 미지수다. 격려와 코칭을 제공하려는 고용주가 과연 얼마나 되겠는가?

게다가 너무 많이 서 있어도 해로울 수 있다는 사실을 인식해야 한다. 2017년 연구에서는 7,000명 이상의 직장인 데이터를 조사한 결과, '주로 서서 일하는 직종이 주로 앉아서 일하는 직종에 비해 심장질환 발병 위험이 약 2배였다.' 어쩌면 이런 결과가 당연하다고 생각할지도 모른다. 서서 일하는 직종은 더 열악한 사회경제적 환경과 연관되고, 그 결과 건강을 해칠 가능성이 더 높기 때문이다. 하지만 연구자들은 이런 변수들을 통제한 경우에도 너무 많이 서 있는 것은 여전히 건강상의 위험 증가와 상관관계가 있음을 확인했다. 또 일부 사람들의 경우에는 너무 오래 서 있으면 잠재적으로 해로운 근육 파열과 관절염으로 이어질 수 있다는 연구 결과들도 있다.

내가 보기에 이런 연구들은 반드시 스탠딩 책상의 잠재적인 효과를 부인하지는 않더라도, 그 효과에 대한 근거들이 얼마나 혼란스럽고 모호한지를 잘 보여준다. 결국 너무 많이 서 있거나 너무 적게 서 있거나 모두 건강에 해롭다는 것이다. 현재 스탠딩 책상을 둘러싼 상황이 얼마나 불투명한지는, 컬럼비아 대학교 의료센터의 행동의학 연구자 키스 디아스Keith Diaz 교수가 스탠딩 책상의 가치에 대해 제시한 조언을 보면 알 수 있다. 그는 '직장에서 앉아 있는 시간을 줄이고 싶은 사람들에게 현재까지 밝혀진 최고의 과학적 근거들은 스탠딩 책상이 효과적일 수 있고 직장에서 앉아 있는 시간을 줄일 수 있음을 시사한다'고 말하며, 제법 중요한 단서 조항을 달았다. '단, 우리는 서 있는 것이 앉아 있는 것보다 더 건강한 대안인지를 여전히 알지 못한다는 사실에 주목할 필요가 있다.'

그리고 또 다른 문제가 있다. 스탠딩 책상을 사용하면 사람들이 혹시 운동을 줄이지는 않을까? 운동은 효과가 있다. 운동은 필수적이다. 이는 누구나 다 아는 사실이다. 하지만 일부 사람들은 직장에서 스탠딩 책상을 사용하기 때문에 업무 외 시간에 운동을 해야 할 필요성을 느끼지 못할 수도 있다. (연구에 따르면 스탠딩 책상을 사용하는 데 그렇게 많은 육체적 노력이 들지도 않고, 따라서 칼로리가 많이 소모되지도 않는 데 말이다.) 이를 보상 행동이라 부른다.

스탠딩 책상을 사용하는 사무직 직장인들을 3개월간 추적한 영국의 2016년 연구를 생각해보자. 연구 참가자들은 스탠딩 책상을 사용하면서 직장에서 앉아 있는 시간이 감소했다. 하지만 '이런 변화는 업무 외 시간에 활동량을 줄이고 앉아 있는 시간을 늘림으로써 보상'되었다는 뜻밖의 결과가 나타났다. 그 결과 그들의 앉아 있는 행동은 사실상 줄어들지 않았다. 이런 발견은 일부 사람들이 스탠딩 책상을 사용하면 실제로 운동을 줄이게 된다는 것을 시사한다. 하지만 다른 연구에서는 이런 보상 행동이 나타나지 않았기 때문에, 이 문제는 스탠딩 책상의 건강 가치 측면에서 크고 중요한 미해결 과제로 남아 있다.

이런 결과는 여러모로 그리 놀랍지 않다. 본래 의미 있는 행동의 변화가 장기적으로 지속되기란 극도로 어렵고, 특히 인간은 날 때부터 앉아 있는 행동을 선호하는 편이므로 더욱 그렇다. 인류 역사상 대부분의 경우에는 에너지의 소비를 피하는 쪽이 진화적으로 우월했다. 식량을 구하기 힘들 때 우리는 꼭 필요한 경우가 아니면 칼로리의 소모를 원하지 않는다. 브리티시컬럼비아 대학교의 2018년 연구에서는 우리가 서 있는 것보다 앉아 있는 것을 얼마나 더 선호하도록 만들어졌는지 파악하기 위해 연구 참가자들의 뇌 활동을 조사했다. 참가자들이 앉아 있는 행동과 활동적인 행동이 모두 포함된 다양한 각본을 검토하는 동안 그들의 뇌 활동을 모니터링했고, 연구자들은 자꾸 앉으려는 경향을 극복하려면 당연히 더 많은 두뇌 활동이 필요하다는 사실을 발견했다. 구체적으로 연구자들은 '앉아 있는 행동이 본질적으로 매력적이고, 활동적인 사람들은 이런 선천적인 끌림에 맞서기 위해 피질 자원을 활성화할 필요가 있다'고 결론지었다. 간단히 말해, 우리 뇌는 서 있지 말고 앉으라고 무의식적인 수준에서 우리에게 끊임없이 속삭인다.

스탠딩 책상은 흥미롭지만 상당히 혼선을 빚는 근거들이 어떻게 마케팅 압력과 미디어 과장 광고 등 다양한 힘에 의해 왜곡되어 실상보다 더 건강에 좋다는 인상을 심어주는지를 보여주는 좋은 예다. 미디어의 대대적인 과장 보도도 크게 한몫을 했다. '입좌식 책상의 과대광고Overselling of the Sit-Stand Desk'라는 제목의 2017년 시드니 대학교 연구는 언론 보도들이 오래 앉아 있는 생활의 잠재적 해악과 스탠딩 책상의 건강상의 이점을 둘 다 과대평가했다고 결론지었다. 또한 관련 신문 기사의 3분의 1 이상이 오래 앉아 있으면 운동의 효과가 사라진다고 주장했던 것을 발견했다. 최근의 일부 연구들도 장시간 앉아 있으면 운동의 효과를 둔화시키는 생리적 변화를 초래할 수 있다고 주장한다. 하지만 모든 신체 활동은 언제나 몸에 좋다. 한참씩 앉아 있다고 그런 효과가 사라지지는 않는다.

그리고 덧붙여 말하자면, 앉아 있는 것은 제2의 흡연이 아니다. 나는 인터넷상에서 엄청난 조회 수를 올릴 만한 이 도발적인 주장 때문에 스탠딩 책상이 더 많은 관심을 받게 되었다고 믿는다. 이 주장은 사람들의 시선을 끌고 두려움을 조장하며 멋진 헤드라인을 장식했다. 하지만 이 주장 역시 옳지 않다. 2018년에 〈미국 공중보건 저널American Journal of Public Health〉에 실린 연구에서는 '앉아 있는 것은 제2의 흡연이다sitting is the new smoking'라는 슬로건의 진실성을 확인하기 위해 앉아 있는 것과 흡연의 건강상 위험에 대한 거의 모든 과학적 근거를 분석하였다. 그 결과 연구진은 양자의 위험이 비교 자체가 안 된다는 것을 발견했다. 흡연은 앉아 있는 것보다 엄청나게 해롭다. 이 연구의 주 저자인 제프 밸런스Jeff Vallance 교수는 '흡연의 위험 추정치는 아예 차원이 다르다'고 밝혔다.

앉아 있는 것과 흡연의 위험을 균형 있게 바라보기 위해 이런 수치를 고려해보자. 관찰연구에 따르면, 직장에서 가장 많이 앉아 있는 사람은 가장 적게 앉아 있는 사람에 비해 대장암에 걸릴 위험이 44% 높은 것으로 나타났다. 이 결과는 무시무시하게 들린다. 하지만 이것은 한 연구의 결과일 뿐이고(즉, 이 결과를 검증하려면 더 많은 연구가 필요하다), 더 중요하게도 흡연에 따른 해당 위험의 증가와는 비교도 안 된다. 미국 국립암연구소에 따르면, 우리가 평생 대장암에 걸릴 위험은 4.2%다. 따라서 직장에서 가장 많이 앉아 있는 사람은 평생 대장암에 걸릴 위험이 4.2%에서 약 6.2%로 높아지는 셈이다. 만약 이 연구가 다른 연구를 통해 지속적으로 재검증된다면, 이런 증가 수치도 유의미하겠지만 흡연의 영향에는 못 미친다. 미국 질병통제예방센터에 따르면, '흡연자는 비흡연자에 비해 폐암에 걸리거나 폐암으로 사망할 확률이 15~30배 높다.' 세계보건기구는 더욱 강경하게 '흡연자의 절반 가까이가 담배 때문에 사망한다'며 흡연의 위험성을 제시한다.

앉아 있는 것의 위험성을 과장해봤자 이 실질적인 공중보건 문제에 어떻게 대처해야 최선일지에 대한 공정한 대중 담론을 형성하는 데는 거의 도움이 되지 않는다. 하지만 스탠딩 책상을 판매하는 데는 도움이 된다.

다른 많은 사람처럼, 나도 언론의 과장 보도, 직관적 호소, 두려움 조장, 마케팅 압력, 계속 늘어나고는 있지만 여전히 부족한 과학적 근거 등이 결합된 설득의 피해자가 되었다. 우리는 이 책 전반에서 이 공식의 다양한 변주들을 살펴보고 있다. 스탠딩 책상은 선별적인 연구의 검토 결과에 속기가 얼마나 쉬운지를 보여주는 좋은 예이기도 하다. 스탠딩 책상과 관련된 연구를 빠르게 훑어보면 상당히 확고한 지지를 보내는 듯한 연구와 언론 기사를 작성할 수 있다. 나도 처음에 그런 기사들을 보고 스탠딩 책상의 유행에 뛰어들었던 셈이다. 당시에 내가 그런 기사를 찾는 데 혈안이 되어 있었기 때문일 수도 있다. 하지만 흔히 그렇듯이 내막은 훨씬 더 복잡하다.

앉아 있는 행동처럼 복합적인 공중보건 문제를 단번의 개입으로 해결하기란 거의 불가능하다. 특히 개개인에게 실천의 노력을 요구하는 개입이라면 말할 것도 없다. 2016년의 분석에 따르면, 사람들에게 높은 수준의 자기주도성, 즉 자발적인 개인의 노력을 요구하는 건강 행태는 (대부분 예산이 적게 들고 정치적 잡음이 적으므로) 정부의 지지를 받는 경향이 있지만, '혜택을 얻기 위해 개개인에게 낮은 수준의 자기주도성을 요구하는 개입'에 비해 효과가 없는 것으로 나타났다. 다시 말해, 단순히 사람들에게 더 활동적으로 생활하라고 권장하는 식의 공중보건 개입은 활동적인 생활을 유도하는 도시 환경을 조성하는 식의 구조적 변화만큼 큰 효과가 없다는 것이다. 그런데 애석하게도 우리 사회는 개인들에게 책임을 지우는 건강 수칙 쪽으로 기우는 경향이 있다. 스탠딩 책상 같은 건강 제품을 판매하는 것이 도로 환경을 개선하는 것보다 손쉽기 때문이다.

'일상생활에서 신체 활동이 줄어드는 문제를 해결하기 위해 보다 광범위한 사회적, 환경적 접근이 필요하다'고 조세핀 차우Josephine Chau 교수는 말한다. 그녀는 호주 맥쿼리 대학교의 공중보건학 부교수이자 언론의 스탠딩 책상 보도에 관한 연구의 주 저자이다. "직장이나 학교, 가정, 여행, 여가 시간 등 일상생활에서 앉아 있는 모든 맥락을 고려할 때, 단일한 접근법으로는 이 모든 상황을 아우르기에 충분치 않다는 생각이 논리적입니다."

스탠딩 책상은 어떤 용도로든 마법의 해결책이 될 가능성이 낮다. 연구 결과들은 스탠딩 책상이 아마 조금은 도움이 될 것이라고 주장하지만, 개인과 사회 차원에서 보다 전반적인 접근이 필요하다. 우리가 내려야 할 결정은 간단하다. 무엇을 하든지 더 활동적으로 생활하는 것이다. 스튜어트 필립스 교수는 다음과 같이 조언한다. "일어나서 움직이세요! 휴식을 취하고, 활기차게 산책하고, 스트레칭을 하고, 앉아 있는 시간을 줄이세요. 앉아서 일하는 사무실 밖에서 신체적으로 활동하는 것이 중요합니다. 신체 활동이 적고 오래 앉아 있는 사람이 가장 큰 위험을 안고 있습니다."

당분간 나는 스탠딩 책상은 놔둘 것이다. 결정적인 증거도 부족하고, 모든 근거를 왜곡하는 언론의 과대 보도와 사무실의 얼간이가 된 느낌이 걸리긴 해도, 나는 이 책상이 가져다준 변화가 좋다. 조금 적게 앉아 있다고 나쁠 건 분명 없다. 이 책상이 토머스 제퍼슨과 밥 크래칫에게 좋았다면, 나에게도 충분히 좋을 것이다.

☀ ──────────────────────────────── 14:00

슬슬 커피 한 잔?

점심 식사 후 나른함이 몰려온다. 몸이 늘어지고 머리가 멍해지며

눈꺼풀이 납덩이처럼 무겁게 느껴진다. 슬슬 커피를 한 잔 마실 시간인가?

내 경우에 대답은 거의 항상 '그렇다'이다. 왜냐하면, 음, 커피니까. 미국 국방부의 연구자들은 카페인 섭취의 효과가 극대화되는 정확한 시점을 찾으려 노력해왔다. (커피 소비의 무기화라고 할까? 물론 이해한다. 정신을 바짝 차린 군인이 필요할 테니까. 나는 정부 실험실에서 완전 무장을 하고 에스프레소를 홀짝이는 육군 특공대원들을 상상해본다.) 2018년에 발표된 국방부 연구에서는 졸음을 막는 카페인 효과를 극대화하려면 커피 마시는 시점을 각자의 크로노타입에 맞춰야 한다는 사실이 발견됐다. 즉, 이 가상의 하루를 시작할 때 이야기했던 개인별 수면 패턴에 맞춰야 한다는 것이다. 연구진은 카페인을 섭취하는 다양한 전략과 다수의 생체지표를 분석 및 실험하여 오후의 졸린 시간대를 이겨내기 위해 '카페인 대책'의 효용성을 극대화하는 커피 '최적화 알고리즘'을 개발했다. 연구진은 커피를 마시는 효과를 극대화하면 인지수행능력으로 측정되는 각성도가 최대 64%까지 증가한다고 결론 내렸다.

대단히 인상적인 수치지만, 이 알고리즘이 군인 이외의 일반 시민에게 어떻게 적용될 수 있는지는 명확하지 않다. 이 연구의 메시지는 아마 커피가 가장 필요한 시점에, 보통 늦은 오후부터 하루를 마칠 때까지 커피를 마시라는 것 같다. 또 이 연구는 우리가 자연적으로 각성된 동안에는 카페인 섭취를 줄일 수 있다고 제안한다. 많은 사람에게 이 시점은 아마도 오전 나절일 것이다. 그러니까 평소에 몸이 나른해진다고 느끼는 시점 직전에 커피 섭취량을 늘리도록 해보자.

내 추측으로는 국방부도 이 시점에 커피를 마시려는 결정은 허용할 것 같다. 실컷 마시라, 병사여.

늦은 오후쯤에 카페인 음료를 마시려는 결정에 영향을 미치는 또 다른 요인은 섭취량이다. 몇 잔을 마셔야 커피를 너무 많이 마시는 것일까? 2018년 미국 국립암연구소의 연구 결과를 믿는다면, 우리는 생각보다 많은 양의 커피를 감당할 수 있다. 하루에 8잔 정도까지는 말이다.

이 결론이 도출된 근거를 잠시 살펴보자. 이 연구는 50만 명의 인구 통계학, 라이프스타일, 유전학, 건강 정보가 포함된 연구 플랫폼인 UK 바이오뱅크^{UK Biobank}의 코호트 연구 데이터를 기반으로 수행되었다. 이 방대한 건강 데이터 저장소 덕분에 연구자들은 다년간의 개인행동을 추적하여 커피 마시기 등 다양한 변수와 건강 결과의 상관성을 밝혀낼 수 있다. 미국의 커피 연구에서는 10년간의 자료를 조사했고, 다른 많은 연구와 마찬가지로 '커피를 마시는 것은 사망률과 부정적 상관관계를 보인다. 하루에 8잔 넘게 마시는 사람들까지 포함해도 결과는 동일하다'는 결론을 내렸다. 그리고 '커피가 몸에 좋다'는 이런 결론은 개인의 특별한 유전적 성향과는 무관하게 유효한 듯하다.

이는 인상적이고 적절히 수행된 대규모 연구였다. 그래서 자연히 많은 헤드라인을 장식하게 되었다. 언론에서는 커피(또는 초콜릿, 와인, 맥주, 파스타, 피자, 섹스 등)가 우리 몸에 좋다고 주장하는 연구들을 환영했다. '하루에 커피 6~7잔을 마시면 잠이 안 오고 더 오래 살 수 있다', '커피가 장수에 도움이 된다고 현직 과학자들이 밝혀' 등의 헤드라인으로 기사를 실었다.

그러나 이 연구는 방대한 규모에도 불구하고 인과관계를 규명하지 못한다. 실제로 연구진은 논문에서 이 사실을 주의 깊게 강조하며, 이 연구의 결과가 '신중하게 해석되어야' 하고 '커피가 건강한 식단의 일부가 될 수 있고 커피를 마시고 즐기는 사람들이 안심해도 된다는 추가적인 증거'를 제공할 뿐이라고 언급했다. 커피를 마시면 사망률이 낮아진다는 인과관계를 입증하려면, 연구자들은 최소한 커피를 마시는 그룹과 커피를 마시지 않는 그룹에 연구 참가자들을 무작위로 할당한 뒤 나머지 변수들을 통제한 상태에서 수십 년까진 아니라도 수년 동안 그들을 추적하는 임상실험을 수행해야 한다. 하지만 이런 종류의 연구는 일단 실용적이지 않다.

게리 슈비처^{Gary Schwitzer}는 미네소타 대학교 공중보건대학의 겸임교수이며 수상 이력이 있는 웹 매거진 〈헬스뉴스리뷰^{HealthNewsReview}〉의 발행인이다. 내가 무척 즐겨 읽는 이 출판물은 건강 및 과학 보도에 대한 신중하고 과학적인 근거에 입각한 비판을 제기한다. 게리는 45년간 건강 저널리즘 분야에 몸담으면서 악의적인 건강 보도를 무수히 봐왔다. 나는 그에게 언론이 상관관계를 인과관계로 호도하는 경우가 얼마나 빈번한지 물었다.

슈비처는 답했다. "그런 오류는 우리의 경험상 보건의료 뉴스에서 제일 흔하게 나타나는 오류입니다. 나는 수많은 미디어 매체가 발행하는 뉴스 속에서 관찰연구 자료를 설명하면서 부적절하게 인과적 용어를 사용하는 일이 하루도 거르지 않고 일어난다고 생각합니다."

언론 보도에 관한 연구들은 슈비처의 이런 주장과 맥을 같이한다. 더욱 우려스럽게도, 언론은 방법론이 탄탄하지 않은 관찰연구를 오히려 선호하는 듯하다. 2014년 연구에서 최고의 신문들에 어떤 종류의 건강 연구가 보도돼왔는지 조사한 결과, 더 유용한 정보를 제공하는 무작위 통제 실험보다 관찰연구에 관한 기사가 더 많이 실린 것으로 나타났다. 더 나아가 연구진은 '언론에서 관찰연구를 보도할 때 질적으로 떨어지는 연구 결과를 고른다'고 지적했다. 이런 문제는 언론에서 관찰연구의 근본적인 한계에 대해 거의 언급하지 않기 때문에 더욱 심각하게 느껴진다. 2015년 연구에 따르면, 관찰연구를 다룬 기사 중 19%만이 방법론상의 한계를 언급했다.

슈비처는 언론에서 관찰연구를 이렇게 허술하게 다루기 때문에 '사람들이 과학에 대한 신뢰감을 잃게 된다'고 말했다. "하루는 '커피가 독이다'라고 했다가 다음날에는 '커피가 ○○병의 발병률을 낮춰준다'라는 식으로 갈팡질팡하면 더더욱 그렇지요. 그러면 대중은 모든 건강 뉴스에 무감각해져서 자연히 뉴스의 진위를 의심하며 모든 것이 시간낭비라고 느끼게 됩니다. 그리고 대부분 실제 그렇고요"라고 말했다.

연구 결과들은 슈비처의 이런 우려를 뒷받침한다. 2014년 연구에서는 커피 같은 식품의 건강상 효과에 대한 상반된 언론 보도에 노출되는 경험이 가장 좋은 음식에 대한 판단의 혼란과 상관관계가 있음이 드러났다. (영양에 관한 상반된 연구 결과를 비판하는 이 연구 역시 상관성 연구다! 많은 영양 연구와 마찬가지로, 이 연구도 상관관계를 발견한 것이다. 따라서 이 연구 결과를 과잉 해석하지 않도록 주의해야 한다. 다시 말하지만, 상관성은 무관하다는 의미가 아니라 관계가 결정적이기보다는 연상적이라는 의미다.) 더 걱정스럽게도, 그런 노출 경험은 과학자들이 자의적으로 의견을 바꾼다는 인상을 심어주어 사람들이 '영양과 건강에 관한 조언을 전반적으로 의심하게 만들' 여지가 있다.

그럼 관찰연구는 쓸모가 없는 것일까? 꼭 그렇지는 않다. 슈비처는 관찰연구의 한계를 인식하는 것이 중요하다고 믿는다. "물론 그런 연구도 가치가 있을 수 있습니다 우리가 흡연의 해로움을 알게 된 건 관찰연구를 통해서였습니다. 바이옥스^{Vioxx}(1995년 미국 식품의약국의 허가를 받은 진통소염제로, 약효가 빨라 뜨거운 반응을 얻었으나 2000년대 초반부터 이 약을 복용한 환자 3만 명이 급사하면서 2004년에 시장에서 퇴출됨-옮긴이)의 위험에 대한 우리의 지식도 관찰 자료에서 얻은 것이고요." 어떤 분야에서는 관찰연구가 유일한 연구 방법일 수 있다. 하지만 이런 관찰연구는 거의 결정적이지 않다고 생각하는 편이 최선이다. 그런 연구는 거의 항상 축적된 지식체계의 일부분일 뿐이다. 그러므로 어떤 것이 건강에 유익하거나 해롭다고 주장하는 새로운 연구에 관한 기사를 접하면 먼저 그것이 관찰연구인지 아닌지를 확인하자. ('연관된' '관련된' '상관된' 등의 문구를 찾아보라.) 만약 관찰연구라면, 아무것도 증명된 바가 없고 더 많은 연구가 필요할 가능성이 있다고 가정하자.

이런 논의가 커피를 얼마나 마셔야 좋을지에 대한 우리의 결정에 의미하는 바는 무엇일까? 슈비처는 비록 '커피가 잘못 해석되는 관찰연구의 전형이 되었지만', 비교적 많은 양의 커피를 마셔도 안전하다고 믿는다고 말했다. "커피의 잠재적 효과를 지지하는 근거들이 (비록 관찰연구이긴 해도) 계속 축적되고 있으니까요."

그러니까 다시 한 번 말하지만, 커피를 한 잔 더 마시려는 결정은 별문제 없고, 어쩌면 건강에 도움이 될 수도 있다.

☼ ──────────────────────────────────── 14:15
비누 사용

평균적으로 사람들은 하루에 4~7번 소변을 봐야 한다. 그리고 당신은 이미 커피를 여러 잔 마셨으니 오늘 오후에 여러 번 소변을 볼 것이다. 그 후에 당연히 손을 씻겠지만, 그때 비누나 손 세정제를 사용하기로 결정했는가?

많은 연구로 손을 씻을 때 비누를 사용하는 습관이 가치 있고 특히 손을 제대로 씻을 때 그렇다는 사실이 꾸준히 입증돼왔다. 항균성 비누는 필요 없다. 항생제 내성에 대한 우려가 커지는 상황에서, 항균 제품은 장기적이고 전반적으로 볼 때 바람직하지 않은 생각이다. 실제로 미국 식품의약국에서는 이 주제를 연구한 끝에 항균성 비누를 사용하지 말라고 권고했고, 특정 화학물질이 함유된 제품의 판매 금지를 요청했다. FDA에서 이렇게 결정한 이유 중에는 항생제 내성에 대한 우려와 항균 제품의 사용을 지지할 근거가 없다는 사실 등이 포함된다. FDA의 비처방의약품부Division of Nonprescription Drug Products 책임자인 테레사 미켈레Theresa Michele 박사는 '만약 이런 제품이 비누와 물보다 더 많은 보호 기능이 있다고 생각해서 이것을 사용한다면 옳지 않다'고 기관 보도 자료에서 확실히 밝혔다.

비누는 매우 기적적인 물건이다. 바빌로니아인들은 기원전 2800

년경에 최초로 비누를 만드는 데 성공했다고 전해진다. 그 후로 비누는 지구상의 거의 모든 문명에서 위생 습관의 중심이 되었다. 비누는 제대로 사용하기만 하면 간편하고 대단히 효과적인 공중보건 수단이다. 실제로 지금은 세계보건기구를 비롯한 전 세계 기관들이 추진하는 '세계 손 씻기의 날(10월 15일)'이 있다. 그리고 글로벌 비누 프로젝트Global Soap Project 같은 단체들은 호텔이나 기업체의 비누를 재활용하여 도움이 필요한 지역으로 보낸다.

데릭 케욘고Derreck Kayongo는 글로벌 비누 프로젝트의 창립자다. 그는 "매년 5세 미만의 어린이 180만 명이 설사와 폐렴으로 사망하는 것으로 추정됩니다. 이 두 가지가 전 세계 어린이의 최대 사망 원인이죠"라고 말했다. "비누로 손을 씻으면 이 연령대 아이들의 설사 발병률이 약 30%, 호흡기 감염률이 약 20% 감소합니다. 비누는 국민 건강에 필수적인 전제 조건인 셈입니다."

케욘고는 우간다에서 살면서 내전을 겪었고, 케냐 난민촌의 경험에서 영감을 얻어 프로젝트를 설립한 끝에 2011년 CNN 히어로즈상Heroes award을 수상했다. 그는 처음 미국에 도착해서 호텔에 묵었을 때 그곳에 비치된 온갖 비누에 놀랐다고 한다. 그의 호텔방에는 손비누, 샤워비누, 샴푸가 따로 있었다. 그리고 대부분 그냥 버려졌다. 케욘고는 여기에서 기회를 발견했다.

케욘고는 비누가 인간의 생명을 구할 뿐 아니라 더욱 광범위한 사회적 영향을 끼친다고 말했다. "생각해 보세요. 비누 가격은 50센트 정도지만, 설사병을 치료하는 데는 7달러나 들지요. 이는 제3세계의 국민 1인당 소득보다 훨씬 큰 액수입니다. 따라서 비누는 각 지역사회의 경제적 성과와도 분명 연관되어요."

이처럼 비누에 대한 열정이 넘치는 케욘고는 과연 손을 잘 씻을 까? 그는 비누에 대해 본인이 한 말을 과연 실천할까? "글로벌 비누 프로젝트를 만든 후로 손 씻는 일에 광적인 사람이 되었어요. 네, 열 심히 손을 씻습니다." 나는 그에게 손 씻는 과정을 서두르거나 생략 한 적이 있느냐고 물었다. 그의 대답은 단호하게 "아니요!"였다.

다음번에 당신이 화장실에서 손 씻는 20초의 시간을 절약하고 싶을 때는 케욘고와 그의 프로젝트를 떠올리자.

대부분의 공중보건 기관은 우리가 화장실을 사용한 후, 식사를 준비하기 전후, 쓰레기를 만진 후 등 하루에도 여러 번씩 비누와 물 로 손을 씻는 것이 좋다고 권고한다. 알코올 기반의 손 세정제는 비 누나 물만큼 효과적이지는 않아도, 유사시에 유용한 대체품이 될 수 있다. 연구에 따르면, 손 세정제는 (적어도 60%의 알코올 성분이 포함되어) 완벽하진 않아도 상당한 병원성 세균의 살균 효과가 있다. 하지만 손 세정제를 써도 우리 손에서 위험한 화학 물질 등 다른 잠재적인 유해 물질을 제거할 수는 없다. 손이 더럽다면 결국 비누와 물로 씻 는 전통적인 방법이 최선이다. 손 세정제와 달리 비누와 물은 세균 을 죽이기보다 손에서 씻어내는 식으로 작용한다. 그래서 손을 제대 로 청결하게 하려면 비누와 물이 더 포괄적인 접근법이다.

하지만 만약 비누가 더러우면 어떡할까? 비누에도 세균이 존재 할 수 있을까? TV 시리즈 「프렌즈Friends」에 룸메이트인 조이와 챈들 러가 바로 이 질문을 놓고 다투는 유명한 장면이 나온다.

조이   "왜 우리는 칫솔은 같이 사용할 수 없는데, 비누는 같이
             사용할 수 있을까?"

챈들러 "비누는 비누니까. 비누는 자체 세정이 되거든."

조이   "좋아, 그럼 다음번에 샤워를 할 때는 내가 마지막으로
             씻는 부위와 네가 처음 씻는 부위를 생각해봐."

조이의 지적이 정말 맞을까? 우리는 공중화장실에서 흔히 보는
고체 비누를 사용하지 말아야 할까? 이 주제에 대한 별도의 연구는
많지 않지만, 챈들러의 견해가 사실에 가깝다(이미지 때문에 조이가 더
설득력 있긴 하지만). 1988년의 한 연구에서 연구진은 공용 비누를 병원
성 세균에 감염시켰는데, 비누가 세균을 옮기지 않는다는 사실을 발
견했고, '기존에 사용하던 고체 비누로 손을 씻는 데는 거의 위험이
없다'고 결론 내렸다. 이 책의 목표에는 어긋나지만, 당신의 의사결
정 과정에 혼란을 줄 위험을 무릅쓰고 밝히자면, 공중화장실의 액상
비누 분사기를 제대로 세척하지 않고 사용할 경우 세균이 전염될 수
있다는 몇 가지 연구 결과가 있다.

결국 우리 모두 데릭 케온고처럼 열심히 손을 씻도록 노력해야
한다. 우리는 결코 위험을 0으로 줄일 수 없다. 하지만 비누의 장점
에 대한 근거들을 살펴보면, 5천 년 동안 우리 곁을 지켜온 비누를
자주 사용해야 할 이유는 충분하다.

물 마시기

목이 마르면 물을 마시자. 당연히 목이 마르지 않는다면 물을 마시지 말자. 모든 사람이 일정량의 물을 마셔야 한다는 생각은 가장 오래 지속된 건강 신화 중 하나다. 당신이 하루에 8잔의 물이 필요하다고 느끼지 않는 한(즉 목이 마르지 않는 한), 하루에 8잔의 물을 마실 필요는 없다. 인체는 오랜 세월에 걸쳐 진화한 끝에, 수분 요구량을 조절하는 데 매우 능숙해졌다. 일부러 물을 챙겨 마시려고 스마트폰 앱을 사용할 필요도 없다. 고비 사막을 가로질러 걸어가지 않는 한, 50달러짜리 스테인리스 물통을 들고 다닐 필요도 아마 없을 것이다. 수분이 필요하다고 느끼면, 그냥 좋은 수돗물을 마시면 된다. (나는 직장에서 사무실 싱크대의 수도꼭지를 틀고 고양이처럼 물을 마신다.) 물론 수질이 형편없는 지역도 있다. 근래에는 미시간주 플린트가 이런 사례로 악명 높다. 하지만 대부분의 지역에서는 수십억 달러 규모의 H_2O 산업 전체를 무시해도 된다. 물은 그냥 물이다.

물과 관련하여 불필요한 것들이 몇 가지 있다.

첫째, 비싼 병 생수다. 한 병에 6만 달러나 하는 '아쿠아 디 크리스탈로 트리부토 모디글라니Aqua di Cristallo Tributo a Modigliani'라는 고급 물 브랜드가 있다. 이 물은 아이슬란드의 빙하수, 프랑스와 피지 제도의 천연 샘물이 혼합되어 24캐럿짜리 수제 금병에 담긴다. 하지만 이 물이 맥도날드 화장실 수도꼭지에서 흘러나오는 물보다 조금이라도 더 좋은 수분을 공급해주지는 못할 것이다. (그렇지만 맥도날드에는 왜 간 것인가?) 사실 현재 거주지 수돗물의 안전성을 걱정해야 할 충분한 이유가 있거나 깨끗한 물에 접근하기 힘든 경우가 아니라면, 굳이 병 생수를 사 마셔야 할 건강상의 이유는 없다. 더욱이 몇몇 연구에서 산업적 규제가 약한 병 생수에 수돗물보다 더 많은 박테리아가 있다는 것이 발견됐다. 또 블라인드 테스트 결과 사람들이 보통 병 생수랑 수돗물을 구별하지 못한다는 사실도 밝혀졌고, 어떤 사람들은 실제로 프리미엄 병 생수보다 수돗물 맛을 더 선호하기도 한다.

둘째는 알칼리수다. 여러 웰니스 제품들이 강산성은 몸에 나쁘므로 우리 몸의 산도를 낮추어야 한다고 주장하고, 마케팅도 그런 논지에 따른다. 하지만 인체는 pH(수용액의 수소 이온 농도를 나타내는 지표-옮긴이)를 건강한 범위로 유지하도록 진화해왔다. 우리 몸은 이미 상당히 알칼리성인 상태를 유지하기 위해 끊임없이, 철저하게 혈액의 pH를 조절한다. 따라서 이런 선천적인 생물학적 과정을 돕겠다고 유행하는 최신 웰니스 제품을 활용할 필요는 없다. 맥길 대학교 화학과의 조 슈워츠Joe Schwarcz 교수가 지적하듯이, 우리는 음식과 음료를 섭취하여 몸의 pH를 바꿀 수 없다. 만약 바꿀 수 있다면 곧 죽을 것이다. 더욱이 알칼리수가 건강에 좋다는 업계의 주장을 뒷받침할 만한 연구 결과도 없다. 예컨대 2016년의 문헌 고찰에서는 '언론 매체와 영업 사원의 알칼리성 식이요법 및 알칼리수 홍보에도 불구하고, 이런 주장을 지지하거나 반증할 수 있는 실제 연구가 거의 없다'는 사실이 밝혀졌다.

셋째, 비타민수도 불필요하다. 비타민은 음식을 통해 섭취하자. 식단을 보충하기 위해 비타민수 같은 꼼수는 필요하지 않다. 또 코카콜라사의 제품인 비타민워터Vitaminwater를 마시는 것은 물을 마시는 것과 같다고 볼 수 없다. 그것은 영양가는 없고 열량만 높은 설탕 음료일 뿐이다. 마시지 말자.

넷째, 산소수oxygenated water도 그렇다. 이 물은 여러 가지 차원에서 어처구니가 없다. 제조사들은 정확히 어떻게 여분의 산소를 제품에 주입할까? 만약 그들이 실제 물의 분자 구조를 바꾼다면 그것은 더 이상 물이 아니게 된다. 물에 산소 분자를 추가하면 과산화수소H_2O_2를 얻게 된다. 물속에는 소량의 용존산소가 녹아 있다(그 덕에 물고기가 숨을 쉴 수 있다). 만약 여기에 추가적인 압력을 가한다면, 물에서 여분의 산소 분자가 용해되어 나올 것이다. 하지만 (병을 열 때처럼) 압력이 감소하면 물속의 산소 분자도 탄산수처럼 사라지게 된다. 가장 중요한 의문점은 이것이다. 우리 몸은 어떻게 여분의 산소를 흡수할 수 있을까? 우리는 물고기가 아니다. 물고기의 장은 기능해도 우리의 장은 폐처럼 기능하지 않는다. 이외에 글루텐 프리 물, 유기농 물, GMO 프리 물 역시 말도 안 되는 것들이다.

마지막으로 원수raw water가 있다. 그럴싸해 보이지만 완전히 정신 나간 짓이다! 지난 몇 년에 걸쳐 일부 기업들은 종종 개울이나 땅에서 바로 나온 물이 소독되고 정화된 물보다 더 '자연적'이므로 건강에 좋다는 생각을 마케팅해왔다(이런 마케팅의 논리는 보통 자연주의적 오류에 의존하고 있다). 이 분야에서 가장 잘 알려진 기업 중 하나인 라이브워터Live Water는 자사 제품에 보통 정화 과정에서 제거되는 건강한 박테리아가 들어 있다고 주장한다. 이 제품은 기본적으로 고급 유리병에 담긴 더러운 물에 불과한데도 약 60달러에 판매된다. 현실은 당연히 깨끗하게 정화된 물이 인류 역사상 가장 위대한 공중보건 업적 중의 하나라는 것이다. 2010년에 유엔은 깨끗한 물에 접근할 권리가 보편적인 인권이라고 선언했다. 그런데도 8억 명 이상의 인구가 아직도 깨끗한 식수를 공급받지 못하고 있고, 이 문제는 설사, 콜레라, 이질, 장티푸스, 소아마비를 비롯한 수많은 질병과 관련된다. 세계보건기구는 오염된 식수 때문에 매년 50만 명 이상이 설사로 사망한다고 추정한다. 이런 관점에서 원수의 유행은 수백만 명의 생명을 구한 과학에 명백히 역행하므로 왜곡되었고 특히 걱정스럽다.

물을 둘러싼 이 온갖 허튼소리들은 물을 마시는 것처럼 우리 건강에 지극히 기본적인 행위도 시장 세력과 나쁜 과학에 의해 어떻게 뒤틀릴 수 있는지를 보여준다. 나는 설탕이 잔뜩 든 음료, 스포츠 음료, 과일 주스 등보다 물을 마시라고 강조하고 싶다. 목마를 때는 물이 갈증을 해소하는 최고의 선택이다.

 ———————————————————————————— 14:20

사무실 회의

회의는 궁극적으로 우리의 영혼을 갉아먹고 업무 시간을 낭비하는 행위로, 미국 경제에 연간 370억 달러의 비용을 초래하는 것으로 추산된다. 미국에서는 매일 1,100만 건의 회의가 열리고, 그중 37%는 주로 지각한 참석자(아마 나) 때문에 늦게 시작한다. 평균적인 직원들은 일주일에 5~7시간을 회의로 보낸다(최고경영자들은 회의가 전체 업무 시간의 72%를 차지할 지경이다). 그중 상당수의 회의는 전혀 쓸모없거나 대단히 비효율적이다. 당신이 생산적이라고 생각하는 회의조차 아마 실상은 그렇지 않을 것이다. 한 연구에 따르면, 회의 전 가벼운 잡담 때문에 사람들은 나중에 그 회의가 좋았다고 생각할 수 수도 있다. 그러나 객관적으로 분석해보면 전혀 그렇지 않고 그 회의도 잡담이 없었던 회의만큼 비생산적이었던 것으로 나타난다. 다양한 업계의 관리자들에게 물어봤을 때 그들은 회의의 생산성을 33~47%로 매우 낮게 평가했다.

또한 지난 수십 년간 회의의 빈도와 시간이 증가했다는 연구 결과도 있다. 대부분에게 회의는 「스타트랙Star Trek」의 보그족Borg(생명체와 기계를 결합시켜 완벽함을 추구하는 종족-옮긴이)처럼 영혼 없고 가차 없이 다른 업무들(대부분 이메일로 밝혀졌다)과 경쟁하며 우리의 전체 직장 생활을 소진시키는 존재일 뿐이다. 우리는 거의 언제나 다른 일을 하면서 시간을 보내는 편이 더 낫다. 만약 꼭 참석해야만 하는 회의가 아니라면, 어떻게든 회의에서 빠져 다른 실제 업무에 집중할 방법을 찾아보자.

회의가 있다는 사실을 생각하는 것만으로도 비생산적이 된다. 앞서 1부에서 설명했듯이 다가오는 약속처럼 정해진 일은 남은 시간이 실제보다 적다는 인식을 준다. 어떤 정해진 일이 눈앞으로 다가오면, 우리는 더 분주하게 느끼고 업무 생산성이 떨어지게 된다. 따라서 회의는 시작 전까지는 생산성을 저하시키고, 진행되는 동안은 시간을 낭비하게 한다. 이러나저러나 부정적인 결과만 초래하는 것이다.

원격 회의도 별반 다르지 않다. 원격 회의 도중 실제 듣고 있는 사람은 명백히 아무도 없다. 2014년의 설문조사에서 65%의 사람들이 원격 회의 중에 딴짓을 한다고 인정했다. 또 다른 55%는 음식을 먹거나 만든다고 했고, 47%는 화장실에 간다고 했으며(추측컨대 음소거 상태일 것이다), 6%는 다른 전화를 한다고 응답했다. (지나치게 열정적인 원격 회의 주최자는 출석을 확인하지만, 회의 참석자 중 아무도 이것을 심각하게 받아들이지 않는다는 사실을 기억하자.) 그래서 원격 회의는 의미와 생산성 측면에서 대면 회의보다 더 나쁘다. 원격 회의는 대개 아무런 소득이 없는 이상하고 의무적인 의식의 일종으로 전락했다.

이야기가 나온 김에, 회의를 정당화하는 최대 명분 중 하나인 브레인스토밍의 정체를 폭로하겠다. 아이디어를 다 함께 논의한다는 것이 오래전부터 길고 장황한 회의가 존재해온 중요한 이유였다. 알렉스 오즈번Alex Osborne이라는 광고 책임자가 1950년대에 '브레인스토밍brainstorming'이라는 용어를 만들어 유행시켰다. 그는 이것이 자유롭고 제약 없는 창의성의 교류를 허용하여 좋은 아이디어의 양과 질을 모두 증가시킨다고 믿었다. 많은 사람이 함께 머리를 맞대는 것이 혼자 궁리하는 것보다 더 낫다는 전제가 깔려 있었다. 하지만 이는 논리적으로 들리기는 해도 사실 별 효과가 없다. 2003년에 유니버시티 칼리지 런던의 심리학 교수인 에이드리언 펀햄Adrian Furnham이 문헌 고찰에서 지적했듯이, '브레인스토밍 집단이 혼자 일하는 같은 수의 사람들보다 더 적고 질 나쁜 아이디어를 만들어 낸다는 것을 명백하게 보여준다.' 2002년에 실시된 또 다른 문헌 고찰도 같은 결론에 도달했다. '집단 브레인스토밍에 관한 많은 문헌은 그것이 개인의 브레인스토밍보다 덜 효과적이라는 사실을 드러낸다.' 이런 결론이 의미하는 바는 각자 아이디어를 짜낸 다음 단순히 공유하는 편이 더 효과적이라는 것이다. 꼭 회의가 필요하지는 않다.

그런데도 여전히 브레인스토밍의 장점에 대한 이야기가 많이 들린다는 것이 놀랍다. 그 이유는 이 책에서 몇 번이나 등장한 바 있다. 실제 세상이 그렇게 돌아가지 않더라도, 그것이 우리가 생각하는 세상 돌아가는 이치에 부합하기 때문이다. 2015년에 〈하버드 비즈니스 리뷰Harvard Business Review〉 저널에서 심리학 교수 토마스 차모로 프레무지크Tomas Chamorro-Premuzic가 지적했듯이 '브레인스토밍은 직관적으로 옳은 일이라고 느껴져 계속 사용되고 있다.' 하지만 세상이 평평하지 않듯, 브레인스토밍은 효과적이지 않다.

팀워크와 협동은 가치 있고 분명 생산적일 수 있다. 그리고 커뮤니케이션을 촉진하는 업무 환경을 구축하는 등 효과적인 협업을 장려하는 방법에 대한 흥미로운 연구도 나오고 있다(종종 복도에서의 우연한 만남이 예정된 회의보다 더 생산적일 수 있다). 하지만 브레인스토밍의 함정에 빠지지는 말자.

흥미로운 사실은 직원들 간의 건설적인 상호작용을 증진시킨다는 취지로 적용한 방식인 개방형 업무 공간 사무실도 역시 효과가 없다는 것이다. 오히려 정반대의 효과를 지니는 듯하다. 2018년 연구에 따르면, 개방형 업무 공간 환경에서 대면적인 상호작용이 70% 감소한 것으로 나타났다. 저자들은 연구 결과를 이렇게 요약했다. '개방형 구조는 보다 활발한 대면 협력을 유도하기보다는 사무실 동료들과 자기 자신을 분리하고 대면 대신 이메일과 인스턴트 메신저를 통해 상호작용하려는 인간 반응을 촉발하는 것으로 보인다.' 예정된 회의나 벽 없는 업무 환경을 통해 직원들의 창의적인 상호작용을 유도하기란 어려운 일이다.

꼭 회의를 해야 한다면, 주당 횟수를 제한하고, 가능한 한 짧게 하며, 제시간에 끝내고, 제발 분명한 목적을 정해야 한다. 또 즉석에서 서거나 걷거나 춤추는 식의 다양한 형식을 고려해보자. 해보고 어떻게 되는지 내게 알려 달라. 내가 거기에 갈 일은 없을 테니까.

☀ ─────────────────────────────── • 14:30

낮잠 시간

침대가 너무나 편안해 보였다. 나는 깜짝 놀랐다. 내심 군용 접이식 침대나 기껏해야 친구 집에서 자야 할 때 친구 부모님이 내주시던 삐걱거리는 공기 매트리스를 기대했는데. 하지만 그 커다란 방은 갓 세탁한 시트와 향기 좋은 베개가 놓인 대략 20개의 작은 침대로 가득 차 있었다.

강사인 수면 '코치'는 불빛을 어둡게 하고 가벼운 스트레칭과 몇 가지 호흡 운동을 시키면서 우리에게 주요 활동인 수면을 시작하라고 권했다. 우리는 모두 아늑한 침대로 올라가서 눈을 감았다. 오후 중반쯤이었다. 나는 갓 부모가 된 사람들, 스트레스가 심한 학생, 낮잠을 자는 바쁜 경찰관들로 가득한 방 안에 있었다. 내가 이런 단체 낮잠 시간을 마지막으로 경험한 것은 유치원 때였다. 그러나 내가 참여한 이 프로그램은 기초적인 교육 경험을 성인이 되어 재연하는 이상한 프로그램이 아니었다. 낮잠 운동 클래스였다. 돈을 내고 낮잠을 자려는 사람들로 가득한.

낮잠은 이제 주류 문화가 되었다. 낮잠은 한때 게으르고 무기력한 사람들의 습관으로 매도당했으나, 이제는 기업계에서 권장하는 관행이 되었다. 낮잠을 해고 사유로 여기던 것이 엊그제 같은데, 이제는 아리아나 허핑턴Arianna Huffington을 비롯한 많은 비즈니스 리더들이 매일 낮잠을 자라고 직원들에게 권하고 있다. 많은 기업이 이제 직원들이 잠깐 들러 눈을 붙일 수 있는 수면실을 갖추고 있다. 예를 들어, 구글은 낮잠용 공간으로 특별히 설계된 사무실에 편안한 음악을 연주해주는 수면캡슐을 설치했다.

나의 낮잠 운동 체험은 수면이 좋은 건강의 열쇠라는 인식을 이용한 광범위한 수면 산업 트렌드의 일환이다. 2017년 시장보고서에 따르면, 수면건강 산업은 연간 300억~400억 달러 규모로 추정된다. 게다가 경기 둔화 조짐이 거의 없는 가운데 연간 8% 이상의 성장세를 이어가고 있다. 우리는 수많은 낮잠 보조용품을 선택할 수 있다. 그중에는 머리 전체를 감싸고 책상이나 작업실 등 어디에서나 쓰러져 잠을 잘 수 있게 설계된 푹신한 타조 베개도 있다. 그밖에도 성인용 플리스 우주복, 부풀어 오르는 수면캡슐, 낮잠자리가 숨겨진 책상, 낮잠 유도용 눈 마사지 고글, 쓰러뜨리면 침대가 되는 사무용 의자 등 다양하다.

이제 많은 사람에게 더 많은 수면이 필요하다는 점에는 전혀 의심의 여지가 없다. 양질의 수면은 건강한 생활 습관에서 중요한 부분이다. 근무 중 졸음은 사고 발생, 집중력 감소, 생산성과 창의력 저하로 이어질 수 있다. 연구에 따르면, 매우 졸린 근로자들은 잘 쉬는 근로자들보다 사고에 연루될 확률이 70% 더 높은 것으로 나타났다.

체르노빌과 챌린저호 우주왕복선 참사 같은 역사상 가장 비극적인 산업 재해 중 일부도 수면 부족과 관련이 있었다. 그리고 놀랍지 않게도 수많은 연구에서 졸음을 느끼면 생산성이 현저히 떨어진다는 사실이 발견됐다. 4,000명 이상의 직원을 대상으로 한 2010년 연구 결과, 수면 부족자로 분류된 직원들이 '생산성, 업무 성과, 안전성 측면이 유의미하게 낮았다.' 나아가 연구자들은 '피로와 관련된 생산성 손실'이 고용주에게 직원 1명당 연간 1,967달러의 손실을 입힐 것으로 추정했다. 그러므로 많은 기업이 직원들에게 낮잠을 권하는 것도 이해할 수 있다. 결과적으로 그리는 편이 나은 것이다.

이처럼 낮잠에 대한 문화적 수용성의 증가와 직장 내 졸음이 초래하는 부작용을 고려할 때, 이번 주제의 결론은 지금 당장 책상에 머리를 숙이고 잠깐 낮잠을 자라는 단순한 권고일 것으로 예상할 수 있다. 하지만 불행히도 그렇게 간단하지가 않다.

"맞아요. 그래서 낮잠은 컵케이크와 같아요"라고 콜린 카니^{Colleen Carney} 교수는 말했다. "나는 컵케이크를 적당히 좋아하는 편이지만, 컵케이크는 당신에게 좋지도, 그렇다고 아주 나쁘지도 않지요."

카니 교수는 라이어슨 대학교의 수면 및 우울증 실험실^{Sleep and Depression Laboratory, SAD} 책임자다. 그녀는 최근 들어 수면의 가치가 진지하게 고려된다는 점에 매우 흥분하고 있다. 그녀는 경력 내내 수면을 연구했기 때문이다. 그러나 요즘 대중문화에 만연하는 낮잠에 대한 단순화된 과장에는 감명을 받지 않는다. "사람들은 낮잠에 대한 이야기를 즐기고 '성공적으로' 낮잠을 자려는 노력에 많은 관심을 기울이고 있지만, 나는 그것이 강박적이라고 느낍니다."

왜 이런 반응일까? 최근의 엄청난 열광에도 불구하고, 낮잠의 효과에 대한 근거는 흔히 묘사되는 것처럼 그다지 결정적이지 않기 때문이다. 물론 낮잠을 자면 힘이 날 수 있다. 짧은 낮잠(짧게 자면 더 좋다)은 학습 능력, 수행 능력, 각성 수준을 향상시킬 수 있다. 업무 상황에서 유리해진다는 것이다. 과거에 NASA가 진행한 연구에서 잠깐 낮잠을 자면 수행능력이 34% 향상된다는 것이 발견됐다. 또 다른 연구들은 낮잠을 통해 인지 장애가 있는 노인들의 인지 기능을 향상시킬 수 있다고 주장한다.

그렇지만 낮잠, 특히 장시간의 낮잠은 일부 부정적인 결과와 관련이 있다. 2016년에 10만 명 이상의 데이터에 기반을 둔 연구를 분석한 결과 '낮잠과 고혈압 사이의 유의미한 상관관계'가 나타났다. 다른 대규모 연구들은 낮잠과 제2형 당뇨병 및 심장병의 위험 증가 사이의 연관성을 밝혀냈다. 물론 낮잠의 폐해를 밝혀낸 연구들은 대부분 상관관계에 관한 것이다. 이 말은 낮잠이 문제의 원인인지 아닌지가 확실하지는 않다는 것이다. 낮잠을 자는 사람들이 다른 이유로 이런 안 좋은 건강 상태가 되었을 가능성도 있다. 그리고 다른 연구자들은 낮잠의 장점과 단점의 비중이 밤잠의 시간과 질 등 많은 요인에 따라 달라질 수 있다고 밝혔다.

이 모든 연구는 다소 혼란스러운 근거의 특징을 부각시킨다. '낮잠의 역설을 탐구하다: 한낮의 수면은 친구인가 적인가?'라는 적절한 제목의 2017년 문헌 고찰에서 요약했듯이, 관련 연구를 종합해보면 특정한 시간 동안 특정한 상황에서의 낮잠은 젊고 건강한 사람들에게 이로울 수 있다고 주장하는 듯하다. 그러나 노인을 포함한 일부 인구에게는 '과도한 낮잠이 부정적인 결과와 관련이 있다'고 한다.

스포츠도 새로운 통념이 과학적 근거와 일치하지 않는 분야 중 하나다. 많은 논평가가 운동선수들이 경기력을 향상시키려면 낮잠을 자야 한다고 주장한다. 하지만 이에 대한 과학적 근거 역시 결정적이지 않다. 예를 들어, 2014년 젊은 선수들을 대상으로 한 소규모 연구는 '낮잠이 선수들의 단기적 성과에 신뢰할 만한 효과를 보이지 않았다'고 결론지었다. 위스콘신 대학교의 스포츠의학 전문가이자 2017년 문헌 고찰의 저자인 앤드루 왓슨Andrew Watson 박사는 '낮잠이 운동 성적에 미치는 영향은 불분명하다'고 말한다.

낮잠을 지지하는 세력과 실제 스포츠 과학 사이의 이런 입장 차이는 찰스 새뮤얼스 박사에게 전혀 놀라운 일이 아니다. 그는 이 가상의 하루를 시작할 때 만났던 수면 전문가 중 한 명으로, 수면과 스포츠가 전문 분야여서 이런 문헌을 속속들이 알고 있다. 새뮤얼스 박사는 스포츠 분야에서 문제가 있다면 필요한 데이터를 얻기가 어렵다는 것이라고 말했다. 그러면서 '스포츠 과학이 현재 실질적인 주장을 할 수 있는 근거를 제공할 만큼 역학 연구를 진행하는 데 필요한 자금을 지원받지 못한다'고 지적했다. 또한 스포츠 과학의 약점은 연구 진행에 충분한 시간을 얻지 못하는 것이라고 덧붙였다. "연구 결과의 질이 제대로 논의되는 경우가 드물다 보니 스포츠 과학은 학술 논문에서 연구의 한계를 드러내는 '연구의 제한점' 부분이 부실한 것으로 악명 높습니다."

새뮤얼스 박사는 운동 성적의 측면에서 '수면 최적화' 전략이 도움이 된다는 데는 조금도 이의가 없다. 좋은 수면과 적당한 양의 휴식은 엘리트 운동선수가 아닌 사람들(즉 99.99%의 사람들)에게도 당연히 중요하다. 그렇지만 그는 '낮잠이 경기 수행 능력을 향상시키는 기술이라고 주장할 만한 양질의 증거는 충분하지 않다'고 말했다.

많은 전문가가 대중문화에 비해 낮잠에 조용히 반응하는 가장 큰 이유는 낮잠을 자면 밤의 수면 패턴에 지장을 줄 수 있기 때문이다. 낮잠을 자는 사람들은 대부분 졸려서 낮잠을 잔다. 그들이 졸린 이유는 밤잠을 제대로 자지 못했기 때문일 수 있다. 밤잠을 제대로 못 자는 것은 당연히 낮잠을 잘 가능성의 증가와 관련이 있다. '불면증=졸리다'인 것이다.

낮잠은 불면증인 사람들에게 악순환을 초래할 수 있다. 카니 교수에 따르면, '불면증을 겪는 사람에게 낮잠은 정말 바람직하지 않은 생각이다. 낮잠은 밤에 잘 수 있는 깊은 잠을 기하급수적으로 빼앗아간다.' 밤에 잠을 자지 못하는 사람은 억지로라도 낮잠을 자야 한다고 느낄지도 모른다. (잊지 말자, 대중문화에서는 낮잠이 좋은 생각이라고 쉴 새 없이 떠들어댄다.) 하지만 낮잠을 자면 밤잠을 자기가 더 어려워진다. 그래서 졸린 사람은 다시 다음날 낮잠을 자고 싶어질 것이다. 안타깝게도 이런 패턴이 반복된다. 못해도 대략 30~50%의 사람들이 종종 단기 불면증을 겪는 것으로 추정된다. 이런 사람들은 낮잠을 반드시 피해야 한다. 미국 국립수면재단National Sleep Foundation에서 요약한 바와 같다. '만약 당신이 밤에 잠을 자는 데 어려움을 겪는다면, 낮잠은 문제를 증폭시킬 뿐이다.'

더욱이 낮잠은 종종 잠에서 깬 직후에 느끼는 몽롱하고 혼란스러운 감각, 이른바 수면 관성$^{sleep\ inertia}$을 초래할 수 있다. 수면 관성은 보통 오래 지속되지 않고, 짧은 낮잠일 경우에 더 지속이 짧다. 그렇지만 잠에서 깬 직후에 복잡하고 위험한 일을 수행해야 하는 사람들에게는 치명적일 수 있다. 누구도 신경외과 의사, 항공사 조종사, 중무장한 경찰관이 잠에서 깨어 멍한 상태에서 중요한 결정을 내리는 것을 바라지 않을 것이다.

그렇다면 이 모든 논의의 결론은 무엇일까? 카니 교수는 낮잠을 중요한 회의, 힘든 과제, 시험과 같은 중요한 활동을 앞두고 특정한 목적을 위해 졸음을 완화하는 도구로 활용할 뿐, 밤잠을 잘 못 자는 경우에 주된 수면 전략으로 생각하지는 말라고 조언한다. "낮잠을 자는 것은 밤잠을 보충하기보다 낮 시간의 졸림을 해결하는 것이 더 중요할 때 좋은 결정입니다. 그런 경우가 아니라면 낮잠은 중요하지 않습니다. 수면 패턴에도 좋지 않죠. 물론 즐기기에는 좋겠죠. 마치 컵케이크처럼요."

낮잠과 관련된 모든 것에 열광하는 현재의 분위기는 앞서 스탠딩 책상의 경우처럼 과학적 근거의 왜곡과 과도한 단순화로 귀결될 아이디어가 문화적 영향력을 얻어가는 과정을 보여준다. 결국 낮잠 역시 일종의 신화가 되어 우리의 의사 결정을 호도할 수 있다.

낮잠과 관련된 이런 예를 살펴보자. 2015년에는 낮잠을 자면 직장에서 느끼는 좌절감을 줄일 수 있다는 연구 결과가 발표되었다. 이 연구는 많은 언론의 관심을 불러일으켰고, '이유 없이 짜증이 나는가? 낮잠을 자라' 같은 헤드라인을 탄생시켰다. 직관적으로 타당해 보인다. 그러나 사실 이 연구는 박사과정생의 연구였다. 방법론적으로 탄탄한 대규모 연구의 가치와 실현 가능성을 타진하기 위해 실시된 시범적인 소규모 예비 연구에 불과한 것이었다. 그래서 이 예비 연구는 결정적인 근거 자료로 인정받지 못한다. 나는 이 예비 연구가 재수행되거나 더 큰 규모의 연구로 완성되었다는 정보를 어디에서도 찾을 수 없었다.

그럼에도 불구하고 낮잠이 욕구불만을 줄여준다는 생각은 도처에 퍼져 있다. 또한 이제는 뻔한 사실로 받아들여지는 이 생각의 근거로 종종 이 예비 연구가 거론된다. 나는 이 연구의 결과가 반드시 정확하지 않다고 말하는 것이 아니다. 옳든 그르든 간에 이 연구는 결정적인 근거와 거리가 멀다. 사실 '예비' 연구는 그 정의 자체부터가 결정적이지 않다. 그런데도 이 연구가 대중 매체에서 언급될 때는 그것이 소규모의 예비 연구라는 사실은 거의 언급되지 않는다.

진정한 욕구(잠은 정말 중요하다!), 시장의 영향력, 문화적 유행(아리아나 허핑턴 덕분이다), 그리고 지나치게 단순화된 과학이 결합되면서 낮잠은 위상이 높아졌고, 건강한 라이프스타일의 핵심이라는 인상까지 주게 되었다.

이 책의 목표 중 하나는 당신의 일상적인 의사 결정 과정을 단순화하는 것이다. 하지만 불행히도 낮잠은 카니 교수가 말했듯이 흔히 주장하는 것보다 훨씬 더 복잡한 분야이다. 낮잠을 자려는 당신의 결정은 낮잠의 가치와 필요성, 업무의 특성, 당신의 크로노타입, 불면증의 유무 등 개인적인 변수를 포함한 수많은 요인에 의해 좌우되기 마련이다. 만약 당신이 트럭 운전사, 원자력 엔지니어, 항공기 조종사이고 근무 중에 졸리거나 혹은 일정 시간 동안 까다로운 일을 해야 하는 중요한 일정을 앞두고 있다면, 부디 낮잠을 자라. 하지만 밤잠을 자는 데 어려움을 겪거나 단순히 낮잠을 자고 싶은 충동을 느낄 뿐이라면, 낮잠은 최선의 방법이 아닐 수 있다.

만약 당신이 낮잠을 잘 생각이라면, 제대로 자고 싶을 것이다. 즉 대부분 언제, 얼마나 오래 잘 것인지가 관건이다. '낮잠은 짧게, 이른 시간에 잘수록 더 좋다'는 것이 경험칙이라고 카니 교수는 말한다. 연구들로 낮잠의 길이에 대한 다양한 반응이 지속적으로 발견돼 왔다. 짧은 낮잠은 건강에 좋을 수 있고, 중간 길이의 낮잠은 건강에 중립적인 영향을 미치며, 장시간의 낮잠은 부정적인 건강 결과와 관련이 있다. 또 낮잠이 짧으면 대개 낮잠 후의 수면 관성도 감소한다. 대부분의 연구 결과는 10~20분의 낮잠이 가장 좋다는 것이다. (이것은 안전상의 이유로 낮잠을 자는 것이 아닌 경우다. 안전상의 이유로 낮잠을 잔다면, 아마 더 이상 졸리지 않을 때까지 낮잠을 자야 할 것이다.)

내 낮잠 운동 클래스의 낮잠 시간도 약 20분간 지속되었다. 나는 곧장 깊은 잠에 빠졌다. 낮잠을 자고 나니 기분이 정말 좋았다! 컵케이크 같이 달콤한 낮잠은 정말로 좋다.

 ──────────────────────────── 15:00

5초 규칙

우리 집에서 아내가 만든 초콜릿 케이크는 거의 소울 푸드로 떠받들어진다. 그 케이크를 먹을 수 있는 어떤 구실도 환영받는다. 언젠가 우리 아이들이 아직 초등학교에 다닐 때, 우리는 이 마법의 케이크 하나를 손에 들고 이웃집에 찾아갔다. 문이 열리자 이웃의 유독 예의바른 두 아이가 완벽하게 차려입고 머리를 말끔히 빗은 채로 서 있었다. 그런데 제멋대로 구는 우리 아이들이 갑자기 앞으로 뛰쳐나가는 바람에 케이크가 공중으로 튀어 올랐고, 바닥에 떨어진 순간 초콜릿 수류탄처럼 폭발했다. 우리 아이들은 눈이 휘둥그레지고 입을 딱 벌린 채 일순간 그 자리에서 얼어버렸다. 네 아이 모두 거의 초인적인 속도로 조용히 어떻게 해야 할지를 계산했다. 그러더니 완전히 합심해서 하이에나 무리처럼 케이크에 덤벼들었다. 아이들은 무릎을 꿇고 손으로 케이크, 아이싱, 아마도 접시의 일부까지 흡입했다. 그들은 부모들의 개입으로 이 만찬이 끝나는 데 불과 몇 초밖에 남지 않았다고 계산했을 것이다.

정확히는 5초가 남아 있었다.

모든 부모는 이 육아의 진리를 알고 있다. 설령 음식을 바닥에 떨어뜨리더라도, 그것을 재빨리 집으면 아이들이 먹을 수 있다는 것을. 우리 아이들은 이 교훈을 잘 배운 상태였다.

5초 규칙(음식이 땅에 떨어져도 5초 안에 집어 먹으면 안전하다는 속설-옮긴이)은 아이들에게만 적용되는 것은 아니다. 많은 사람이 이를 과학적 사실이라고 믿고, 수백만 명이 매일 이 규칙을 들먹인다. 영국 애스턴 대학교의 2014년 조사에 따르면, 87%가 바닥에 떨어진 음식을 이미 먹었거나 먹을 것이라고 응답했고, 81%는 5초 규칙을 적용하여 결정한다고 대답했다.

바닥에 떨어진 음식에 대한 당신의 입장은 어떠한가? 오후 간식인 도넛을 사무실 바닥에 떨어뜨린다면, 재빨리 주워 먹어도 안전

할까?

이 결정이 흥미로운 것은 5초 규칙이 여러 가지로 과학적 정당성의 허울을 쓰기 때문이다. 나는 많은 사람에게 이 규칙의 진실성에 대해 물었다. 과학계 종사자들을 포함한 많은 사람이 그것을 진짜라고 생각했다. 그리고 그들은 대개 '나는 이 규칙에 관한 연구 결과를 들었던 기억이 난다'는 말로 자신의 결론을 합리화했다. 이런 '겉보기에 그럴싸한 과학'으로 접근하는 방식은 종종 언론 매체에서도 되풀이된다. 게다가 '5초 규칙'처럼 영리한 캐치프레이즈가 있다면 대중문화의 날개를 달게 된다.

이 책에서 다룬 많은 주제처럼, 5초 규칙 역시 그것이 옳다고 느껴지고, 기억하기 쉬우며, 사실이라면 대단히 편리하고 재미있는 생각이기 때문에 널리 통용되는 지혜가 되었다. 누가 사무실 바닥에서 도넛을 집어 먹어도 괜찮기를 바라지 않겠는가?

사실 이 규칙에 대한 과학적 근거는 꽤 빈약하다. 이 규칙을 지지하는 근거로 가장 자주 인용되는 연구들은 동료 심사peer-review 저널에 발표되지 않은 2014년 대학생 프로젝트(앞에서 말한 설문조사를 실시했던 집단과 동일하다)와 역시 저널에 발표된 적 없는 한 고등학생의 2004년 연구이다. 내가 파악할 수 있는 한, 이 주제에 대해 가장 엄격하고 동료 심사를 거친 논문은 2016년에 학술지 〈응용 및 환경 미생물학Applied and Environmental Microbiology〉에 발표된 연구다. 연구진은 다양한 표면(스테인리스 스틸, 세라믹 타일, 나무, 카펫)과 여러 음식(수박, 빵, 빵과 버터, 젤리)을 이용하여 박테리아가 바닥에서 음식으로 이동하는 정도를 조사했다. 그들은 실험실 바닥을 비병원성 살모넬라균으로 오염시키고, 그 바닥에 다양한 시간 동안 음식을 놔두었다.

이 연구에서는 무엇을 발견했을까? 기본적으로 5초 규칙이 박테리아가 바닥에서 음식으로 옮겨갈 때 실제로 벌어지는 일을 지나치게 단순화했다는 것이다. 사실 오염 과정에는 온갖 변수가 영향을 미친다. 특히 음식에 얼마나 많은 수분이 함유되어 있는지가 관건이다. 예컨대, 수분이 세균을 음식으로 끌어들이기 때문에 이 실험에서는 수박이 가장 빠르고 완전하게 박테리아에 오염되었다. 더 중요한 결과는 실험에 사용된 모든 음식에 대해 어떤 박테리아는 음식이 바닥에 떨어진 지 1초 이내에 이동한다는 사실이 발견됐다는 점이다. 결국 저자들은 이 연구를 통해 5초 규칙이 틀린 것으로 입증되었다고 명백히 선언했다.

이 결론은 이 주제에 대한 또 다른 동료 심사 논문으로 2007년에 〈응용 미생물학 저널Journal of Applied Microbiology〉에 발표된 연구 결과와도 일치한다. 이 연구 역시 적절한 조건하에서는 박테리아가 '접촉 즉시 실험하는 식품으로 옮겨질 수 있다'는 사실을 발견했다.

공정하게 말하자면, 이런 엄격한 연구들 때문에 만약 바닥이 건조하고 딱딱하며 음식에 수분이 많지 않다면 박테리아가 옮겨질 위험이 더 적다는 사실도 발견됐다. 하지만 그토록 광범위한 상황에 적용될 수 있는 '규칙'이란 존재하지 않는다. 박테리아는 셀 수 없이 많기 때문이다.

나는 2016년 동료 심사 논문의 수석 저자인 러트거스 대학교의 도널드 샤프너Donald Schaffner 교수에게 왜 사람들이 이 지나치게 단순화된 규칙을 빠르게 수용하는지 물어보았다. 그는 "대답하기 어려운 질문이군요. 나는 사람들이 대개 원하는 일을 어떻게든 정당화하기 위해 손쉬운 경험칙을 찾고 있다고 생각합니다"라고 답했다. 미생물학자이자 식품 안전 전문가인 샤프너 교수가 볼 때, 여기에서 주목할 문제는 사실상 '언론 매체를 통해 발표된' 셈인 확고하지 않은 연구가 언론에 보도되면서 동료 심사도 거치지 않은 상태의 지식이 대거 형성되었다는 점이다. 샤프너의 말에 동의한다. 이 주제는 사소해 보이지만, 우리가 살아가는 방식에 대한 매력적인 캐치프레이즈가 대중문화와 대중들에게 널리 수용되고 그 관심에 편승하려는 의문스러운 연구들이 양산되며, 다시 이런 엄격하지 못한 연구에 대한 언론 보도가 이어지는 일련의 과정을 보여준다.

이 주제의 보편성을 고려할 때, 나는 또 다른 학계 전문가에게 재확인하는 것이 최선이라고 생각했다. 나는 이 책의 앞부분에서 만났던 브리티시컬럼비아 대학교의 유명한 세균 전문가 브렛 핀레이 교수를 다시 찾았다. 그는 5초 규칙이 과학을 지나치게 단순화한 것이라는 데 동의했다. 핀레이가 보기에는 음식이 바닥에 떨어져 있는 시간보다 음식이 떨어진 바닥의 표면이 더 중요했다. "단단한 합성 표면은 괜찮아요. 부드럽고 끈적거리는 표면은 그렇지 않고요. 시간은 별로 중요하지 않아요."

이처럼 조금 더 세분화된 결론에 놀랄 사람은 아무도 없을 것이다. 떨어진 음식의 종류, 바닥 표면의 특성, 바닥이 속한 장소에 따라 결론이 달라지는 것은 너무도 당연하다! 만약 도넛이 떨어진 곳이 병원, 패스트푸드점 주방, 하수처리장 바닥이라면, 음식이 바닥에 떨어져 있는 시간은 아무 상관이 없다. 무조건 그 도넛은 먹지 마라.

다시 말하건대, 박테리아는 셀 수 없이 많다.

하지만 당신의 생일 케이크가 이웃집의 건조하고 티끌 하나 없는 단단한 나무 바닥에 떨어진다면, 나는 주워 먹으라고 권할 것이다.

샤프너 교수는 5초 규칙에 대한 세계 최고의 전문가로 떠올랐다고 해도 과언이 아니기 때문에 나는 그에게 만약 당신이라면 사무실 바닥에 떨어진 도넛을 먹겠느냐고 묻지 않을 수 없었다. "반드시 짚어봐야 할 중요한 문제 중 하나는 '내 음식이 접촉한 표면이 오염되었을 가능성이 얼마나 되는가?'입니다"라며 그는 생각에 잠기며 말했다. "나라면 뉴욕 지하철 승강장과 내 사무실 바닥에 떨어진 경우를 다르게 판단하겠죠." 그는 도넛이 상당히 건조한 식품이라서 박테리아를 끌어들일 가능성은 낮지만 결국 문제는 도넛이 떨어진 표면에 대한 평가로 귀결된다고 했다. "당신의 사무실 바닥이 얼마나 깨끗할 것 같습니까? 누가 그 바닥을 걸어 다니고 또 그들은 사무실 외에 어디를 걸어 다녔을까요?" 과연 누가 직장 동료들의 신발 밑바닥이 깨끗할 거라 믿겠는가?

그러나 이 유명한 미생물학자조차도 바닥에서 무엇을 주워 먹을지를 결정할 때는 비용편익분석을 실시할 것이다. "나는 집밖의 장소에 떨어진 음식에 대해서는 내 경험칙에 따라 꽤 신중한 편입니다. 물론 집 안에서도 바닥에 떨어진 것이 수분이 많은 음식이라면 절대 먹지 않을 겁니다. 하지만 맛있는 초콜릿 칩 쿠키라면 당연히 집어 먹겠죠."

나는 그의 말을 이해한다. 맛있는 초콜릿 칩 쿠키는 번번이 병원성 세균의 잠재적 위험을 이겨낼 만큼 매혹적이니까.

이메일

하루가 끝나갈 무렵, 나는 받은 편지함에 쌓여 있는 미처 답장하지 못한 이메일을 보고 공황상태에 빠지기 시작한다. 나는 받은 편지함을 열고 금방 처리할 수 있을 것 같은 메시지를 클릭한다. 하지만 종종 아무런 진전도 없이 메시지를 열고 닫기만 하다가 끝나고 만다. 열고 읽고 닫고, 열고 읽고 닫고. 그리고 내가 이러는 동안 새 메일 10통이 도착한다. 으악!

이런 이메일 불안을 느끼는 사람은 나뿐만이 아니다. 평균적인 이메일 사용자는 받은 편지함에 읽지 않은 이메일이 199개 쌓여 있다. 그리고 나를 포함한 많은 사람은 받은 편지함을 '0'으로 만들어야 한다는 이상한 강박을 느낀다. 비록 24%의 사람들은 달콤한 어감의 '받은 편지함 0개'가 환상과 같은 꿈의 경지라고 생각하지만 말이다. 적어도 3만 8,000여 개의 받은 편지함을 분석한 결과, 받은 편지함에는 평균 8,000개 이상의 메시지가 들어 있고, 약 20% 사용자의 경우 받은 편지함에 2만 개가 넘는 메시지가 들어 있다는 점을 감안하면, 받은 편지함을 비우겠다는 목표는 다분히 희망사항으로만 들린다.

컴퓨터 프로그래머인 레이먼드 톰린슨Raymond Tomlinson이 1971년에 최초의 이메일을 보냈다. (그 메시지는 'QWERTYUIOP'였다.) 오늘날 하루 동안 주고받는 평균 이메일 수는 약 2,700억 개에 달한다.

만약 사무직 근로자라면, 이메일에 인생의 상당 부분을 저당 잡힐 가능성이 있다. 2017년 칼턴 대학교의 연구에서는 이메일 처리가 우리 업무 시간의 3분의 1을 차지하는 것으로 나타났다. 재택근무자의 경우에는 일하는 시간의 거의 절반이 이메일을 읽고 답하는 데 소요된다. 또 다른 연구로, 미국 화이트칼라 근로자 1,000명을 대상으로 한 설문조사에서는 평균적인 사람들이 하루에 4.1시간을 이메일 관리로 보낸다고 답했다. 결국 이 엄청난 시간을 소모하는 활동이 생각보다 훨씬 더 심각한 문제라는 사실이 드러난 셈이다. 이 수치를 잠시 생각해보라. 많은 사람에게 일의 대부분이 결국 이메일 관리인 셈이다.

우리는 대부분 이메일과 애증의 관계를 맺고 있다. 한편으로는 연구를 통해서 이메일이 여전히 업무용 커뮤니케이션 방법으로 선호되고 있음이 확인되었다. 2018년 산업 분석에서는 '전문직 종사자의 86%가 업무 목적의 커뮤니케이션에서 이메일 사용을 선호한다'는 것이 발견됐다. 내 경우에도 이는 분명히 사실이다. 나는 내 받은 편지함을 매일같이 공격적으로 처리해야 할 '해야 할 일 목록'으로 여긴다(뒤에서 보겠지만, 이것은 좋지 않은 생각이다). 나는 다른 종류의 연락이나 의사소통 수단은 원하지도 않고 필요하지도 않다. 나는 사무실 전화가 울려도 무시하며, '나는 음성메시지에 답장하지 않습니다'라는 자동메시지를 사용한다. (물론 그래도 대부분의 발신자는 여전히 메시지를 남긴다.) 나는 집에서도 유선 전화를 거의 받지 않는다(그래서 내 가족들을 미치게 만든다). 핸드폰도 꺼둔다(이것도 내 가족들을 미치게 만든다). 그리고 트위터, 인스타그램, 페이스북의 다이렉트 메시지는 대체로 무시한다. 나와 같은 많은 사람에게는 이메일이 왕이다.

다른 한편으로는, 방대한 이메일 용량과 높은 업무 스트레스 수준 및 낮은 업무 만족도 사이의 상관관계를 밝히는 연구들이 계속 늘고 있다. 예를 들어, 2011년 연구에서는 '사람들이 이메일을 처리하는 데 더 많은 시간을 보낼수록, 스스로 과부하 상태라는 인식이 커지는' 것으로 나타났다. 직장인 약 400명 대상의 2016년 연구는 '실제 이메일을 처리하는 데 소요되는 시간과 퇴근 후에도 직원들이 업무용 메일을 확인하길 바라는 조직의 기대가 모두 정서적 소진을 초래한다'고 결론 내렸다. 생체 의학 연구들은 이메일이 우리의 심박수, 혈압, 코르티솔 수치를 상당히 증가시킨다는 사실을 입증했다(코르티솔은 주요 스트레스 호르몬이다). 받은 편지함이 가득 찬 경우에 스트레스 수준이 가장 높아진다. 또 이메일로 인한 업무 중단은 생산성에 극적인 영향을 미칠 수 있다. 영국의 2012년 연구에 따르면, '일상적인 업무도 이메일로 인해 중단되면 그렇지 않을 때보다 처리하는 데 시간이 3분의 1정도 더 걸린다'고 한다. 그리고 몇몇 연구로 이메일 스트레스가 퇴근 후에도 우리를 계속 따라온다는 사실이 드러났다. 우리는 이메일에 대해 생각만 해도 스트레스를 받는 것이다!

그래서 우리는 누구나 이메일이 필요하다는 것을 알고 있지만, 누구나 이메일을 극도로 싫어한다. 이메일의 역사에 관한 기사에서 기술 전문 작가 존 파블루스John Pavlus는 이메일이 '지금껏 가장 불쾌한 커뮤니케이션 경험'이라고 표현했다. 나도 정확히 이런 입장에 해당한다. 이메일은 내가 어디를 가든 나를 따라다니며 엄청난 시간을 빼앗고 기쁨을 말살하는 사악한 회색의 원형질처럼 느껴진다. (덧붙이자면, 우리는 특히 특정 종류의 이메일을 싫어한다. 2018년 설문조사에 따르면, 이메일에서 가장 성가신 문구는 "제가 지난번에 보낸 메일을 읽어보셨는지 모르 겠습니다"였다. 그렇다, 나는 당신의 지난번 메일을 보았고, 무시했다. 그런데 이제 당신이 또 다른 이메일을 보내니 나는 또 이것을 무시해야만 하는 것이다.)

대부분 사람이 이메일이 우리의 일과 가정생활에 해로운 영향을 끼친다는 것을 알고 있어도, 이메일의 손아귀에서 벗어나기가 어렵 다는 것을 깨닫는다. 연구에 따르면, 응답자의 약 3분의 1은 한밤중 에 깨어 이메일을 확인하고, 79%는 휴가 중에 업무 이메일을 확인 하며(내 얘기다), 4분의 1은 수시로 이메일을 확인한다(이것도 역시 내 얘 기다). 그리고 우리는 보통 화면에 알림이 뜨자마자 이메일을 확인한 다. 한 분석에 따르면, 이메일의 70%는 도착 후 6초 이내에 열리고, 이메일의 85%는 2분 내에 어떤 식으로든 응답되었다.

우리도 보통 신속히 응답하려고 노력한다. 미국 직장인 503명 대 상의 설문조사에서는 약 3분의 1이 15분 이내에 이메일에 답하고, 또 다른 23%는 30분 이내에 답하는 것으로 나타났다. 그리고 많은 사람이 장례식, 결혼식, 심지어 아내가 진통을 겪는 동안에도 업무 이메일을 확인했다는 사실을 인정했다. (나는 아이가 넷이다. 나도 넷째 아 이가 태어날 때는 슬쩍 메일함을 확인했던 것 같다. 뭐, 넷째 아이고 당시 상황에선 아무 문제가 없어 보였기 때문이다.) 2백만 명 이상의 이메일 사용자를 대 상으로 한 2015년 연구는 이메일 용량이 늘어날수록 답변은 짧아진 다고 결론지었다. 이는 놀라운 일이 아니다. 그런데 연구자들은 이 메일 용량이 늘어나는데도 반응성은 오히려 증가한다는 것을 발견 했다. 우리는 쳇바퀴 위의 다람쥐처럼 뒤처지지 않으려 안간힘을 쓰 지만, 좀처럼 이메일이 쌓여가는 속도를 따라잡지 못하는 것이다.

우리가 무엇을 할 수 있을까? 이메일은 매일 수십 가지, 때로는 수백 가지의 연쇄적인 의사 결정을 촉발한다. 이런 결정을 어떻게 다루기로 선택하는지가 우리의 업무 환경과 심리적 안녕에 상당한 영향을 미칠 수 있다. 수많은 비즈니스 거장과 웰니스 전도사는 이메일 불안에 대한 해결책이 있다고 공언하지만, 이 책에서 다루는 여러 가지 문제들처럼 이메일 불안에도 마법 같은 해답은 없다. 이메일로 인해 스트레스를 받는 이유는 하는 일의 종류, 성격, 가정생활의 특성, 어쩌면 가장 큰 이유일 수 있는 직장 문화와 기대치 등 많은 요인에 따라 달라진다. 이처럼 사회적으로 복잡한 현상에 대해 만능의 해법이 존재한다고 가정하는 것은 비현실적이다.

그렇더라도 이용 가능한 과학적 근거와 근무 환경의 실상을 두루 살펴보면(대부분은 원하는 만큼 이메일을 무시하지 못한다), 불안을 완화하는 데 도움이 되는 몇 가지 전반적인 원칙을 발견할 수 있다.

우리는 얼마나 자주 이메일을 확인해야 할까?

2017년에 총 2억 2,500만 근무 시간을 분석한 결과에서 우리는 평균 7.5분마다 한 번씩 이메일을 확인하는 것으로 나타났다. 이 정도면 아마도 엄청나게 자주 확인한다고 대답해야 할 것이다. 그런데 이 질문에 대한 대답은 오랫동안 메일 확인을 안 하는 데 초점을 둔 새로운(그리고 지나치게 단순화된) 시간 관리 신화 때문에 혼선을 빚는다. 대중 매체에 널리 퍼진 조언은 우리 모두가 하루에 몇 번만 메일을 확인하고 여러 개를 한꺼번에 처리해야 한다는 것이다. 이렇게 하면 이메일이 도착할 때마다 확인하느라 시간을 낭비하지 않아도

되고 업무에 대한 집중력을 유지할 수 있기에 스트레스가 줄어들고 신경 분산에 따른 집중력 및 생산성 저하를 막을 수 있다는 취지다. 이런 접근법을 뒷받침하는 몇 가지 경험적 연구가 있다. 2015년 브리티시컬럼비아 대학교가 진행한 연구에서 124명의 참가자를 일주일 동안 하루에 세 번씩 이메일을 확인하는 그룹과 하루에 무제한으로 이메일을 확인하는 그룹으로 나누었다. 일주일 후에는 모든 참가자가 이메일 확인 전략을 서로 바꾸었다. 연구 결과, 이메일 확인 횟수가 제한된 한 주 동안 참가자들의 스트레스가 크게 감소하고 전반적인 행복지수가 더 높아진 것으로 나타났다.

설득력 있는 이 연구와 '자주 확인하지 말라'는 개념은 직관적으로 옳게 느껴진다. 하지만 연구 대상이 주로 대학생이었던 점에서 일반적인 사무직 직장인의 이메일 의존도와는 거리가 멀었다. 실제로 '이메일을 확인하는 빈도에 어느 정도 융통성이 있고 이메일 관리 방법을 실험하는 데 관심이 있는' 사람이 아니면 이 연구에서 배제되었다. 다시 말해, 이 연구는 받은 편지함에 얽매일 필요가 없는 사람들을 선별했기 때문에 일반화 가능성이 낮은 결과를 도출한 셈이다. 학생이라면 얼마든지 원할 때에만 이메일을 확인할 수 있다. 하지만 대형 로펌이나 금융 기관, 기술 기업, 병원이나 언론사에서 일한다면, 받은 편지함에 그렇게 초연하기가 힘들 것이다. 게다가 그들은 이메일을 무시하다가 더 심한 스트레스를 받을 수도 있다!

그런데도 이 연구는 많은 언론의 관심을 끌었고, 이제는 널리 알려진 '가끔씩 확인하고 여러 개를 몰아서 한꺼번에 처리하는' 메일 관리법의 근거로 종종 인용된다. '이메일을 확인하는 횟수를 줄이면 스트레스가 감소된다'는 내용을 인터넷에서 검색하면 이 한 건의 연구를 참조한 온갖 기사, 블로그, 뉴스 보도를 수 페이지에 걸쳐 보게 될 것이다. 이는 비즈니스 구루 자문 산업('성공하는 사람들의 7가지 이메일 습관!')에 반영되어 급속도로 문화적 영향력을 얻은 메시지가 되었다.

분명히 말하건대, 나는 이 연구가 이메일 관리 전략이라는 정보를 제공하는 가치 있고 잘 수행된 연구라고 생각한다. 하지만 이미 다른 상황에서 봐왔듯이, 기초적인 연구 결과가 공적 영역에서 나타날 것으로 가정한 것과 달리 실제 세상은 더 복잡한 경우가 많다. 예를 들어, 대기업 사무직 직장인 대상의 2016년 연구에서는 이메일을 몰아서 한꺼번에 처리하면 인지된 생산성이 향상되는 것으로 나타났으나, 연구 저자들은 '널리 알려진 주장에도 불구하고 본 연구에서는 이메일을 몰아서 한꺼번에 처리하면 스트레스가 줄어든다는 근거는 발견하지 못했다'고 썼다. 2017년에 발표된 다른 소규모 연구에서는 모든 전자 통신기기의 알림을 꺼놓을 때의 심리적 영향을 탐색했다. 연구 참가자들은 일할 때 더 생산적이라고 느꼈지만, 접촉의 부족과 '상대방의 기대대로 대응하지 못한다'는 무력감 때문에 불안해했고, 사회 집단과 덜 연결되어 있다고도 느꼈다. 이메일 접속을 제한한 데 따른 역설은 '생산적이고, 불안하고, 외롭다Productive, Anxious, Lonely'는 이 연구의 제목에 잘 녹아 있다.

그렇다면 답은 무엇일까? 나는 성공적인 이메일 관리가 성공적인 다이어트와 같다고 생각한다. 성공하는 유일한 방법은 자신과 근무 환경에 잘 맞고 계속 유지할 수 있는 전략을 찾는 것이다. 모든 사람과 모든 직장은 저마다 기대와 요구가 다르니 말이다. 그렇더라도 어떤 전략을 채택하든 간에, 당신이 그 전략을 통해 이메일에서 해방되는 시간을 더 많이 확보하고 업무 중에 가능하다면 이메일 알림을 끄는 방향으로 나아가야 한다. (대중 매체에서 자주 권장되는 방식과 달리, 이것은 업무 중에 이메일에서 벗어난 시간을 비교적 짧게 여러 번 가지라는 의미일 수 있다.)

런던 킹스턴 대학교의 에마 러셀Emma Russell 교수는 2017년 문헌 고찰에서 이와 비슷한 결론을 내렸다. 그녀는 우리가 하루에 이메일을 가끔씩만 확인해야 한다는 것은 근거 없는 믿음이라고 판단했다. 오히려 '일의 우선순위를 정하고 효과적으로 통제하기 위해서는 이메일을 규칙적으로 확인하고 처리해야 한다'고 말한다. 그러지 않으면 쌓여가는 이메일에 대한 불안감이 생길 수 있다는 것이다.

나는 러셀에게 이메일을 몰아서 한꺼번에 처리하는 방식을 어떻게 생각하느냐고 물었다. 그녀는 이렇게 대답했다. 이메일은 "훨씬 더 다면적이고 기능적으로 변해서 더 이상 부수적인 문제로 한편에 '치워둘' 수 없으니 우리의 직장 생활에 완전히 통합시켜야 합니다. '그냥 내버려두고' 하루에 두세 번씩만 확인하라고 말하기는 쉽겠죠. 매력적이기도 하고요. 하지만 우리의 연구에 따르면, 업무 시간에 이메일을 관리하지 않는 경우 받은 편지함에 메일이 잔뜩 쌓이게 되고, 이는 과부하, 스트레스, 통제감 상실로 이어질 수 있습니다."

러셀 교수는 이메일 알림을 꺼놓고 '실질적인 스트레스를 줄이고 효율성을 높이기 위해 매 45분마다 이메일을 확인한 다음 삭제하거나 보관하거나 기타 조치를 취하라'고 권고한다. 내가 보기에 이는 실용적인 조언 같다. 그리고 러셀은 내게 이 규칙을 지키면 대부분 더 효율적으로 바뀐다고 말했다. 당신의 라이프스타일, 기질, 직장 분위기에 맞게 이메일을 확인하지 않는 시간 간격을 정하자. 그것은 45분이 될 수도 있고, 2시간이 될 수도 있다.

언제 이메일에 답해야 할까?

듀크 대학교의 행동경제학자 댄 애리얼리Dan Ariely 교수에 따르면, 대부분의 사람은 받은 이메일의 12%만 긴급하고 빨리 응답해야 하는 메일로 분류한다고 한다. 이메일의 3분의 1 이상은 응답할 필요가 없어 그냥 삭제해버리고, 나머지 이메일은 대부분 무시하거나 일단 보관해둔다는 것이다. 또 이메일을 보관하는 가장 좋은 방법은 분류용 폴더를 몇 개만 만들어 이메일을 어디에 보관해야 할지 고민할 필요가 없게 하는 것이라는 다른 소규모 연구 결과도 있다. (하지만 솔직히 말해 당신은 절대 그 메일을 다시 보지 않을 것이다!) 이는 하루 내내 일해도 정말 신속한 대응이 필요한 이메일은 몇 개 없다는 의미다. 그러니 이런 몇몇 중요한 이메일에 답하는 데만 집중하고 나머지는 느긋하게 생각하자. 결국 누군가도 당신의 이메일을 무시하고 있을 가능성이 높다.

사실 이메일 불안은 사람들이 당신의 이메일에 빨리 응답해주기를 바라는 기대감에서 비롯되는 측면이 있다. 우리는 사람들이 거의 항상 휴대폰을 들고 다니며 쉴 새 없이 확인하는 세상에 살고 있다. 그래서 당신의 메시지를 받은 사람이 당신의 통찰 가득한 이메일을 확인하는 즉시 응답해줄 것으로 기대하기 쉽다. 비록 당신은 그 순간에 다른 사람의 이메일을 무시하고 있더라도 말이다. 직장 설문조사에서, 대부분이 하루 안에 혹은 훨씬 더 빨리 답장이 오기를 기대하는 것으로 나타났다. 그리고 신속한 답장에 대한 기대는 점점 더 커지고 있어, 보다 여유 있게 이메일을 주고받는 마음가짐이 요구되는 실정이다. 당신이 이메일을 확인하는 데 느긋해지려면, 이메일 답장을 받는 데도 느긋해져야 한다. 꼭 필요한 경우가 아니라면, "제가 지난번에 보낸 메일을 읽어보셨는지 모르겠습니다"로 시작하는 이메일의 발신인이 되지는 말자.

만약에 정말 빠른 답장을 원한다면, 하루 중에 언제 메일을 보내는 것이 가장 좋을까? 한 온라인 마케팅 회사에서는 이메일이 언제 열리고 응답되는지를 파악하기 위해 50만 건이 넘는 이메일을 분석한 적이 있다. 그 결론은? 이메일을 보내기에 가장 좋은 때는 주말의 이른 아침이나 이른 저녁이다. 주말의 응답률이 평일에 비해 약 6% 높다. 주말에는 이메일 트래픽이 낮아서 아무래도 이메일 경쟁이 덜 치열한 것이다. 하지만 바로 이런 생각 때문에 이메일이 우리 삶의 구석구석까지 침투하게 됐는지도 모른다. 사실 이 조언은 조금 우울하다. 여기에는 우리가 주말에도 일해야 하고 다른 사람도 역시 주말에 일한다고 가정해도 된다는 전제가 깔려 있고, 실제 그러하다는 것이 데이터로 입증되기 때문이다. 그리고 이것이 오늘날 세상이 돌아가는 방식이므로 우리도 이 서글픈 현실을 이용해야만 한다. 나는 당신에게 이렇게 삶을 망치는 조언에 따르라고 권하지는 않겠다(하지만 당신이 토요일 아침 7시에 내 이메일을 받더라도 놀라지는 말기 바란다).

어떻게 이메일에 답변해야 할까?

우리는 여러 가지 이유로 이메일로 스트레스를 받는데, 가장 큰 이유는 이메일이 우리에게 무언가를 하라고 요청해서다. 〈하버드 비즈니스 리뷰〉의 2018년 기사에서 작가이자 경영학 교수인 도리 클라크Dorie Clark는 받은 편지함이 얼마나 자주 그녀의 시간과 에너지를 요구하는지 묘사했다. '나는 일주일에 69건 또는 하루에 10건 가까운 요청을 받았다. 거절하려면 엄청난 의지력이 필요한데, 집계된 수치를 고려하자 차라리 거절하기가 쉬워졌다.'

내가 보기에는 클라크의 마지막 말이 핵심이다. 거절하는 것은 스트레스를 받는 일이다. 내가 받은 편지함을 보고 스트레스를 받는 주된 이유도 바로 여기에 있다. 받은 편지함은 내 시간을 내달라는 요청 목록인 것이다. 친구나 동료에게 거절 의사를 보낼 때의 마음은 실로 불편하다. 그렇다고 모든 요청에 응하기란 불가능하다. 그래서 아예 거절하는 전략을 세워놓으면 받은 편지함을 봐도 불안감이 심해지지 않을 수 있다.

거절하는 방법에 대한 비즈니스 조언은 온라인상에서 쉽게 찾아볼 수 있지만(다중 플랫폼상의 거절을 최적화하려면 비현실적인 사고방식의 시너지를 일으켜야 한다), 막상 거절 방법에 대한 실질적인 경험적 연구는 많지 않다. 최선의 거절 방법을 연구하는 몇 안 되는 학자들 중 하나가 휴스턴 대학교의 바네사 패트릭Vanessa Patrick 교수다. 이를테면 그녀는 거절 의사를 밝히는 다양한 방식("나는 못해요" vs. "나는 안 해요")에 따라 사람들이 어떻게 거절을 받아들이는지를 연구해왔다. (혹시 궁금할까 봐 말하자면 "나는 안 해요"가 가장 효과적이다.)

온라인상에 떠도는 최선의 거절 방법에 대한 조언을 어떻게 생각하느냐고 묻자 패트릭 교수는 "나의 불만거리 중 하나가 그것에 대해 아무런 이해나 근거 없이 말하는 사람들이에요"라고 말했다. 그녀는 그런 조언은 대개 사실무근이라고 했다. 이메일을 한꺼번에 처리하라는 조언처럼 "그냥 싫다고 말하라"는 조언은 개별적인 상황을 무시하기 때문에 종종 지나치게 단순하다는 것이다. 필요한 것은 개개인에게 맞는 전략이라고 패트릭은 주장한다. 그녀는 최근 연구에서 그런 전략을 어떻게 찾을지를 탐색했고, 사람들이 대면으로든 이메일로든 요청에 답하기 불안해하는 이유 중 하나가 그녀의 표현을 빌리면 '거절의 스포트라이트'라는 것을 발견했다. 기본적으로 요청은 우리가 어떤 행동을 취하는 데 초점이 있다. 여기서 스트레스를 받는 것이다. 우리는 스포트라이트가 사라지기를 바란다. "좋은 거절은 두 가지를 해내야 합니다. 당신이 거절한다는 메시지를 명확히 전달하면서도 여전히 관계를 유지해야 하는 것이죠."

패트릭은 "문제는 당신이 아니라 나예요" 식의 고전적인 이별 전략의 변형을 지지한다고 말했다. "당신의 우선순위를 파악하세요. 개인적인 원칙을 개발하세요." (나는 더 이상 강연을 하지 않아요, 나는 주말에는 일을 하지 않아요 등.) "그런 다음에 그것이 당신의 일하는 방식이고, 문제는 그들이 아니라 당신이라고 설명하세요." 그러면 당신은 자신의 목표와 성격에 맞는 행동 계획이 있으니 불안감이 줄어들 것이다. 그리고 당신에게 거절당한 사람도 일반적으로 당신의 결정을 존중할 것이라고 패트릭은 설명했다. 그녀가 2012년에 발표한 연구 결과에 따르면, '개인적인 원칙을 언급하면 상대에게 더 큰 확신을

주어 결과적으로 반발이 줄어든다.'

업무 환경에서 이메일 트래픽이 계속 증가함에 따라, 시간 요청을 관리하는 방법에 대한 이해가 점점 필수적으로 요구된다. 패트릭과 그녀의 팀은 이 연구도 진행 중이다. 예를 들어, 그들은 단호하지만 친절하게 거절 의사를 전하기 위해 이모티콘을 사용하는 방법을 연구한다. "이모티콘을 보내면 효과적일 수 있습니다. 비언어적인 거절 방법인데, 이모티콘은 유머를 더하고 완충 역할을 해요. 조금 더 부드러운 거절인 셈입니다."

이것이 바로 내게 필요한 것이다. 이모티콘 하나로 다음과 같은 메시지를 전달할 수 있다. "내 스케줄은 꽉 찼고, 당신의 요청은 내게 우선순위가 높지 않으며, 그렇더라도 문제는 당신이 아니라 나입니다." 보내기 버튼.

그렇다면 이메일과 관련하여 나의 주요 결론은 무엇일까? 당연히 대부분의 문제는 직장 문화에서 비롯된다. 이메일에 대한 스트레스가 우리의 행복, 업무 효율성, 가정생활에 미치는 비용을 고려하면, 기업과 기관들이 변화의 필요성을 인식할 때 가장 도움이 될 것이다. 실제로 일부 지역에서는 이런 일이 벌어지고 있다. 예를 들어, 2017년 프랑스에서 근로자의 '연결되지 않을 권리right to disconnect(업무 시간 외에는 직장 전자 통신의 연결을 끊을 수 있는 권리-옮긴이)'를 보장하는 새로운 법이 제정되었다. 직원 50명 이상의 기업들은 직원이 퇴근 후에 메일을 주고받지 않는 일정 시간대를 지정해야 한다. 2018년에 뉴욕시에서도 비슷한 법안이 발의되었다. 그리고 독일의 폴크스바

겐Volkswagen 같은 일부 기업은 '휴식 시간을 존중'하기 위해 밤늦게 이메일 서버를 끈다.

이런 정책들이 개발되고 있지만, 대부분의 사람에게는 직장 이메일 스트레스가 줄어들지 않았다. 그리고 우리는 대부분 직장의 이메일 문화를 바꿀 수 있는 위치에 있지 않다. 그럼 어떻게 해야 될까? 이 책의 주제에 맞게, 우리는 이메일에 관해서도 느긋하게 마음먹을 수 있도록 최선을 다해야 한다. 이메일은 분명 상당한 스트레스를 유발하지만, 우리가 받은 편지함을 0으로 만드는 최신 유행하는 관리법을 도입해봤자 불안이 줄어들거나 실질적, 생산적으로 일하는 데 도움이 되지 않는 한, 이는 시간과 정신적 에너지의 낭비로 끝나기 쉽다. 댄 애리얼리 교수가 주장하듯이, 완벽한 이메일 관리라는 목표에 매달리는 것은 '체계적인 미루기structured procrastination'에 지나지 않을 수 있다. 실제로 어느 누구도 임종을 앞두고 병상에 누워 '이메일 정리에 더 많은 시간을 보냈어야 했는데'라고 후회하지는 않는다. 마찬가지로, 이메일을 몰아서 한꺼번에 처리하거나 무시하는 것도 직관적으로 끌리기는 해도 비현실적이고 잠재적으로 스트레스를 유발하는 선택일 수 있다.

내 제안은 긴장을 풀라는 것이다. 메일함을 단순하게 유지하면서 몇 가지 일반적인 주제 위주로 통합하자. 이메일 알림을 꺼두고, 이메일을 확인하지 않는 몇몇 시간대를 정하여 지키고, 중요한 이메일에 집중하며, 가급적 많은 메일을 보관하거나 삭제하고, 간단히 거절할 수 있는 전략을 개발해보자.

마지막 사항은 나도 아직 고민 중이다.

악수

〈뉴욕포스트New York Post〉의 2018년 헤드라인에 따르면, '악수를 세게 하는 사람이 더 똑똑하다'는 연구 결과가 나왔다. 이것이 사실이라면, 큰일이다. 나는 악수를 진짜 못한다. 나는 항상 타이밍을 놓쳐서 손가락 몇 개를 빼놓고 악수를 하다 보니, 악수 마니아들이 '죽은 물고기' 같다고 표현하는 악수를 하게 된다. 최근에는 악수를 다시 하자고 요청하기 시작했다. "인사를 다시 해보죠"라고 말하는 식이다. 보통 상대방은 바로 동의하는데, 나는 이를 내 첫 번째 악수가 명백히 수준 미달이었다는 암묵적 동의로 받아들인다.

악수의 정확한 기원은 분명하지 않지만, 악수는 적어도 수천 년 동안 존재해왔다. 기원전 9세기의 석조 조각에도 아시리아 왕이 바빌로니아 왕과 악수하는 모습이 있다. 악수는 어느 쪽도 무기를 지니지 않았음을 보여주는 평화의 상징이라고 전해지지만, 2015년의 한 연구는 악수에 보다 생물학적인 기원이 있을 수 있다고 주장했다. 수백 명의 악수하는 모습을 비밀리에 촬영하여 분석한 결과, 참가자들이 악수 후에 자기 손 냄새를 맡는 행동이 100% 이상 증가했다고 밝히면서, 악수가 낯선 사람의 냄새를 맡는 방법으로 시작되었을 수 있다는 것이었다(내 생각에는 이것이 개들이 택하는 방법보다는 나은 것 같다). 그 목적과 역사가 어떻든 간에, 악수는 이제 세계에서 가장 흔하게 보는 인사법이자 비즈니스 환경의 표준 인사법이 되었다.

힘 있는 악수가 좋은 첫인상을 심어주는 데 도움이 된다는 몇 가지 근거가 있다. 예를 들어, 2012년의 소규모 연구에서 뇌 스캔을 이용하여 악수가 긍정적인 관계를 형성하는지 여부를 탐구했다. 이 연구의 저자들은 '사회적 교류를 앞두고 악수를 나누면 개인들이 상대방을 평가하는 방식과 향후 교류에 대한 관심에 긍정적인 영향을 주고 부정적인 인상을 뒤바꾼다'고 언급했다. 다시 말해, 악수는 좋은 인상을 주는 데 도움이 되고, 나쁜 인상을 완화시킨다는 것이다. 캘리포니아 버클리 대학교의 연구진이 2018년에 발표한 일련의 연구는 악수가 '협력 의사를 알려 거래의 성사를 촉진한다'고 시사한다. 이 연구의 주 저자인 율리아나 슈뢰더Juliana Schroeder 교수는 악수가 상황의 역학을 바꾸기 때문에 건설적인 협력의 가능성을 높인다고 말한다. "악수는 우리가 상대방을 인식하는 방식뿐만 아니라 전체 게임에 대한 프레임을 바꿉니다. 우리 스스로에게 '이제 적대적인 관계가 아니라 협력적인 관계'라고 말하는 셈이죠."

하지만 어떤 사람들은 악수하기 전에 세균 문제를 고려하고 싶을지도 모른다. 앞선 페이지에서 보았듯이, 인구의 상당수는 손 씻기를 잘하지 못한다. 사람들은 일생 동안 평균 약 1만 5,000명과 악수를 한다고 추정된다. 그중에 더러운 손이 얼마나 많겠는가.

악수가 사람들 사이에 병원균을 옮기는 한 가지 방법이라는 점도 놀랍지 않다. UCLA의 감염병 전문가 4인은 이 점을 주목하여 2014년 〈미국의학협회저널Journal of the American Medical Association〉 기사에서 보건의료 환경에서는 악수를 삼가라고 권고했다. 그렇지만 이 전문가들은 악수를 피하는 데 따르는 대가도 알고 있었다. '세균 감염 위험을 피하기 위해 많은 개인이 다양한 환경에서 악수를 피하려고 나름대로 애썼다. 그 탓에 사회적, 정치적, 심지어 재정적 위험에 직면하기도 했다.' 그래서 그들은 우리에게 악수와 같은 사회적 효과를 제공하면서도 세균이 전염될 수 있는 신체 접촉은 줄이는 사회적으로 수용할 만한 대안이 필요하다고 주장한다. 그 답은 주먹 맞대기다.

유람선에도 비슷한 악수 금지 전략이 제안되었다. 유람선에서는 세균성 감염이 발생하여 세간의 이목을 끄는 일이 많이 발생한다. 특히 노로바이러스로 인한 위장염이 급속도로 퍼지는 경우가 많다. 그래서 승객들은 다른 승객들과 '크루즈 탭cruise tap'으로만 인사하도록 권장된다. 크루즈 탭은 주먹 맞대기의 세련된 버전으로, 손가락 관절 2개만 가볍게 접촉하는 인사법이다. 정말 멋진 세균 방지법이다.

주먹 맞대기, 나아가 크루즈 탭이 악수보다 훨씬 적게 세균이 전염된다는 주장은 몇몇 연구들로 뒷받침된다. 웨일스 애버리스트위스 대학교의 2014년 연구에서는 다양한 인사법의 세균 오염 수준을 분석했다. 그 결과 악수를 할 경우 하이파이브의 2배, 주먹 맞대기의 10배에 해당하는 세균이 전염된다는 사실이 발견됐다. 그러니까 독감철처럼 세균이 걱정되는 시기에는 주먹 맞대기가 더 나을지도 모른다.

그렇다면 이런 맥락을 살펴볼 때 세균에 대한 우려가 실제로 얼마나 필요할까? 만약 당신이 병원에서 일하거나 유람선을 탄다면, 악수에 따른 위험은 엄연한 현실이다. 사무실 회의나 동료와 헤어질 때처럼 보통 악수를 나누는 상황보다 위험성이 훨씬 더 높다. 하지만 보건의료 환경이 아닌 곳에서 악수와 세균 전염에 대한 연구는 놀라울 정도로 드물다. 2011년의 한 연구진은 졸업식이 진행되는 동안 악수의 오염 수준을 측정했다. 이 연구진은 대학교, 고등학교, 초등학교 졸업식에 참여하여 아주 짧은 시간에 많은 악수를 하는 사람들을 모집하여 말 그대로 수많은 악수를 분석한 결과, 악수를 통해 많은 세균이 전염되기는 해도 그중에 병원성 세균은 극히 드물다는 것을 발견했다. 5,209번 악수할 때마다 1개의 병원균이 전염된다는 사실을 발견한 것이다. 이 정도면 아주 미미한 위험이다.

이 연구는 졸업식의 악수가 꽤나 형식적이고 짧을 수 있다는 등의 한계점이 있기는 해도 안심하고 악수해도 된다는 메시지를 전달하는 데 유용하다. 악수를 한다고 해서 악수한 모두가 에볼라에 전염되지 않는 것처럼 말이다.

내가 악수를 잘 못하는 것이 머리가 나쁘기 때문이라고 주장했던 연구는 어떻게 되었을까? 세계적으로 유사한 헤드라인이 많았지만, 그 헤드라인의 근거가 된 연구는 일반 대중의 악력과 인지 기능(기억, 회상, 추론 등) 간의 관계를 살펴보는 관찰연구였다(기억하겠지만, 단순히 상관관계를 보인다고 주장하는 관찰연구임에 주의하자). 악력은 건강을 나타내는 지표이므로 이런 상관관계가 실제 존재할 가능성이 높다. 만약 악력이 좋다면 근긴장도도 더 높을 것이다. 하지만 이 연구는 악수의 질과는 아무런 관련이 없었다. 매력적인 헤드라인을 위해 연구 결과를 왜곡한 또 하나의 사례였던 것이다. 내가 때때로 악수 잘 못하는 것은 그냥 악수를 잘 못해서일 뿐이다.

그렇다면 악수를 해야 할까, 말아야 할까? 악수의 유구한 역사와 문화적 복잡성을 감안할 때 인간의 행동을 변화시키는 데는 꽤 오랜 시간이 걸릴 것이다. 악수에는 잠재적 이점도 있기 때문이다. 또한 상대방이 환영한다는 뜻으로 내미는 손을 무시하기란 쉽지 않다. 그렇지만 보건의료 시설이나 전염병에 걸린 경우처럼 악수를 피하는 것이 합리적인 상황도 분명히 있다. 개인적으로 나는 (소심한 크루즈 탭이 아니라 제대로 하는) 주먹 맞대기를 선호하고, 우리 사회가 이 세균 감염 위험이 적은 인사법을 추구해야 한다고 생각한다. 하지만 전체적으로 볼 때 누구나 가끔씩 하는 악수에 대해서는 긴장을 풀어도 괜찮을 것이다. 인간의 작은 접촉에는 진짜 좋은 점이 있을 수 있다. 그럼 이제 포옹의 문제로 넘어가보자.

 ─────────────────────────────── • 16:00

포옹

나는 악수를 힘들어하는 것만큼 포옹도 싫어한다. 물론 내 아내, 아이들, 고양이는 자주 안아준다. 특히 고양이는 수시로 껴안는다. 하지만 우리 집 고양이만큼 아주 친애하는 나의 형제들을 껴안는 일은 1년에 한 번 있을까 말까다. 그나마 이 정도가 내가 안고 싶은 생물체의 전체 목록이다. 그밖에 내가 하는 포옹은 전부 사회적 상황에서 다소 또는 전적으로 강요된 것이다.

불행히도 나처럼 포옹을 싫어하는 사람들에게는 참으로 살기 힘든 시대다. 포옹은 이제 업무 환경을 비롯한 거의 모든 사회적 상황에 침투했다. 예전에는 악수면 충분하던 상황에서 이제는 포옹이 필수가 된 듯하다. 잘 알지도 못하는 사람들이 팔을 활짝 벌리고 내게 다가온다. 한번은 내가 청바지를 한 벌 사자 점원이 나를 안아준 적이 있다. (내가 너무 비싼 생지데님 제품을 사니까 아마도 점원이 나의 오판에 미안함을 느꼈던 것 같다.) 어떻게 하면 비사교적인 얼간이처럼 보이지 않으면서 포옹을 거절할 수 있을까? 그럴 수는 없다. 그래서 마냥 어색하고 내 손을 어디에 갖다 대야 할지 모르는 순간이 필연적으로 뒤따른다.

마음 같아서는 빠르고 분명한 동작으로 악수하는 팔을 내밀어 모든 사람에게 내가 지금 이 순간을 악수할 상황으로 본다는 사실을 알리는 식으로 어색한 상황을 미연에 방지하고 싶다. 이런 전략은 보통 잘 먹히지만 위험성이 따른다. 지인이 다가오면서 포옹하려는 동작을 취하는 순간에 내가 손을 내밀어 악수를 청한다면, 우리 관계를 몸동작으로 보여주는 우스꽝스런 장면을 연출하는 꼴이 될 것이다. 앞에서 말했듯이, 지금은 나같이 포옹을 즐기지 않는 사람들에게 위태로운 시대다.

물론 나는 포옹에 대한 내 입장이 옳다고 말하려는 것이 아니다. 사실 몇몇의 연구들은 포옹이 우리에게 좋다고 주장한다. 2015년 학술지 〈심리학Psychological Science〉에 발표된 연구에 따르면, 포옹하는 사람들이 감기에 걸릴 확률이 더 낮다고 한다. 연구자들은 포옹이 사회적 지지에 대한 인식을 증가시키고 그 결과 면역 반응을 돕는 스트레스 완충 효과가 있다고 주장했다. 또한 포옹을 자주 하는 환자들이 포옹을 하지 않는 환자들에 비해 통증을 덜 느낀다는 것도 발견했다. 2018년에 발표된 또 다른 연구는 2주 동안 400명 이상의 성인들을 추적 분석한 결과 포옹이 사회적 갈등에 대한 더 나은 반응과 상관관계가 있다고 밝혔다.

이 연구는 확실히 흥미롭다. 그리고 이 책의 많은 주제가 그렇듯이, 연구 결과가 세상 돌아가는 이치에 대한 우리의 직관적 믿음과도 일치한다. 특히 인간 간의 접촉이 가치 있다는 생각이 그렇다. 놀랍지 않게도 이 두 연구는 대중 매체를 통해 포옹의 건강 효과에 관한 터무니없이 많은 논의로 이어졌다. 하지만 이런 호들갑에도 불구하고, 정작 포옹이 불러오는 건강 효과에 관한 연구는 몇 건 없다. 그마저도 상관관계 연구일 뿐임을 기억할 필요가 있다. 그런 연구들은 포옹이 건강을 증진하는 데 기여한다는 것을 입증하지 못한다. 포옹이 건강에 미치는 영향을 밝혀내기란 방법론적으로 쉽지 않다. 고려해야 할 변수가 너무 많은 것이다. 어떤 종류의 포옹인가? 어깨를 부딪는 남자들의 포옹도 포함되나? 얼마나 오래 포옹을 해야 할까? 포옹을 통해 어떤 종류의 병을 피하려는 것일까? 등등. 실제로 일본의 한 소규모 연구는 우리가 꼭 인간과 포옹을 해야만 포옹의 효과를 누릴 수 있는지에 대한 흥미로운 의문을 제기한다. 연구자들은 로봇과의 포옹도 긍정적인 감정 반응으로 이어진다는 것을 발견했다. 이제 로봇 포옹의 시대가 온 것이다.

내 말을 오해하지는 말자. 관계와 접촉은 대단히 중요하다. 좋은 사회적 관계가 건강에 유익하다는 주장을 지지하는 연구는 날로 증가하고 있다. 그리고 정서적 유대를 느끼는 사람과의 접촉은 우리의 행복에 놀랍고도 측정 가능한 영향을 미칠 수 있다.

하지만 그렇다고 해서 직장 동료들과 포옹을 하면 반드시 더 건강해진다는 의미는 아니다. 예산 회의가 끝났을 때 회계 담당자를 안아주는 것은 서로가 원한다면 괜찮다. 하지만 그것이 당신의 업무가 아니라면 그를 안아줘야 한다는 부담감은 갖지 말자. 내 주장은 모든 사람을 포용하려는 트렌드에서 벗어나거나, 아니면 직장에서 나처럼 포용을 싫어하는 사람을 대신해 포용하는 로봇을 구입해야 한다는 것이다.

☀ ——————————————————————— 16:30

시간 기근

그림책 작가 닥터 수스Dr. Seuss의 말대로, '어쩌다가 이렇게 금방 저렇게 늦은 시간이 된걸까?How did it get so late so soon?' 하루가 끝나는 순간은 항상 아무런 경고 없이 찾아오는 듯하다. 원래 하려던 일의 10분의 1밖에 못 했는데. 미처 끝내지 못한 일들은 전부 다음날로 미뤄진다. 이 말은 다음날이 되면 내가 하려던 일의 20분의 1만을 마칠 수 있으리란 의미다. 이런 식으로 삶은 계속된다.

거의 모든 사람이 하루를 이렇게 느낀다. 한 산업 조사에서 미국인의 58%가 하루에 한 시간을 더 얻는 데 2,700달러를 지불할 의향이 있다고 보고했다. 〈국립과학원 회보Proceedings of the National Academy of Sciences〉에 실린 또 다른 연구에 따르면, '일하는 성인들은 물건 구매보다 시간을 절약하는 구매에서 더 큰 행복을 느낀다.' 그러니까 물건을 사는 데 돈을 쓰지 말고, 자유 시간을 사는 데 돈을 써라.

매일매일 시간이 충분하지 않은 것 같다. 하지만 정말 그럴까? 어쩌면 이런 시간 기근(할 일은 많은데 할 시간은 없다고 느끼는 현상-옮긴이) 인식은 착각이 아닐까?

우리는 터무니없이 바쁘다고 느끼지만, 사실 많은 사람이 직장에서 일하는 데 그리 많은 시간을 보내지는 않는다. 약 2,000명의 사무직 직장인이 참여한 영국의 한 연구에 따르면, 평균적인 사람들은 하루에 2시간 53분밖에 생산적이지 않다. 나머지 시간은 소셜미디어, 뉴스 보기, 사교, 식사 등으로 보낸다. 이런 결과는 앞서 '이메일' 부분에서 소개했던 2017년 연구와도 일치한다. 이 연구에서 총 2억 2,500만 근무시간 동안 근로자들의 컴퓨터 사용을 모니터링한 결과, 대부분이 일주일에 겨우 12.5시간만 생산적으로 일하는 것으로 나타났다. 2018년에 발표된 근로자 3,000명 대상의 또 다른 설문조사에서는 전 세계 직원의 45%가 비록 풀타임으로 근무하고 있지만 하루 5시간 이내에 업무를 끝마칠 수 있다고 대답했다. 또 같은 조사에서 71%는 일이 사생활에 지장을 준다고 생각하는 것으로 나타났다.

이처럼 기묘한 시간의 역설이 존재한다. 많은 사람이 너무 바쁘다고 느끼는 동시에 직장에서 상당한 시간을 허비한다고 느낀다. 사실 양 측면에서 모두 맞다.

우리는 인간이 이토록 바빴던 시대가 없었다고 생각할지 몰라도, 연구에 따르면 그렇지 않을 가능성이 높다. 연구에서는 우리가 종종 실제보다 더 많은 시간 일한다고 느끼는 것으로 나타난다. 바쁘다고 생각할수록 더 그렇다. 옥스퍼드 대학교의 시간사용연구센터Centre for Time Use Research에서 50년에 걸친 약 85만 권의 시간 사용 일기를 분석한 결과, 주당 75시간 일한다고 주장하는 근로자들은 일하는 시간을 무려 50% 이상 과대평가하는 것으로 나타났다. 일부 직업군이 특히 심했다. 예를 들면 변호사, 교사, 경찰관은 일하는 시간을 20% 이상 과대평가했다.

대부분의 연구는 우리가 직장에서 보내는 시간이 지난 수십 년 동안 꽤 꾸준한 속도로 감소해왔음을 시사한다. 앞선 옥스퍼드 센터의 연구에서도 확인되는 이 결론은 대부분의 사람들에게 여가 시간이 증가했다는 것을 의미한다. 물론 한부모 등의 특정 집단은 대단히 분주한 삶을 살고 있다. 게다가 나는 많은 사람이 다양한 생활환경 때문에 엄청나게 많은 시간 동안 일한다는 것을 깨달았다. 그리고 서로 다른 경제 분야 간에도 상당한 차이가 난다. 법률, 금융, 컨설팅 등처럼 장시간 근무를 미화하고 보상하는 업종이 있다. (남성이 이런 과로하는 직종에 종사할 가능성이 높은 점도 성별 임금 격차에 기여한다는 분석이 나온다.) 하지만 전체적으로 볼 때 적어도 부유한 국가의 국민들은 지난 세기의 그 어느 때보다도 현재 일을 적게 하고 있다. 예를 들어, 1870년에는 주당 60~70시간 일하는 것이 기본이었고, 전혀 예외적인 상황이 아니었다. 기본적으로 부유한 국가들의 모임인 경제협력개발기구OECD의 자료에 따르면, 평균 정규직 근로자의 근무 시간은 2000년에 연간 1,841시간에서 2017년에 1,759시간으로 감소했다. 미국의 경우는 1,832시간에서 1,780시간으로, 캐나다는 1,779시간에서 1,695시간으로 줄었다. 어느 모로 보나 우리는 일을 적게 하고 있는 셈이다.

그리고 평균적인 사람들은 보통 '바쁘다'고 생각되지 않는 일에 많은 시간을 보낸다는 사실도 잊지 말자. 대부분의 미국인은 매일 거의 3시간씩 TV를 시청한다. 사람들은 육아, 운동, 요리, 집안일보다 컴퓨터 앞에서 더 많은 시간을 보낸다. 2018년 딜로이트^{Deloitte}의 설문조사에 따르면, 미국인은 일주일에 약 38시간 분량의 영상을 보는 것으로 나타났다. 이 정도면 거의 정규직 근무 시간과 맞먹는다. 다음으로 가장 많이 하는 업무 외 활동은 실제 사람들과의 교제와 의사소통으로, 하루 39분에 불과하다. 그리고 또 다른 안타까운 통계가 있다. 15~44세의 사람들은 하루에 10분 정도만 책을 읽는다고 한다. 사람들은 늘 바쁘다고 호소하면서도 하루에 3시간씩이나 TV 볼 시간을 찾아낸다. 비난하려는 말이 아니다. 정말이다. 세상에는 훌륭한 TV 프로그램이 너무나 많다. 하지만 그것을 보는 것도 과연 '바쁜' 일과로 받아들여질까?

'우리는 너무나 바쁘다'라는 인식에 기여했을 또 다른 요인은 '바쁘다고 과시하는' 경향이다. 불과 얼마 전까지만 해도 많은 여가 시간은 부의 상징이었다. 부유하고 지위가 높은 사람들은 '위대한 개츠비'처럼 자신의 사유지를 거닐며 대부분 멋져 보이는 것 외에는 아무 일도 하지 않았다. 한가로운 것은 높은 지위의 상징이었다. 하지만 이제는 바쁜 것이 명예로운 훈장이다. 바쁘다는 것은 당신이 가치 있고 중요한 일을 한다는 의미니까.

컬럼비아 대학교의 실비아 벨레짜^{Silvia Bellezza} 교수가 주도하여 2017년 〈소비자 연구 저널^{Journal of Consumer Research}〉에 발표된 일련의 연구는 바쁘다고 과시하는 현상의 존재를 뒷받침한다. 연구진은 한 그룹에게 페이스북의 한가로운 게시물을 읽게 하고 다른 그룹에게는 저자가 바쁘다는 것을 암시하는 게시물을 읽게 했다. 그 결과, 스케줄이 꽉 찼다고 티를 내는 사람들이 그렇지 않은 사람들보다 더 높은 지위로 인식된다는 것을 발견했다. 사람들은 바쁜 것처럼 보일 때 자신의 사회적 지위가 상승한다는 것을 알고, 그래서 바쁘다는 것을 과시하는 경향이 있다.

벨레짜 교수는 소비자들이 제품을 이용하여 자신을 표현하는 방식에 대한 전문가다. 그녀는 '선진국에서는 장시간 일하고 바쁜 것이 바람직한 인적 자본을 갖추고 있다는 신호로 작용할 수 있다'고 말한다. 즉, 바쁘다고 과시하는 것은 당신이 '고용 시장에서 수요가 많고 희소하여 신분 상승의 길로 나아가고 있다고' 세상에 말하는 셈이다.

또한 벨레짜 교수와 동료들은 높은 지위의 사람들, 특히 유명인들이 소셜 미디어에서 어떻게 바쁘다고 과시하는지를 조사했다. 그들이 분석한 1,100개의 트윗 중에 12%는 너무 바빠서 여가 시간이 부족하다는 불평과 관련 있었다. '나는 그동안 회의와 전화로 말도 안 되게 바빠서 내 팬들을 소홀히 했다'는 것이 유명인이 전형적으로 하는 바쁘다는 자랑이다. 이런 메시지는 바쁜 것을 과시해야 한다는 강박과 지위가 높고 성공한 사람들은 항상 바쁘다는 생각을 모두 정당화하는 한편, 만약 우리가 스스로 성공했다고 생각한다면 우리도 바쁘다고 느껴야 한다는 인식을 부추긴다.

많은 사람이 이런 생각을 내면화했다. 누군가 안부를 물으면, 우리의 첫 번째 반응은 "나야 잘 지내죠, 하지만 정신없이 바빠요!" 이런 식일 때가 많다. (나 역시도 그렇다. 심지어 바쁘다고 과시하는 현상을 연구하고 난 후에도 그렇다. 바쁘다는 과시는 이제 기본이 되었다. 잡담의 새로운 표준이 된 것이다.) 우리가 이렇게 느끼는 이유는 우선 스스로 바빠야 한다고 생각하고 아마 무의식적으로 세상이 우리를 바쁘다고 봐주길 원하기 때문일 것이다. 그 결과 벨레짜 교수의 말처럼 '현대 미국 문화에서는 맨날 바쁘고 일만 한다고 불평하는 것이 점점 더 광범위한 현상이 되어간다.' 그런 예로, 그녀는 연하장을 분석한 연구에서 '1960년대 이후 '바쁜 스케줄'에 대한 언급이 극적으로 증가했음'을 발견했다고 강조했다. 우리는 남들에게 지난 한 해를 어떻게 보냈는지 이야기할 때 '우리 모두 바빠요!'가 명확한 핵심 메시지가 되기를 바란다. 아이들도 바쁘고, 고양이와 개도 바쁘고, 특히 연하장을 쓴 사람도 바쁘다. 아무도 "우리는 「하우스 오브 카드House of Cards」를 시즌 6까지 몰아서 보면서 멋진 한 해를 보냈어요. 우리는 심지어 케빈 스페이시Kevin Spacey(이 시리즈의 주인공이지만 성추행 파문으로 시즌 6에서 사망 처리되며 하차했다-옮긴이)가 빠진 시즌도 챙겨봤지요. 미쳤죠, 나도 알아요. 작년과 마찬가지로, 리틀 조니는 하루에 약 9시간씩 컴퓨터에 붙어살아요. 정말 전형적인 십대지요!"라고 쓰지 않는다.

우리가 호주머니 속에 사무실을 넣고 다닌다는 사실도 우리가 너무 바쁘다는 인식을 더해준다. 우리는 항상 이메일 확인, 동료와의 통화, 문서 검토 등 무언가 할 수 있는 일이 있다. 사실 우리는 언제든 일할 수 있기 때문에 일해야 한다는 막연한 생각만으로도 '너무 바쁘다'고 느낄 수 있다. 실제로 사람들이 바쁘다고 느끼지 않으면 스스로 무책임하고 비생산적이라는 느낌이 들어 일부러 바쁘다고 느끼려 한다는 근거들이 있다. 2019년에 〈심리학 최신 동향Current Opinion in Psychology〉에 발표된 시간 인식 방법에 관한 문헌 고찰에 따르면, 사람들은 여가 시간을 만들기 위해서가 아니라 한가한 상태를 피하기 위해 열심히 일하려 노력한다. 한가하면 가치 없다는 의미가 되기 때문이다.

마지막으로, 우리가 하는 일의 성격도 바뀌었다. 과거에는 많은 일에 구체적인 끝이 정해져 있었다. 밭이 텅 빌 때까지 수확물을 날라야 했고, 정해진 물량이 끝날 때까지 조립 라인에서 제품을 만들어야 했다. 하지만 저널리스트 올리버 버크먼Oliver Burkeman이 지적한 대로, 지식 경제에서는 '언제나 더 많은 이메일, 회의, 읽을거리, 검토할 아이디어 등이 남아 있다. 그리고 디지털 모바일 기술이 등장하면서 우리는 집, 휴가지, 체육관 등 어디에서나 더 많은 할 일 목록을 쉽게 살펴볼 수 있게 되었다.' 그 결과 어쩔 수 없이 우리는 할 일에 압도당하게 된다.

우리가 스스로 생각하고 말하는 것만큼 바쁘지 않다는 주장은 다소 모욕적으로 느껴질 수도 있다. 사람들이 거짓말을 한다고 비난하는 데다 실은 많은 사람이 벨레짜 교수의 표현처럼 '바람직한 인적 자본'을 갖추고 있지 않다는 의미로 들릴 테니 말이다. 하지만 나는 많은 사람이 마음속으로는 정신없이 바쁘지 않다는 사실을 알고 있다고 생각한다. 28개국의 1만 명 이상이 참여한 2015년 연구에서 응답자의 42%가 자신의 바쁜 정도를 과대평가한다고 인정했고, 60%가 다른 사람들도 대부분 그런다고 믿는다고 답했다. 밀레니얼 세대의 경우에는 그 수치가 더 높다. 51%는 스스로 바쁘다고 거짓말하는 것을 인정했고, 65%는 대부분 다른 사람들도 그런다고 생각했다.

결국 많은 사람이 진정한 시간 기근을 경험하지 않고 있다. 그러니 '시간 역설'이라고 부르는 편이 더 정확할 것이다. 변화하는 업무 환경과 특정 이미지를 투사하려는 욕망 등 여러 요인 때문에 우리는 허겁지겁 일을 해치우며 산다고 느끼지만, 보다 객관적인 평가에 따르면 이는 사실이 아니며, 적어도 그럴 필요도 없다.

1930년에 경제학자 존 메이너드 케인스John Maynard Keynes는 경제적, 기술적 발전 덕분에 그의 손자 세대는 하루에 3시간만 일하면 되고 그것도 그들이 원할 때만 하면 될 것이라는 유명한 예측을 했다. 우리가 하루에 실제 생산적으로 일하는 시간에 관한 자료를 믿는다면, 적어도 실제 일하는 시간에서 케인스의 예측은 크게 빗나가지 않았다. 물론 그는 기술이 우리의 여가 시간에 미칠 영향은 완전히 잘못 예측했다. 기술은 우리를 해방시키기는커녕, 우리가 바쁘지 않을 때조차 항상 바쁘다는 느낌에 시달리게 만들었다. (다시 말하지만, 나는 일정 범주는 배제하고 말하고 있다. 일주일에 50시간 이상의 근무를 권장하는 직종의 종사자들, 교대 근무 일정으로 일하는 사람들, 먹고살려고 여러 일을 겸하는 사람들 등.)

바쁘다는 느낌은 우리의 사생활과 직장 생활에 좋은 결과와 나쁜 결과를 동시에 초래한다. 스트레스를 받을 만큼 너무 바쁘다는 느낌은 우리의 건강과 업무 환경에 악영향을 미칠 수 있다. 너무 오래 일하고 지나치게 바쁘다고 느낄 때 생산성과 창의성이 점점 저하된다. 또 역효과를 낳는 멀티태스킹을 시도함으로써, 역설적으로 더욱 시간에 쪼들린다는 느낌을 받게 된다. 그리고 우리가 항상 다급하게 서두른다는 느낌은 질 낮은 수면과 건강에 대한 나쁜 결정으로 이어질 수 있다.

반면 바쁘다는 느낌에는 긍정적인 측면도 있다. 바쁘다고 느끼는 사람은 일을 끝마칠 가능성이 더 높으며, 시간을 효율적으로 사용해야 할 동기가 생기므로 일을 끝내는 데 적은 시간이 걸린다. 또 적당한 분주함은(할 일이 많다고 느끼지만 일에 압도되어 당황하거나 패닉에 빠지지는 않는 딱 알맞은 수준이어야 한다) 행복의 증가와 상관관계가 있다. 더 바쁜 도시가 더 행복한 도시라고 주장하는 일부 데이터(상관관계 연구)가 있다. 그리고 바쁜 마음가짐은 자제력을 발휘하는 능력과도 상관관계가 있다. 예를 들어, 홍콩의 2018년 연구에서는 어떻게 '바쁜 마음가짐이 사람들의 자존감을 강화하고, 이것이 결국 자기 통제력을 증가시키는지'를 탐구했다. 자기 통제력은 잠재적으로 다이어트와 운동 등에 관한 더 건강한 결정으로 이어질 수 있다. 연구의 저자 중 한 명인 아미타바 차토파디아이Amitava Chattopadhyay는 이 연구에 대한 언론 보도에서 '우리가 스스로 바쁘다고 인식하면 자존감이 높아져서 더 바람직한 선택을 하는 쪽으로 기울게 된다'고 요약했다.

더욱이 바쁜 생활은 인지 능력의 향상과 관련이 있다는 일부 근거도 있다. 미국 성인 300명 이상을 대상으로 한 2016년 연구에 따르면, '더 바쁘게 사는 것이 더 나은 처리 속도, 작업 기억, 일화 기억, 추론, 결정 지식 등과 상관관계가 있다.'

늘 그렇듯이, '바쁜 상태'에 관한 연구도 과잉 해석하지 않도록 주의해야 한다. 바쁘다는 것은 제대로 연구하기 어려운 현상이다. 대부분의 연구가 상관관계를 밝힌다. 이는 단지 바쁜 상태가 특정한 결과와 관련이 있다는 의미일 뿐, 바쁜 것이 해당 결과를 초래했는지는 알 수 없다. 게다가 '바쁘다'는 것은 정확히 어떤 걸까? 우리가 모두 바쁜 상태를 똑같은 식으로 경험할까? 바쁜 상태가 의미 있고 신뢰성 있게 측정할 수 있는 불연속적이고 일관된 변수일까? 이 현상을 연구하는 여러 방법론이 시도되고 있지만, 바쁘다는 개념은 흔히 묘사되는 것보다 더 다루기 힘들다고 말해도 무방할 것이다. 바쁘다는 것은 근절되어야 할 고통도 아니고, 존중받아야 할 생활상도 아니다.

한편 바쁜 것이 우리 삶에 악영향을 끼친다고 말하는 사람도 많다. 2019년에 발표된 문헌 고찰에 따르면, '수많은 설문조사에서 최근 미국인의 약 3분의 2가 항상 또는 때때로 서두른다고 응답했고, 절반 정도는 시간을 통제하는 느낌이 거의 없다고 응답했다.' 그럼 어떻게 해야 할까? 다행히도 그냥 속도를 늦추라는 직설적인 조언을 비롯하여, 우리가 바쁜 생활의 스트레스를 줄이는 데 활용할 수 있는 실용적인 전략이 많이 있다. 그런 방법이 지나치게 단순하고 모순적으로 보일 순 있어도(어떻게 속도를 늦추는 것이 일을 끝마치는 데 도움이 되겠는가?), 연구 결과에 따르면 잠시 심호흡할 시간을 갖고(말 그대로 숨쉬기다) 한 가지 일에 집중하는 것이 바쁘다는 불안감을 완화시키는 데 도움이 된다. 당장 눈앞에 있는 끝내야 할 일에 집중하자. 이와 관련된 한 가지 전략(이미 앞에서 여러 번 다루었던)은 멀티태스킹을 피하는 것이다. 업무 범위 내에서 최대한 현실적으로, 한 번에 한 가지 일에만 집중하는 데 최선을 다해보자. 그러면 생산성이 향상될 뿐만 아니라 바쁘다는 스트레스를 부추기는 파편화된 감각을 줄이는 데도 도움이 된다.

또 다른 실용적인 조언은 직장 생활과 가족생활과 여가 시간 사이에 잠시 휴식할 수 있는 짬을 가지라는 것이다. 주머니 속에 사무실이 있다고 해서 반드시 매일 24시간 내내 통화 대기 중일 필요는 없다. 학술 자료에서 말하는 이른바 '경계 관리boundary management'의 부족은 스트레스 증가 및 행복감 감소와 관련이 있다. 예를 들어, 직장인 약 2,000명 대상의 2018년 연구에서는 '일과 삶의 통합 상태에서 높은 점수를 받은 근로자들, 즉 경계 관리가 미숙한 사람들이 회복 활동이 적다고 보고했고, 그 결과 더 많이 소진되며 일과 삶의 균형을 더 적게 경험'한 것으로 나타났다. 경계를 설정하면 업무와 바쁜 생활에 따른 스트레스가 당신 삶의 구석구석에 스며드는 것을 막는 데 도움이 된다.

또한 우리는 모든 일을 다 할 수 없음을 인정해야 한다. 우리는 당장 모든 것을 해내야 하는 싸움에서 도저히 이길 수가 없다. 이 사실을 그냥 받아들이자. 언제나 시간이 승리하기 마련이다. 이 현실을 받아들이면 자유로워진다. 시간을 쏟을 가치가 있는 일에만 에너지를 집중할 수 있기 때문이다. 그리고 우선 사항을 처리하는 데 걸리는 시간을 추정할 때는 호프스태터Hofstadter의 법칙을 고려하는 것을 잊지 말자. "어떤 일을 하는 데는 항상 당신이 예상하는 것보다 더 오랜 시간이 걸린다." 심지어 호프스태터의 법칙을 고려하는 일에도 그렇다. 연구에 따르면, 우리는 어떤 일을 끝내는 데 걸리는 시간을 지나치게 낙관적으로 예측한다. (이를 '계획의 오류'라 부른다. 우리 인간이 보통 자신의 능력에 대해 얼마나 지나치게 낙관적인지를 보여주는 많은 오류 중 하나다.) 흥미롭게도, 우리는 다른 사람들이 일을 끝내는 속도에 대해서는 비관적인 편이다. 우리는 이렇게 생각한다. "나는 이 일을 빠르고 효율적으로 끝낼 거야. 내 동료 스탠은 평생 걸리겠지만." 하지만 그렇지 않다. 당신은 아마 스탠만큼 느릴 것이다. 그러므로 계획을 세울 때 이 점을 반영하라.

내가 생각하기에 가장 좋은 조언은 가장 직접적인 조언이다. 이 책의 주제는 '결정'이므로, 나는 바쁘다는 허튼소리에 속지 않기로 결정하라고 조언하겠다. 가장 바쁘다고 느꼈던 사람이라는 이유로 죽을 때 점수를 더 얻지 못한다. 자신의 실제 일정을 정직하게 평가하고 바쁘다는 감각을 재개념화하면 보다 여유 있는 관점을 얻는 데 도움이 될 것이다. 말이 쉽지 행동은 어렵다고, 실행에 옮기기엔 지나치게 단순한 소리라고 말하고 싶은가? 바쁘다는 스트레스는 대체로 문화적, 기술적 압박에 의해 형성된 인식의 문제임을 기억하자. 그러니 시간에 대한 주관적 평가인 그런 인식을 바꾸면 당연히 유익한 결과를 얻을 수 있다.

일부 경험적 연구는 이 전략을 지지한다. 2015년에 〈마케팅 리서치 저널Journal of Marketing Research〉에 발표된 한 연구에서는 바쁘다는 느낌에 따른 스트레스를 유발하거나 감소시키려는 목적으로 일련의 실험을 설계했는데, 사람들이 자신의 시간을 목표 갈등(동시에 여러 가지 일을 해야 할 필요성)의 맥락에서 생각할 경우, 자신의 분주함을 긍정적인 흥분으로 생각하는 경우에 비해 더 많이 시간에 쫓기고 스트레스를 받는 것으로 나타났다. 다시 말해, 바쁜 것을 긍정적인 상태로 바라보는 새로운 프레임을 선택한다면(저자들이 말하는 '불안 재평가') 스트레스의 감정을 줄일 수 있다는 것이다.

'어쩌다가 이렇게 금방 저렇게 늦은 시간이 된걸까?'라는 닥터 수스의 질문에 답하자면, 그렇지 않다. 단지 우리가 그렇다고 생각할 뿐이다. 이 사실을 스스로 자주 상기할 필요가 있다.

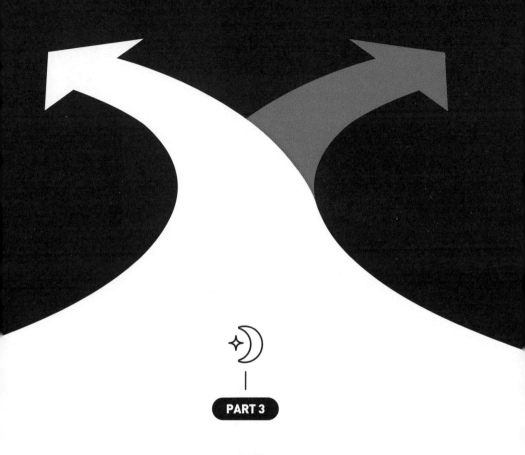

PART 3

저녁

EVENING

🌙 ──────────────────────────────────── • 17 : 00

운동

하라. 무조건 하라.

무슨 운동이든 당신이 좋아하는 것을 하라. 트랙터 타이어 뒤집기, 친구들과 함께 걷기, 어두운 곳에서 시끄러운 음악에 맞춰 돌기, 줄넘기, 계단 오르기, 재저사이즈jazzercise(재즈 음악에 맞추어 하는 체조-옮긴이), 파쿠르(도시와 자연환경 속에서 다양한 장애물을 통과하며 이동하는 운동-옮긴이), 얼티미트 프리스비Ultimate Frisbee(원반던지기의 일종-옮긴이), 암벽등반, 크로스핏CrossFit(여러 종류의 운동을 섞어 하는 단기간 고강도 운동-옮긴이), 사이클링, 레슬링 등 다 좋다. 그냥 무엇이든 하라!

물론 연구 결과에 의하면 특정 운동(고강도 간격 및 저항 훈련 등)이 다른 운동보다 더 효율적으로 더 많은 생리학적 효과를 제공한다. 그리고 일부 유행하는 운동은 대부분 과학적 근거도 없이 대중의 관심을 분산시켜 진짜 효과적인 운동의 입지를 빼앗는다(핫요가가 그런 예다). 그렇지만 우리는 활동적인 생활에서 가장 큰 효과를 얻을 수 있다. 그러니까 활동적으로 살자. 운동의 효과는 워낙 잘 알려져 있고 충분히 입증되었으므로 여기에서 새삼 덧붙일 내용은 없다. 운동하는 것은 거의 항상 좋은 결정이다.

그런데 퇴근 후가 운동하기에 가장 좋은 시간일까? 헬스 전문가들은 최적의 운동 시간에 대해 할 말이 많겠지만, 현실적으로 이 주제에 대한 연구 결과는 두서없이 제각각이다. 일부 연구에서는 아침 운동이 체중 감량에 도움이 될 수 있다고 제안한다. 오후 운동이 혈당 조절에 가장 좋다는 연구 결과도 있다. 2019년 쥐를 대상으로 한 연구에서는 저녁 운동이 가장 생산적이고 가장 효과가 좋다고 한다. 그러나 이런 연구들은 대부분 설득력이 떨어진다. 이런 자료는 대부분 소규모 연구나 단기 실험에서 나온 것으로, 미미한 차이에 근거할 뿐이다. 그리고 일부 자료는 동물 실험에서 나온 것이다. 이런 결과는 항상 신중하게 해석해야 한다. 운동은 치열한 생존 경쟁이 아니다.

미국 인구의 약 80%가 운동 권장량(일주일에 150분 정도의 적당한 유산소 운동과 근육 강화 운동)을 채우지 못한다. 캐나다에서도 이 수치가 실망스럽기는 마찬가지다. 아이들의 경우에는 상황이 더욱 심각하여, 운동 권장량만큼 채우거나 그 이상 채우는 아이들이 7%에 불과하다. 우리는 스스로 생각하는 것보다 훨씬 적게 움직인다. 2018년 캐나다에서 진행된 연구는 사람들이 하루에 50분 정도 신체 활동을 한다고 보고했지만 객관적으로 측정하면 실제 23분밖에 활동하지 않는다는 사실이 밝혀졌다. (이는 우리가 움직여야 한다고 생각할 때 외에도 더 많이 움직이라는 좋은 경고다!)

이런 암울한 현실을 감안할 때, 최우선 과제는 아침, 오후, 밤 중 아무 때든 사람들이 신체 활동을 하게 만드는 것이다. 아침이든 오후든 밤이든 운동하기 가장 좋은 시간은 운동을 하고 싶을 때다.

나는 보통 오후 늦게 운동을 한다. 때로는 저녁 8시 이후에 시작한다. 나는 이 시간의 운동이 나를 진정시키고 업무와 수면 사이에 경계를 지어준다고 느낀다. (연구 결과가 축적되면서 오랜 통념과 달리 저녁 운동이 수면 부족과 상관성이 없다는 것이 발견됐다.) 운동하는 시간대, 수분 공급, 호흡, 옷, 신발, 보충제, 운동 동작의 반복 횟수와 종류 등에 대한 자질구레한 조언 때문에 핵심 메시지를 혼동하지 말자. 일단 무조건 움직여라!

))———————————————————————————— 17:45

아이들과 놀아주기

나는 우리 부모님이 나를 사랑했다고 믿는다. 우리 어머니는 확실히 나를 사랑했다. 그녀는 한 손에 마티니를 들고 영국 왕실의 사소한 역사적 비화에 대해 논쟁을 벌일 만큼 짓궂게 재밌고 유별난 책벌레였다. 자식들의 빨래나 학교 급식은 뒷전이었다. 그럼에도 나는 어머니의 헌신을 의심한 적이 없다. 그런데 아버지에 대해서는 그만큼 확신이 없다. 아버지는 말 그대로 완전히 정신 나간 과학자 스타일이었다. 나는 가끔 아버지가 우리 형제를 자식보다는 값싼 노동력으로 보는 것 같았다. 나는 거의 매년 여름을 아버지의 실험에 참여하며 보냈다. 초등학교 1학년 때부터 그랬다.

외부에서 보기에 우리가 양육 훈장을 받을 만한 가정은 아니었을 것이다. 양육의 정의에 적어도 어느 정도의 돌봄이 포함된다면, 우리 집에서 '양육'은 거의 일어나지 않았다. 나는 부모에게 잔소리 한마디 안 듣고 다음과 같은 일들을 벌였다. 집에서 만든 뾰족한 철제 무기를 이용하여 칼싸움 토너먼트를 열었고, 엄청나게 빠른 미니 크루즈 미사일을 개발하여 설치했으며, 금방이라도 무너질 듯한 긴 터널이 있는 지하 요새를 팠다. 또 6세 때부터 하루 종일 혼자 모험에 나서서 바위투성이 해변, 건설 현장, 버려진 폐가 등을 돌아다녔다. 부모님이 내 성적, 숙제, 과외 활동을 딱히 챙기거나 크게 궁금해하는 일은 없었다. 친구 집까지 차로 데려다주고 데려오는 일도 없었고(내가 걸어가거나 가지 않거나 둘 중 하나였다), 늦은 밤에 전화로 확인하는 일도 없었다. 나는 집에 돌아올 때까진 그냥 외출 중이었다. 그래도 나는 사랑받는다고 느꼈고 대부분 안정감을 느꼈다. 그리고 내 기억에 집은 늘 행복하고 북적였다.

학령기 자녀를 둔 부모 2,000명 대상의 2017년 설문조사에 따르면, 그들은 매주 평균 23회씩 수준 미달의 부모라는 생각에 죄책감을 느낀다고 한다. 죄책감을 느끼는 가장 큰 이유는 '아이들과 충분히 시간을 보내지 않는다', '아이들과 충분히 놀아주지 않는다', '너무 많이 일한다' 등이다. 2018년의 유사한 설문조사에서도 부모들의 57%는 자녀들과 양질의 시간을 보내려 애쓰고, 44%는 자녀들과 충분한 시간을 보내지 못하는 데 죄책감을 느낀다고 말했다. 육아의 압박감과 부모 간의 공평하지 않은 양육 부담을 고려할 때, 일하는 여성들이 일하는 남성들보다 훨씬 더 심한 죄책감을 겪는다는 연구 결과도 있다. 물론 그리 놀라운 일은 아니다. 2017년 연구에 따르면,

부모의 약 12%가 극심한 '부모 소진(자녀 양육 과정에서 신체적, 심리적으로 탈진한 상태-옮긴이)'을 경험했다고 한다. 그중 상당수는 아이들을 충분히 잘 키우지 못한다는 인식과 관련이 있었다.

부모들은 항상 무언가에 대해 죄책감을 느낄 가능성이 높다(대부분의 인간 존재에게는 자녀가 계속 살아 있는 것만으로도 아마 지배적인 죄책감이 유발되는 듯하다.) 2018년 지친 부모들에 대한 연구에서 인터뷰한 한 여성은 "우리는 달성하기 어려운 목표를 세우는 일종의 완벽주의 원형에 따라 움직여요"라고 말했다. 비현실적인 기대를 형성하는 미디어의 묘사를 비롯하여 많은 요인이 이를 부추기고 있다. 예를 들어 2015년 어느 한 연구에서는 '연예인 엄마 담론에의 노출'이 경쟁력 있는 부모가 되고 (저자의 표현대로) '집중적인 양육intensive mothering 이데올로기'를 채택하려는 경향과 관련이 있는 것으로 드러났다.

물론 소셜 미디어 이용률의 증가도 한몫했다. 페이스북이나 인스타그램 같은 플랫폼에 여유로운 사진과 스토리가 공유되면서 부모로 산다는 것이란 의미에 관해 비현실적인 믿음이 늘어났다는 우려가 높아지고 있다. 2017년 연구에서는 자녀를 둔 700명 이상의 여성을 대상으로 소셜 미디어가 부모의 태도와 관심사에 미치는 영향을 탐구했다. 연구 결과, 미국에서 사회적 비교가 소셜 미디어 사용에 따른 일반적인 결과이며, 사회적 비교는 '역할 과부하(즉, 해야 할 일이 너무 많은 것)'의 느낌 증가와 양육효능감 수준 저하 등 여러 부정적인 결과와 상관관계가 있는 것으로 나타났다.

대중문화가 보내는 메시지는 꽤 획일적이다. 좋은 부모는 자녀와 많은 시간을 함께 보내는 사람이다. 자녀를 위해 경력과 목표를 희생할 생각이 있으며 실제로 그래야만 한다는 것이다. 배우 캐서린 헤이글Katherine Heigl은 아이들과 더 많은 시간을 보내기 위해 인기 드라마 「그레이 아나토미Grey's Anatomy」를 떠났다고 보도되었다. 음악가 릴리 앨런Lily Allen과 로린 힐Lauryn Hill도 비슷한 이유로 그들의 성공적인 음악 커리어를 중단했다. 맷 르블랑Matt LeBlanc은 가족과 시간을 즐기고 싶다는 이유로 국제적인 성공을 거둔 영국 자동차 프로그램 「탑 기어Top Gear」에서 하차했다. 코미디언 겸 배우 릭 모라니스Rick Moranis는 가족에게 더 집중하려고 연예계를 떠났다. 나는 이런 결정을 비판하거나 그들의 진정성을 의심하는 것이 아니다. 하지만 그들이 전 세계의 부모에게 보내는 메시지는 아이들과 함께 시간을 보내는 일에 관한 기대가 점점 더 높아진다는 것이다. 이뿐만 아니라 많은 부모가 세상이 예전보다 더 위험해졌고(앞서 보았듯이, 실은 과거보다 훨씬 안전해졌다) 그래서 부모의 돌봄이 더 많이 필요하다고 느낄 수 있다.

그렇다면 핵심 질문은 다음과 같다. 우리가 아이들과 함께 시간을 보내야 한다는 것 때문에 정말 죄책감을 느낄 필요가 있을까? 그리고 '부모와 보내는 시간'이 늘어나는 것이 정말 우리가 생각하는 만큼 아이에게 중요할까?

먼저 우리가 아이들과 실제로 얼마나 많은 시간을 보내는지 살펴보자. 부모들은 자녀들과 충분한 시간을 보내지 못한다고 생각하지만, 부모와 자녀가 함께 보내는 시간은 지난 수십 년간 오히려 증가했다. 1965년에 남성들이 자녀를 돌보는 시간은 하루에 16분에 불과했다. 2012년에 이 시간은 59분으로 증가했다. 여성들은 여전히 더 많은 육아를 담당했고(놀랍지 않다), 그들의 육아 시간도 증가했다. 퓨 리서치 센터에 따르면, 미국 여성들은 1965년에 매주 평균 10시간 동안 아이를 돌봤는데 2016년에는 이 수치가 14시간으로 늘었다.

이 수치는 두 가지 상반된 점을 시사한다. 물론 아이를 가진 부모들은 육아 시간이 증가하면서 전체적으로 시간이 부족하다는 느낌이 심해진다. 하지만 이 수치는 우리가 아이들과 많은 시간을 보내지 못한다는 널리 퍼진 인식에도 불구하고, 실은 그렇지 않다는 것을 말해준다.

토론토 대학교의 멜리사 밀키Melissa Milkie 교수가 이끈 연구진은 2018년 캐나다인 2,000명 이상의 데이터를 기반으로 아이들과 너무 적은 시간을 보낸다는 인식이 부모들의 정신 및 육체 건강에 어떤 영향을 미치는지를 탐구했다. 다른 연구들과 일관되게, 이 연구에서도 절반가량의 부모들은 '아이들과 너무 적은 시간을 보낸다고 느낀다'고 보고했다. 그러나 연구진은 아이들과 시간을 보내지 않는다는 불안감의 상당 부분이 사회적 기대에 근거하고 있다(저자들은 논문 전반에서 부모와 자녀가 보내는 시간이 오히려 매년 증가하고 있다고 강조한다). 이런 '시간 결핍time deficit' 경험이 부모들에게 진정한 스트레스 요인으로 작용하여 분노, 고통, 수면 부족으로 이어진다는 것을 발견했다. '아이들과 충분한 시간을 보낸다는 느낌은 직장인 부모의 행복에 매우 중요하다'고 저자들은 결론지었다. 이건 사실이다. 비록 '충분한'의 정의가 뒤에서 살펴볼 것처럼 과학적 근거와 상관없이 문화적 압력에 의해 정해지긴 하지만 말이다. 저자들이 지적하듯이, '직장인 부모들이 시간의 측면에서 태만하다고 생각하는 것이 정확히 무엇인지는 불분명하다.' 역설적으로 많은 부모가 시간 결핍을 인식하고 있으며 그들에게 영향을 미치고 있다. 그들은 이전 시대에 비해 자녀들과 많은 시간을 함께 보내는데도 말이다.'

도대체 '충분한' 시간이란 무엇일까? 나는 아이들과 함께 시간을 보내는 동기가 부분적으로 많은 부모가 자녀와 함께 어울리는 시간을 즐긴다는 단순한 사실에 근거한다고 확신한다. 나는 네 아이가 있다. 나는 종종 집을 떠나 있을 때 아이들이 몹시 보고 싶다. 그런데 부모들이 느끼는 죄책감과 스트레스는 자신의 즐거움이 아니라 아이들의 행복을 위해 함께 시간을 보내야 한다는 생각에서 비롯된다.

바로 이 지점에서 연구가 흥미로워진다. 죄책감을 유발하는 뿌리 깊은 통념과 달리, 사실 부모가 자녀와 더 많은 시간을 보내야만 아이가 더 건강하고 행복하게 잘 자란다는 생각을 뒷받침하는 근거는 거의 없다. '아동이나 청소년에게 어머니와 함께 보내는 시간의 양이 중요한가?'라는 2015년 연구에서 수천 명의 자녀를 추적한 결과 일반적으로 그렇지 않다는 것이 밝혀졌다. 시간의 양은 아이의 현재 행복이나 5년 후에 측정된 행복에 중요하지 않았다. 연구진은 '아동기와 청소년기에 어머니와 함께 보낸 시간의 양이 자녀의 행동, 정서, 학업에 중요하지 않았다'고 결론 내렸다. 2016년에 발표된 아버지의 역할에 관한 또 다른 연구의 결과도 비슷했다. 연구자들은 향후 자녀 행동에 미치는 영향 측면에서, 아버지가 자녀와 보내는 시간의 양이 정서적 유대감과 아버지의 육아에 대한 긍정적 태도에 비해 덜 중요하다는 것을 발견했다.

다른 연구에서는 워킹맘의 자녀들이 전업주부의 자녀들만큼 잘 자라거나 더 잘 자란다는 사실이 드러났다. 2018년 29개국 출신의 성인 10만 명 이상의 자료를 검토한 하버드 경영대학원 연구에 따르면, 직장인 어머니를 둔 성인 딸들이 전업주부의 성인 딸들에 비해 취업할 가능성이 높고, 관리 책임을 지며, 소득도 더 높은 것으로 나타났다. 저자들은 '수십 년간의 연구에서 얻은 시사점은 직장 여성의 어린 자녀들이 전업주부의 어린 자녀들보다 성취도가 더 높고 행동 문제가 더 적다는 것'이라고 결론 내렸다. 최근에 증가하는 이런 연구 결과는 일하는 여성이 가족과 사회에 부정적 영향을 미친다는 뿌리 깊은 믿음과 수사학에 반기를 드는 추세의 일환이다.

내가 여기서 말하려는 요지를 분명히 하고 싶다. 당연히 부모가 자녀와 함께 보내는 시간은 중요하다. 이런 연구들이 우리에게 아이들을 소홀히 대해도 된다는 면죄부를 주지는 않는다. 안전한 가정과 지지적인 부모는 분명 중요하다. 부모가 자녀와 보내는 시간은 아이의 발달에 도움이 될 수 있다. 미시간 대학교에서 가족 행동을 연구하는 폴라 폼비Paula Fomby 교수가 말했듯이 '독서와 같은 특정한 학습 활동에서 부모가 자녀와 함께 보내는 시간이 인지적 성취와 긍정적으로 연관된다.' (실제로 매일 아이에게 그림책을 한 권씩만 읽어줘도 아이가 연간 약 7만 8천 단어에 노출된다.) 또한 십대 자녀와 함께 보내는 것으로 '자녀들의 위험한 행동이나 외현화 행동을 예방할 수 있다.'

우리 문화에 만연한 메시지에도 불구하고, 우리는 아이들과 인간적으로 되도록 많은 시간을 보내지 못한다고 걱정할 필요가 없다. 물론 이는 제대로 연구하기 힘든 주제다. 온갖 복잡한 변수들(사회경제적 배경, 양육 방식 등)이 관련되고, 많은 결과가 서로 상관관계에 있기 때문이다. 그래도 요점은 분명하다. 양육 시간이 늘어나는 것이 항상 정답이라는 근거는 거의 없다. 그러니까 안심하자.

또한 이상한 기대들 때문에 양육 목표를 왜곡해서도 안 된다. 2016년에 1965년부터 2012년까지 서구 11개국의 시간 사용 데이터를 조사한 연구 결과에서 전반적으로 양육 시간이 증가한 것으로 나타났다. 또한 양육 시간의 증가와 부모의 교육 수준 사이에서 상관관계도 발견됐다. 저자들은 '집중적인 양육'이 교육받은 부모들에게 더 흔하게 나타나는 주된 이유 중 하나로 집중적인 양육이 신분의 상징이기 때문이라고 추측했다. '교육받은 부모들은 집중적인 양육을 통해 사회적 하위 계층의 부모들과 차별화된 방식으로 그들의 특권적인 사회적 지위를 확인한다.' 여유로운 부모들이나 집중적인 양육에 힘쓸 거라 생각할 수도 있다. 그러나 2018년 연구에서는 사회경제적 배경과 상관없이 모든 부모가 보다 집중적인 양육을 추구해야 한다고 느끼는 것으로 나타났다. 이런 비현실적인 문화적 규범에 따른 부담은 이미 재정적, 시간적 압박에 시달리는 부모들에게 특히 스트레스를 줄 수 있다.

우리는 역설로 점철된 부모의 죄책감 루프를 만들어냈다. 지난 수십 년 동안 부모와 자녀가 함께 보내는 시간은 실제로 늘어났는데도, 부모들은 아이들과 충분한 시간을 보내지 못한다고 느낀다. 아이들과 더 많은 시간을 보내야 한다는 이런 인식은 부분적으로 좋은 부모는 그래야 한다는 사회적으로 구성된 생각에 따른 것이다. 이런 생각은 소셜 미디어상에 자녀들과 보내는 온갖 마법 같은 시간을 게시하는 부모들에 의해 더욱 강화된다. 그 결과 다른 부모들은 더 큰 부담과 죄책감을 느껴 아이들과 더 많은 시간을 보내게 되고, 양육에 대한 기대 수준은 더 높아지게 된다. 이 모든 일에도 불구하고, 정작 부모가 자녀와 더 많은 시간을 보내는 것이 항상 더 좋다는 근거는 찾아보기 힘들다.

'양질의 시간'을 어떻게 생각하는지도 되짚어볼 필요가 있다. 양질의 순간, 즉 집중적이고 의미 있는 어울림의 순간이란 반드시 아이가 중심이 된 면대면 접촉만을 의미하지는 않는다. 양질의 시간은 가족들이 이미 하는 일상적인 활동, 즉 심부름, 집안일, 특히 뒤에서 살펴볼 식사 시간 등에서 얼마든지 찾을 수 있다. '양질의 시간'을 보내기 위해 따로 특별한 순간을 만들 필요는 없다. 단순히 일상생활만 함께해도 자연히 그런 순간은 생겨난다.

사람들이 자녀들과 더 많은 시간을 보내기를 원한다면, 그것은 멋진 일이다. 나도 아이들과 더 많은 시간을 보내고 싶다. (하지만 너무 많은 시간은 아니다. 나도 할 일이 있으니까!) 이 책에서는 우리의 결정에 미치는 영향력과 그 결정에 대한 근거를 살펴보고 있다. 이런 관점에서 우리는 아이들과 함께 어울리는 결정의 주된 동기로 죄책감의 수준을 낮출 수 있다.

☽ ──────────────────────────────── • 17 : 45

휴대폰 확인

하지 말자. 만약 아이들이나 소중한 사람과 양질의 시간을 보내고 싶다면(이 문구가 다시 나온다!) 핸드폰을 치워두는 방법을 고려하자. 내 말은 핸드폰을 테이블 위에 올려놓으라는 뜻이 아니다. 아예 치우라는 말이다. 우리는 모두 오래전부터 이 말을 들어왔지만, 실제 그러는 사람은 거의 없다. 나도 노력 중이다. 정말이다. 하지만 거의 매번 실패한다. 내 핸드폰이 시야에 들어오면, 내 이메일, 소셜 미디어, 문자 메시지가 나를 끌어당기는 힘을 느낀다. 거의 무의식적이다. 그러면 결국 화면을 슬쩍 보게 된다. 내가 바로 이 단락을 쓰고 있을 때, 막내아들이 고등학교에서 받은 첫 성적표에 대해 이야기하려고 내 재택 사무실로 들어왔다. 아주 짧은 순간이었다. 그런데 내가 어떻게 했을까? 나는 내 빌어먹을 휴대폰을 보기로 결정했다. 휴대폰이 대인 관계에 미치는 해로운 영향에 관한 연구 결과를 몇 날 며칠 동안 검토하고도 이렇게 행동한 것이다.

물론 이러는 사람이 나뿐만은 아니다. 95%가 사회적 상황에서 휴대폰을 꺼낸다고 인정했다. (나머지 5%는 아마 화장실에서 몰래 들여다볼 것이다.) 놀랍게도 10명 중 1명은 섹스 도중에도 스마트폰을 확인한다고 인정했다! 우리가 휴대폰의 확인을 멈추지 못하는 이유는 여러 가지다. 연구 결과에 따르면, 휴대폰이 없을 때 가장 불안을 느끼는 사람들, 이른바 노모포비아^{nomophobia}들은 휴대폰을 확장된 자아로 인식한다고 한다. 우리 모두는 어느 정도 이렇게 느낀다. 스마트폰은 우리와 외부 세계의 개인적인 연결고리이자 우리 자신을 정의하는 데 도움이 되는 기억의 저장소다. 그래서 우리는 휴대폰이 근처에 없으면 뭔가 중요한 것이 빠졌다고 느끼는 것이다.

이처럼 우리가 휴대폰에 느끼는 애착은 이해할 만해도, 스마트폰이 대면 상호작용의 질에 다양한 악영향을 미친다고 주장하는 과학적 근거들은 점점 늘고 있다(내 추측으로는 성관계 도중에 휴대폰을 확인하는 사람들이 특히 그럴 것이다).

스마트폰 기술은 늘 우리의 주의를 분산시키고 어떤 의미에서는 거의 '다른 데' 정신을 팔게 함으로써, 현재 인간의 기본적인 상호작용을 재형성하고 있는지도 있다. 휴대폰이 있으면 낯선 사람에게 자발적으로 미소 짓는 경향이 줄어든다는 2019년 연구 결과를 떠올려보자. 이 실험에서 한 그룹은 휴대폰을 소지한 채 낯선 사람들로 가득한 방에 들어갔고 다른 그룹은 휴대폰이 없는 상태로 낯선 사람들이 모인 방에 들어갔다. (참가자들은 연구의 목적을 알지 못했다.) 그 결과 휴대폰을 소지하지 않은 참가자들은 진정한 미소를 포함하여 더 많은 미소를 보여주었다. (진정한 미소는 19세기 프랑스 의사이자 미소 연구자인 기욤 뒤셴Guillaume Duchenne의 이름을 따서 '뒤셴 미소'라고도 불린다. 이 미소를 지을 때 우리는 얼굴의 수의근과 불수의근을 모두 사용한다.) 이 연구 저자들에 따르면, 이런 결과는 스마트폰 기술의 등장으로 우리가 당면한 환경에서 정신적으로 철수하여 '부재하는 능력'을 더 쉽게 발휘하게 됨으로써 사회생활의 질적 구조가 변하고 있음을 시사한다.

지금은 많은 사람이 자녀들과 상호작용하는 시대다. 이런 시간에는 아마 당면한 환경에서 정신적으로 철수하기를 바라지 않을 테니, 휴대폰이 부모자식 간의 관계를 변화시킬 수 있다는 사실에도 주목할 필요가 있다. 이런 결과는 암울하지만 예상하지 못한 것은 아니다. 2018년의 한 연구 제목이 모든 것을 말해준다. '스마트폰은 부모가 자녀와 시간을 보낼 때 유대감을 느끼는 데 방해가 된다.'

대화 도중에 휴대폰을 확인하는 '퍼빙phubbing' 행위는 공적인 상호 작용에도 당연히 해롭다. 연구에 따르면 퍼빙의 양이 증가할수록 의사소통의 질은 떨어지고 사람들은 사회적으로 배제되는 느낌을 더 많이 받는다고 한다. 퍼빙은 특히 관계의 질에 대한 인식에 부정적인 영향을 주므로 연인 관계에 치명적이다. 2018년 인도에서 진행된 연구에서는 퍼빙이 매우 광범위하고 잠재적으로 해로울 수 있으니 '이런 습관을 통제하여 신체적, 정신적, 사회적 건강을 증진시키기 위해' 인도 젊은이들에게 정부 치료기관의 특별 지도를 받게 하는 등 과감한 조치가 필요하다고 주장했다.

복잡한 인간 행동에 대한 연구가 대체로 그렇듯이, 우리는 결론을 과잉 해석하지 않도록 주의해야 한다. 휴대폰이 타인과의 상호작용을 해친다고 주장하는 연구가 많이 나오고 있지만, 이 주제에 대해 결정적인 답을 제시하는 연구 방법은 설계하기가 쉽지 않다. 그래서인지 일부 연구에서는 엇갈린 결과가 나오고 있다. 잘 알려진 몇몇 연구는 휴대폰이 시야에 보이는 것만으로도 타인과의 상호작용의 질이 떨어질 수 있음을 보여주었다. 버지니아 공과대학교 연구팀이 2016년에 발표한 연구에서는 '휴대폰이 없을 때 하는 상호작용과 휴대폰이 있을 때 하는 상호작용을 비교하니 전자가 월등히 우수하다는 평가를 받았다.' 2018년에 발표된 또 다른 연구에서는 300명 이상의 참가자들을 식사 같은 사교 행사 중에 휴대폰을 꺼내놓는 그룹과 꺼내놓지 않는 그룹으로 나누어 관찰했는데, 휴대폰을 꺼내놓은 그룹은 더 산만하다고 느꼈다. 그 결과 휴대폰을 꺼내놓지 않은 그룹만큼 친구들과 함께 보내는 시간을 충분히 즐기지 못했다. 연구진은 다음과 같이 결론을 내렸다. '휴대폰은 우리를 전 세계 사람들과 연결시켜주지만, 테이블 너머 사람들과의 상호작용에서 얻는 혜택은 해칠 수 있다.'

2017년에도 휴대폰이 있을 때와 없을 때로 나누어 유사한 실험을 수행했다. 하지만 단순히 휴대폰의 유무에 따른 결과는 반복 검증할 수 없었다. 그 대신 휴대폰이 있었던 참가자들이 대화에 대한 만족도가 크게 떨어졌다는 사실은 발견됐다. 만약 휴대폰을 꺼내놓는 것이 무례하다고 생각한다면, 실제 대화의 질과 상관없이 그 당시의 대화를 좋지 않게 기억할 수 있다는 것이다.

혼란을 가중하는 결과도 있다. 일부 연구에서는 휴대폰이 대면 상호작용에 미치는 영향이 전적으로 나쁘지만은 않다고 주장한다. 한 연구에 따르면, 휴대폰의 존재는 '사회적 배제의 부정적 경험과 영향에 대한 완충 작용'을 하여 어색한 사회적 상황에 대한 불안감을 줄이는 데 도움이 된다. 휴대폰을 소지한 사람들은 그렇지 않은 사람들에 비해 사회적으로 배제 당한다는 느낌이 훨씬 적었던 것이다. 연구진은 휴대폰이 방해가 되는 바로 그 이유 때문에 이런 효과가 있다는 가설을 세웠다. 휴대폰이 사실상 부재하는 사람들과의 연결고리 역할을 한다는 것이다. 휴대폰은 일종의 '디지털 안심 담요'인 셈이다.

스마트폰은 비교적 최신 문물이다. 사회적 규범이 대면 상호작용 중에 휴대폰을 사용하는 사람들을 더욱 포용하는 쪽으로 진화할지는 흥미롭게 지켜볼 만한 주제다. 만약 그런다면 휴대폰의 존재가 뇌와 뇌의 직접적 소통을 가능하게 하는 신경 이식술 같은 차세대신기술보다는 덜 유해하게 여겨질 가능성이 있다.

일부 연구를 둘러싼 불확실성과 사회적 관습이 진화하는 속성에도 불구하고, 나는 친구나 가족들과 함께하는 시간을 조금 더 편안하게 즐길 수 있는 몇 가지 간단한 조언을 제시해도 괜찮다고 생각한다. 우선, 사회적 대면 상호작용 중에는 퍼빙을 멈추고 휴대폰을 치워놓자(그냥 옆에 놔두지 말고 시야에 안 보이게 두자). 만약 당신이 노벨상 위원회의 전화를 기다리는 상황이라면 예외일 수 있겠지만, 보통 우리는 몇 분마다 전화를 확인하지 않아도 사는 데 별 지장이 없다.

둘째, 휴대폰을 묵음 모드로 설정해놓자. 진동, 음악소리, 팝업 알림은 일대일 상호작용에 엄청나게 방해가 될 수 있다. 앞에서 언급한 몇몇 연구의 수석 저자인 조지타운 대학교의 코스타딘 쿠슐레프 Kostadin Kushlev 교수는 '누가 당신에게 메시지를 보냈는지 궁금해하는 것은 휴대폰을 꺼내어 메시지에 답하는 것보다 더 나쁘지는 않더라도 똑같이 나쁠 수 있다'고 말했다. 그는 사회적인 상황에서 휴대폰의 사용을 제한하는 전략을 제안한다. "나는 특히 근사한 요리가 나왔을 때 (엄청난 식도락가인) 남자친구와 공유하기 위해 식사 장면만 재빨리 사진 찍고 사진을 보내는 일은 나중으로 미뤄둡니다. 비록 사진을 보내는 데 몇 초밖에 걸리지 않지만, 우리의 연구 결과에 따르면, 바로 이런 잠깐씩의 간헐적인 스마트폰 사용이 우리의 주의를 흩트리고 우리의 사회적 경험을 위태롭게 만들 수 있거든요."

셋째, 하루 중에 휴대폰을 사용하지 않는 시간대를 정해두는 방법을 고려해보자. 특히 당신이 일을 마치고 긴장을 풀거나 운동을 하거나 가족 및 친구들과 함께 시간을 보내려고 할 때는 말이다. 아니면 적어도 휴대폰을 지니고 있지 말자. 내가 사용하는 전략은 일을 마치고 집에 오면 내 재택 사무실에 휴대폰을 놔두는 것이다(이 방법은 어느 정도의 성공을 거두었다). 나는 휴대폰을 확인하고 싶으면 사무실로 들어가야 한다. 이 작은 장애물 때문에 나는 굳이 그 순간에 톰 브래디Tom Brady의 업데이트된 소식을 확인할 필요가 있는지 의문을 품게 된다.

넷째, 당신의 촉발 요인trigger을 파악하자. 만약 휴대폰을 확인하고 싶은 충동이 든다면, 바로 그 순간에 휴대폰을 봐야 할 필요가 정말 있는지 스스로에게 물어보자. 그런 충동을 부추기는 것은 무엇일까? 친구나 가족과 보내는 시간의 지루함일까? 일에 대한 스트레스일까? 가십을 확인하고 싶은 욕구일까? 이 중 어떤 이유가 당장 눈앞의 경험에서 철수해야 할 만한 가치가 있을까?

🔊 ─────────────────────────────── 18 : 00

저녁 식사

이 결정은 쉽다. 가능하다면 집에서 만든 식사를 하는 편이 무조건 좋다. 그리고 가족이든 애인이든 친구든 고양이든 좋아하는 식물이든 누구라도 근처에 있다면, 함께 식사를 하자.

집에서 식사를 할 때 더 많은 과일과 채소 등 건강에 좋은 음식을 더 많이 선택하게 된다는 사실이 지속적인 연구를 통해 입증되었다. 물론 그리 놀라운 사실은 아니다. 청소년의 경우에는 집에서 하는 식사의 장점이 훨씬 더 명확하고 광범위하다. 가족과 함께 식사하는 아동과 청소년은 과체중이 될 확률이 낮고 건강한 식단을 섭취할 가능성이 높다. (반대로, TV 앞에서 자주 식사하는 것은 과체중이나 비만과 상관관계가 있다. 무엇보다도 아무 생각 없이 식사할 가능성이 높기 때문이다.) 2018년에 진행된 한 연구에서는 아무리 '역기능적인' 가족이라도 저녁 식사를 함께하는 것이 식생활 개선에 좋다는 결과가 나왔다.

가족과 함께 저녁 식사를 하면 칼로리 섭취의 감소 등 다른 건강한 식습관을 가질 수 있다. 음식의 1회 제공량이 점점 늘어나는 세상에서(최근의 비만 위기와 관련된 많은 트렌드 중 하나다) 가족과 저녁 식사를 하면 적절한 음식량을 가늠해볼 수 있는 기회가 생긴다. 자칫하면 두 살 정도의 어린 아기들도 부적절하게 많은 양을 먹는 데 익숙해질 수 있다. 2018년에 진행된 연구에 따르면, 가족 식사에서 '음식의 1회 제공량이 줄어들면 통상적으로 먹는 음식량에 대한 인식을 재조정할 수 있으며, 결국 가족들이 먹기로 선택한 음식량을 줄일 수 있다'고 결론지었다. 가족이 함께하는 저녁 식사를 통해, 아이와 어른 모두 시장에서 주도하는 과식 트렌드에 맞서 불필요하게 많은 양을 볼 때 그것을 인식할 수 있는 능력을 키울 수 있다.

가족 식사가 청소년 복지에 미치는 혜택은 단순히 영양 개선과 음식량 조절의 수준을 훨씬 뛰어넘는다. 2011년 관련 자료의 체계적인 검토 결과, 빈번한 가족 식사는 '건강에 좋지 않은 식사, 알코올 및 물질 사용, 폭력적인 행동, 청소년의 우울감과 자살사고 등과 부적 상관관계가 있다'고 나타났다. 빈번한 가족 식사가 청소년의 자존감 향상 및 성공적인 학교생활과 정적 상관관계가 있다는 것도 발견됐다. 또한 가족이 함께하는 저녁 식사는 어휘력과 가족의 유대감, 회복탄력성의 향상과도 관련이 있었다.

더욱이 이런 혜택은 수년 동안 지속되는 것으로 보인다. 2018년 몬트리올 대학교에서는 약 1,500명의 아동을 대상으로 6세부터 10세까지 추적 조사한 연구 결과를 발표했다. 연구진은 사회경제적 수준, 인지 능력 등의 다양한 변수를 통제한 결과, 6세 때 가족 식사 환경의 질이 전반적인 건강 수준을 높이고 10세 때 '낮은 수준의 청량음료 소비, 신체적 공격성, 저항 행동, 비공격적 비행, 반응적 공격성 등'을 예측한다고 밝혔다.

가족 식사는 아이들에게 음식과 요리, 그리고 평생 동안 도움이 될 만한 기술에 대해 가르칠 수 있는 기회이기도 하다. 옛 중국 격언을 요즘식으로 바꾸어 말하자면, 아이에게 한 끼 식사를 제공하면 아이를 하루 동안 먹여 살릴 수 있다. 하지만 아이에게 요리 방법을 가르치면 아이가 평생 맥도날드에 안 가게 할 수 있다.

이 모든 데이터가 인상적이다. 가족 식사의 혜택은 비록 상관관계 연구가 많기는 해도 다양한 방법론적 관점에서 연구되었고, 그 결과는 한결같이 일관되게 긍정적이다.

오타와 대학교의 가정의학과 교수이자 체중 관리 전문가인 요니 프리드호프Yoni Freedhoff 박사는 내가 인과관계/상관관계 문제에 대해 물었을 때 '우리는 결코 가족 식사의 장점을 인과적으로 입증할 수 없을 것'이라고 인정했다. 하지만 분명한 장점이 있다고 말한다. "감정 기복, 학교생활, 식생활의 질적 향상에서부터 십대들의 약물 남용과 위험한 행동의 감소에 이르기까지 다양한 긍정적인 연관성은 보입니다. 더구나 부정적인 연관성은 전혀 없고요. 가족들이 모두 식탁을 둘러싸고 앉아 가급적 신경이 분산되지 않고 함께하는 식사는 모든 가정에서 노력을 기울일 가치가 있는 일로 보입니다."

달하우지 대학교의 건강증진의학 교수인 사라 커크Sara Kirk 박사는 프리드호프의 의견에 동의한다. 그녀는 우리 사회가 만성 질환의 예방을 돕기 위해 건강한 환경을 조성하는 다양한 방법을 모색한다. 가족 식사에 관한 연구 결과들을 살펴보는 것이 그녀의 전문 분야다. 그녀는 '가족 식사가 다양한 건강 및 심리사회적 결과에 중요한 요소라는 점을 뒷받침할 만한 충분한 증거가 있다'고 말했다. 프리드호프처럼 커크도 인과관계를 규명하려는 시도의 어려움을 인정하지만, 가족 식사의 가치를 입증하는 근거들은 전체적으로 상당히 결정적이라고 느낀다. "이런 결과들이 도출된 일부 연구는 대규모 모집단의 표본을 대상으로 한 것입니다. 이 점이 연구 결과에 대한 우리의 자신감을 높이는 데 기여합니다."

솔직하게 말하자면, 일부 사람들에게는 이 조언이 '말은 쉬워도 행동하기는 어려운' 범주에 속한다. 예를 들어, 한부모와 교대 근무를 하는 부모들은 가족 식사를 위해 시간을 내기가 어려울 수 있다. 2017년 옥스퍼드 대학교의 연구 결과가 이런 사실을 보여준다. 이 연구에 따르면, 사람들이 저녁 식사 시간에 접근하는 방식에는 인구학적 차이가 있다. 고학력 구성원이 있는 가정은 가족이 함께하는 식사가 더 빈번하다. 더 부유한 가정일수록 가족이 식탁에서 더 많은 시간을 보낸다. 그리고 시간에 쫓기는 사람들, 특히 배우자가 없는 한부모들은 '가족과 함께 식사하는 데 최소한의 시간을 보낸다.'

이런 사회경제적 현실을 감안하여, 공중보건 전문가들은 가정 요리 클래스를 열고 직장을 통해 건강한 식습관 패턴을 권장하는 현금 인센티브를 제공하는 등 전 국민을 대상으로 가족 식사를 장려하는 방법을 시도해왔다. 그 결과는 제각각이었다. 의미 있고 지속적인 행동 변화를 유도하기란 정말 힘든 일이다. 가족 식사처럼 복잡하고 문화적 변수가 많은 사안은 특히 힘들다.

"가족 식사를 못 하는 이유는 잘 알려져 있습니다. 충분한 시간, 돈, 요리 솜씨가 없거나 편식하는 가족이 있거나 식탁에서 조성되는 긴장감 때문이겠죠." 린 바렌센Lynn Barendsen의 말이다. 그녀는 하버드 대학교 가족식사 프로젝트Family Dinner Project의 상무이사다. "우리에게 목표는 완벽한 것이 아닙니다. '적당히 만족스러운' 저녁 식사만으로도 충분합니다. 우리는 작은 것부터 시작하라고 제안합니다. 한가지 목표를 세우고, 가장 먼저 할 일을 하나 고르는 것부터 말입니다." 이 프로젝트는 가족 식사를 가족 구성원들이 음식, 재미, 중요한 일에 대해 이야기하며 서로 연결되는 장으로 만들기 위해 마련되었다. 바렌센은 "20년이 넘는 연구는 우리에게 가족의 저녁 식사가 왜 중요한지를 말해줍니다. 완벽하지 않아도 마법은 일어날 수 있습니다. 오랜 시간이 걸리지도 않아요!"라고 말한다.

친구나 가족과 함께 식사를 하는 데 따른 많은 장점, 특히 심리사회적 장점은 주로 식사의 공동체적 성격에서 비롯되는 듯하다. 그렇다면 다음과 같은 의문이 제기된다. 혼자 먹으면 그런 장점이 전부 사라질까? 우리 모두에게 해당되는 새로운 역설이 커크 박사와의 대화에서 강조되었다. "그것은 흥미로운 문제예요. 가족 식사나 나아가 다른 사람들과 함께하는 식사의 중요성에 대한 연구가 늘어나는 데 반해, 가정 안팎에서 혼자 식사를 하는 사람들이 늘어나는 추세입니다. 그 이유는 물론 매우 복잡합니다. 고령화되는 인구, 혼자 살기를 선택하는 사람들의 증가, 별거 및 이혼 가정의 증가, 업무 패턴, 그밖의 수많은 요인 등의 사회적 변화를 반영합니다."

2018년 한국인 약 8,000명 대상으로 진행된 연구를 포함한 몇몇 연구에서 혼자 하는 식사가 건강 악화와 상관관계가 있다는 사실이 드러났다. 2015년 일본에서 발표된 연구에서는 혼자 먹는 것과 건강에 좋지 않은 식습관의 상관관계가 밝혀졌다. 연구의 관점에서 까다로운 점은 혼자 하는 식사와 관련된 다른 변수들, 특히 외로움의 영향을 분리하는 것이다. 알다시피 외로움은 그 자체로도 우리의 건강에 심각한 영향을 미칠 수 있기 때문이다. 건강상의 문제를 초래하는 것이 외로움일까, 혼자 하는 식사일까? 건강 악화는 많은 요인이 결합된 결과일 가능성이 높다. (영국이 고독부 장관minister of loneliness을 임명한 예에서 잘 나타나듯이, 공중보건 관계자들이 당연하게도 사회적 고립과 관련된 중대한 문제에 더 많은 관심을 쏟고 있다는 사실에 주목할 필요가 있다.)

그렇지만 모든 사람이 함께하는 식사에 참여하기를 원하지는 않는다. 프랑스와 독일의 젊은 성인을 대상으로 한 연구에서는 많은 사람이 혼자 먹는 식사를 선호하는 것으로 나타났다. 함께하는 식사가 스트레스를 유발하기도 하고, 또 혼자 먹으면 긴장을 풀고 휴식하는 시간이 될 수도 있다는 것이다. 만약 당신이 그들처럼 혼자 먹기로 결정했다면, 집에서 만든 건강한 식사에서 얻을 수 있는 영양 개선 및 긴장 완화의 효과에 집중하자.

내가 수십 년 동안 건강 정책과 관련된 연구를 꼼꼼히 분석한 결과, 우리가 사랑하는 사람들과 함께 식사를 해야 한다는 것만큼 합당하게 느껴진 개입은 드물었다. 어쨌거나 함께 식사하는 것은 인간 경험의 핵심인 것이다. 하지만 이래서는 나의 연구에 대한 분석이 이 전제의 직관적인 매력에 좌우된 것이 아닐까?

여러 해 동안 우리 가족은 매년 여름에 한 달씩 다함께 여행하는 행운을 누려왔다. 우리는 어떤 도시든 우리가 머무는 곳의 속도에 젖어드는 경험을 즐긴다. 우리는 매순간을 관광으로 꽉꽉 채우려 애쓰지 않는다. 그리고 매일 밤 다 같이 둘러앉아 저녁 식사를 한다. 평상시에 우리의 스케줄을 가득 채우는 일, 친구, 과외 활동 등 일상적인 의무에서 벗어나 서너 시간씩 저녁 식사로 시간을 보낸다. 엄청난 국제 로밍 요금 덕분에 식탁 위에 핸드폰을 놓는 일도 없다. 우리는 저녁 식사 시간에 논쟁을 벌인다. 또 가십, 두려움, 불안, 포부를 공유한다. 그리고 웃다 울다를 반복한다. 이런 저녁 식사는 정말이지 훌륭하다. 이런 순간이야말로 내가 평생에서 가장 좋아하는 순간들이다. 과장된 말처럼 들릴지 몰라도 정말 그렇다. 만약 외계인이 나를 납치해서 딱 한 장면의 기억만 간직하라고 한다면, 나는 이런 저녁 식사의 기억을 선택할 것이다. 물론 보너스 장면은 패트리어츠Patriots의 2017년 슈퍼볼Super Bowl 우승이 될 테고.

와인

우선 이 주제에 대한 결론부터 말하겠다. 와인 시음이란 대부분 말도 안 되는 소리다. 여기서 말하는 '와인 시음'이란 제품의 품질 차이를 객관적이고 확실하게 식별해내는 능력을 의미한다. 그리고 '말도 안 되는 소리'란 사람들이 그렇게 할 수 없다는 뜻이다. 이런 현실은 와인을 즐기는 사람들에게 희소식이다. 그냥 당신이 좋아하는 와인을 마셔라. 와인의 가격, 병, 라벨, 역사, 지역, 심지어 색깔까지도 다 무시하라.

세계 와인 시장은 4,000억 달러의 규모에 육박하고 있다. 이 거대 산업의 마케팅은 대부분 품종과 가격대의 미묘한 차이에 근거를 둔다. 어떤 주류 상점에 들어가든, 한쪽 벽면을 가득 채우고 있는 생산 국가와 지역별로 구분된 와인들과 마주하게 될 것이다. 또 와인 시음 클럽, 와인 시음 잡지 그리고 당연히 와인 시음 전문가들이 있다. 이들 중 다수가 와인 시음 학교에 다녔을 것이다. 게다가 와인 시음 보드게임도 있다. 심지어 비노메Vinome라는 회사는 당신의 DNA를 검사하여 유전적으로 어떤 종류의 와인이 당신 취향에 맞을지를 결정해준다(과학적으로 황당한 아이디어지만, 나는 그 과학적 황당함을 충분히 음미하기 위해 시도해본 적이 있다). 와인을 마시는 재미 중 하나는 새롭고 더 좋은 와인을 찾는 것이다(나는 비싼 맥주를 찾는 사람이라 잘 모르지만 이렇다고 들었다). 그리고 와인 산업은 이런 매력에 따라 움직인다.

하지만 우리가 와인의 차이를 구분할 수 있는지에 대한 연구 결과는 꽤 일관적이다. 구분할 수 없다는 것이다. 적어도 잘 구분하진 못한다.

아마도 이 주제에 대한 가장 유명한 연구는 2001년에 〈뇌와 언어
Brain and Language〉 저널에 발표되어 와인 감정업계를 완전히 뒤흔든 연
구일 것이다. 연구진은 시음자들에게 빨갛게 염색된 화이트 와인을
제시했다. 시음자들은 그 차이를 구별하지 못했다. 많은 사람이 화
이트 와인을 레드 와인처럼 묘사했다. 그들은 완전히 속았다. 와인
업계에는 더 나쁜 소식이지만, 시음자들은 보르도 대학교 양조학교
에서 와인을 공부하고 있었다. 아이고.

이 실험 이후로 많은 연구에서 와인 시음의 타당성이 의심스럽
다는 결론을 계속 지지해왔다. 예를 들어, 한 연구는 와인 대회의 결
과가 왜 그렇게 일관되지 않은지를 탐구했다(이런 결과는 그 자체로도 와
인 시음의 부적절함을 시사하는 중요한 단서다). 연구진은 '왜 특정 와인이 한
대회에서는 금메달을 따는데 다른 대회에서는 아무 상도 받지 못하
는 걸까?'라는 의문을 품었다. 이 의문에 답을 구하기 위해 그들은
2005년부터 2008년까지 열린 주요 와인 대회를 추적 조사했다. 심
사위원들은 각각 30개의 와인을 검토했는데, 그중에는 그들 모르게
같은 병의 와인이 담긴 표본이 3개씩 포함되어 있었다. 심사위원의
10%만이 같은 메달 그룹에 속한 표본에 동일한 점수를 주었다. 이
결과는 그리 달가운 사실이 아니었다. 와인 심사위원들에게는 특히
그랬다. 이 연구의 저자 로버트 호지슨Robert Hodgson은 2013년에 〈가
디언Guardian〉지와의 인터뷰에서 '와인이 상을 받는 데는 운이 크게
작용한다'고 말했다.

어쩌면 당신은 '그래 사람들이 다양한 고급 와인의 차이는 구분

하지 못해도 비싼 와인과 싼 와인의 차이는 잘 알 거야'라고 생각할지도 모른다. 이 경우에도 대부분은 그렇지 않다. 영국의 한 연구에서는 578명을 대상으로 다양한 종류와 가격대의 레드 와인과 화이트 와인에 대한 블라인드 테스트를 실시했다. 연구진은 시음자들에게 비싼 와인과 싼 와인을 구분해보게 했다. 시음자들은 화이트 와인의 53%, 레드 와인의 47%를 제대로 구분했다. 아마 동전을 던져도 이만큼은 맞출 것이다. 2008년에 발표된 또 다른 연구는 6,000회이상의 블라인드 테스트를 통해 와인의 가격과 와인의 평가 사이에 아무런 관계가 없다는 것을 밝혀냈다. 심지어 연구진은 평균적으로 '사람들이 오히려 비싼 와인을 덜 좋아한다는 것을 발견했다.'

공정하게 덧붙이자면 와인만 그런 게 아니다. 2009년의 한 블라인드 테스트에서는 인간이 화려한 파테(고기나 생선을 다져 양념한 소를 파이 크러스트에 발라 오븐에 구운 요리-옮긴이)와 개 사료의 차이를 구분하지 못했다. (연구진은 진지하게 이 연구를 실시했다!) 개 사료는 맛없는 파테로 평가되었다.

이미 예상했겠지만, 와인 애호가들은 와인 시음에 반대하는 연구를 반기지 않았다. 그래서 그런 실험들의 방법론에서 허점을 찾아내려 노력해왔다. 하지만 이런 트집 잡기는 무의미하다. 와인들 사이에 명확하고 확고한 차이가 있다면, 다양한 실험 설계를 통해 쉽게 차이를 감지할 수 있을 것이다. 와인의 객관적인 품질이 일반적으로 다양한 와인을 평가하는 방식과 거의 관련이 없다는 것을 입증하는 많은 문헌 자료도 있다. 예를 들어, 2018년 연구에서는 와인의 원산지처럼 맛과 무관한 요인들이 우리가 와인에 대해 얼마를 지불할 의향이 있는지에 영향을 미치는 것으로 드러났다. 연구진은 참가자들에게 아이오와산 와인이라고 밝히면 그들이 그 사실을 알기 전보다 와인을 더 낮게 평가한다는 것을 발견했다. 또 장소(멋진 레스토랑 대 주방 테이블)나 배경 음악 등 와인을 마시는 맥락도 음주 경험에 영향을 미칠 수 있다. 전문가들 역시 그런 영향에서 자유롭지 못하다. 2018년 옥스퍼드 대학교의 연구에 따르면, '와인 평가에 관해서는 경험이 풍부한 와인 시음가들도 배경 음악의 영향을 받았으며, 수년간의 와인 시음 경험이 있더라도 배경 음악이 와인의 평가에 미치는 영향이 완화되진 않았다.'

'날카롭고angular, 토스트 냄새가 나고toasty, 잡맛이 강하고foxy, 기름기가 많고fleshy, 호화롭고opulent, 쇠같이 단단하고steely, 화려하고flamboyant, 매끄럽고unctuous, 지적으로 만족스러운intellectually satisfying 맛' 등 와인업계에서 즐겨 쓰는 용어들은 종종 우스꽝스러워 보인다. 하지만 그런 말이 효과는 있다. 사람들의 와인 선호도는 와인이 어떻게 묘사되는지에 따라 조작될 수 있다. 2017년의 연구에서는 참가자들에게 동일한 와인을 와인에 대한 아무 정보가 없는 블라인드 테스트, 기본 정보가 주어진 상태의 시음, 자세한 정보가 주어진 상태의 시음 등 세 가지 조건하에 제시했다. 놀랍지 않게도 자세한 정보가 주어질 때 와인에 대한 호감도와 긍정적인 감정이 최고에 달했고, 시음 후의 구매 의향도 상당히 높아졌다. 복잡한 풍미와 오크향에 대한 풍부하고 장황한 설명에 돈이 있었던 것이다!

우리는 단순히 개인 브랜드와 자기 이미지에 어울린다는 이유만으로 어떤 것을 구매하고 좋아하고 믿을 때가 많다. 그러므로 와인 라벨의 디자인에 따라 우리의 평가가 달라지는 것도 놀라운 일은 아니다. 2019년 브리티시컬럼비아 대학교의 연구 결과에 따르면, 사람들이 와인 라벨을 좋아하고 특히 라벨의 분위기와 자신을 동일시할 때 그 와인을 즐길 가능성이 더 높은 것으로 드러났다. 만약 당신이 스스로 재미있고 약간 괴짜 같다고 생각한다면, 재미있고 괴짜 같은 라벨이 붙은 와인이 맛 좋다고 생각할 것이다.

하지만 어떤 제품의 품질에 대한 우리의 주관적인 평가에 가장 큰 영향을 미치는 것은 아마 가격일 것이다. 어떤 제품이 비싸면 우리는 그것을 더 좋아한다. 이 현상이 와인에도 적용되는지 여러 연구가 이뤄졌다. 2011년의 한 실험에서는 가격이 실제 마케팅 수단으로 이용될 수 있다는 사실이 밝혀졌다. '와인을 맛보기 전에 높은 가격을 공개하면 상당히 높은 평점이 나왔고 소비자의 경험을 형성하는 기대치에 영향을 주었다.' 2017년에 본 대학교의 연구자들은 MRI 스캔을 이용하여 와인 가격이 와인 마시는 사람들의 인식과 뇌 활동에 어떤 영향을 미치는지를 분석했다. 화면 한쪽에 가격이 깜박인 후에 소량의 와인이 튜브를 통해 참가자에게 전달되는 방식이었다. (모든 실험 참가자에게 동일한 와인을 제공했다.) 가격이 높아질수록 사람들은 그 와인에 대해 맛이 더 좋다고 평가했다. 연구자들은 보상과 관련된 뇌 부위가 더 높은 가격을 보면 더 크게 활성화되어 기대할 준비를 하는 것을 발견했다. 그리고 이 감각적 기대는 실제 생물학적 효과가 있어 와인을 더 맛있게 느끼게 해주었다. 이것을 '가격의 플라시보 효과'라고 부른다. 이 효과 덕분에 비싼 제품이 싼 제품과 거의 비슷하거나 동일한 경우에도 더 좋다고 인식된다. 이런 효과는 다소 정도의 차이는 있어도 음향 시스템, 화장품, 차, 치즈, 휴대폰, 청바지, 보드카 등 광범위한 소비자 제품에 적용된다. 심지어 내가 가장 사랑하고 자주 구입하는 음료인 커피에 대한 인식도 가격과 소비 맥락에 지대한 영향을 받는다. 커피의 가격 효과에 대한 어떤 학술 연구도 찾을 수 없었지만, 대중 매체에서 인용되는 수많은 블라인드 테스트들이 있다. 어느 커피 맛 테스트에서는 폴저스^{Folgers} 인스턴트 커피가 2위, 던킨 도너츠^{Dunkin' Donuts}가 3위를 차지했고, 몇몇 고가 브랜드가 그 뒤를 이었다. 스타벅스^{Starbucks}는 꼴찌를 기록했다. 중간 가격대인 블루보틀^{Blue Bottle} 커피가 이 테스트에서 1등을 거머쥐었다. 「투데이쇼^{Today Show}」는 고급 커피 전문점의 제품과 1달러짜리 델리 커피를 비교하는 블라인드 테스트를 실시했다. 67%의 참가자가 선호한 승자는 저가 커피였다. 2012년에 「지미 키멀 라이브^{Jimmy Kimmel Live}」에서는 길거리에서 사람들에게 값싼 델리 커피를 더 비싼 스타벅스 커피(한 잔에 7달러짜리!)라고 속여 골탕 먹였다. 커피나 와인과 같은 제품의 구매 결정에 영향을 미치는 요인은 개인 브랜드를 비롯하여 다양하겠지만, 가격은 분명 중요한 영향을 미친다. 많은 제품의 경우에 일단 가격표를 떼어내면, 차이에 대한 환상도 사라진다.

소비 맥락이 품질에 대한 인식을 어떻게 바꾸는지에 대해 내가 가장 즐겨 드는 예는 2018년 가을에 열린 기막힌 마케팅 행사다. 할인 신발업체 페이리스^{Payless}는 예전 아르마니^{Armani} 매장에 팔레시^{Palessi}라는 가짜 명품 매장을 열고 모델들을 직원으로 뽑았다. 그랜드 오프닝 행사에서 소비자들은 고급 디자이너 부티크에 와 있다고 여겼고 훌륭한 세공과 고품격 소재, 신발의 세련된 디자인을 칭찬했다. 그들은 페이리스 매장에서 20달러나 30달러에 파는 신발을 기꺼이 수백 달러에 구입하려 했다. 화려한 분위기에 취해 소비자들은 실제 제품 가격보다 수백 달러를 더 지불할 용의를 보였는데, 그 액수는 무려 1,800% 인상된 640달러까지 올라갔다!

당연히 취향과 선호는 주관적인 요소에 영향을 받는다. 우리는 늘 물건을 구매하고 소비하는 맥락에 동요되어왔고, 앞으로도 그럴 것이다. 실제로 와인과 같은 많은 상품의 경우에는 즐거움의 일부가 그 역사와 문화에서 비롯된다. 배경 스토리가 중요한 것이다. 브랜드의 유혹과 차이의 환상에서 벗어나기는 어려울 수 있다. 하지만 우리가 스스로 외적 편견에 너무도 쉽게 흔들린다는 사실을 의식하면 모종의 자유를 누리게 되고, 마케팅의 잡음에서 해방되며, 어쩌면 큰돈까지 절약할 수 있을 것이다.

고해성사 시간이 돌아왔다. 나와 아내는 주말에 긴장을 풀고 종종 TV를 몰아서 보면서 아주 차가운 텀블러로 보드카를 즐길 때가 많다. 우리는 술을 많이 마시지 않아서 한 병을 다 마시는 데 몇 달이 걸리기도 한다. 하지만 나는 수많은 블라인드 테스트를 통해 사람들이 싼 제품과 비싼 제품을 구별하지 못한다는 사실이 드러났다는 것을 잘 알면서도, 또 제품 외관의 강력한 현혹 효과를 잘 알면서도, 항상 똑같은 비싼 폴란드산 보드카를 구입한다. 왜 그럴까? 그 병이 정말 근사하기 때문이다!

어쩌면 당신은 술을 마셔야 할지 말지 궁금할 수도 있을 것이다. 술에 관한 이야기를 마치기 전에 덧붙인다. 일반 대중은 적당량의

술(하루에 한두 잔 정도)이 안전한지 또는 건강에 좋은지에 대해 상당히 오랫동안 혼란을 겪어왔다. 안타깝게도 술이 해롭거나 이롭다는 주장에 대한 선정적인 헤드라인, 이를테면 '음주에 안전한 수준이란 없다' 등의 근거가 된 연구들은 대부분 관찰연구에 불과하다. 그 결과, 우리는 건강의 관점에서 어느 정도를 이상적이거나 안전한 양으로 봐야 할지 명확하게 말할 수 없다. 우리가 아는 정보라고는 과음이 우리 몸에 정말 해롭다는 것뿐이다. 알코올은 인간이 소비하는 가장 치명적인 물질 중 하나로, 알코올로 인한 교통사고, 폭력, 질병 등으로 매년 전 세계에서 300만 명의 사망자가 발생한다. 이런 점을 고려할 때, 알코올에 대한 모든 권고는 지나친 음주가 심각한 해를 끼친다는 정보를 전제로 할 필요가 있다. 만약 당신이 술을 마신다면 적당히 마셔야 한다. 현재의 연구 결과들과 미국 질병통제예방센터 등 대부분의 공중보건 기관들은 여성에게 하루에 한 잔, 남성에게 하루에 두 잔 정도의 음주를 권장한다. '안전한 수준이란 없다'는 헤드라인을 만들어낸 2018년 〈랜싯〉의 연구를 비롯한 최근 연구들은 이 정도의 권장량도 너무 많다고 주장하기도 한다. 그래도 잘 설계된 대규모 임상시험과 같이 인과관계를 밝힐 수 있는 더 나은 연구들이 등장하기 전까지는 책임감 있고 적당한 음주는 괜찮을 것이라고 생각해도 무방할 듯하다. 하지만 와인이나 알코올음료를 건강식품으로 선언하기에는 아주 어렵겠지만 말이다.

설거지

또 다른 간단한 결정은 제발 설거지를 하라는 것이다. 그러면 당신 파트너가 매우 고마워할 것이다. 이 조언은 주로 이성 관계의 남성을 대상으로 한다. 연구에 따르면, 남성들이 조금씩 나아지고는 있지만 집안일을 분담하는 데 여전히 서툰 것이 사실이기 때문이다. 나는 이것이 모든 커플에게 좋은 충고라고 확신한다. 사실 최근의 연구들은 커플이 설거지를 공평하게 분담할수록 더 빈번하고 만족스러운 섹스로 이어진다는 것을 시사한다. 2016년 앨버타 대학교의 연구에 따르면, '남성 파트너가 집안일을 공평하게 나눈다고 보고한 커플이 당시에 더 자주 성관계를 했고, 1년 후에 각 파트너가 더 높은 성적 만족도를 보고했다.' 그리고 만약 당신이 노동의 가성비를 따진다면, 모든 집안일 중에서 가장 욕을 많이 먹는 설거지에 주력하는 것이 효과적이다. 2018년 유타 대학교의 연구는 '모든 집안일 가운데 설거지의 분담이 특히 여성의 입장에서 관계의 질에 가장 큰 영향을 미친다'고 결론지었다. 2018년에 이 주제에 대한 최신 연구를 수행한 학술단체인 미국 현대가족협의회Council for Contemporary Family 는 설거지와 관련된 데이터를 이렇게 요약했다. '대부분의 설거지를 도맡아 한다고 보고한 여성은 파트너와 설거지를 분담한다고 보고한 여성에 비해 훨씬 더 많은 관계 불화와 낮은 관계 만족도 및 성적 만족도를 보고했다.'

물론 이런 연구들은 정말 집안일의 공평한 분담에 관한 것이다. 옳은 일을 하려는 결정, 즉 귀찮은 집안일을 분담하려는 결정이 성적 쾌락을 바라는 욕심에 좌우되어서는 안 된다. 그렇기는 해도 당신이 성생활을 개선하고 싶다면 당장 수세미를 집어들 이유는 충분해 보인다.

◁)) ─────────────────────────────── 19:30

변기 시트, 올릴까 내릴까?

나는 존 해링턴John Harington이 1596년에 수세식 변기를 개발한 이래로 변기 대논쟁이 격렬해졌다고 확신한다. 주요 쟁점은 이것이다. 남성들이 소변을 본 후에 변기 시트를 내려놓아야 할까? 사무실, 식당, 학교 등의 공공장소에서 남녀 공용 화장실이 늘어나는 추세여서 이 논쟁은 더욱 거세질 전망이다. 그리고 많은 사람에게 이는 이미 꽤 뜨거운 현안이다. 예를 들어, 2014년에 노스다코타주의 한 남성은 화장실에서 변기 시트를 올려놓고 나온 그에게 불평하는 여동생을 폭행한 혐의로 체포되었다. 같은 해에 펜실베이니아주의 한 여성은 남편을 47번이나 흉기로 찔러 살해했는데, 남편이 '화장실을 사용한 후에 변기 시트를 내려놓는 것을 잊었다'는 이유였다. (물론 후자는 가짜 뉴스 웹사이트의 기사지만, 이것이 진짜처럼 느껴진다는 사실이 변기 시트를 둘러싼 논쟁이 얼마나 뜨거운지를 말해준다.)

이 분석을 시작하기에 앞서 명확히 밝히고 싶다. 나는 변기 시트에 소변을 흘리는 남자들을 이야기하는 것이 아니다. 그것이 나쁘다는 것은 안다. 내 경험으로는 남성과 변기 시트에 대한 언급 자체가 소변이 변기 시트에 튀는 데 대한 여성들의 분노를 자아내는 듯하다. 물론 이해한다. 그것은 정말 불쾌한 일이니까. 그런데 여성들도 변기 시트에 소변을 흘린다. 변기 시트에 소변을 흘리는 것은 진정 보편적이고 성별을 가리지 않는 성가신 일이다.

그리고 화장실에서 모든 남성이 모든 종류의 볼일을 앉아서 봐야 한다는 주장이 있다. 실제로 일부 국가에서는 남성들을 주저앉히려는 공식적인 움직임이 있었다. 2012년에 대만의 환경보호장관은 더 깨끗한 환경을 만들기 위해 남성들이 앉아서 볼일을 봐야 한다고 주장했다. 스웨덴의 한 정당은 남성들이 공중화장실에 서서 소변보는 행위의 불법화를 추진했는데, 이때도 역시 앉아서 볼일을 보는 것이 더 깨끗하고 위생적이라고 주장했다. 이런 움직임을 고려할 때, 앉아서 소변을 보는 남자들이 늘어나는 것은 놀라운 일이 아니다. 2018년 일본에서 진행된 조사에 따르면, 남성의 33%가 앉아서 소변보는 것을 선호하고 44%는 집에서도 앉아서 소변보는 것을 선호한다고 했다. 아마 더욱 강력한 선도자가 있을 것이다. 음, 영화배우 라이언 고슬링^{Ryan Gosling}이 앉아서 소변을 본다는 보도가 유출되었다. 만약 고슬링처럼 남자답고 유행에 민감한 인기남이 앉아서 볼일 보는 쪽을 선택한다면, 우리 모두 따라할 것이 틀림없다.

독일 법원은 2015년에 남성에게 서서 소변볼 권리(무려 권리란다!)가 있다고 판결한 소송에서 소변 예절에 대해 다른 입장을 채택했다. 이 소송을 제기한 집주인은 세입자의 소변이 튀어서 아파트 바닥이 손상됐다며 세입자가 앉아서 소변을 봐야 한다고 주장했다. 스테판 행크^{Stephan Hank} 판사는 피고에게 유리한 판결을 내리면서 잠재적으로 한 시대가 지나가는 것을 한탄하는 듯했다. 그는 판결문에

'이 영역에서 남성들의 교화가 증가하고 있기는 해도 서서 소변보는 것은 여전히 일반적인 관행이다'라고 썼다. 그리고 행크 판사는 개인적 경험에서 나온 불필요한 여담처럼 느껴지는 부분에서 이렇게 언급했다. '과거에 지배적이던 이 관행을 여전히 따르는 사람들은 수시로 특히 여성 동거인들과 심각한 분쟁에 직면한다.'

이런 흥미로운 사회정치적 변화에도 불구하고, 여기에서는 가장 순수한 형태의 변기 시트 논쟁에 초점을 맞출 것이다. 남자들이 항상 변기 시트를 내려야 한다는 논쟁을 뒷받침하는 근거 있는 주장이 있는가?

나는 화장실 변기 시트 논쟁이 정말 에티켓의 문제(시트를 내려놓는 것이 예의바른 행동이다)인지 아니면 효율성의 문제(근거에 기초한 시간 절약의 관점에서 대체로 그것이 타당하다)인지에 관해 매우 비과학적인 소셜 미디어 설문조사를 실시했다. 이런 방식으로 대중의 의견을 알려달라고 요청하자, 단 하루 만에 1,300명이 투표하고 100여 개의 댓글이 달렸다. 다수의 응답자(62%)는 이 문제는 에티켓의 문제라고 응답했다. 여기에 나는 놀랐다. 만약 이 문제가 에티켓의 문제라면 과학적 근거로 해결될 수 있는 질문이 아니기 때문이다. 오히려 남성들에게 변기 시트를 내려놓으라는 요청은 여성들을 위해 문을 열어주거나 여성들이 앉을 때 의자를 잡아주어야 한다는 요청과 비슷하다. 아주 조금 구식의 에티켓이라고 나는 생각한다.

작가 조너선 웰스Jonathan Wells의 주장대로, 보다 진보적인 접근은 원터치one-touch 원칙일 것이다. 웰스는 〈텔레그래프Telegraph〉에 '모든 사람이 화장실을 사용하는 동안 변기 시트를 한 번만 만지는 데 동의한다'고 썼다. "남자는 처음에 변기 시트를 올리고, 여자는 내린다. 감히 질문하건대, 이보다 더 공평한 타협 방안이 어디 있는가? 정말 아무도 화장실 변기 시트를 만지고 싶어 하지 않는다는 점을 감안할 때, 엄밀하게 평등만 놓고 보면 변기 시트를 올리고 내리는 책임을 분담하는 것이 가장 공정한 접근으로 보인다. 이게 모든 사람에게 예의바른 일이다."

하지만 웰스의 주장에 대한 설득력 있는 반론(즉, 근거에 기초한 주장에 한발 더 다가가게 만드는 반론)은 '당신은 이미 변기 시트를 만지고 있다'는 이론이다. 남성들이 변기 시트를 내려놓아야 한다는 주장을 열렬히 옹호했던 2015년 〈버슬Bustle〉의 기사는 남성들은 어쨌거나 변기 시트를 만져야 하는데 왜 여성들까지 만지게 하느냐고 지적했다. 남성들에게 변기 시트 위치를 조정하는 책임을 도맡게 하여 화장실 변기 시트를 만져야 하는 사람의 수를 줄일 수 있다는 것이다. 어쨌거나 모든 사람은 소변을 본 후에 손을 씻어야 한다. 그러니 이는 주로 편의성과 시간, 그리고 내 생각에는 변기 시트에 대한 혐오감의 문제이다. 그러면 자연히 효율성의 문제로 이어지게 된다.

이 문제가 에티켓의 문제가 아니라면, 어느 정도는 개인적인 비용의 문제가 된다. 변기 시트를 위아래로 움직이는 데는 시간과 노력이 들기 때문에 체계적으로 분석 가능한 정량적 문제가 된다. 그리고 믿거나 말거나, 미시간 주립대학교의 경제학 석좌교수인 제이 필 최Jay Pil Choi 박사가 이를 분석해왔다. 수학 공식과 복잡한 그래프로 가득한 2002년 논문에서 최 교수는 대부분의 상황이라면 그가 말하는 '이기적인 위치'가 효율성이 높다고 주장했다. '이기적인 위치'란 볼일을 마치면 어떤 위치든 그 상태로 변기 시트를 놔두는 것이다(기본적으로 원터치 원칙이다). 이 접근 방식은 변기 시트의 총 이동 횟수를 줄인다. 최 교수는 성별의 불균형이 크지 않은 한, 변기 시트를 내려놓는 관행은 수학적으로 설득력이 없다고 주장한다. 경제학과 조교수인 하마드 시디키Hammad Siddiqi가 2007년에 수행한 게임 이론 분석도 같은 결론에 도달했다. 그의 분석 결과, '변기 시트를 내려놓는 사회적 규범이 비효율적이었다.' 이번에도 역시 변기 시트를 움직이는 시간 비용과 불편함만 고려한 것이었다. 시디키는 파트너를 화나게 만드는 비용까지 고려하여 다시 분석을 시도했다. 이 요인까지 고려하면 누구나 다 예상했듯이 상황이 훨씬 더 복잡해진다는 것을 알아냈다. 물론 그는 설령 사회적 관행이 수학적으로 뒷받침되지 않더라도 파트너와 싸울 가치는 없다고 결론지었다.

우리가 과연 이 화장실 싸움을 끝낼 수 있을까? 실은 그렇지 않다. 순전히 과학적 근거만 따지자면, 항상 변기 시트를 내려놓아야 할 이유는 상당히 빈약하다. 하지만 이렇게 근거가 모호하다는 결론은 여전히 중요한 점을 지적한다(잠시 진정하시고!). 결국 싸움이 끝나지 않을 거란 점이다. 이 책에서 다룬 주제 가운데 이 변기 시트 논쟁만큼 내 친구와 동료들에게 엄청난 분노를 불러일으킨 것은 거의 없었다. 아이들을 학교까지 걸어가게 하라는 주장은 이에 비할 바가 아니다. 생우유도 이 정도는 아니었다. 내가 변기 시트 행동에 대해 들었던 분노에 비하면 아무것도 아니다.

결국 내 뜨뜻미지근한 결론은 누구도 만족시키지 못할 것이라고 거의 확신한다. 변기 시트 논쟁은 사실상 젠더 이슈의 대리전 양상을 띠는 듯하다. 그러므로 과학과 논리는 아마 중요하지 않을 것이다. 하지만 에티켓과 효율성 중 어느 쪽을 이야기하든 간에, 나는 이 주제가 불러일으키는 강렬한 열정을 정당화할 만큼 근거가 확실한 주장은 찾을 수 없었다.

그럼에도 불구하고 가장 합리적이고 근거에 기초한 접근법은 다음과 같다. 변기에 뚜껑이 있다면, 물을 내리기 전에 뚜껑을 닫는 것이 가장 좋은 방법이다. 그래야 변기 분무 현상을 막을 수 있기 때문이다. 그러자면 당연히 변기 시트를 내려야 한다. 그 결과 서서 볼일을 보든 앉아서 볼일을 보든 우리는 모두 볼일을 보려면 변기 뚜껑을 열어야 한다. 이렇게 되면 서서 볼일을 보는 사람들에게는 효율성의 관점에서 변기 시트를 내려놓으라고 요청하는 경우와 동일한 상황이 된다. 하지만 앉아서 볼일을 보는 사람들에게는 행동이 추가된다(항상 뚜껑을 들어올려야 하니까). 그래서 어찌 보면 이 접근법을 택하는 경우에 앉아서 볼일을 보는 사람들이 지는 셈이 된다. 이제 그들은 항상 변기 뚜껑을 움직여야 하기 때문이다. 다소 논쟁의 여지는 있지만, 변기 시트를 내리는 것보다는 뚜껑을 여는 것이 약간 더 어렵다(중력 등의 관점에서). 하지만 이런 불평등에도 불구하고 내가 설문조사에서 받은 댓글들이 어떤 시사점을 준다면, 대부분은 이 결론에 만족감을 보인다는 것이다.

그렇지만 이것으로 마침내 대대적인 화장실 변기 시트 논쟁이 종식될 수 있을까? 딱히 그럴 것 같지는 않다.

1만 보 걷기?

이 시간쯤 되면 대부분의 사람은 하루의 신체 활동을 거의 끝마친 상태다. 이제 소파가 부른다! 하지만 문득 궁금해질 수 있다. 내가 오늘 충분히 활동했나? 내가 오늘 움직여야 할 만큼 움직였나? 정확히 1만보를 걸었나?

1만 보에 마법 같은 효과는 없다. 이 목표는 널리 받아들여지고 자주 반복되지만 완전히 임의적인 수치다. 1만 보라는 수치는 1960년대에 세계 최초의 만보기를 판매하려는 일본의 마케팅 캠페인에서 유래한 것으로 보인다. 물론 하루에 더 많이 걷는 습관은 일반적으로 매우 좋다고 여겨진다. 하지만 1만 보의 기준과 관련된 연구 결과는 없다. 1만 보는 그저 눈에 띄고 쉽게 기억되는 숫자일 뿐이다.

이 걷기 목표는 공식적인 공중보건 연구 자료가 뒷받침되지 않았지만, 엄청난 문화적 영향력을 발휘하게 되었다. 활동 추적 기술 등의 모든 산업이 이 만 보 걷기 개념에 기반을 둔다. 나는 사람들을 활동적으로 만드는 요인은 무엇이든 다 좋다고 생각한다. 하지만 활동 추적기가 이런 약속을 충족시키는지는 명확하지 않다. 활동 추적기의 현실에 대한 과학적 근거는 다음과 같다.

- 부정확한 경우가 많다.
- 보통 강도를 제대로 고려하지 않는다.
- 체중 감량에 도움이 되지 않는다.
- 활동 추적기의 꾸준한 사용에 관한 근거와 운동하려는 동

기가 엇갈린다. (예컨대 2018년의 한 연구에서는 응답자의 57%가 활동 추적기를 사용하고 운동량이 감소했는데도 오히려 운동량이 증가했다고 생각하는 것으로 나타났다).

- 청소년과 같은 일부 모집단의 경우 활동 추적기를 사용하면 신체 활동이 줄어들 수 있다.
- 운동의 즐거움이 줄어들 수 있다.

마지막 문장이 핵심이다. 내 경험상으로도 확실히 그랬다. 나는 속도, 칼로리, 거리 등의 측정 기준을 신경 쓰는 일이 활동의 즐거움을 앗아간다고 느꼈다. 이상적으로, 신체 활동은 본인이 좋아하고 평생 지속할 수 있는 운동이어야 한다. 일부 사람들은 활동 추적기가 동기를 부여한다고 생각한다. 그러나 활동 추적기가 운동을 더 지루하고 따분하게 느끼게 한다는 몇 가지 근거가 있다. 즉 스트레스의 감소 등 운동의 다른 이점들이 사라질 수 있는 것이다. 듀크 대학교의 2016년 연구에서 지적했듯이, '활동 측정법은 결과에 주의를 집중시켜 즐거운 활동을 일처럼 느끼게 하고 즐거움을 감소시킨다. 그 결과, 활동을 측정하면 지속적인 활동 참여와 주관적인 행복이 줄어들 수 있다.'

결국 내 조언은 측정을 줄이고 더 즐겁게 운동하라는 것이다.

TV 몰아서 보기

토론토에 있는 내가 가장 좋아하는 커피숍 중 한 곳에는 별도의 화장실이 없다. 연결된 사무실 공간에서 함께 쓰는 화장실을 사용하려면 코드가 필요하다. 이 특이한 화장실에는 작은 칸이 딱 하나 있는데, 내가 그곳에 방문할 때마다 거의 절반 정도는(글쎄, 아마도 절반처럼 느껴지는 것이겠지만) 변기에 앉아 TV 프로그램을 보는 사람이 있다.

TV 몰아서 보기bingeing란 한 주 안에 시즌 전체를 보거나 앉은 자리에서 여러 에피소드를 연달아 시청하는 등 다양한 방식으로 정의되어 왔다. 앞의 화장실 TV씨의 행동만 보더라도 이 현상이 아주 흔한 현상이 되었다는 데 모든 사람이 동의하리라고 생각한다. 딜로이트의 연구에 따르면, 미국인의 70%가 TV를 몰아서 본다는 것을 인정했다. 현재 10대 중후반에서 20대 초중반인 사람들로 정의된 집단인 Z세대의 경우, 이 수치는 90%로 올라간다. 다른 연구에서는 TV를 몰아서 보는 사람의 비율이 이보다 더 높다. 루뱅 대학교의 2017년 연구에서는 일반인 중 80% 이상이 스스로 TV를 몰아서 보는 시청자로 분류하는 것으로 드러났다. 실제로 많은 사람이 꽤 맹렬한 속도로 TV를 본다. 넷플릭스Netflix에서 인기 프로그램 「기묘한 이야기Stranger Things」 시즌 2를 공개했을 당시, 거의 40만 명이 하루 만에 약 8시간 분량의 시즌 전체를 시청했다. 심지어 넷플릭스에는 정주행하는 슈퍼 시청자를 위한 새 메뉴인 '빈지 레이서binge racers'가 따로 있을 정도다. 이들은 TV 몰아 보기를 일종의 경쟁 스포츠로 여겨 최대한 빠르게 시리즈 전편의 시청을 끝낸다. 넷플릭스의 오리지널

시리즈를 담당하는 부사장 브라이언 라이트^{Brian Wright}는 '최초로 시리즈 시청을 끝내는 데서 오는 독특한 만족감이 있다'고 말한다. 2017년에 넷플릭스는 840만 명 이상의 회원이 적어도 한 번은 몰아 보기를 선택한 것으로 추정했다.

화장실 TV씨가 몸소 보여주듯이, TV 시청은 이제 하루 종일, 언제 어디에서나 가능하다. 나는 학생들 중 몇 명은 내 수업 시간에도 TV를 보고 있을 것으로 확신한다. 하지만 대부분은 저녁에 TV를 몰아서 본다. 미국인 1,300명 대상의 2018년 산업 조사에 따르면, 거의 50%의 사람이 지난 1년 내에 TV를 몰아 보느라 밤을 새운 적이 있다고 인정했다. 믿기 힘들게도 85%가 침대에 누워서 TV를 본다고 응답했다(스포일러 경고: 절대 그러지 말자!). 특히 이혼한 사람들이 이렇게 야밤에 시청할 가능성이 가장 높은 것으로 나타났다. 그리고 대중의 73%는 가끔씩 스트리밍 콘텐츠를 보다가 잠이 든다고 대답했다.

TV 몰아 보기의 증가 추세와 내가 보기에 사회적으로 거의 완전히 수용되는 경향에 비추어 볼 때, 연구자들이 이 현상을 탐구하는 것도 놀라운 일이 아니다. 연구 중에는 왜 TV를 몰아 보려는 충동이 생기는지에 대한 추측이 포함된다. 예를 들어, 2014년의 소규모 연구에서는 사람들이 TV 캐릭터와 밀접한 유대감을 형성하고 이런 (명백히 일방적인) 유대감이 'TV 몰아 보기 행위에 영향을 미치는 주요 요인' 중 하나임이 발견됐다. 2017년 연구에서는 응답자의 59%가 단순히 프로그램 전편을 한꺼번에 보는 것이 좋아서 TV를 몰아 본다고 말했다. 또 다른 절반은 다음에 무슨 일이 벌어질지 알아내려고 기다리는 긴장감이 싫다고 대답했다. 흥미롭게도 30%는 단지 시간을 때우기 위해 TV를 몰아 본다고 인정했는데, 이것은 우리 모두 얼마나 바쁘다고 주장하는지를 고려하면 의아한 반응이다.

그런데 이처럼 명확하지는 않아도 우리가 TV를 몰아 보게 만드는 또 다른 영향력이 존재할 수도 있다. 일부 연구자들은 우리 뇌가 TV를 계속 보도록 배선되어 있다고 주장해왔다. 우리는 그냥 다음 프로그램이 시작하는 것을 멈추지 못한다는 뜻이다. 초콜릿 칩 쿠키를 먹는 것처럼 많은 즐거운 활동이 그렇듯이, 항상 딱 하나만 더 볼 여지가 있다는 것이다. 스트리밍 서비스들도 이 점을 알고 있다. 그래서 다음 프로그램으로 넘어가기를 디폴트 행위로 설정해놓았다. 계속 보라고 유도하는 것이다. 우리는 이제 리모컨에 손을 뻗을 필요조차 없다. 다음 프로그램이 자동으로 시작된다. 그리고 프로그램들의 클리프행어cliffhanger(심리적 긴장을 조성하며 해결책을 요구하는 이야기 방식으로 끝을 맺는 경향)까지 더해지면, 우리는 계속 TV를 보고 싶은 욕구를 자제하기 힘들 수 있다.

나는 이런 TV 몰아 보기가 왜 문제가 되는지를 설명하기에 앞서, 그 심리를 완전히 이해한다고 고백해야 할 것이다. 나는 아무런 선입견도 없다. 지금은 흔히 말하듯이 텔레비전의 황금기이다. 그렇지만 TV 몰아 보기가 건강에 영향을 미친다는 연구 결과가 나오고 있다. 예를 들어, 성인 423명 대상의 2017년 연구에서는 "TV 몰아 보기 빈도의 증가가 수면의 질 저하, 피로 증가, 불면증 증상 강화 등과 상관관계가 있는" 것으로 나타났다. 연구진은 이것이 아마도 TV를 몰아 보면 밤늦게까지 깨어 있게 되는 단순한 사실 외에도 취침 직전의 몰입 경험으로 인한 인지적 각성의 증가 때문일 것으로 추측했다. 캐릭터와 이야기에 강렬하게 몰입하면 긴장을 풀고 수면 모드로 전환하기가 더욱 힘들어진다는 의미다. 이미 앞에서 이야기했듯이, 우리는 대부분 수면 시간이 부족하므로, 우리의 수면 시간을 빼앗는 어떤 트렌드도 전적으로 긍정적이라고는 볼 수 없다.

또한 TV 몰아 보기는 건강에 좋지 않은 간식 먹기, 충분한 과일과 야채 섭취 부족, 패스트푸드 소비 증가, (전혀 놀랍지 않게도) 너무 오래 앉아 있는 행위 등 다양한 나쁜 생활 습관들과 관련이 있다. 브리검 영 대학교의 2017년 연구에서는 초기 성인 500명을 무작위로 표본 추출한 결과, TV 몰아 보기가 일반적으로 이런 바람직하지 않은 행동과 상관관계가 있는 것으로 나타났다. TV를 몰아 보는 사람들 중에 85%는 과일과 채소를 하루에 한 번도 먹지 않았고, 88%는 일주일에 한 번 이상 외식을 했으며, 신체 활동 권장량을 충족시키는 사람은 50% 미만이었다. 그리고 미국 대학생 대상의 2017년 조사는 TV 몰아 보기가 학업에 소홀해지는 주요 원인이 될 수 있음을 시사했다. 응답자의 63%가 TV 몰아 보기를 학업의 장애물로 꼽았던 것이다.

TV 몰아 보기가 혈액 응고의 위험을 증가시킬 수 있다는 우려도 있다. 미네소타 대학교에서 24년 동안 1만 5,000명이 넘는 사람들을 추적 조사한 결과(2018년에 발표), 과도한 TV 시청이 "단독으로 VTE의 위험 증가와 상관관계가 있는" 것으로 드러났다. VTE는 정맥 혈전 색전증이라고 하며, 조직 깊숙한 곳에 혈전이 있는 심부 정맥 혈전증이라고도 한다. 연구진은 매일 신체 활동 권장량을 채우는 사람들조차 이런 위험에 직면해 있다고 밝혔다. 2017년에 발표된 또 다른 연구는 TV 시청이 알츠하이머병, 제2형 당뇨병, 신장병 등 다양한 염증 질환의 위험 증가와 관련이 있다고 제안했다(다시 한 번 강조하건대, 이것은 상관관계가 발견되었다는 의미일 뿐이다).

TV 몰아 보기는 정신 건강에 대한 우려와도 연관된다. 예를 들어, TV 몰아 보기는 외로움이나 우울증과도 관련이 있다. 성인 400여 명 대상의 2015년 연구에서는 TV를 자주 몰아 보는 사람들이 "TV 시청 시간이 적은 사람들보다 더 우울하고 불안함을 느끼는 것으로 나타났다." 그리고 영국의 2018년 연구에서는 응답자 2,000명 중 절반 이상이 "TV 시리즈가 끝나갈 무렵에 정신 건강 문제를 경험한 적이 있다고 인정했다."

TV 몰아 보기가 정신 건강에 미치는 영향은 TV를 보는 방식과도 관련될 수 있다. 영국의 2018년 연구에서는 응답자의 대부분(75.8%)이 TV를 혼자 시청하는 것으로 나타났다. 함께 사는 커플도 보통 TV는 혼자서 본다는 말이다. 이 말은 정말 슬프게 들린다. 2016년 네덜란드의 연구에서도 TV 몰아 보기가 혼자서 하는 활동으로 밝혀졌다. 스트리밍의 유연성도 혼자서 TV를 몰아 보는 행위를 부추기는 측면이 있다. 스트리밍 덕분에 우리는 더 이상 특정 시간에 특정 프로그램을 보기 위해 다른 사람과 조율할 필요가 없다. 그 결과 스트리밍 플랫폼은 더 심한 고립을 초래할 수 있다. 스트리밍 플랫폼 시청은 심지어 구식 TV 시청보다도 공동의 활동과는 더 거리가 멀다.

오락성, 이해력, 여유로운 감상 등의 관점에서도 TV 몰아 보기가 가장 좋은 방법인지 생각해볼 가치가 있다. 대부분은 TV 몰아 보기를 즐긴다고 말하기 때문에 오락성은 분명 사람들이 TV를 몰아 보는 이유 중 하나다. 그리고 앞에서 말했듯이 일부는 최대한 빨리 한 시즌의 전편을 시청하는 만족감을 즐긴다. 전 세계의 대다수 사람보다 시즌 전체를 빨리 시청해버리면 일종의 성취감을 느낄 수 있다. 또한 스포일러에 노출되지 않으면서 오히려 스포일러를 퍼뜨릴 여지가 생긴다. 하지만 일부 연구는 TV 몰아 보기가 오히려 TV를 시청하는 경험의 질을 떨어뜨릴 수 있다고 주장한다. 멜버른 대학교의 2017년 연구에서는 참가자들을 일주일에 한 에피소드를 보는 그룹, 매일 한 에피소드를 보는 그룹, 한 번에 전체 에피소드를 몰아 보는 그룹에 무작위로 배정하여 TV 프로그램을 시청하게 했다. 그 결과 사람들은 매일 한 에피소드를 보는 방식에서 가장 큰 즐거움을 얻었고, 한꺼번에 전편을 몰아 보는 방식에서 가장 적은 즐거움을 얻었다. 또 TV를 몰아 보는 그룹은 기억력과 이해력 수준도 최악이었다 (즉, 그들은 TV 프로그램에 관한 기억력과 이해력을 테스트하는 질문에서 가장 나쁜 성과를 보였다). 정말로 TV 프로그램을 최대한 즐기고 싶다면, TV 몰아 보기는 최선의 선택이 아닐 수 있다.

　TV 몰아 보기에 관한 결론을 내리기 전에 몇 가지 중요한 경고 사항이 있다. 지금까지 이 책을 읽어왔다면 아마 어떤 내용인지 짐작할 것이다. 첫째, TV 몰아 보기의 폐해에 대한 연구는 전혀 결정적이지 않다. 대부분의 연구가 탐색적 조사로 분류할 수 있다. 이 주제는 비교적 새로운 연구 분야다. 지금까지 축적된 대부분의 자료, 특히 부작용에 관한 자료는 대부분 상관관계 연구다. 비록 일관된 근거들이 나타나기 시작했지만, 앞에서 언급한 위험을 과잉 해석해서는 안 된다. 일례로, 우리는 외롭고 우울한 사람들이 TV 몰아 보기에 이끌릴 가능성이 높은 것인지, 아니면 TV 몰아 보기가 외로움과 우울증을 부추기는 것인지 알지 못한다. 양자가 조합된 상태일 수도 있다. 2018년에 발표된 한 연구에서는 주로 오락 목적으로 TV를 시청하는 사람들이 시간을 때우려는 사람들과는 반대로 TV를 몰아 보는 경우가 적다는 것을 발견했다. 다시 말해, TV 시청의 가장 생산적인 이유로 꼽힐 만한 프로그램의 즐거움 때문에 TV를 보는 사람들은 이미 가장 책임감 있는 방식으로 TV 프로그램을 즐기고 있다는 것이다. 이는 TV 몰아 보기 행동과 건강한 결과 사이의 인과적 연결이 얼마나 복잡해질 수 있는지를 보여준다.

둘째, 인간이 거의 모든 새로운 매체에서 유해성을 발견하는 경향이 있음을 기억할 필요가 있다. 소크라테스는 글쓰기를 좋아하지 않았다. 글쓰기가 "학습자의 영혼에 건망증을 유발한다. 또 학습자가 기억력을 사용하지 않게 된다. 결국 외부에 적힌 글자에 의존하여 스스로 기억하지 않게 될 것"이라는 이유였다. 인쇄술에 대해서도 우리의 명료한 사고력을 저하시킬 것이라는 우려의 목소리가 있었다. 역사학자 로이 포터Roy Porter가 지적한 대로 "구텐베르크Gutenberg 이후 인쇄술의 위험성에 대한 많은 의구심"이 있었다. 1565년에 과학자 콘래드 게스너Conrad Gessner는 인쇄술이 정보 과부하를 초래하여 대중이 '혼란스럽고 유해하다'고 느끼게 될 것으로 예상했다. 18세기와 19세기에는 여성들이 현실과 소설에서 묘사되는 생생한 세계의 차이를 구분하지 못할 것이라는 우려가 있었다.

라디오, 만화책, 영화, 구식 TV, 비디오 게임, 인터넷에 대해서도 비슷한 의혹이 제기되었다. 이런 모든 기술이 우리 사회를 변화시켰지만, 그 해악은 거의 항상 과대평가되거나 적어도 지나치게 단순화되었다. 따라서 새로운 미디어 기술이 우리의 정신적, 육체적 행복을 파괴할 것이라는 주장을 들을 때마다 이 사실을 기억해야 한다. 어느 정도의 우려는 타당하겠지만, 건강한 수준의 비판적 사고를 통해 지나친 우려는 피해야 한다.

만약 화장실 TV씨가 화장실에서 톨스토이를 읽고 있었다면 내가 그를 다르게 판단했을까? 아마 그랬을 것이다. 만약 그가 메트로폴리탄 오페라 하우스에서 4일 밤 동안 펼쳐지는 바그너의 15시간짜리 오페라 『니벨룽의 반지Ring Cycle』를 한꺼번에 몰아서 듣고 있었다면 어떠했을까?

TV 몰아 보기는 놀라울 만큼 단기간에 문화적 규범으로 정착했다. 우리 주변에 TV를 몰아 보는 사람이 얼마나 많은가. 그러니 TV 몰아 보기가 사회적, 신체적, 정신적 건강에 미치는 영향을 고려하는 것은 전적으로 타당하다. 게다가 수면 부족과 너무 오래 앉아 있는 생활 방식은 이미 잘 알려진 공중보건 문제다. 상식적으로 보나 최근의 근거들로 보나 TV 몰아 보기는 이런 상황을 더 악화시키거나 나아지지 않게 한다. 현재 이 트렌드의 심리적 영향은 주로 추측에 근거한다. 하지만 연구 결과들에 시사점이 있다.

스탠 커처Stan Kutcher 박사는 달하우지 대학교 정신의학과 교수였고 지금은 청소년 정신 건강 분야의 유명한 전문가다. 그는 이렇게 말한다. "과학은 과도한 TV 시청과 신체 및 정신 건강 사이의 복잡한 관계를 이제 막 연구하기 시작했기에 무척 조심스럽습니다. 하지만 과도한 TV 시청이 정서 조절(즉, 정서적 상황에 대응하는 방법)의 어려움 같은 일부 부정적인 결과를 직접적으로 초래하거나 친구와 가족과 함께 보내는 시간, 운동 등 신체 및 정신 건강을 증진시키는 다른 활동을 대체함으로써 간접적으로 부정적인 결과를 초래하는 것으로 보입니다."

커처 박사는 TV 몰아 보기가 어떻게 다른 활동을 대체하는지를 핵심으로 지적한다. 그래서 TV 몰아 보기의 많은 폐해가 이 문제와 연관된다. 따라서 TV 몰아 보기에 관해서는 앞으로 권장해야 할 방향은 매우 명백하다. 적당한 수준의 절제다. 우리는 너무 심각하게만 받아들일 게 아니라 건강한 TV 시청 전략을 찾아야 할 필요가 있다.

커처는 "어느 정도의 TV 시청이 너무 과한지는 사람마다 다를 수 있다"고 말했다. "반드시 짚어봐야 할 핵심적인 질문은 내가 TV와 다른 스크린을 들여다보는 시간이 나의 신체 및 정신 건강을 어떻게 증진하거나 손상시키는가 하는 겁니다. 이 질문에 솔직하게 대답해 보면 현재 당신의 행동이 어떻게 바뀌어야 할지를 결정하는 데 도움이 될 것입니다."

하지만 「왕좌의 게임Game of Thrones」다음 에피소드에서 무슨 일이 벌어질지 궁금해 죽겠는데 더 많은 수면, 운동, 공부, 가족 시간의 필요성에 대해 합리적인 결정을 내리기란 쉽지 않다. 우리에게 필요한 것은 건강한 균형을 잡는 데 도움이 되는 전략이다.

2017년에 미국 수면의학회American Academy of Sleep Medicine를 비롯한 많은 전문가가 TV 몰아 보기에 관한 성명서에서 과도한 TV 시청을 최소화하는 실용적인 방법을 제시했다. 그중에는 사전에 TV를 시청할 시간을 정해놓고 그 결정을 지키려고 최선을 다하기, 각 프로그램이 끝날 때마다 잠시 휴식을 취하면서 '자동 재생' 모드에서 벗어나기, 손에 땀을 쥐는 결말 때문에 도저히 참기 힘들더라도 일정한 취침 시간 지키기, 침대 위에서 스트리밍 또는 기타 모바일 기기를 절대 사용하지 않기 등이 있다. TV를 보면서 건강에 안 좋은 과자를 먹지 않기 위해 과일과 야채 같은 몸에 좋은 간식을 준비하자. 그리고 TV 시청을 보다 공동의 활동으로 만들기 위해 친구, 가족, 연인과 함께 시청하는 방법을 고려하자(요즘 유행하는 '넷플릭스 앤드 칠Netflix & Chill' 활동에서 'Chill[TV 앞에서 같이 느긋한 시간을 보내는 일-옮긴이]' 부분에 더 방점을 두자).

그리고 당연히 우리 모두 몸을 움직이기 위해 최선을 다해야 한다. 적어도 한 에피소드가 끝나면 한 번씩 규칙적으로 일어나서 움직이자. 더 좋은 것은 운동하는 동안 스트리밍을 보는 것이다. 한 에피소드를 앉거나 누워서 봤다면, 50:50 규칙에 따라 다음 에피소드는 반드시 운동을 하면서 보도록 하자.

기억하자. 이런 전략을 사용하면 TV 프로그램을 더 즐기는 데 도움이 된다는 연구 결과도 있다. 이러면 최근 유행하는 정주행족이나 열혈팬은 되지 못해도 TV 시청 경험에 대해 더 긍정적이고 오래 지속되는 기억을 갖게 될 것이다.

22:00

다시 휴대폰 확인

하지 마라. 괜히 스트레스를 받지 않도록 휴대폰을 치워놓자. 우리는 긴장을 풀어야 한다. 이메일, 문자 메시지, 소셜 미디어, 뉴스 피드도 보지 말자. 다음날 아침에 화장실에 앉아서 봐도 요즈음 벌어지는 정치적 실책은 다 알 수 있다.

머리 감기

"얼마나 자주 머리를 감아야 하는가?"는 2017년에 캐나다 구글의 'how' 검색에서 8번째로 인기가 높은 질문이었다. 확실히 사람들은 모발 관리에 자신이 없다. 모발 관리는 거의 매일 손이 가는 번거로운 일이다. 또한 수십억 달러 규모의 거대 산업이기도 하다. 그래서 사람들은 이 결정에 대해 정보를 제공하는 많은 연구 결과가 있을 것이라고 믿는다. 하지만 나는 가치 있는 정보를 거의 찾지 못했다. 업계 종사자들(그들을 '빅샴푸 집단'이라고 부르겠다)이 제기한 의견은 많지만, 실질적인 데이터는 거의 없다. 샴푸가 모발의 코르티솔 수준에 미치는 영향(궁금할까 봐 말하자면 별로 영향을 미치지 않는다)이나 대마초 샴푸(이런 게 있다고?)가 대마초 양성 반응을 일으킬 수 있는지(그럴 수 있다고 한다)에 대한 연구 정도가 있다. 게다가 빅샴푸 집단의 후원을 받은 많은 리뷰 기사가 아무런 과학적, 임상적 근거도 없이 머리 감는 빈도에 대한 애매한 조언을 쏟아낸다.

그런데도 모발 관리업계는 마치 과학에 정통한 듯이 샴푸를 선보이고 있다. 샴푸 광고에서는 프로틴(단백질), 너리쉬먼트(영양), 퓨리파잉(정화), 안티레지듀(잔여물 제거) 등 과학적으로 들리는 용어를 사용하고, 종종 분자, 이중나선, 화학 방정식 등의 이미지까지 동원하여 과학적 근거가 있는 제품 같은 인상을 전달한다. 여기에 속지 말자. 이는 근거가 없는 영역이다. 상당수의 사람들이 이 사실을 안다. 2018년 설문조사에 따르면, 소비자의 69%가 모발 관리 광고의 호도 가능성을 알고 있었고, 82%가 이런 광고를 허용해서는 안 된다고 생각했다. 실제로 오랫동안 이런 광고들은 광고 속 허위 사실에 대해 정부 감시단체의 지적을 당해왔다. (예컨대 한 마케팅 캠페인처럼 특정 샴푸를 한 번만 써도 모발이 10배 이상 강해진다고 광고해서는 안 된다.) 우리 스스로도 그럴싸해 보일 뿐 아무런 과학적 근거가 없는 모발 관리 광고들을 주의해야 한다는 것을 상기할 필요가 있다.

연구 기반은 매우 약하기에 조심스럽지만, 내 생각에 두 가지는 안전하게 주장할 수 있을 듯하다. 첫째, 우리는 머리를 너무 자주 감고 있을지 모른다. 설문조사에 따르면, 60%가 넘는 사람들이 머리를 매일 감거나 거의 매일 감는다고 한다. 그러지 말자. 헤어스타일과 머리 감는 이유에 따라 차이는 있겠지만(만약 탄광에서 일한다면 자주 머리 감고 싶은 욕구가 생길 것이다), 대부분은 매일 머리를 감을 필요가 없다. 실제로 듀크 대학교의 피부과학 교수가 샴푸에 관한 몇 안 되는 학술 논문 중 하나에서 지적하듯이, "머리 감기는 사실 모발 조직에 이롭기보다는 해로운 측면이 더 크다." 대부분은 일주일에 두세 번만 머리를 감아도 충분할 것이다. 그래도 당신의 머리가 끔찍해 보이진 않을 것이다. 오히려 덜 건조해 보이고 윤기가 흐를 수도 있다.

둘째, 우리는 고급 샴푸를 살 필요가 없다. 정말 놀랍게도 한 병에 수백 달러씩 하는 비싼 고급 제품들이 시판된다. 작고 근사한 용기에 담긴 텐 보스Ten Voss라는 제품은 한 병에 무려 300달러다. 그렇다고 이 제품이 구멍가게의 5달러짜리 샴푸보다 더 나을까? 아마 그렇지 않을 것이다. 모든 샴푸에는 기본적으로 같은 물질이 들어 있다. 먼지와 기름을 제거하는 세제, 비누 거품을 내는 거품제 그리고 샴푸에 특별한 향과 색, 느낌을 더하지만 샴푸 효과와는 거의 상관없는 몇 가지 다른 물질.

2017년에 허더즈필드 대학교 약학과의 로라 워터스Laura Waters 박사는 대학원생을 대상으로 가벼운 실험을 했다. 연구팀은 가격대가 천차만별인 다양한 샴푸로 학생들의 머리를 감긴 후 현미경으로 모발을 관찰했고, 샴푸 가격과 모발의 두께, 결, 모양에 상관없이 모든 샴푸의 세척 효과가 동일하다는 것을 발견했다. 워터스 박사는 사람들이 특정 브랜드를 즐긴다면 굳이 바꿀 이유는 없다고 언급했다. "하지만 만약 당신이 깨끗한 머리만 원한다면 샴푸 가격은 중요하지 않습니다. 그러니 저가 제품으로 바꾸는 편이 장기적으로 돈을 절약할 수 있을 것입니다."

헤어 제품의 임의적인 가격 책정을 보여주는 흥미로운 이야기가 하나 있다. 여성은 본질적으로는 똑같은 제품에 대해 남성보다 더 많은 돈을 지불한다. 이런 현실은 '핑크 택스Pink Tax'라 불리는 광범위한 제품 가격결정 현상의 일환이다. 뉴욕시 소비자보호위원회 Department of Consumer Affairs의 한 연구에서는 다양한 소비자 제품을 조사한 결과, 성별에 따른 가격 격차가 상당하다는 것을 발견했다. 일례로 여성용 샴푸는 남성용 샴푸보다 48% 더 비싸다. 여성용 샴푸는 향과 병이 남성용 제품과 다르겠지만, 그게 정말 그렇게 가격을 높일 만한 가치가 있을까?

치실 사용

치과에서 흔히 벌어지는 대화는 이렇다. 치위생사가 우리에게 치실을 잘 사용하고 있느냐고 묻는다. 그럼 우리는 "물론이죠"라고 거짓말을 한다. 우리가 이렇게 대답하는 것은 수십 년 동안 치실 사용이 구강 건강에 필수적이라는 말을 들어왔기 때문이다. 훌륭한 사람은 치실을 사용한다. 우리는 치과 의사, 치과 협회, 학교, 수십억 달러 규모의 치실 산업, 심지어 정부로부터도 이 말을 듣는다. 예를 들어, 내가 사는 주에서는 앨버타 헬스^{Alberta Health}가 웹사이트를 통해 기본적인 치과 치료의 일환으로 "하루에 적어도 한 번은 치실을 사용하세요"라고 말한다.

진실은 이렇다. 대부분이 치실질을 정말 못하고 자주 하지도 않는다. 그리고 솔직히 말하면, 앞으로도 절대 하지 않을 것이다. 우리의 행동을 변화시키기란 대단히 어렵다. 특히 구강 건강에 관한 행동은 더욱 그렇다. 미국인 8,000명 이상을 대상으로 한 2018년 설문조사에서는 불과 32%만이 매일 치실질을 하는 것으로 나타났다. 하지만 이것도 자기보고식 자료니까, 내 추측으로는 객관적으로 평가하면 이 수치가 훨씬 더 낮아질 것 같다. 실제로 미국인 대상의 2017년 설문조사에서는 매일 치실질을 하는 사람들의 비율이 겨우 16%를 기록했다! 그리고 미국 치주학회^{American Academy of Periodontology}의 2015년 연구에 따르면, 27%가 치실질에 대해 치과 의사에게 거짓말을 한다고 인정했다. 또 36%가 치실질을 너무 싫어해서 차라리 화장실 청소 같은 불쾌한 일을 더 선호한다고도 했다. 일부 사람들은 심지어 못으로 칠판 긁는 소리를 듣는 편이 더 낫다고 응답했다.

그런데 더욱 충격적인 사실은 치실질에 관한 연구 결과가 전혀 결정적이지 않다는 것이다. 우리가 모두 규칙적으로 치실질을 해야 한다는 주장을 지지할 만한 과학적 근거는 거의 없다. 로버트 웨이언트 교수는 "치실이 건강에 유익하다는 근거는 매우 빈약합니다. 만약 치실질을 제대로, 매우 꾸준히 한다면 치은염(흔한 잇몸 질환)에 약간의 영향은 줄 수도 있겠죠"라고 말한다. 웨이언트 교수는 우리가 이 가상의 하루를 시작하며 양치질할 때 만났던 피츠버그 대학교의 치과 교수다. 치실질에 대한 그의 시큰둥한 반응은 권위 있는 비영리단체 코크란 연합Cochrane Collaboration에서 발표한 2011년 체계적인 문헌 고찰 같은 연구 결과에 근거한다. 치실질이 약간의 치석 감소와 관련 있다는 약하고 '매우 신뢰하기 힘든' 연구 결과가 1건 있을 뿐, 치실질이 충치 예방에 도움이 된다는 신뢰할 만한 근거는 없었던 것이다. 이 결론은 2015년에 마무리된 또 다른 문헌 고찰 결과와도 일치한다. 이 연구에서는 "현재까지 진행된 연구들이 일반적으로 치실질이 치석 제거에 효과적이라는 것을 입증하는 데 실패했다"는 사실이 발견됐다. 이처럼 연구가 너무 불충분하게 느껴지다 보니, 미국 정부는 1979년부터 치실질을 포함시켰던 공식 '식생활 지침Dietary Guidelines'에서 2015년부터는 치실질을 삭제했을 정도다.

이런 포괄적인 학술적 검토와 이를 둘러싼 언론의 관심, 치과업계 종사자들이 '치실게이트flossgate'라 부르는 논쟁 이후, 일부 연구에서 치실질과 구강 건강 개선 사이의 상관관계가 드러나긴 했다. 하지만 이 책에서 여러 번 살펴보았듯이 상관관계는 인과관계가 아니다. 치실질을 하는 사람들은 전반적으로 자신의 건강을 더 잘 돌볼 가능성이 높은 것이다. 실제로 미국인 8,000명 대상의 2018년 설문 조사에서는 흡연자들이 비흡연자들보다 치실질을 적게 하는 것으로 나타났다. 또한 '최고 소득층 성인이 최저 소득층에 비해 매일 치실을 사용할 확률이 더 높았다.' 치실과 무관하게 소득과 흡연만으로도 구강 건강의 많은 차이를 설명할 수 있다.

또 사람들이 치실질을 더 잘하게 되면 치실질을 지지하는 근거가 더 늘어날 것이라는 주장도 제기된다. (이것은 마치 사람들이 과일과 채소를 더 많이 먹으면 앞으로 과일과 채소를 더 많이 먹게 될 것이라는 주장과도 비슷하다.) 예를 들어, 2017년에 〈근거 기반 치과 진료 저널Journal of Evidence-Based Dental Practice〉에 게재된 '치실에 대한 변론In Defense of Flossing' 이란 제목의 논문은 개인의 수요에 따라 맞춤형 치실 사용법을 알려주는 등 의사소통 전략을 개선하면 사람들이 치실질을 더 많이, 더 잘하게 되어 구강 건강 문제도 자연히 감소할 것이라고 주장했다. 하지만 이런 권고안에는 두 가지 어려움이 있다. 첫째, 전체 인구를 대상으로 지속 가능한 행동 변화를 일으키기란 정말 힘들다. 특히 많은 사람에게 화장실 청소보다 더 매력이 없는 일이라면 말할 것도 없다. 둘째, 우리는 여전히 치실질을 더 많이, 더 잘하면 정말 건강에 이로운 결과를 얻게 되는지를 알지 못한다.

웨이언트 박사는 "치실질은 항상 정확하게 해야만 가능한 효과를 얻을 수 있습니다. 하지만 대부분은 치실질을 제대로 하지 못합니다. 그래서 그만두지요"라고 말했다. 그는 치실과 관련된 온갖 헛된 노력에 다소 좌절한 듯했다. "치실질을 제대로 하는 사람은 극소

수예요. 치실질도 기술이 필요하니까요." 충치 감소 효과를 발견한 일부 연구에서는 치실을 사용하는 참가자들이 치위생사 같은 전문가들이었다. 일반인들이 전문가처럼 요령 있고 성실하게 치실을 사용하기란 거의 불가능하다. 2016년에 한 치과 의사가 〈가디언〉에 썼듯이, '심지어 잘 통제된 연구에서도, 실험에 참여한 환자들은 교육 후에 제대로 치실을 사용하지 못했다.' (혹시 궁금한 사람이 있을까 봐 치실질을 제대로 하는 대략적인 지침을 소개한다. 치실로 치아 사이를 부드럽게 오르내리며, 잇몸선 아래까지 내려가는 것을 포함하여 각 치아의 밑부분 주위로 부드럽게 치실을 구부리자. 치실을 치아에 대고 각 치아의 옆면을 문지르자. 각 치아에 치실의 깨끗한 부분을 사용하고, 절대로 잇몸에 치실을 끼우지는 말자.)

　일부 치과 단체는 뒷받침하는 근거가 부족하다는 연구 결과들에 마지못해 동의하면서도 여전히 역설적으로 근거가 있다고 주장한다. 온타리오 치과 협회Ontario Dental Association는 〈당신의 구강 건강Your Oral Health〉이라는 문서를 발표했다. 여기에서 그들은 치실질의 근거가 '여전히 신뢰할 수 없다고 여겨진다'고 언급하지만, 바로 다음 단락에서 치실질을 계속 권장한다. 이런 결론을 뒷받침하기 위해 그들은 일화적인 임상 보고서에 의존한다("임상 현장에서 우리는 치실질이 효과적이라는 증거를 매일같이 확인한다"라는 한 치과 의사의 말이 근거로 인용되었다). 이는 당연히 건강관리에 대한 근거 기반 접근법에서는 피해야 할 일이다. 좋은 과학적 연구는 이런 종류의 증언 사용에 내재된 편견을 타파하기 위해 필요한 것이다.

　미국치과의사협회American Dental Association는 현재 치실질을 지지하는 신뢰할 만한 근거가 부족하다는 것을 명백히 인정한다. 그러면서도 여전히 치실에 대한 미련을 버리지 못하고 있다. 2016년에 이 단체는 필사적인 동시에 미온적인 태도로 치실질을 지지했다. '평균적인 효과는 작고 근거의 질은 매우 낮다(실제 평균적인 효과는 더 높거나 더 낮을 수 있다는 의미). 하지만 미국인의 절반이 치주 질환을 앓는다는 추정치를 감안하면, 작은 효과라도 도움이 될 것이다.'

치실질의 가치를 명확히 판단하는 데 필요한 데이터를 구하는 것은 어렵다. 대규모 임상실험은 진행하기도 쉽지 않고 비용도 많이 든다. 또 치실질이 도움이 된다는 주장은 확실한 임상적 증거는 없어도 어느 정도 생물학적 타당성을 지닌다. 치아 사이의 공간에 음식물 찌꺼기가 남아 있는 것이 좋을 리는 없으니까. 내가 알기로 치실질은 큰 단점이 없고 비용이 적게 드는 개입이다. 게다가 우리의 치아가 더 좋게 느껴지게 만들 수도 있다. 그러니 치실질을 하고 싶다면 얼마든지 하라. 치실질을 열심히 잘한다면, 작은 효과가 있을 것이다. (하지만 열심히 잘하지 못한다면, 효과를 보기 힘들다.)

나는 치실질이 효과가 없는 것으로 밝혀졌다는 일괄적인 주장에 반박하기 위해 이런 사실을 지적하는 것이 치과업계에 공정하다고 생각한다. 치실질의 효과는 아직 입증된 바가 없기 때문이다. 그래도 나는 여전히 치실의 가치에 대해 회의적이다. 기존 연구의 한계를 감안하더라도, 정말로 치실이 효과적이고 치아 건강에 정말 필수적이라면 장점이 분명히 밝혀졌을 것이기 때문이다.

치실질의 낮은 효과는 전반적으로 치과 위생의 낮은 효과의 맥락에서 고려되어야 한다. 지난 수십 년간 치과 치료에 대대적인 투자가 이뤄졌음에도, 2015년 연구에서 '1990년부터 2010년까지 세계적으로 연령에 따라 표준화된 유병률과 충치 발생률이 거의 변하지 않았다'는 것이 발견됐다. 치실질과 다른 치과 위생 방법을 그렇게 홍보했는데도 전혀 도움이 되지 않았던 것이다. 이 말이 충격적인 결론으로 들리는가. 이어 소개할 2018년에 진행된 체계적인 대규모 문헌 고찰을 보고 생각해보라. 워싱턴 대학교와 하버드 대학교의 연구팀은 모든 형태의 개인 구강 위생(다양한 치실 도구를 사용하거나 사용하지 않고 이를 닦는 행위로 정의)이 충치 감소에 미치는 영향을 살펴보기 위해 구할 수 있는 모든 통제 실험을 조사했다. 그리고 연구 참가자 약 750명의 정보를 포함했다. 그 결과 '충치 발생을 줄이는 측면에서 보면, 불소 없이 위생을 유지하려고 할 때는 효과를 나타내지 못했다'고 밝혔다. 결국 충치 예방을 위해서는 우리의 치아에 불소를 전달하는 것이 핵심이라 할 수 있다. 이 결론을 고려하여, 우리는 신뢰할 만한 근거가 없는 메시지에 더 이상 연연하지 말고, 명확한 근거로 뒷받침되는 개입에 제한된 자원과 에너지를 투입해야 한다.

치실질 이야기를 마치고 침대로 뛰어들기 전에 마지막으로 조언을 하나만 하겠다. 이왕 치실질을 하려면 양치질 전에 하자. 2018년 연구에 따르면, 이 순서대로 해야 치아 사이에 불소 농도가 증가한다. 양치질 후에 치실을 사용한다면, 충치를 막는 불소를 제거해버릴 수도 있다. 나는 이 결론을 우리가 구강 건강 습관에서 얻는 효과는 대부분 치실질이나 칫솔질이 아니라 불소에서 나온다는 또 하나의 근거로 받아들이고 싶다.

섹스

당연히 하라. 커플이든 솔로든 상관없다.

섹스는 건강에 좋고, 재미있고, 편안하고, 거의 항상 좋은 결정이다(법적으로 성관계에 동의할 수 있는 성인에 해당한다면 말이다). 섹스와 섹스에 대한 긍정적인 태도는 우리의 관계와 전반적인 행복에 좋다. 이와 동시에 섹스는 경쟁이 아니다. 우리는 다른 커플과 경쟁하는 것도 아니고, 왜곡된 대중문화나 포르노에서 묘사하는 섹스와 경쟁하는 것도 아니다. 빈도나 다양한 체위를 과시한다고 점수를 얻는 것도 아니다.

그런데도 많은 사람이 이런 점을 걱정한다. 우리는 다른 사람들이 실제보다 훨씬 더 자주 섹스를 한다고 생각한다. 2018년에 미국과 영국 성인 대상의 설문조사에서 남성은 다른 남성들이 실제보다 4배 더 자주 섹스를 한다고 추측했다. 여성의 예측은 그보다 더 정확했다. 그래도 여전히 다른 여성들이 실제보다 2배 더 자주 섹스를 한다고 추측했다. 다른 사람들은 다 어떤 엄청난 난교 클럽에 초대받았는데 본인만 초대장을 못 받았다고 믿는 사람들이 많은 것 같다.

유감스럽게도 이런 오해는 문제가 된다. 우리는 남들이 하고 있다고 믿는 바와 자신을 비교함으로써 자신의 성적 만족감을 해석한다. 예를 들어, 2014년 연구에서는 일반적으로 우리의 성관계 횟수가 우리의 행복과 정적 상관관계가 있지만, 우리가 생각하는 다른 사람들의 성관계 횟수는 우리의 행복과 부적 상관관계가 있는 것으로 드러났다. 다시 말해, 우리는 친구나 이웃들이 우리보다 더 자주 섹스를 한다고 생각하면 기분이 좋지 않다.

우리는 이 승산 없는 사회적 비교 게임을 멈추어야 한다. 적어도 커플에게 적당한 섹스 횟수란 그들이 행복하고 친밀하고 만족한다고 느끼는 수준이다. 두 사람에게 알맞은 수준인 것이다. 그리고 섹스 빈도가 높다고 항상 좋은 것은 아니다. 비록 섹스 빈도가 커플의 관계 만족도와 상관관계가 있다는 결과가 지속적인 연구로 입증되고 있지만(섹스를 자주 하는 것이 좋은 관계의 지표가 될 수 있다는 사실을 비롯해 이런 상관관계 연구가 많이 진행 중이다), 섹스 빈도가 일주일에 한 번을 넘어가면 행복에는 아무런 차이가 없다고 한다. 2015년의 연구에서는 커플 그룹을 무작위로 선정하여 섹스 빈도를 2배로 늘리게 했다. 그 결과 섹스를 2배로 늘린 커플들은 더 많은 행복을 느끼지 않았고, 오히려 섹스에 대한 즐거움이 감소한 것으로 나타났다. 연구진은 커플들이 섹스를 더 자주 하면서(심지어 과학의 명분으로!) 자발적이고 내재적인 친밀감의 동기가 줄어든 것을 그 원인으로 추측했다.

◁)) ———————————————————————————— 22:55

섹스 후의 포옹

그렇다, 이제 5분이 지났다. 평균적인 이성애자 부부는 5분 조금 넘게 섹스를 한다. (진심인가? 5분이라고? 잠잘 시간이 많이 남아서 좋은 점도 있겠다.) 섹스가 끝나면 제발 꼭 상대를 껴안아주자. 연구에서는 섹스 후의 포옹에 많은 이점이 있는 것으로 드러났다. 300쌍 이상의 캐나다 커플을 대상으로 한 2014년 연구는 '섹스 후 애정의 지속 시간이

더 높은 성적 만족도와 나아가 더 높은 관계 만족도와 관련이 있다'
고 밝혔다.

수면

드디어 수십 가지 결정으로 가득한 긴 하루의 끝에 다다랐다. 당신
은 분명히 많이 지쳤을 것이다! 당신은 잠을 푹 자야 한다. 그러니
제발 잠을 푹 잘 수 있는 결정을 하자!

나도 개인적으로 경험해봤지만, 잠을 푹 자는 것은 말은 쉬워도
행동에 옮기기는 힘들다. 나는 잠을 잘 못 잔다. 금방 잠에 들지만,
종종 한밤중에 깬다. 이런 어려움을 겪는 사람은 나뿐만이 아니다.
성인 인구의 상당수가 잠들거나 중간에 깨지 않고 자는 데 어려움을
겪는다. 그리고 나쁜 수면 습관은 비만, 알츠하이머병, 심혈관 질환,
우울증, 제2형 당뇨병, 학업 성취도 저하, 생산성 저하, 직장 및 자동
차 사고 등 다양한 문제와 연관된다. 하버드 대학교 수면의학과에서
지적했듯이, '하루 5시간 이하의 수면은 모든 원인의 사망 위험을 약
15% 증가시킨다'는 연구 결과가 있다.

우리 모두 더 많이 자야 한다는 현실을 재차 강조하지는 않겠다.
아마 아리아나 허핑턴부터 미셸 오바마, 비욘세Beyoncé까지 많은 사
람에게 그 말을 들어봤을 것이다. 대다수의 사람이 충분한 수면을
취하지 못한다는 사실이 거대 수면 산업의 급성장을 견인하고 있
다. 수십 년 동안, 수면은 약한 사람들이나 하는 일로 여겨졌다. 수면

은 귀중한 시간의 엄청난 낭비로 취급받았다. 수면 부족은 명예로운 훈장이었다. 그것은 우리가 성공하기 위해 무엇이든 할 수 있다는 의지를 보여주는 신호였다. 잠은 죽으면 실컷 잘 수 있다고 했다. 하지만 이제는 이런 생각이 생산성의 관점에서 옳지 않을뿐더러 (아이러니하게도 사람들이 잠을 못 자던 이유가 생산성 때문인데 말이다) 개인과 사회 모두에게 완전히 해롭다는 인식이 널리 퍼지게 되었다. 판세가 완전히 역전된 것이다. 이제는 잠을 자는 사람이 패자라는 상투적인 주장을 믿는 사람은 거의 없다. 지금은 프로 스포츠구단들이 수면 코치를 고용한다. 또 연예인들이 SNS를 통해 수면 습관을 자랑하며, 미국 농구선수 르브론 제임스^{LeBron James}의 개인 트레이너가 '수면이 단연코 그의 가장 소중한 자산'이라고 선언하는 시대다(정말 그럴까? 르브론의 2m가 넘는 장신, 기묘한 기술, 경쟁심 강한 성격보다 더 소중할까?) 더 이상의 설득은 필요 없다. 잠은 중요하다.

또 이제는 대부분이 수면의 질을 개선하는 기본 전략을 알고 있다고 생각한다. 일반적으로 성인은 (주로 생물학적으로 결정된 크로노타입에 따라 차이는 있겠지만) 하룻밤에 7~8시간 동안 잠을 자려고 노력해야 한다. 대부분의 전문가는 밤에 숙면을 취하려면 매일 밤 거의 같은 시간에 잠자리에 드는 식의 일관된 취침 습관과 잠들기 전에 카페인 등의 흥분제와 지나친 알코올 섭취를 피하는 노력이 도움이 된다고 말한다. 마법 같은 방법은 없는 것이다. 침실은 조용하고, 어둡고, 온도가 선선하고, 당연히 아늑하고 깨끗한 침대가 마련되어 있어 잠자기에 편해야 한다. 그리고 침실은 오로지 수면과 섹스만 하는 공간으로 남겨두어야 한다. 영국 국민건강보험에서 지적했듯이, '대부분의 격렬한 신체 활동과 달리, 섹스는 우리를 졸리게 만든다.' (나는 그들이 섹스를 '격렬한'이라고 낙관적으로 묘사하는 방식이 좋다. 특히 앞서 언급한 대로 섹스가 5분간 지속된다는 실망스러운 결과를 고려한다면 말이다.)

그러므로 침실에서의 섹스는 좋지만, TV, 태블릿, 스마트폰은 반대한다. 침실에 있을 때는 TV 몰아 보기나 SNS 정보 업데이트를 멈추자. 이런 기기들에서 발산되는 블루라이트가 수면을 방해한다는 꽤 강력한 증거가 나오기 시작했다. 비록 양질의 연구가 많지 않아서 명확하게 주장하기는 시기상조지만, 호박색 색안경과 같은 블루라이트 필터가 도움이 될 수 있다는 일부 근거도 있다. 그러나 더 큰 문제는 이런 기기들이 우리의 업무 세계, 뉴스 피드, 그 밖의 스트레스 요인에 이르는 관문이란 점이다. 이 모든 요인은 우리의 정신 상태가 서서히 긴장을 푸는 데 도움이 되지 않는다. 블루라이트 필터도 이 문제에는 도움이 되지 않는다. 온라인 활동은 우리의 정신을 각성 상태로 유지하여 수면 환경에서 멀어지게 한다. 업무 이메일이나 소셜 미디어를 보지 않더라도, 단순히 휴대폰을 들고 있는 것만으로도 은연중에 삶의 이런 영역을 상기시킨다. 단지 휴대폰을 옆에 두기만 해도 스트레스 호르몬인 코르티솔 수치가 높아져서 불안감이 커질 수 있다. 예를 들어, 2017년 연구는 잠자리에 들어 30분 이내에 소셜 미디어를 사용하는 것이 '젊은 성인들의 수면 방해와 관련이 있다'는 사실을 발견했다. 그리고 2018년 이스트 런던 대학교의 연구에서는 '스마트폰 없이 잠을 자면 수면, 관계, 집중력과 행복이 향상된다'고 결론지었다.

아직도 확신이 안 서는가? 일부 연구들은 침실에 놓아둔 스마트폰이 우리의 성생활을 죽이고 있다고 주장한다. 요즘 사람들은 지난 수십 년에 비해 섹스를 적게 한다. 물론 이는 의심할 여지 없이 복잡한 문제지만, 일부 연구자들은 기술에 일부 책임이 있다고 믿는다. 2018년 영국의 연구에서 인터넷 데이터 사용량이 가장 많은 시점이 늦은 밤으로 나타났다. 이는 사람들이 다들 침대 위에서 소셜 미디어와 온라인 엔터테인먼트를 사용하는 추세를 반영한다. 케임브리지 대학교의 심리학자 데이비드 스피겔할터David Spiegelhalter는 커플들이 이제 섹스에 관심이 줄어든 것이 이런 온라인 연결성 때문이라고 주장한다. 실제로 미국 성인 2,000명 대상의 2018년 설문조사에서 연애하는 사람들이 잠자리에 들기 전에 평균 40분 동안 휴대폰을 보고 93%가 잠자는 동안 손이 닿는 곳에 휴대폰을 둔다고 대답했다. (섹스가 아니라) 휴대폰 사용이 잠들기 전 한 시간 동안 가장 많이 하는 활동인 것이다. 설문에 참여한 커플들 중 절반 이상이 침실에 놓아둔 휴대폰 때문에 서로와 보낼 소중한 시간을 놓치고 있다고 느꼈다. 그리고 25%는 잠들기 전에 마지막으로 파트너가 아니라 스마트폰을 본다고 응답했다. 휴대폰을 제발 치우자!

수면은 이제 문화적 영향력을 얻고 있다. 이는 대체로 좋은 일이다. 잠은 너무 오랫동안 무시당해왔다. 그런데 우리 사회가 수면과 관련된 모든 것에 열광하게 되면서, 수면 제품, 책, 조언 칼럼, 보충제, 그리고 지식수준과 신뢰성이 천차만별인 수면 전문가와 구루들이 정신없이 쏟아져 나오고 있다. 잠은 이제 마라톤 경기나 카네기홀 연주회처럼 열심히 준비해야 할 대상이 되었다. 수면이 우리가 평생 동안 자연적으로 해온 일이라는 사실은 안중에도 없다. 우리 몸은 잠자는 법을 안다. 그 방법은 우리의 생물학적 구조에 새겨져 있다. 그런데도 이제는 잠을 잘 자게 해주는 도구들을 판매한다. 그리고 우리는 그런 도구들에 현혹된다. 그 탓에 수면 산업은 곧 1,000억 달러의 규모로 성장할 전망이다.

우리는 그렇게 열심히 노력할 필요가 없다. 우리는 휴식에 대해 휴식할 필요가 있다. 잠을 둘러싼 온갖 이야기들은 수면 노력의 역설을 탄생시켰다. 연구 결과, 수면에 대해 걱정하는 것만으로도 실제 수면이 더 어려워질 수 있다는 사실이 드러났다. 그런데도 성장하는 수면 산업은 우리에게 수면 제품을 판매하기 위해 수면에 대한 불안과 걱정을 계속 조장한다. 대중문화에 수면에 대한 잡음이 너무 많아서, 사람들은 단지 잠을 충분히 자는 것뿐만 아니라 올바르게 자는 방법에 대해서도 집착하기 시작했다. 이는 결국 훨씬 더 많은 수면 문제로 이어질 수 있다. 2017년에 〈임상 수면 의학 저널Journal of Clinical Sleep Medicine〉에 발표된 논문에서 저자들은 수면에 대한 부적절한 집착에 '오소솜니아orthosomnia('올바른 수면'이란 의미)'라는 명칭을 붙였다. 이는 '이상적인 수면에 대한 완벽주의적인 추구'가 건강에 좋지 않은 집착으로 이어져 더 많은 걱정을 초래하고 그 결과 수면이 줄어드는 상황을 말한다.

날로 인기가 높아지는 수면 추적 기술이 새로운 수면 문화와 관련된 이슈의 좋은 예다. 나는 이런 수면 추적기들을 다양하게 사용해봤다. 한번은 내 뇌파를 포착한다는 특별한 센서를 머리에 착용해봤고, 한번은 밤새도록 나의 움직임을 추적하는 매트 위에서 잠을 잤다. 내 수면의 다양한 단계를 모니터링하는 장치를 손목에 착용해

본 적도 있다. 다음날 아침에 나는 내 수면의 다양한 측면에 대해 인상적이고 과학적으로 보이는 그래프와 파이 차트로 표현된 피드백을 받았다. 이제 나는 이 정보를 가지고 정확히 무엇을 해야 할까? 점수가 안 좋으면 다음날 밤에 더 열심히 자려고 노력해야 할까? 아침에 상쾌한 기분으로 일어났는데도 추적기가 내가 잠을 잘 못 잤다고 하면 나의 휴식에 대한 감각을 바꿔야 할까? 더 큰 문제는 추적기마다 반응이 제각각이었다는 점이다. 한 추적기에서는 (꽤 좋다고 생각되는) 73%의 수면 '점수'를 받았지만, 다른 추적기에서는 그리 인상적이지 못한 점수를 받았다.

이런 수면 추적기의 정확성에 관한 근거는 매우 엇갈린다. 소비자 수면 추적기에 대한 2017년의 문헌 고찰 결과는 이렇다. '이 장치들은 임상 집단에서 철저히 평가되지 않았기 때문에 단점이 많고 효용성이 제한적이다.' 또 다른 문제는 수면 추적기들이 다양한 수면 상태를 잘 구별하지 못한다는 점이다. 예를 들어, 누워서 휴대폰으로 동영상을 보는 것은 분명히 자는 것이 아닌데도 얕은 수면으로 기록되는 식이다.

나는 우리가 밤잠을 더 잘 자기 위해 종종 우리의 휴대폰과 짝을 이루는 기술 장치에 의존하는 것이 아이러니하다고 생각한다. 우리의 휴대폰과 다른 기술이야말로 우리가 밤잠을 이루지 못하고 늦게까지 깨어 있게 하는 주범이다. 이는 마치 무성한 잡초와 싸우려고 민들레를 심는 방법처럼 느껴진다.

내가 보기에 수면 추적기의 더 큰 문제는 수면 노력의 역설을 강화한다는 것이다. 이런 장치는 측정치(앞에서 봤듯이 대부분 무의미하다)

를 제공하기 때문에 우리에게 연속적인 밤들의 수면을 비교하게 유도한다. 그 결과 더 오래, 더 나은 수면을 취하려고 더 많은 노력을 기울이게 만든다. 수면이 계량화되면 우리는 그것을 경쟁으로 여기게 된다. 이는 당연히 수면에 대한 잘못된 사고방식이다. 수면은 보다 자연스러운 리듬과 평온한 분위기에 지배되어야 한다. 수면은 이겨야 하는 경주가 아니다.

나는 우리가 수면을 더 진지하게 여기게 되었다는 데 매우 만족한다. 하지만 웰니스 트렌드가 흔히 그렇듯이, 수면 산업의 성장을 촉진하기 위해 간단한 활동도 훨씬 복잡해 보이게 되었다. 나의 수면 문제에 가장 큰 도움이 되었던 전략은 이 책 전반에 깔린 주제와 정확히 일치한다. 진정하라. 편히 쉬어라. 연결을 끊어라. 긴장을 풀어라. 당신에게 특별한 베개, 매트리스, 담요, 보충제, 또는 고도로 조절되고 미세하게 모니터링되는 수면 시간이 필요하다는 개념을 파는 수면 산업의 수법에 넘어가지 마라. 일관된 수면 및 기상 시간의 유지, 편안한 수면 환경 조성, 그리고 취침 전 기기 사용·카페인·과도한 알코올·과식 삼가기 등의 기본 원칙에 충실하자. 우리는 인생의 매 순간과 특히 수면 시간을 계량화할 필요가 없다. 그러다 오히려 역효과를 초래할 수 있다.

불안을 잠재울 수 있는
6가지 전략

나는 밤늦게 잠에 들려고 할 때 종종 하루 동안 나를 괴롭혔던 문제들로 다시 끌려가곤 한다. 문제들을 곱씹으며 나름대로 해결책을 찾으려 노력하는 것이다. 하지만 이는 나쁜 습관이고, 잠드는 데도 도움이 되지 않는다.

이 책은 분주한 가상의 하루를 다루고 있다. 나는 여러 잘못된 정보들과 때로는 이념적 주장에 혼란을 겪게 되는 논쟁적인 주제들을 다루었다. 잘못된 정보와 이념적 주장은 우리를 잘못된 길로 인도하거나 불필요한 스트레스를 주는 경우가 너무 많다. 나는 우리가 내릴 수 있는 결정들을 이야기했지만, 종종 결정을 내리지 않는 편이 나을 때도 있다.

하지만 이 책의 핵심은 우리의 일상적인 결정 뒤에 숨겨진 사실들을 살펴보고, 그런 사실들이 왜, 어떻게 잘못 전달되거나, 잘못 해석되거나, 무시되는지를 이해하는 것이다. 이 책을 쓰면서 나는 유례없이 많은 지식을 접할 수 있는 이 시대에 어째서 우리는 그토록 자주, 지속적으로 오해에 빠지는지를 이해하려 애쓰며 수많은 밤을 뜬눈으로 보냈다. 나는 이 문제를 수십 년 동안 생각해왔다. 이 책의 도입부에서 말했듯이, 모든 사람이 자신에게 맞는 결정을 하고 싶어 한다. 그리고 아무도 현혹되기를 원하지 않는다. 나이트 재단Knight Foundation의 2018년 연구에 따르면, 미국인의 단 27%만이 '뉴스의 출처가 사실인 보도를 구분할 수 있다고 매우 확신한다'고 답했으며, 58%는 '이용 가능한 정보와 뉴스 출처가 너무 많아서 오늘날은 필요한 정보를 얻기가 더 쉽기는커녕 더 어려워졌다'고 느끼는 것으로 나타났다. 또 다른 대규모 국제 설문조사인 2018년 에델만 신뢰도 지표조사Edelman Trust Barometer에서는 대중의 59%가 '무엇이 진실이고 무엇이 거짓인지를 확신하지 못하는' 것으로 드러났다.

이런 통계가 보여주듯이, 지금은 정보를 사용하여 일상적인 결정을 내리는 일이 말도 안 되게 도전적인 시기다. 그렇지만 어째서 잘못된 정보가 우리 삶에 그토록 큰 영향을 미치는 것일까? 우리는 어쩌다가 이런 상태에 이르렀고, 어떻게 해야 여기서 벗어날 수 있을까?

나는 이 책을 쓰는 동안 뉴욕 과학 아카데미New York Academy of Sciences 와 러트거스 글로벌 보건 연구소Rutgers Global Health Institute가 주최한 과학 부정에 대한 패널 토론회의 사회를 맡게 되었다. 토론은 정확히 이런 질문들에 초점을 맞췄다. 구체적으로 우리는 잘못된 정보의 확산을 촉진하는 사회적 영향력을 탐구하고, 개인과 사회가 거기에 맞설 수 있는 방법을 모색하는 임무를 부여받았다. 전 세계 기관의 뛰어난 학자 5명이 패널로 참여했고, 대중의 신뢰, 소셜 미디어, 내러티브, 연예인 문화 등 다양한 요인의 역할에 대해 토론했다. 내가 보기에, 터프츠 대학교 교수이자 하버드 케네디스쿨 과학 및 국제관계 연구소 교수인 켈리 M. 그린힐Kelly M. Greenhill이 가장 간명한 요약을 제시했다. 그는 여섯 가지 사회적 트렌드로 지금이 왜 잘못된 정보의 시대인지를 설명하는 데 큰 도움이 되는 통찰을 제시했다. 다음은 켈리의 통찰에 대한 나의 의견이다. 분석은 내가 했지만, 켈리가 제시한 통찰이 유용한 틀이 되었다.

요인 1. 고도의 불안 부추김과 그로 인한 불안의 일반화

두려움은 어디에나 있다. 우리는 우유, 불소, 자전거 통근의 위험성, 자녀들을 학교에 걸어서 보내는 데 대한 우려에서 우리의 두려움을 확인했다. 이런 두려움은 우리가 아이들과 얼마나 많은 시간을 보내는지, 악수, 포옹, 화장실 변기에 대해 어떻게 생각하는지에 대해 죄책감을 유발한다. 우리는 유감스럽게도 이런 두려움이 효과가 있어 제품과 아이디어를 판매하는 데 도움이 된다는 것을 안다. 두려움을 조장함으로써 곰 습격, 어린이 납치, 스카이다이빙 사고와 같은 극적인 사건들을 보고 기억하도록 배선된 우리의 인지적 편향을 부추기는 것이다. 그러면 우리의 생각이 왜곡되어, 냉철하고 이성적이며 근거에 기반을 둔 결정을 내리기가 어려워진다.

요인 2. 역사상 가장 낮은 신뢰 수준

연구 결과에 따르면, 사회 기초 제도에 대한 대중의 신뢰도는 거의 사상 최저 수준이다. 미국의 갤럽Gallup 자료에 따르면 1975년에는 대중의 80%가 의료 시스템에 대해 상당하거나 대단히 높은 신뢰를 갖고 있었다. 오늘날 이 수치는 30%다. 신문에 대한 신뢰도는 1979

년에 최고치인 51%에서 오늘날 23%로 떨어졌다. 이런 변화는 얼마든지 찾아볼 수 있다. 사람들은 한 번 신뢰가 깨지면 정보의 출처를 믿지 않기 때문에 제대로 된 과학에서 눈을 돌리기 쉽다. 이는 이윤추구 동기의 영향이나 정치적 의제의 역할에 대한 우려에서 기인한다. 이렇게 신뢰가 붕괴되면 음모론과 대안, 사실무근의 주장이 활개를 치게 될 여지가 생긴다. 사람들이 세상을 이해할 수 없고 공공기관을 신뢰하지 않으면 잘못된 정보가 횡행하기 더 쉬워진다. 그래서 생우유가 안전하고, 불소가 마인드 컨트롤 약이며, 거대 제약업계가 비타민과 보충제의 가치에 대한 진실을 감추고 있다고 믿기가 더 쉬워진다. 실제로 앞에서 지적했듯이, 음모론에 노출되는 것만으로도 대중의 담론은 교란될 수 있고, 우리가 강경한 음모론자가 아니더라도 우리의 신념과 의도는 영향을 받을 수 있다.

요인 3. 고도로 양극화된 대중 담론

이제는 어떤 주제에 대해서도 중도파란 없는 것 같다. 기후 변화나 글루텐 프리 식단의 가치 등 어떤 주제의 논쟁에서도 대중의 표현은 거의 늘 극단적이다. 우리는 이제 100% 찬성하거나 100% 반대해야만 한다. 어중간한 입장은 허용이 안 된다. 2018년 MIT의 연구에서 소셜 미디어에 대한 대중 담론을 시각적으로 표현했는데, 거의 완벽한 U자형을 이루었다. 극단적인 입장의 목소리가 크고 또 자주 들린다. 중도적 입장은 거의 침묵에 가깝다. 언론의 거짓 균형 현상은 사회적 논란거리에 관한 연구들을 부정확하고 오해의 소지가 있게 제시하여 이런 양극화를 부채질한다. 거짓 균형은 실제 근거의 무게가 한쪽 주장을 명백히 지지하는데도 언론에서 양쪽의 근거가 대등하거나 거의 유사한 수준이라고 주장할 때 발생한다. 또한 논쟁의 한쪽, 즉 종종 두려움이나 특정한 이념적 의제에 의존하는 진영이 다른 쪽보다 주제에 관여하려는 더 강한 동기가 있는 경우에 발생한다. 언론의 물 불소화 논쟁 보도에 대한 2018년 캐나다 연구는 이런 거짓 균형이 어떻게 이루어질 수 있는지를 보여주는 좋은 예다. 연구자들은 언론 보도가 불균형적으로 연구 결과를 잘못 전달한 것을 발견했는데, 이는 불소화에 반대하는 사람들이 공중보건 정책을 지지하는 사람들보다 더 큰 목소리를 내도록 동기 부여되고 조직화되었기 때문이다. 이로 인해 뉴스 보도는 '혜택보다는 위험 위주로 프레임이 형성되었다'고 볼 수 있다. 이러면 양극화되고 양쪽이 대립하는 스토리가 만들어진다. 이런 스토리텔링 전략은 신문을 팔고 조회 수를 높이는 데는 유리해도 대중 담론과 정책 개발에는 그다지 바람직하지 않다.

요인 4. 와해성 통신 기술의 등장

얼마 전까지만 해도 정보의 출처는 상당히 제한적이었다. 소수의 TV 채널과 제한된 종류의 라디오 방송, 지역 신문, 잡지, 책이 있었을 뿐이다. 이런 미디어는 특정한 주제에 대해 우리가 듣는 내용을 통제하고 필터링했다. 그런데 인터넷과 소셜 미디어의 부상으로 정보가 공유되는 방식이 돌이킬 수 없이 변해버렸다. 그중 상당수는 독특한 형태의 엔터테인먼트와 예술적 표현, 과학에 대한 접근성 증가, 새로운 온라인 커뮤니티를 가능하게 한 훌륭한 방법이다. 하지만 이 책 전반에서 확인했듯이, 이상적이지 않은 정보와 생각들도 생겨났을 뿐 아니라 성행하게 되었다. 나쁜 소식, 거짓말, 잘못된 정보가 인터넷에서 더 빠르고 더 멀리 퍼져나간다는 것이 연구들로 입증됐다. 그 결과 대중문화의 잡음이 거세져서 이제 대중 담론을 압도하게 되었고, 허튼소리와 실제 과학을 구분하기가 거의 불가능해졌다. 소셜 미디어 플랫폼은 양극화된 담론의 성장을 촉진하고 확증 편향(우리의 선입견을 지지하는 정보를 찾는 경향)의 혼란을 가중시킨다.

요인 5. 새로운 정보 게이트키퍼의 출현

구글, 페이스북, 트위터 같은 플랫폼이 우리의 관심사와 비관심사를 결정하는 데 점점 더 큰 영향을 미친다. 이런 플랫폼은 전통적인 뉴스 매체에서 어떤 내용을 다루고 어떤 학술 출판물이 대중의 관심을 받을지에 영향을 미친다. 그 결과 대중의 담론을 형성하는 편집자와 언론인의 능력은(좋든 나쁘든) 사용자 조회 수와 소셜 미디어 공유 횟수에 좌우된다. 그리고 향후의 편집 방향에 영향을 미칠 가능성이 높은 역학 관계가 형성되었다. 낮잠의 힘이나 커피의 영양가에 대한 소규모 예비 연구나 부실한 연구가 트위터를 통해 빠르고 널리 유포되면서, 과거보다 훨씬 더 빠르게 대중 의식의 일부로 자리 잡게 되었다. 그리고 일단 어떤 이야기가 온라인상에 퍼지면, 그것을 철회하거나 반박하기가 어려울 수 있다.

아마도 더 곤란한 것은 검색 엔진 결과의 영향일 것이다. 예를 들어, 구글 검색의 첫 페이지에 뜨는 내용이 특정 검색어와 관련된 가장 신뢰할 수 있는 과학적 정보 목록이 아니라는 것은 명백하다. 아마 이 책에서 다룬 어떤 주제를 검색하더라도, 검색 결과의 첫 페이지에는 신뢰할 수 있는 출처에서 나온 몇몇 좋은 자료와 완전히 옳지 않거나 잠재적으로 위험한 쓰레기 정보가 뒤섞여 있을 것이다.

나는 이 결론 부분을 쓰면서 '생우유의 이점'을 구글에서 검색해 봤다. 검색 결과, 페이지의 맨 위에 뜬 특집 기사는 사이비 과학 및 건강 오정보 제공자로 가장 유명한 조 머콜라^{Joe Mercola} 박사의 말을 인용한 것이었다. 그는 FDA로부터 근거 없는 주장을 중단하라는 경고를 받고, 검증되지 않은 제품을 판매하여 연방무역위원회^{Federal Trade Commission}로부터 제재를 받고, 상업개선협회^{Better Business Bureau}에서 무려 'F'를 받은 사람이다. 머콜라가 본인의 웹사이트에서 하듯이 살균 처리된 우유가 '건강에 해로울 수 있다'고 주장하면, 우리는 그 조언을 강력하게 무시해야 한다고 생각할 수 있다. 그런데 이 주장이 구글의 '추천 스니펫' 결과여도 그럴까! '추천 스니펫'이란 종종 사람들이 유일하게 읽는 내용인 단편적인 토막글이다. 만약 당신이 오디오 검색 결과를 원하면, 구글 홈이나 아마존 알렉사^{Amazon Alexa}가 이 스니펫 정보를 소리 내어 읽을 것이다. 나머지 9건 중 생우유에 대한 균형 잡힌 과학적 정보는 단 2건뿐이었다. 그밖의 대부분의 검색 결과들은 나를 또 다른 웹사이트로 이끌었다. 그중 생우유 판매 로비 단체의 웹사이트에는 끔찍하게도 오해의 소지가 있는 정보가 게재되어 있었다. 기억해야 할 점은 웹 검색 결과의 첫 페이지가 해당 주제에 대한 웹 트래픽의 95%를 장악한다는 사실이다. 목록의 맨 위 정보, 이 경우에는 머콜라의 "bunk-o-rama" 조언이 단연코 가장 많은 트래픽을 차지한다. 검색 결과는 이제 우리가 세상에 대해 아는 바를 형성한다. 그리고 결정에 미치는 영향 측면에서, 어떤 정보가 첫 페이지에 없다면 존재하지 않는 것이나 다름없다.

요인 6. 기꺼이 유언비어, 과장, 공포를 퍼뜨리려는 배우들의 등장

내게는 아마 이것이 가장 좌절감을 주는 요소일 것이다. 점점 더 많은 개인, 기관, 심지어 정부까지 우리의 정보 환경을 조작하기 위해 새로운 미디어 플랫폼을 적극적으로 활용하러 나선 듯하다. 민주적 절차에 대한 정부의 간섭 등 가장 극적인 예에 대해서는 많은 문헌이 발표되었다. 때때로 이런 움직임은 정치를 훨씬 벗어난 영역까지 도달했다. 일례로 러시아 트위터 트롤들이 미국 국민들 사이에 더 일반적인 불안, 양극화, 불협화음을 조장하기 위해 백신의 안전성에 대한 논쟁에 맹공격했던 사례를 생각해보라. (트롤들은 다음과 같은 메시지를 사용했다. "#백신을 접종하지 마세요. 배후에 일루미나티가 있습니다.") 유명인사, 음모론자, 소셜 미디어 인플루언서, 마케팅 담당자들도 대중을 호도하는 잘못된 정보와 명백한 거짓말로 인터넷을 오염시킨다. 많은 정보가 터무니없지만(비도덕적인 웹사이트인 내추럴뉴스NaturalNews에는 미국 질병통제예방센터 자료에 따르면, '홍역보다 홍역 백신이 더 많은 사람을 죽인다'라는 헤드라인이 버젓이 올라와 있다), 그럼에도 이런 잡음은 영향을 미칠 수 있다. 이런 터무니없는 말에 단지 노출되기만 해도 우리의 신념과 궁극적인 의사 결정이 변할 수 있는 것이다.

이렇게 과학과 무관한 허튼소리의 분명한 출처들 외에도, 합법적인 연구 기관들 역시 우리의 결정을 어렵게 만드는 잡음을 가중시킬 수 있음을 기억해야 한다. 연구자들, 대학들, 자금 후원 단체들은 전통적인 뉴스 매체와 소셜 미디어 양쪽에서 관심을 끌기 위해 그들의 연구를 불필요하게 과장하고 왜곡한다. 연구를 지나치게 열성적으로 표현하면 복잡한 주제에 대한 대중 담론을 동요시킬 수 있다. 대개 이런 과학적 과장은 연구 결과를 실제보다 더 결정적으로 묘사하거나, 연구에 대한 언론 보도에서 사용된 연구 방법론의 한계를 과소평가하는 식이다.

잘못된 정보의 확산을 촉진하는 요인들에 대한 이런 목록은 얼마든지 제시할 수 있다. 하지만 나는 이 6가지 주요 사회적 트렌드가 핵심을 전달하기에 충분하다고 생각한다. 우리는 지금 혼란을 일으키고, 불안감을 조장하고, 잘못된 정보를 유포하도록 설계된 사회에 살고 있다. 결정을 내리는 일이 그토록 어려운 것도 당연하다.

그렇다면 우리는 무엇을 할 수 있을까? 어떻게 대응해야 할까? 여기 우리가 마음을 진정시키고, 이 결정으로 점철된 하루를 떠나보내고, 편안히 잠들 수 있는 6가지 전략이 있다. (여담이지만, 할 일 목록을 작성하는 것이 긴장을 풀고 편안한 밤을 보내는 좋은 방법이란 것이 연구로 입증되었다. 자, 이제 시작해보자!)

전략 1. 잘못된 정보를 인식하는 데 도움이 되는 도구들로 스스로를 무장하기

모든 사이비 과학, 가짜 뉴스, 상충되는 자료, 과학의 허풍 등을 분별하는 것은 나처럼 이 일을 직업으로 삼는 사람에게도 대단히 어려운 도전일 수 있다. 그렇지만 여기에 도움이 될 만한 몇 가지 전략이 있다.

첫째, 특정 주장을 뒷받침하기 위해 사용되는 연구들의 종류를 고려하자. 만약 동물 연구거나 표본 크기가 작거나 상관관계만 발견된다면(다시 따라하자, 상관관계는 인과관계가 아니다!) 예비 연구나 탐색적 연구로 구분한다.

둘째, 특정 주제에 대한 연구 근거의 양을 항상 고려하자. 아무리 대규모로 훌륭하게 수행된 연구라도, 단 한 건의 연구로 학계의 합의가 뒤집히는 경우는 극히 드물다. (그렇지 않다고 주장하는 헤드라인은 무시하자.)

셋째, 일화나 증언에 설득당하지 않는다. 비록 설득력 있고 더 많은 연구로 이어질 수 있더라도, 그것이 좋은 증거는 아니다.

넷째, 출처(저자가 누구인가?)를 고려해서 음모론으로 지지되거나 비밀 정보라고 우기는 모든 주장을 의심하자. 제대로 된 정보라면, 우리가 자연히 알게 될 것이다. 내가 장담한다.

다섯째, 편견과 갈등을 고려하자. 우리는 모두 편견과 갈등이 있지만, 일부 개인과 단체들에는 특정 관점이 그들의 전체 의제를 대표하거나(생우유 판매를 합법화하거나 백신에 대한 공포를 심어주려는 웹사이트를 생각해보라) 수익을 얻는 길이 된다. 그런 편견은 연구를 해석하고 제시하는 방식에 지대한 영향을 미칠 수 있다.

여섯째, 모호한 문구('에너지 수준 증가', '신체 해독', '면역 체계 강화')와 지나친 약속('혁신적인', '판도를 바꾸는', '체중 감량 보장')을 경계하자.

일곱째, 유행하는 과학 주제가 더 많은 관심을 받고 비판적인 성찰에 비교적 적게 노출되는 '선정성hot stuff' 편향을 주의하자.

마지막으로, 우리는 누구나 인지적 편향이 있고, 특히 우리가 이미 믿는 바를 확인시켜주는 정보를 받아들이려는 경향이 있다. 그래서 그 경향이 근거에 대한 우리의 해석에 영향을 미칠 수 있음을 기억하자. 스스로를 의심하고, 계속 궁금함을 유지하자. 그리고 다른 관점을 고려해보자.

진정하라. 약간의 비판적 사고만 있으면 온갖 잡음을 물리치는 데 도움이 될 것이다.

전략 2. 두려움이 우리 삶을 지배하게 놔두지 않기

이 책에서 여러 차례 확인했듯이, 우리는 종종 위험을 과대평가한다. 또 신체 활동의 부족과 관련된 익히 잘 알려진 위험보다 아동유괴의 위험 같은 가능성이 극히 낮은 종류의 위험을 걱정한다. 이러는 데는 극적인 사건들이 더 상상하기 쉽다는 사실을 비롯해 여러 이유가 있을 것이다. 특정한 결정이 두려움에 지배당하고 있음을 발견하면, 실질적인 위험 수준을 이해하기 위해 최선을 다하자. 그런다고 항상 마음이 바뀌지는 않을 것이다. 나도 여전히 곰이 무섭고 세균 공포증 같은 것이 있다. 그렇지만 적어도 불안 수준은 낮출 수 있을 것이다. 당신이 아이든, 십대든, 어른이든 간에 전 세계 대부분 지역에서 지금이 삶을 영위하기에 가장 안전한 시대라는 것을 기억하자. 공포를 조장하는 자들을 무시하자.

편안하게 생각해도 좋다. 위험 수준은 아마 당신이 생각하는 것만큼 나쁘지 않을 것이다.

전략 3. 일련의 근거를 살펴보고 과학이 종종 불확실하다는 것을 인식하기

우리가 스탠딩 책상, 아침 식사, 치실, 수면 개선 방법에 대해 어떻게 결정하든 간에, 연구 결과는 대중 매체에서 묘사되는 것보다 훨씬 더 모호할 때가 많다. 새롭게 유행하는 건강 및 웰니스 트렌드는 보통 대단히 복잡하고 미묘한 문제에 대한 필수적이고 간단한 해결책으로 제시되는 경우가 너무도 많다. 어떤 결정들은 5초 규칙과 화장실 변기 시트 논쟁처럼 사소한 주제일 때도 있다. 그런데도 주로 과학과는 무관한 맹목적 믿음에 기반을 둔 강한 반응을 촉발하기도 한다. 때로는 아침에 일찍 일어나거나 분노를 표출해야 한다는 (잘못된) 통념처럼 직관적인 매력이 있는 주장도 있다. 이런 종류의 잘못된 표현과 믿음은 해를 끼칠 수 있다. 또 이로 인해 우리는 시간과 돈을 낭비하거나 효과적이고 과학적인 기본적 전략에서 멀어지게 될 위험이 있다. 그러니 진정하자. 마법 같은 해결책은 없다. (아마 운동은 예외겠지만.)

전략 4. 차이에 대한 환상에 속지 않기

우리는 선택지들 간에 측정 가능한 차이가 있다고 생각하며 결정을 내릴 때가 많다. 비싼 와인이나 화려한 칫솔을 살 때처럼 스스로 객관적으로 나은 것을 선택한다고 생각한다. 당신이 이런 선택 과정을 즐기거나 혹시 그런 결정을 도와주는 역사와 문화를 즐긴다면, 얼마든지 좋다. 하지만 많은 경우에 크게 의미 있는 차이는 거의 없다는 점을 명심하자. (그렇다고 지독히 비싼 내 에스프레소를 무시하지는 마라! 다 그만한 값어치가 있다.) 아마 유의미한 차이는 별로 없을 것이다.

돈을 아껴라.

전략 5. 핵심 사항에 초점을 맞추고 웰니스 트렌드는 무시하기

이 책에서 논의된 많은 잘못된 정보는 개인과 가족 모두의 건강과 안전을 극대화하는 방법을 다루고 있다. 수조 달러 규모의 웰니스 산업은 우리에게 보충제, 첨단 모니터링 기기, 병에 든 생수, 극단적인 다이어트 식품, 수면제 등을 팔려고 기를 쓴다. 하지만 우리는 수십 년 전부터 건강한 라이프스타일의 과학적인 기본 수칙을 알고 있었다. 담배를 피우지 않고, 운동을 하고, 제대로 된 음식을 먹고, 건강한 체중을 유지하고, 술을 끊거나 과음하지 말고, 잠을 잘 자고 좋은 관계를 맺는 것 말이다. 또 안전벨트 착용, 예방 접종, 손 씻기와 같은 논리적인 예방 조치를 취할 수도 있다. 보통은 이런 잘 알려진 조치면 충분하다. 그 밖의 모든 것은 부수적일 뿐이다. 물론 사회경제학도 매우 큰 도움을 주는 역할을 한다. 실제로 우리 공동체의 건강을 증진시키려면, 이런 기본 수칙에 중점을 둔 사회적, 환경적 변화를 추구하는 방향, 철학, 정책이 가장 큰 영향을 미칠 것이다. 기본 원칙을 지키는 지속 가능하고 즐거운 라이프스타일을 찾자.

전략 6. 진정하는 데 도움이 되는 과학을 무시하지 않기!

이 책에서는 주로 불안이나 잘못된 결정을 초래하는 잘못 전달된 과학을 다루었지만, 우리가 좀 더 편안한 삶을 살기 위해 취할 수 있는 조치에 관한 연구도 간과해서는 안 된다. 예를 들어, 스마트폰이 수면 및 대인 상호작용에 미치는 해로운 영향에 관한 연구 근거들이 늘고 있다. 또 이메일·소셜 미디어·스트리밍 엔터테인먼트 관리 등의 사회적 연결성, 업무 시간, 가정 활동을 어떻게 관리하고 생각해야 하는지에 대한 새로운 연구들이 나오고 있다. 우리는 하루하루를 더 여유 있고 안정적으로 살거나 스트레스를 줄일 수 있는 어떠한 노력도 고려해볼 가치가 있다.

진정하자. 그리고 망할 휴대폰은 꺼버리고 푹 자자.

감사의 말

이 책은 여러 주제를 다루고 있다. 나는 전 세계의 많은 전문가에게 자문을 구했다. 직접 만나기도 했고 전화나 이메일로 물어보기도 했다. (간결성을 위해 이 책의 본문에서는 구분해 표기하지 않았다.) 그들은 내가 방대한 문헌자료 속에서 길을 찾도록 도와주었고, 귀중한 통찰과 맥락을 제시해주었다. 그들이 나에게 나눠준 시간과 조언에 대단히 감사한다. 감사드릴 분들은 다음과 같다. 솔크 생물학 연구소의 사치다난다 판다, 캘거리 대학교의 태니스 펜턴, 아이들 방목하기Free Range Kids의 레노어 스커네이지, 루뱅 대학교의 게르트루이 판 오버발레, 브리티시컬럼비아 대학교의 케이 테쉬케, 코네티컷 대학교의 레베카 풀, 캐나다 영양사협회의 제인 서스크, 앨버타 대학교의 론다 벨과 킴 레인, 크리스토퍼 뉴포트 대학교의 앤드루 벨키, 보스턴 대학교의 조안 살게 블레이크, 브리티시컬럼비아 대학교의 제임스 매코맥, 앵그리 셰프, 워털루 대학교의 엘렌 맥팔레인 그레그, 킨더케어 소아과Kindercare Pediatrics의 대니얼 플랜더스, 브리티시컬럼비아 대학교의 브렛 핀레이, 잉글스 마켓Ingles Markets의 레아 맥그래스, 영국 방송통신 대학교의 폴 켈리, 캘거리 대학교의 찰스 새뮤얼스, 치과 의사 그랜트 리치, 인구 통계 및 글로벌 인적 자본 센터Wittgenstein Centre for Demography and Global Human Capital의 라야 무타락, 피츠버그 대학교의 로버트 웨이언트, 인디애나 대학교의 데이비드 앨리슨, 배스 대학교의 제임스 A. 베츠, 세레콘Serecon의 밥 버든, 펜실베이니아 대학교의 제임스 C. 코인, 요크 대학교의 스티븐 호프먼, 하버드 대학교의 엘리자베스 모스토프스키, 제임스 매디슨 대학교의 앨런 레비노비츠, 젠 건터, 위스콘신-그린 베이 대학교의 라이언 C. 마틴, 헬스 뉴스리뷰와 미네소타 대학교의 게리 슈비처, 앨버타 대학교의 레이철 매퀸, 글로벌 비누 프로젝트의 데릭 케욘고, 라이어슨 대학교의 콜린 카니, 워릭 대학교의 토머스 힐스, 휴스턴 대학교의 바네사 패트, 런던 킹스턴 대학의 에마 러셀, 토론토 대학교의 버슨 돈메즈, 러트거스 대학교의 도널드 샤프너, 하버드 대학교의 켈리 M. 그린힐, 맥매스터 대학교의 스튜어트 M. 필립스, 아타바스카 대학교의 제프 밸런스, 맥쿼리 대학교의 조세핀 차우, 컬럼비아 대학교의 실비아 벨레짜, 옥스퍼드 대학교의 오리엘 설리번, 캘거리 대학교의 샬린 엘리엇, 달하우지 대학교의 스탠리 커처, 오타와 대학교의 요니 프리드호프, 조지타운 대학교의 코스타딘 쿠슬레프, 달하우지 대학교의 사라 커크, 오리건 보건과학 대학교의 비나이 프라사드, 프린스턴 대학교의 도널드 밴스 스미스, 미시간 대학교의 폴라 폼비, 토론토 대학교의 멜리사 A. 밀키, 암 역학 및 예방 연구Cancer Epidemiology and Prevention Research와 앨버타 보건 서비스Alberta Health Services의 린 양, 하버드 대학교 가족 만찬 프로젝트의 린 바렌센, 캘거리 대학교의 커크 바버, 노스이스턴 대학교의 매튜 니스벳, 맥길 대학교의 조너선 자리, 그밖에 혹시라도 내가 언급하지 못한 모든 분께 감사한다.

　이 책을 쓰면서 나는 많은 관련 회의와 워크숍에 참석했고, 그중에 일부는 주최를 돕기도 했다. 또한 TV 다큐멘터리 「죽음을 모면하기 위한 사용자 가이드A User's Guide to Cheating Death」를 제작하여 다양한 전문가들과 이런 주제를 토론할 수 있는 기회도 얻었다. 나는 일일이 언급하기에는 너무 많은 모든 분께 감사하고, 인내심을 갖고 나를 도와준 피콕 앨리 엔터테인먼트Peacock Alley Entertainment의 내 친구들에게도 감사를 전한다.

　또 앨버타 대학교와 보건법 연구소Health Law Institute의 우바카 오그보구, 블레이크 머독, 산드로 마르콘, 에린 넬슨을 비롯한 여러 동료들의 지속적인 지지에도 감사를 표한다. 많은 동료가 이 책 속의 주제들에 대한 복도 토론을 견뎌내야 했다. 특히 로빈 하이드레이의 경이로운 작업에 감사한다. 그녀는 배경 연구를 도왔고 이 책의 거의 모든 주제의 방향에 대한 나의 가설 수립 과정을 인내해야 했다.

　또한 내 연구에 후원해준 기관들에도 감사하며, 그중에서도 캐나다 연구 체어즈 프로그램Canada Research Chairs Program, 피에르 엘리엇 트뤼도 재단Pierre Elliott Trudeau Foundation, 캐나다 보건 연구소Canadian Institutes of Health Research, 우수센터 네트워크Network of Centres of Excellence 프로그램, 게놈 캐나다Genome Canada의 지원에 감사한다.

　내 에이전트인 크리스 부치Chris Bucci는 늘 그렇듯이 내게 끊임없는 지지를 보내고 이런 개념을 책으로 엮어내도록 나를 채찍질하며 놀라운 활약을 보였다. 펭귄 랜덤 하우스 캐나다의 다이앤 튀르비드와 훌륭한 팀에도 많은 신뢰와 감사를 보낸다. (토론토에서 적당량의 술을 마시며) 이런 가상의 하루를 중심으로 이 책을 구성하는 아이디어를 낼 수 있게 도와준 다이앤에게 특별히 감사하고 싶다. 숀 오키, 저스틴 스톨러, 앨런나 맥멀런, 로렌 박의 편집 작업에도 대단히 감사한다.

마지막으로, 마법 같은 나날을 함께 보내고 있는 나의 훌륭하고 항상 큰 힘이 되어주는 가족들에게 가장 큰 감사를 보낸다.

나는 이 참고 문헌 목록에서 관련 연구를 쉽게 찾아볼 수 있도록 충분한 정보를 담으려고 최선을 다했다. 일부 자료에는 주요 인용문이나 요약을 추가하기도 했다. 이 자료가 당신에게 흥미롭고 유용하기를 바란다. 본문에서 참조한 연구는 대부분 이 목록에 포함시켰지만, 이것이 관련된 연구를 모두 포괄하는 목록은 아니다. 여기서는 각 주제에 대한 학술 문헌과 일부 대중적인 논의를 두루 소개하는 데 목적을 두었다.

들어가며: 수많은 결정의 연속 그리고 불안

- Agel, J, et al. "A 7-year review of men's and women's ice hockey injuries in the NCAA" (Oct 2010) 53(5) Canadian Journal of Surgery 319–323 — "1,000경기당 18.69명의 선수가 부상당한다."

- Berge, LI, et al. "Health anxiety and risk of ischaemic heart disease: A prospective cohort study linking the Hordaland Health Study (HUSK) with the Cardiovascular Diseases in Norway (CVDNOR) project" (1 Nov 2016) 6(11) BMJ Open e012914 — 건강 불안은 건강 위험의 증가와 관련 있다.

- Boon, S. "21st century science overload" (7 Jan 2017) Canadian Science Publishing — "매년 약 250만 건의 새로운 학술 논문이 발표된다."

- Curran, T, et al. "Perfectionism is increasing over time: A meta-analysis of birth cohort differences from 1989 to 2016" (28 Dec 2017) 145(4) Psychological Bulletin.

- Dyson, T. "Heart attacks less frequent, less deadly since 1990s" (15 Mar 2019) UPI. "Global life expectancy up 5.5 years since 2000: WHO" (4 Apr 2019)

Medical Xpress.

- Gramlich, J. "5 facts about crime in the U.S." (3 Jan 2019) PEW Research Center.

- Herrero, S, et al. "Fatal attacks by American black bear on people: 1900–2009" (11 May 2011) 75(3) Journal of Wildlife Management 596–603.

- Hirshleifer, D, et al. "Decision fatigue and heuristic analyst forecasts" (Feb 2018) National Bureau of Economic Research, NBER Working Papers 24293 — "하루 동안 애널리스트가 제시한 예측 건수가 증가할수록 분석의 정확성은 감소한다."

- Ingraham, C. "There's never been a safer time to be a kid in America" (14 Apr 2015) Washington Post — 어린이 보행자의 사망률이 어떻게 꾸준히 감소해왔는지 등 어린이 안전에 대한 자료가 나와 있다.

- Jagiello, RD, et al. "Bad news has wings: Dread risk mediates social amplification in risk communication" (29 May 2018) 38(9) Risk Analysis.

- Jinha, AE. "Article 50 million: An estimate of the number of scholarly articles in existence" (Jul 2010) 23(3) Learned Publishing 258–263 — "1665년에 프랑스에서 창간된 현대 학술지의 시초 〈학자들의 저널 Le Journal des Sçavans〉부터 그해 말 런던 왕립학회가 발간한 〈철학회보 Philosophical Transactions〉까지 활동하는 학술지들이 꾸준히 늘고 있다."

- Kabat, GC. *Getting Risk Right* (2016) Columbia University Press.

- Lawler, EE, et al. "Job choice and post decision dissonance" (Feb 1975) 13(1) Organizational Behavior and Human Performance 133–145.

- Limburg, K, et al. "The relationship between perfectionism and psychopathology: A meta-analysis" (Oct 2017) 73(10) Journal of Clinical Psychology 1301–1326.

- Linder, JA, et al. "Time of day and the decision to prescribe antibiotics" (Dec 2014) 174(12) JAMA Internal Medicine 2030–2031.

- Luu, L, et al. "Post-decision biases reveal a self-consistency principle in perceptual inference" (Jul 2018) eLife.

- Nania, R. "Teen drug use at 'all-time lows': How to keep it there" (25 Jan

2018) WTOP.

- National Cancer Institute, "Cancer statistics" (27 Apr 2018)—"미국에서는 1990 년대 초부터 전반적인 암 사망률이 감소했다."

- National Institute on Drug Abuse, "Monitoring the future 2017 survey results" (Dec 2017).

- Pachur, T, et al. "How do people judge risks: Availability heuristic, affect heuristic, or both?" (Sep 2012) 18(3) Journal of Experimental Psychology: Applied 314–330.

- Pennycook, G, et al. "Prior exposure increases perceived accuracy of fake news" (2018) 147(12) Journal of Experimental Psychology: General.

- Rajanala, S, et al. "Selfies—Living in the era of filtered photographs" (Dec 2018) 20(6) JAMA Facial Plastic Surgery—"이런 앱은 순식간에 자신의 외모를 바꿀 수 있게 해주며, 비현실적이고 종종 도달할 수 없는 아름다움의 기준에 따른다."

- Rosenfeld, P, et al. "Decision making: A demonstration of the postdecision dissonance effect" (30 Jun 2010) 126(5) Journal of Social Psychology 663–665.

- Roser, M. "Most of us are wrong about how the world has changed (especially those who are pessimistic about the future)" (27 Jul 2018) Our World in Data—빈곤과 기대수명 등의 세계적 이슈에 대한 인식과 현실 사이의 간극을 보여주는 멋진 요약 통계.

- Roser, M, "Memorizing these three statistics will help you understand the world" (26 Jun 2018) Gates Notes—"1960년 이래로 아동 사망률은 연간 2천만 명에서 6백만 명으로 급감했다."

- Schaper, D. "Record number of miles driven in U.S. last year" (21 Feb 2017) NPR—미국인들은 "지난해 미국 도로에서 약 5조 1,800억 km을 운전했는데, 이는 2015년의 약 5조 km에 비해 약 2.8% 정도 증가한 수치다."

- Smith, MM, et al. "The perniciousness of perfectionism: A meta-analytic review of the perfectionism-suicide relationship" (Jun 2018) 86(3) Journal of Personality 522–542.

- Tierney, J. "Do you suffer from decision fatigue?" (17 Aug 2011) New York Times Magazine.

- Van Noorden, R. "Global scientific output doubles every nine years" (7 May 2014) Nature.
- Vohs, KD, et al. "Making choices impairs subsequent self-control: A limited-resource account of decision making, self-regulation, and active initiative" (Aug 2014) 1(S) Motivation Science.
- Westermann, RW, et al. "Evaluation of men's and women's gymnastics injuries: A 10-year observational study" (Mar 2015) 7(2) Sports Health 161–165.

PART 1. 아침

기상

- Ackermann, K, et al. "The internet as quantitative social science platform: Insights from a trillion observations" (Jan 2017) — 전 세계의 기상 시간.
- Åkerstedt, T, et al. "Sleep duration and mortality—Does weekend sleep matter?" (Feb 2019) 28(1) Journal of Sleep Research — "주말의 불충분한 수면은 65세 미만 참가자들의 사망률 증가와 관련이 있다."
- Bowers, JM, et al. "Effects of school start time on students' sleep duration, daytime sleepiness, and attendance: A meta-analysis" (Dec 2017) 3(6) Sleep Health 423–431 — "더 늦은 등교 시간은 수면 시간의 연장과 관련이 있다. 아울러 그것은 낮 시간의 졸음(연구 7건) 및 학교 지각(연구 3건)의 감소와도 관련이 있다. 종합적으로 등교 시간 연구의 체계적인 분석 결과는 등교 시간을 늦추는 것이 학생들의 수면과 나아가 그들의 전반적인 복지의 개선과 관련이 있음을 시사한다."
- Duncan, MJ, et al. "Greater bed- and wake-time variability is associated with less healthy lifestyle behaviors: A cross-sectional study" (Feb 2016) 24(1) Journal of Public Health 31-40 — "취침 시간의 큰 변동성은 건강하지 못한 생활 행동 패턴과 관련이 있다. 일관된 취침 시간은 보다 건강한 생활 방식을 형성하거나 반영한다."
- Hershner, S, et al. "The impact of a randomized sleep education

intervention for college students" (15 Mar 2018) 14(3) Journal of Clinical Sleep Medicine 337–347 — 연구 결과, 수면이 성과를 향상시킬 수 있는 것으로 밝혀졌다.

- Ingraham, C. "Letting teens sleep in would save the country roughly $9 billion a year" (1 Sep 2018) Washington Post.

- Jankowski, KS. "Morningness/eveningness and satisfaction with life in a Polish sample" (Jul 2012) 29(6) Chronobiology International 780–785 — 아침형 인간은 삶의 만족도가 더 크다.

- Kalmbach, DA, et al. "Genetic basis of chronotype in humans: Insights from three landmark GWAS" (1 Feb 2017) 40(3) Sleep — "종합적으로 유전 가능성의 추정치는 유전적 요인이 최대 50%까지 상당한 비중을 설명한다는 것을 시사한다."

- Kelley, P, et al. "Is 8:30 a.m. still too early to start school? A 10:00 a.m. school start time improves health and performance of students aged 13–16" (8 Dec 2017) Frontiers in Human Neuroscience — "고등학교 등교 시간을 오전 10시로 변경하면 질병이 크게 감소하고 학업 성적이 향상될 수 있다."

- Knutson, KL, et al. "Associations between chronotype, morbidity and mortality in the UK Biobank cohort" (Aug 2018) 35(8) Chronobiology International — "늦은 취침 시간은 건강 위험의 증가와 관련이 있다. 연구에서는 인구의 27.1%가 완전 아침형, 35.5%가 유사 아침형, 28.5%가 유사 저녁형, 9%가 완전 저녁형으로 나타났다."

- Lee, CJ, et al. "Law-based arguments and messages to advocate for later school start time policies in the United States" (Dec 2017) 3(6) Sleep Health 486–497.

- Manber, R, et al. "The effects of regularizing sleep-wake schedules on daytime sleepiness" (Jun 1996) 19(5) Sleep 432–441 — "규칙적인 일정 조건의 연구 참가자들은 잠만 자는 조건의 연구 참가자들에 비해 각성이 더 오랫동안 높게 유지된다고 보고했으며, 수면 효율도 개선되었다고 보고했다."

- Medeiros, A, et al. "The relationships between sleep-wake cycle and academic performance in medical students" (2001) 32(3) Biological Rhythm Research 263–270.

- Monash Business School, "How We Behave: Insights from a Trillion Internet Observations" (17 February 2017)

- Paterson, JL. "Sleep schedule regularity is associated with sleep duration in older Australian adults: Implications for improving the sleep health and wellbeing of our aging population" (Mar–Apr 2017) 41(2) Clinical Gerontologist 113–122.

- Petrov, ME, et al. "Relationship of sleep duration and regularity with dietary intake among preschool-aged children with obesity from low-income families" (Feb–Mar 2017) 38(2) Journal of Developmental and Behavioral Pediatrics 120–128.

- Phillips, A, et al. "Irregular sleep/wake patterns are associated with poorer academic performance and delayed circadian and sleep/wake timing" (12 Jun 2017) 7(1) Scientific Reports — "대학생들의 불규칙한 수면과 빛에 대한 노출 패턴은 지연된 일주기 리듬 및 낮은 학업 성취도와 관련이 있다."

- RAND Corporation, "Shifting school start times could contribute $83 billion to U.S. economy within a decade" (30 Aug 2017).

- Reske, M, et al. "fMRI identifies chronotype-specific brain activation associated with attention to motion—Why we need to know when subjects go to bed" (1 May 2015) 111 NeuroImage 602–610 — "개인별 수면 선호도는 특징적인 뇌 활성화 패턴과 관련이 있다."

- Roane, BM, et al. "What role does sleep play in weight gain in the first semester of university?" (12 Aug 2014) 13(56) Behavioral Sleep Medicine 491–505 — "수면 시간의 일일 변동성은 남성의 체중 증가에 기여한다."

- Sano, A, et al. "Influence of sleep regularity on self-reported mental health and wellbeing" (2016) Affective Computing — "수면 시간과 스트레스를 통제한 경우에도, 수면 불규칙성은 자가 보고한 정신 건강 및 행복의 감소(아침의 낮은 에너지와 각성)와 관련 있는 것으로 보인다."

- Tezler, E, et al. "The effects of poor quality sleep on brain function and risk taking in adolescence" (2013) 71 Neuroimage 275–283.

- Vera, B, et al. "Modifiable lifestyle behaviors, but not a genetic risk score, associate with metabolic syndrome in evening chronotypes" (17 Jan 2018)

8(1) Scientific Reports — "저녁형 인간의 특징인 주로 앉아서 지내는 생활 방식, 식사량 조절의 어려움, 알코올 섭취, 더 늦은 기상 및 취침 시간 등 일부 변경 가능한 요인이 크로노타입과 대사증후군의 관계에 기저를 이룰 수 있다."

- Vetter, C, et al. "Prospective study of chronotype and incident depression among middle- and older-aged women in the Nurses' Health Study II" (25 May 2018) 103 Journal of Psychiatric Research 156–160 — "크로노타입은 중장년층 여성의 우울증 위험에 영향을 미칠 수 있다."

- Walch, OJ, et al. "A global quantification of 'normal' sleep schedules using smartphone data" (6 May 2016) 2(5) Science Advances — 전 세계의 평균적인 기상·수면 패턴을 매핑하는 대규모 수면 연구.

- White, S. "Can night owls become early birds?" (27 Aug 2015) Globe and Mail.

- Wong, PM, et al. "Social jetlag, chronotype, and cardiometabolic risk" (Dec 2015) 100(12) Journal of Clinical Endocrinology & Metabolism — "취침 시간의 불규칙성은 당뇨병과 동맥경화성 심혈관 질환의 원인이 되는 대사 위험 요인과 관련이 있다."

휴대폰 확인

- Braun Research, "Bank of America Trends in Consumer Mobility Report" (2015) — 35%는 잠에서 깼을 때 가장 중요하게 여기는 것이 스마트폰이라고 대답했다.

- Elhai, JD, et al. "Problematic smartphone use: A conceptual overview and systematic review of relations with anxiety and depression psychopathology" (1 Jan 2017) 207 Journal of Affective Disorders 251–259.

- "For most smartphone users, it's a 'round-the-clock' connection" (26 Jan 2017) Industry Today — 밀레니얼 세대의 66%는 잠에서 깨자마자 휴대폰을 확인한다.

- Gervis, Z. "Going on vacation won't cure your smartphone addiction" (17 May 2018) New York Post — 사람들이 휴가 중에도 하루에 80번 휴대폰을 확인한다는 연구에 대한 보도.

- Groeger, JA, et al. "Effects of sleep inertia after daytime naps vary with executive load and time of day" (Apr 2011) 125(2) Behavioral Neuroscience 252–260 ─ "집행 기능은 집행 기능에 덜 의존하는 단순한 작업을 수행하는 데 보다 수면 후의 점근적인 수행으로 돌아가는 데 더 오랜 시간이 걸린다."

- Naftulin, J. "Here's how many times we touch our phones every day" (13 Jul 2016) Business Insider.

- "61% people check their phones within 5 minutes after waking up: Deloitte" (29 Dec 2016) BGR.

양치질

- Al Makhmari, SA, et al. "Short-term and long-term effectiveness of powered toothbrushes in promoting periodontal health during orthodontic treatment: A systematic review and meta-analysis" (Dec 2017) 152(6) American Journal of Orthodontics and Dentofacial Orthopedics ─ "칫솔 유형은 치아 건강을 유지하는 데 확연한 차이를 보이지 않았다."

- Bellis, M. "A Comprehensive History of Dentistry and Dental Care" (19 Mar 2018) ThoughtCo.

- Brooks, JK, et al. "Charcoal and charcoal-based dentifrices: A literature review" (7 Jun 2017) 148(9) Journal of the American Dental Association 661–670 ─ 숯 치약을 뒷받침하는 근거는 없다.

- CADTH, "Community Water Fluoridation Programs: A Health Technology Assessment—Ethical Considerations" (February 2019) ─ "종합적으로 이 윤리 분석은 지역사회의 물 불소화가 거의 폐해와 부작용 없이 국민의 구강 건강을 효과적으로 개선하므로 윤리적으로 정당하다고 결론 내린다."

- Cifcibasi, E, et al. "Comparison of manual toothbrushes with different bristle designs in terms of cleaning efficacy and potential role on gingival recession" (2014) 8 Eur J Dent. 395–401 ─ "칫솔모의 디자인은 칫솔의 치석 제거 능력에 거의 영향을 미치지 않는다."

- Government of Canada, "Position statement on Community Water Fluoridation" (23 September 2016) ─ "지역사회의 물 불소화는 여전히 안전하고 비용 효율적이며 공평한 공중보건 정책으로, 캐나다인의 건강과 웰빙을 지키고 유지하는 데 중요한 수단이다."

- Knox, MC, et al. "Qualitative investigation of the reasons behind opposition to water fluoridation in regional NSW, Australia" (15 Feb 2017) 27(1) Public Health Research and Practice.

- Marinho, VCC, et al. "Fluoride toothpastes for preventing dental caries in children and adolescents" (2003) Cochrane Library.

- McLaren, L, et al. "Measuring the short-term impact of fluoridation cessation on dental caries in Grade 2 children using tooth surface indices (17 Feb 2016) 44(3) Community Dentistry and Oral Epidemiology 274–282.

- Mork, N, et al. "Perceived safety and benefit of community water fluoridation: 2009 HealthStyles survey" (2015) 75(4) J Public Health Dent. 327–336 — "응답자의 27%는 지역 사회의 물 불소화가 건강에 아무런 도움이 되지 않는다고 대답했다."

- National Health Service, "How to keep your teeth clean" (Nov 25, 2015).

- Neelima, M, et al. "'Is powered toothbrush better than manual toothbrush in removing dental plaque?' A crossover randomized double-blind study among differently abled, India" (Mar–Apr 2017) 21(2) Journal of Indian Society of Periodontology 138–143 — "수동 칫솔은 전동 칫솔과 마찬가지의 효과가 있었다."

- O'Mullane, D, et al. "Fluoride and Oral Health" (2016) 33 Community Dental Health 69–99 — "지역 사회의 물 불소화는 안전하고, 충치 예방에 효과적이며, 비용 효과적일 가능성이 매우 높다."

- Perrella, A, et al. "Risk perception, psychological heuristics and the water fluoridation controversy" (2015) 106(4) Canadian Journal of Public Health 197–203 — 물 불소화에 대한 반대 여론이 증가하고 있다는 연구 결과.

- Ranzan, N, et al. "Are bristle stiffness and bristle end-shape related to adverse effects on soft tissues during toothbrushing? A systematic review" (27 Aug 2018) 69(3) International Dental Journal.

- Ritchie, G. "The six month dental recall—Science or legend?" (23 Feb 2018) Science-Based Medicine.

- Slade, GD, et al. "Water fluoridation and dental caries in U.S. children and adolescents" (14 Jun 2018) 97(10) Journal of Dental Research 1122–1128 — "이

런 연구 결과[어린이 7,000명 이상의 데이터 포함]는 지역사회의 물 불소화가 미국 어린이들의 충치를 예방하는 효과가 상당히 크고 특히 젖니의 경우에 효과가 가장 두드러진다는 것을 확인시켜준다."

- Thornton-Evans, G, et al. "Use of toothpaste and toothbrushing patterns among children and adolescents—United States, 2013–2016" (1 Feb 2019) 68(4) Morbidity and Mortality Weekly Report — "건강관리 전문가들이 부모들에게 부모의 감독하에 권장량의 불소 치약을 사용하는 방법에 대해 교육하면 최대한의 효과를 얻을 수 있다."

- U.S. Department of Health and Human Services Federal Panel on Community Water Fluoridation, "U.S. Public Health Service Recommendation for Fluoride Concentration in Drinking Water for the Prevention of Dental Caries" (2015) 130 Public Health Rep. 318-331 — "지역사회의 물 불소화는 여전히 충치 예방을 위해 불소를 보급하는 효과적인 공중보건 전략이며, 가장 현실성 있고 비용 효율적인 전략이다."

- Vibhute, A, et al. "The effectiveness of manual versus powered toothbrushes for plaque removal and gingival health: A meta-analysis" (Apr 2012) 16(2) Journal of Indian Society of Periodontology 156–160 — "일반적으로 전동 칫솔과 수동 칫솔 사이에 통계적으로 유의한 차이가 있다는 근거는 없었다."

- Walsh, T, et al. "Fluoride toothpastes of different concentrations for preventing dental caries in children and adolescents" (20 Jan 2010) Cochrane Library.

- Yaacob, M, et al. "Powered versus manual toothbrushing for oral health" (17 Jun 2014) Cochrane Library — "전동 칫솔은 장단기적으로 수동 칫솔보다 치석과 치은염을 더 줄여준다. 이런 발견의 임상적 중요성은 여전히 불분명하다."

다시 휴대폰 확인

- "Americans check their phones 80 times a day: Study" (8 Nov 2017) New York Post.

- Bhandari, K. "College students in India check their phones over 150 times daily" (22 May 2018) Toronto Star.

- Brandon, J. "The surprising reason millennials check their phones 150 times a day" (17 Apr 2017) Inc.—우리가 얼마나 자주 핸드폰을 확인하는지에 대한 연구는 셀 수 없이 많다. 나는 많은 연구를 찾아보고 일평균을 100회 정도로 잡았다.

- "Mobile users cannot leave their phone alone for six minutes, check it 150 times a day" (11 Feb 2013) News.

- Ulger, F, et al. "Are we aware how contaminated our mobile phones with nosocomial pathogens?" (2009) 7 Annals of Clinical Microbiology and Antimicrobials — "전체적으로 94.5%의 휴대폰이 다양한 종류의 세균에 오염되어 있다는 근거를 제시했다."

체중 재기

- American Heart Association, "Daily weighing may be key to losing weight" (5 Nov 2018)—Study summary.

- Amy, NK, et al. "Barriers to routine gynecological cancer screening for White and African-American obese women" (Jan 2006) 30(1) International Journal of Obesity 147–155 — 연구에서는 비만인 여성들이 체중과 관련된 수치심 때문에 치료를 피할 수 있다고 지적한다.

- Aydinoğlu, NZ, et al. "Imagining thin: Why vanity sizing works" (Oct 2012) 22(4) Journal of Consumer Psychology 565–572 — "우리는 실제 크기보다 작은 치수로 표기된 청바지가 몸에 맞으면 소비자들의 긍정적인 자기 이미지가 증가할 수 있다는 것을 발견했다."

- Benn, Y, et al. "What is the psychological impact of self-weighing? A meta-analysis" (9 Feb 2016) 10(2) Health Psychology Review 187–203.

- Bigotti, F. "Mathematica medica: Santorio and the quest for certainty in medicine" (22 Jul 2016) 1(4) Journal of Healthcare Communications.

- Bivins, R, et al. "Weighting for Health: Management, measurement and self-surveillance in the modern household" (Nov 2016) 29(4) Social History of Medicine 757–780 — 욕실용 체중계의 역사에 대한 멋진 요약. 초기 광고 문구는 이렇다. "건강을 유지하는 것이 국민의 의무입니다. 매일 당신의 체중을 확인하세요."

- Boo, S. "Misperception of body weight and associated factors" (2014) 16(4)

Nursing & Health Sciences 468–475 ─ "48.9%는 자신의 체중을 과소평가했고 6.8%는 과대평가했다."

- Boseley, S. "Third of overweight teenagers think they are right size, study shows" (9 Jul 2015) Guardian.
- Burke, MA, et al. "Evolving societal norms of obesity: What is the appropriate response?" (16 Jan 2018) 319(3) JAMA 221–222.
- Butryn, ML, et al. "Consistent self-monitoring of weight: a key component of successful weight loss maintenance" (18 Jan 2007) Obesity 15(12) ─ "개인들이 꾸준히 체중을 재면 적정 체중을 성공적으로 유지하는 데 도움이 될 수 있다."
- Chrisafis, A. "French women Europe's thinnest and most worried about weight, report finds" (23 Apr 2009) Guardian ─ 45%는 자기 체중에 불만이다.
- Dahl, M. "Six-pack stress: Men worry more about their appearance than their jobs" (28 Feb 2014) Today ─ 남성의 63%가 '항상 살을 더 뺄 수 있다고 생각한다'고 응답했다.
- Ethan, D, et al. "An analysis of weight loss articles and advertisements in mainstream women's health and fitness magazines" (2016) 6(2) Health Promotion Perspectives 80–84 ─ "다이어트 제품 광고의 주제들은 공통적으로 여성의 체중 감량 인식과 행동에 해로운 영향을 미칠 수 있는 외모 중심의 동기에 호소했다."
- "Fury at a Canadian university after it removes scales from the campus gym because they are 'triggering eating disorders'" (15 Mar 2017) Daily Mail.
- Greaves, C, et al. "Understanding the challenge of weight loss maintenance: A systematic review and synthesis of qualitative research on weight loss maintenance" (7 Apr 2017) 11(2) Health Psychology Review 145–163.
- Howe, C, et al. "Parents' Underestimations of Child Weight: Implications for Obesity Prevention" (2017) Journal of Pediatric Nursing 57–61 ─ "96%의 부모가 과체중인 자녀를 과소평가했다."
- Hurst, M, et al. "'I just feel so guilty': The role of introjected regulation in linking appearance goals for exercise with women's body image" (Mar 2017) 20 Body Image 120–129 ─ "외모와 연관된 운동 목표는 일관되게 부정적인 신체 이미지와 관련이 있다."

- Ingraham, C. "The absurdity of women's clothing sizes, in one chart" (11 Aug 2015) Washington Post — "오늘날의 8사이즈 옷은 1958년의 16사이즈 옷과 거의 맞먹는다."

- Ingraham, C. "Nearly half of America's overweight people don't realize they're overweight" (1 Dec 2016) Washington Post.

- Jackson, SE. "Weight perceptions in a population sample of English adolescents: Cause for celebration or concern?" (Oct 2015) 39(10) International Journal of Obesity 1488–1493.

- Jospe, MR, et al. "The effect of different types of monitoring strategies on weight loss: A randomized controlled trial" (Sep 2017) 25(9) Obesity 1490–1498.

- Katterman, SN, et al. "Daily weight monitoring as a method of weight gain prevention in healthy weight and overweight young adult women" (11 Jun 2015) 21(12) Journal of Health Psychology — "매일 체중을 재는 행위의 유해한 영향은 발견되지 않았고, 오히려 수용성과 지속성이 높았다. 체중 모니터링은 체중에 영향을 미치지 않았다. 두 그룹 모두 체중의 증가가 거의 없었다. 연구 결과에 따르면, 체중 모니터링은 해로운 영향이 미미하고 체중 증가를 예방하는 데 유용할 수 있다."

- Ketron, S. "Consumer cynicism and perceived deception in vanity sizing: The moderating role of retailer (dis)honesty" (Nov 2016) 33(C) Journal of Retailing and Consumer Services 33–42.

- Ketron, S, et al. "Liar, liar, my size is higher: How retailer context influences labeled size believability and consumer responses to vanity sizing" (Jan 2017) 34(C) Journal of Retailing and Consumer Services 185–192.

- Lanoye, A, et al. "Young adults' attitudes and perceptions of obesity and weight management: Implications for treatment development" (Mar 2016) 5(1) Current Obesity Reports 14–22 — "청소년 대상의 체중 관리 개입에는 기존의 무질서한 식습관 및 지나친 신체 불만족에 대한 선별 검사가 계속 병행되어야 하지만, 체중 증가의 예방 또는 체중 감량 노력의 맥락에서 자주 자신의 체중을 재는 것은 대부분의 청소년에게 적절하고 유익한 방법으로 보인다."

- LaRose, JG, et al. "Frequency of self-weighing and weight loss outcomes within a brief lifestyle intervention targeting emerging adults" (Mar 2016) 2(1) Obesity Science & Practice 88–92 — "성인 대상의 다른 연구 결과들과 일치하게도, 잦은 체중 측정은 더 큰 폭의 체중 감소와 관련 있었다."

- Madigan, CD, et al. "A randomised controlled trial of the effectiveness of self-weighing as a weight loss intervention" (10 Oct 2014) 11 International Journal of Behavioural Nutrition and Physical Activity — "체중 감량을 위한 개입방법으로, 매일 체중을 재라는 지시는 효과적이지 않다. 다른 연구들과 달리, 체중을 재는 빈도의 증가가 더 큰 폭의 체중 감량과 관련이 있다는 근거가 도출되지 않았다."

- Madigan, CD, et al. "Regular self-weighing to promote weight maintenance after intentional weight loss: A quasi-randomized controlled trial" (Jun 2014) 36(2) Journal of Public Health 259–267 — "최근에 체중을 감량한 사람들에게 규칙적으로 체중을 재도록 권장하면 체중이 다시 느는 것을 일부 예방할 수 있다."

- Mercurio, A, et al. "Watching my weight: Self-weighing, body surveillance, and body dissatisfaction" (Jul 2011) 65 (1-2) Sex Roles 47–55 — 스스로 체중을 재는 것은 '마른 몸매의 이상과 현대식 미의 기준을 충족시키기 위해 노력하는 사람들이 많은 집단'인 젊은 여성들에게 심리적으로 더 해로울 수 있다.

- Pacanowski, CR, et al. "Self-weighing: Helpful or harmful for psychological well-being? A review of the literature" (Mar 2015) 4(1) Current Obesity Reports 65–72.

- Pacanowski, CR, et al. "Self-weighing throughout adolescence and young adulthood: Implications for well-being" (Nov–Dec 2015) 47(6) Journal of Nutrition Education and Behavior — "스스로 체중을 재는 것은 젊은이들, 특히 여성들에게 무해한 행동이 아닐 수도 있다. 개입을 하려면 자가 체중 측정의 모든 잠재적인 이득뿐 아니라 잠재적으로 유해한 영향도 평가해야 한다."

- Putterman, E, et al. "Appearance versus health: Does the reason for dieting affect dieting behavior?" (Apr 2004) 27(2) Journal of Behavioral Medicine 185–204.

- Reeves, S. "Santorio Santorio—physician, physiologist, and weight-watcher" (2016) 8(1) Hektoen International.

330 _ 우리는 왜 사소한 결정조차 어려워할까

- Robinson, E, et al. "Perceived weight status and risk of weight gain across life in US and UK adults" (1 Dec 2015) 39(12) International Journal of Obesity 1721–1726 — "미국과 영국 성인들의 경우에 스스로를 '과체중'으로 인식하는 것은 직관과는 반대로 향후에 체중이 증가할 위험의 증가와 관련이 있다."

- Rosenbaum, DL, et al. "Daily self-weighing and weight gain prevention: A longitudinal study of college-aged women" (Oct 2017) 40(5) Journal of Behavioural Medicine 846–853.

- Shieh, C. "Self-weighing in weight management interventions: A systematic review of literature" (Sep–Oct 2016) 10(5) Obesity Research & Clinical Practice — "자신의 체중을 재는 행위는 예상치 못한 부작용을 일으키지 않고 체중 결과를 개선할 가능성이 있고, 특히 매일 또는 매주 수행될 때 그렇다. 체중 관리 개입에 이 전략을 포함시키는 것을 고려할 수 있다."

- Snook, K, et al. "Change in percentages of adults with overweight or obesity trying to lose weight, 1988–2014" (7 Mar 2017) 317(9) Journal of the Association of American Medicine — 체중을 감량하려는 성인의 수가 줄어든다.

- Steinberg, DM, et al. "Daily self-weighing and adverse psychological outcomes: A randomized controlled trial" (Jan 2014) 46 American Journal of Preventive Medicine — "자신의 체중을 재는 것은 부정적인 심리적 결과와 관련이 없다."

- Steinberg, DM, et al. "Weighing everyday matters: Daily weighing improves weight loss and adoption of weight control behaviors" (Apr 2015) 115(4) Journal of the Academy of Nutrition and Dietetics 511–518 — "매일 체중을 재면 체중 조절 행동을 더 많이 시도하게 되고, 일주일 중 몇몇 요일에 체중을 재는 것에 비해 더 많은 체중 감량으로 이어졌다. 이는 결국 매일 체중을 재는 것이 효과적인 체중 감량 방법임을 시사한다."

- Stewart, TM. "Why thinking we're fat won't help us improve our health: Finding the middle ground" (Jul 2018) 26(7) Obesity 1115–1116 — 체중 편향, 증가된 체중의 정상화, 체중 감량 사이의 긴장을 요약한 훌륭한 논평.

- Wilke, J. "Nearly half in U.S. remain worried about their weight" (25 Jul 2014) Gallup.com — "미국인의 거의 절반(45%)은 체중에 대해 '항상' 또는 '수시로' 걱정하는데, 이는 1990년에 이 정도의 우려를 나타낸 34%에 비해 상당히 높

은 수치다."

- Wilkinson, L, et al. "Three-year follow-up of participants from a self-weighing randomized controlled trial" (19 Sep 2017) Journal of Obesity — "자주 체중을 재는 것은 체중 감량을 유지하는 데 효과적이고 경제적인 전략이 될 수 있다."
- Williams, N. "Trying to lose weight? Then ditch the scale, says P.E.I. dietitian" (15 Jan 2018) CBC News.
- Wing, RR, et al. "Frequent self-weighing as part of a constellation of healthy weight control practices in young adults" (May 2015) 23(5) Obesity 943–949 — "자주 체중을 재는 것은 건강한 체중 관리 전략과 관련이 있지만, 건강하지 못한 습관이나 우울증과는 관련이 없다."
- Zheng, Y, et al. "Self-weighing in weight management: A systematic literature review" (Feb 2015) 23(2) Obesity 256–265 — "규칙적으로 체중을 재는 것은 체중 감량과 관련이 있고, 부정적인 심리적 결과와는 관련이 없다."

속옷 입기

- "Briefs are the underwear of choice among both men and women" (14 Dec 2017) YouGov.
- Feldman, J. "More people go commando than you might think" (10 Mar 2014) HuffPost — "7%는 '항상' 속옷을 입지 않고 지낸다고 응답했다."
- Gunter, J. "Is it important to wear 100 percent cotton underwear for optimal vaginal health, or does it not matter?" (2019) New York Times.
- Hamlin, AA, et al. "Brief versus Thong Hygiene in Obstetrics and Gynecology (B-THONG): A survey study" (Jun 2019) 45(6) Journal of Obstetrics and Gynaecology Research — "구강성교가 요로 감염과 세균성 질염의 유일한 단독 예측 변인이었다."
- Mínguez-Alarcón, L, et al. "Type of underwear worn and markers of testicular function among men attending a fertility center" (1 Sep 2018) 33(9) Human Reproduction — "특정 스타일의 남성 속옷은 정자 형성을 손상시킬 수 있다."
- Sapra, KJ, et al. "Choice of underwear and male fecundity in a

preconception cohort of couples" (May 2016) 4(3) Andrology ─ "임신까지 걸린 기간, 임신 지연, 불임 등에서 유의미한 차이는 관찰되지 않았다. 요약하면, 남성의 속옷 선택은 정액 변인의 차이와 거의 관련이 없다. 또 임신까지 걸린 기간과는 아무런 연관성도 발견되지 않았다."

- Sapra, KJ, et al. "Male underwear and semen quality in a population-based preconception cohort" (20 Oct 2015) 104(3) Fertility and Sterility ─ "낮에는 사각 팬티를 입고 밤에는 속옷을 입지 않는 남성들에게서 더 나은 정액 품질 변인이 관찰된다."

커피

- Stromberg, J. "It's a myth: There's no evidence that coffee stunts kids' growth" (20 Dec 2013) Smithsonian.
- World Health Organization International Agency for Research on Cancer, "IARC Monographs evaluate drinking coffee, maté, and very hot beverages" (15 Jun 2016) ─ "워킹그룹Working Group은 인간과 동물 연구 1,000여 건을 철저히 검토한 결과 전반적으로 커피 음료의 발암성을 입증하는 증거가 불충분하다는 것을 발견했다."

아침 식사

- Adolphus, K, et al. "The effects of breakfast on behavior and academic performance in children and adolescents" (8 Aug 2013) 7 Frontiers in Human Neuroscience 425 ─ "매일 먹는 아침 식사의 질이 다양한 영양분과 적절한 에너지를 제공한다는 점에서 학업 성적과 긍정적으로 관련 있다는 일부 근거가 있다."
- Allen, V. "Breakfast IS key to losing weight" (23 Apr 2018) Daily Mail ─ 미발표된 소규모 연구와 관련된 부정확한 헤드라인.
- Barr, SI, et al. "Association of breakfast consumption with body mass index and prevalence of overweight/obesity in a nationally-representative survey of Canadian adults" (31 Mar 2016) 15 Nutrition Journal ─ "캐나다 성인의 경우, 아침 식사가 체질량지수의 차이나 과체중·비만 유병률과 일관되게 관련 있지는 않았다."

- Bohan Brown, MM, et al. "Eating compared to skipping breakfast has no discernible benefit for obesity-related anthropometrics: Systematic review and meta-analysis of randomized controlled trials" (1 Apr 2017) 31(1) Federation of American Societies for Experimental Biology Journal.

- Brown, AW, et al. "Belief beyond the evidence: Using the proposed effect of breakfast on obesity to show 2 practices that distort scientific evidence" (Nov 2013) 98(5) American Journal of Clinical Nutrition 1298–1308 — "아침 식사가 비만에 미치는 효과에 대한 믿음은 과학적 근거의 힘을 능가한다."

- Carroll, AE. "Sorry, there's nothing magical about breakfast" (23 May 2016) New York Times — 훌륭한 문헌 고찰.

- Cheng, E, et al. "Offering breakfast in the classroom and children's weight outcomes" (25 Feb 2019) 173(4) JAMA Pediatrics.

- Chowdhury, E, et al. "Six weeks of morning fasting causes little adaptation of metabolic or appetite resources to feeding in adults with obesity" (May 2019) 27(5) Obesity — "지속적으로 아침 식사를 거르는 데 따른 부정적인 결과나 갑작스런 식사에 대한 대사 적용을 지지하는 근거는 거의 없었다. 이는 기존에 아침 식사를 하는 사람들과 거르는 사람들 사이에서 관찰된 차이가 갑작스런 식사의 영향이거나 다른 생활 요인의 결과일 수 있음을 시사한다."

- Dhurandhar, EJ, et al. "The effectiveness of breakfast recommendations on weight loss: A randomized controlled trial" (2014) 100(2) American Journal of Clinical Nutrition 507–513 — 연구 결과 '체중 감량에 미치는 뚜렷한 영향'을 발견하지 못했다.

- Levitsky, DA, et al. "Effect of skipping breakfast on subsequent energy intake" (2 Jul 2013) 119 Physiology & Behavior 9–16 — "아침 식사를 거를 경우, 점심 식사량을 늘리는 것으로 에너지가 보충되지 않았다. 결과적으로 아침을 거르면 하루의 총 에너지 섭취량이 감소했다.

- Polonsky, HM, et al. "Effect of a breakfast in the classroom initiative on obesity in urban school-aged children: A cluster randomized clinical trial" (1 Apr 2019) 173(4) JAMA Pediatrics — "그 계획은 비만 아동의 증가와 비만의 만연이란 의도치 않은 결과를 낳았다."

- Rong, S, et al. "Association of skipping breakfast with cardiovascular and all-cause mortality" (30 Apr 2019) 73(16) Journal of the American College of Cardiology — "우리의 연구는 심혈관계 건강을 증진시키는 아침 식사의 효과를 뒷받침한다."

- Shimizu, H, et al. "Delayed first active-phase meal, a breakfast-skipping model, led to increased body weight and shifted the circadian oscillation of the hepatic clock and lipid metabolism-related genes in rats fed a high-fat diet" (31 Oct 2018) 13(10) PloS ONE.

- Sievert, K, et al. "Effect of breakfast on weight and energy intake: Systematic review and meta-analysis of randomised controlled trials" (30 Jan 2019) 364 BMJ — "아침 식사를 추가하는 것은 기존의 아침 식사 습관에 관계없이 체중 감량에 바람직한 전략이 아닐 수 있다. 성인의 체중 감량을 위해 아침 식사를 권하면 오히려 역효과가 날 수 있어 주의가 필요하다."

- "Skipping breakfast makes you fat" (26 Apr 2018) Times Now.

- Spector, T. "Breakfast—the most important meal of the day?" (30 Jan 2019) BMJ Opinion — "아침 식사를 거르는 경우의 문제점은 이제 몇 차례의 무작위 실험을 통해 옳지 않은 것으로 밝혀졌다."

- St-Onge, MP, et al. "Meal timing and frequency: Implications for cardiovascular disease prevention: A scientific statement from the American Heart Association" (28 Feb 2017) 135(9) Circulation — 아침 식사를 하는 것이 다양한 건강상의 이점들과 상관관계가 있다고 결론짓는다.

우유

- Barker, ME, et al. "What type of milk is best? The answer is to follow your tastebuds" (2 Jan 2018) Independent—"전유의 칼로리가 더 높지만, 탈지유가 더 건강에 좋다는 근거는 거의 없다"고 결론 내린 탁월한 분석.

- Centers for Disease Control and Prevention, "Increased outbreaks associated with nonpasteurized milk, 2007–2012" (8 Jun 2017).

- Centers for Disease Control and Prevention, "Raw milk: Know the raw facts."

- Claeys, WL, et al. "Raw or heated cow milk consumption: Review of risks and benefits" (May 2013) 31(1) Food Control 251–262 — "생우유를 마시면 인

간 병원균에 오염될 가능성이 있어 현실적으로 건강에 위협이 된다. 그러므로 생우유를 데워 마시는 방법을 강력히 권한다. 가열(특히 초고온 및 유사한 처리)로는 생우유의 영양가나 생우유 섭취에 따른 기타 이점이 사실상 변하지 않는다."

- Collier, R. "Dairy research: 'Real' science or marketing?" (12 Jul 2016) 188(10) Canadian Medical Association Journal 715–716.

- De Oliveira Otto, MC, et al. "Serial measures of circulating biomarkers of dairy fat and total and cause-specific mortality in older adults: The Cardiovascular Health Study" (Sep 2018) 108(3) American Journal of Clinical Nutrition.

- Dehghan, M, et al. "Association of dairy intake with cardiovascular disease and mortality in 21 countries from five continents (PURE): A prospective cohort study" (11 Sep 2018) 292(10161) The Lancet — "유제품 섭취는 다양한 다국적 코호트에서 사망률 및 주요 심혈관 질환 발생의 감소와 관련이 있었다."

- Drouin-Chartier, JP, et al. "Comprehensive review of the impact of dairy foods and dairy fat on cardiometabolic risk" (15 Nov 2016) 7(6) Advances in Nutrition 1041–1051.

- Fenton, TR, et al. "Milk and acid-base balance: Proposed hypothesis versus scientific evidence" (Oct 2011) 30(5 Suppl 1) Journal of the American College of Nutrition, 471S–475S — "현대식 식단과 유제품 소비는 우리 몸을 산성화하지 않는다."

- Food and Drug Administration, "The dangers of raw milk: Unpasteurized milk can pose a serious health risk" (11 Aug 2018).

- Food and Drug Administration, "Milk residue sampling survey" (Mar 2015).

- Hamblin, J. "How agriculture controls nutrition guidelines" (8 Oct 2015) Atlantic.

- Holmberg, S, et al. "High dairy fat intake related to less central obesity: A male cohort study with 12 years' follow-up" (Jun 2013) 31(2) Scandinavian Journal of Primary Health Care 89–94 — "많은 유지방 섭취는 내장 비만의 낮은 위험과 관련이 있었고, 적은 유지방 섭취는 내장 비만의 높은 위험과 관련이 있었다."

- Jalonick, MC. "Little evidence of antibiotics in U.S. milk supply: FDA" (5 Mar

2015) CTV News.

- "More families say no to cow's milk" (2 Feb 2015) CBS News ― "우유의 평균 소비량은 1970년에 1인당 연간 약 22갤런에서 2012년에 15갤런 미만으로 떨어졌다. 이는 33% 감소한 것이다."

- Lucey, J. "Raw milk consumption: Risks and benefits" (Jul–Aug 2015) 50(4) Nutrition Today 189–193 ― 유용한 문헌 고찰. "생우유 섭취에 따른 영양 개선, 유당 불내증 예방, '좋은' 박테리아 제공 등과 관련된 주장은 과학적 근거가 없는 신화이다."

- Markham, L, et al. "Attitudes and beliefs of raw milk consumers in northern Colorado" (24 Nov 2014) 9(4) Journal of Hunger & Environmental Nutrition 546–564.

- Matthews-King, A. "Belief that milk makes cold mucus and phlegm worse is a medieval myth, scientists say" (7 Sep 2018) Independent.

- Michaëlsson, K, et al. "Milk intake and risk of mortality and fractures in women and men: Cohort studies" (28 Oct 2014) 349 BMJ.

- Mole, B. "Raw milk is trending for some reason—so are nasty, drug-resistant infections" (11 Feb 2018) Ars Technica.

- Mullie, P, et al. "Daily milk consumption and all-cause mortality, coronary heart disease and stroke: A systematic review and meta-analysis of observational cohort studies" (8 Dec 2016) 16(1) BMC Public Health ― "성인의 우유 소비와 관련하여 모든 원인 사망률, 관상동맥 심장 질환, 뇌졸중의 위험이 감소하거나 증가했다는 근거는 없다. 하지만 발표 편향 때문에 우유 소비와 관련된 위험이 과소평가될 가능성도 배제할 수 없다."

- National Health Service, "Dairy and alternatives in your diet" (16 Jan 2018).

- New Zealand, Office of the Prime Minister's Chief Science Advisor, "Review of evidence for health benefits of raw milk consumption" (May 2015).

- Rahn, W, et al. "Framing food policy: The case of raw milk" (31 Mar 2016) 45(2) Policy Studies Journal ― "소비자의 선택권과 소규모 농장의 장점(이를테면 식품 운동계의 용어로 '로커브리즘locavorism[자신이 사는 지역에서 생산된 먹을거리를 섭취하려는 운동]')은 생우유를 옹호하는 강력한 프레임이다. 이와 반대로 공중보건 당국과 전통적인 낙농업계의 주장은 사람들에게 이 문제를 이해할 수 있는

대안적인 방법이 있을 때 별로 설득력이 없다."

- Rangwani, S. "White poison: The horrors of milk" (3 December 2001).
- Rautiainen, S, et al. "Dairy consumption in association with weight change and risk of becoming overweight or obese in middle-aged and older women: A prospective cohort study" (Apr 2016) 103(4) American Journal of Clinical Nutrition 979–988.
- Richardson, SB. "Legal pluralism and the regulation of raw milk sales in Canada: Creating space for multiple normative orders at the food policy table" in Alabrese, M, et al. (eds), *Agricultural Law: Current Issues from a Global Perspective* (Oct 2017).
- Rozenberg, S, et al. "Effects of dairy products consumption on health: Benefits and beliefs—A commentary from the Belgian Bone Club and the European Society for Clinical and Economic Aspects of Osteoporosis, Osteoarthritis and Musculoskeletal Diseases" (Jan 2016) 98(1) Calcified Tissue International 1–17.
- Saini, V, et al. "Antimicrobial use on Canadian dairy farms" (Mar 2012) 95(3) Journal of Dairy Science.
- St. Pierre, M. "Changes in Canadians' preferences for milk and dairy products" (21 Apr 2017) Statistics Canada.
- Thorning, TK, et al. "Milk and dairy products: Good or bad for human health? An assessment of the totality of scientific evidence" (22 Nov 2016) 60 Food & Nutrition Research — "우유와 유제품의 섭취는 영양소 권장량을 충족시키는 데 도움이 되고 가장 일반적인 만성 질환을 예방하는 한편, 부작용은 거의 보고되지 않았다."
- Yakoob, MY, et al. "Circulating biomarkers of dairy fat and risk of incident diabetes mellitus among US men and women in two large prospective cohorts" (26 Apr 2016) 133(17) Circulation — "2개의 전향적 코호트에서 혈장 유제품 지방산 농도가 높을수록 당뇨병 발병률이 낮아졌다."
- Zylberberg, D. "Milk, ideology, and law: Perfect foods and imperfect regulation" (2016) 104 Georgetown Law Journal 1377.

아이들 차로 등교시키기

- Bennett, D. "Abducted!" (20 Jul 2008) Boston Globe — "앰버 경고 시스템은 아동을 보호하는 실질적 방법이라기보다는 보여주기식이다."

- Brody, JE. "Parenting advice from 'America's Worst Mom'" (15 Jan 2015) New York Times.

- Brussoni, M, et al. "What is the relationship between risky outdoor play and health in children? A systematic review" (8 Jun 2015) 12(6) International Journal of Environmental Research and Public Health 6423–6454 — 모험적인 야외 놀이를 지지하는 연구.

- Cairns, W. *How to Live Dangerously* (2008) Macmillan — 아이를 20만 년 동안 밖에 혼자 두는 경우의 통계치 포함.

- Centers for Disease Control and Prevention, National Center for Injury Prevention and Control, "10 leading causes of injury deaths by age group" (2015).

- "Children who travel to school independently are more satisfied and perform better in school" (19 Jan 2018) Medical XPress — 부모의 감독하에 돌아다니는 아이들은 "스스로 이웃 지역을 탐험하고 친구들과 교류할 수 있는 자연스러운 기회를 잃게 된다. 그 결과 그들은 주변 환경에서 느끼는 독립성과 안정성이 저하된다."

- De La Cruz, D. "Utah passes 'free-range' parenting law" (29 Mar 2018) New York Times.

- DeSilver, D. "Dangers that teens and kids face: A look at the data" (14 Jan 2016) Pew Research Center.

- Donovan, K, et al. "The role of entertainment media in perceptions of police use of force" (17 Sep 2015) 42 Criminal Justice and Behaviour — 연구는 범죄와 형사 사법에 대한 인식에 TV 범죄물이 미치는 영향을 지적한다.

- Eagle Shutt, J, et al. "Reconsidering the leading myths of stranger child abduction" (26 Jan 2004) 17 Criminal Justice Studies 127–134.

- Faulkner, GEJ, et al. "What's 'quickest and easiest?': Parental decision making about school trip mode" (6 Aug 2010) 7 International Journal of Behavioral Nutrition and Physical Activity — 낯선 사람과 관련된 걱정에 대해 본문에서 인

용했던 인터뷰 연구.

- Foster, S, et al. "Suspicious minds: Can features of the local neighbourhood ease parents' fears about stranger danger?" (18 Feb 2015) 42 Journal of Environmental Psychology 48–56 — 부모들의 낯선 사람에 대한 두려움이 아이들의 이동성을 제한하므로, 더 걷기 좋은 이웃 환경을 조성하면 거리가 더 안전해지고 부모들의 두려움이 줄어들 것이다. 연구에서는 많은 부모가 자신의 두려움이 실제 위험과 맞지 않는다는 사실을 인정하는 것으로 나타났다.

- Fridberg, L. "Children who travel to school independently are more satisfied and perform better in school" (19 Jan 2018) Karlstad University Service Research Center.

- Gainforth, HL, et al. "Evaluating the ParticipACTION 'Think Again' Campaign" (Aug 2016) 43 Health Education & Behavior 434–441 — 부모의 88%가 자녀들이 운동을 충분히 한다고 생각하지만, 실제로는 7%만이 운동을 충분히 한다고 지적.

- García-Hermoso, A, et al. "Associations between the duration of active commuting to school and academic achievement in rural Chilean adolescents" (2017) 22(1) Environmental Health and Preventive Medicine — 활동적인 통학은 '청소년의 학업 성적에 긍정적인 영향을 미칠 수 있다.'

- Griffin, T, et al. "Does AMBER Alert 'save lives'? An empirical analysis and critical implications" (4 Feb 2015) 39(4) Journal of Crime and Justice — 앰버 경보는 결과에 직접적인 영향을 미치지는 않았지만, 약 25%의 경우에 도움이 되었을 수 있고, 대체로 가족 구성원에 의한 유괴의 경우에 도움이 되었다.

- Herrador-Colmenero, M, et al. "Children who commute to school unaccompanied have greater autonomy and perceptions of safety" (Dec 2017) 106(2) Acta Pædiatrica — 아이가 (혼자) 활동적으로 등하교를 하면 안전의식이 높아졌다.

- Huertas-Delgado, FJ, et al. "Parental perceptions of barriers to active commuting to school in Spanish children and adolescents" (27 Sep 2017) 106(12) European Journal of Public Health 416–421.

- Iancovich, V. "Why walking to school is better than driving for your kids" (11 Sep 2015) U of T News — 연구자 조지 마멘의 말 인용: "연구 결과 아이들이 학

교에 걸어갈 때보다 차 사고로 피해를 입을 가능성이 더 높은 것으로 밝혀졌다."

- Ingraham, C. "There's never been a safer time to be a kid in America" (14 Apr 2015) Washington Post.

- Jacobs, T. "AMBER Alerts largely ineffective, study shows" (15 Dec 2007) Pacific Standard.

- Jamieson, PE, et al. "Violence in popular U.S. prime time TV dramas and the cultivation of fear: A time series analysis" (17 Jun 2014) 2(2) Media and Communication 31–41 — "폭력 범죄율과 범죄 발생에 대한 인식을 통제한 상태에서, 1972년부터 2010년까지 매년 TV에서 다루는 폭력의 변화는 국민이 범죄에 대해 느끼는 공포의 변화와 상당한 관련이 있었다."

- Jessup, C, et al. "Fear, hype, and stereotypes: Dangers of overselling the Amber Alert program" (5 Jan 2015) 8 Albany Government Law Review 467–507.

- Kort-Butler, LA, et al. "Watching the detectives: Crime programming, fear of crime, and attitudes about the criminal justice system" (2011) 52 (1) Sociological Quarterly 36–55 — 이 연구는 TV 속 범죄와 범죄에 대한 대중의 태도 사이의 복잡한 관계를 강조한다.

- Lambiase, MJ, et al. "Effect of a simulated active commute to school on cardiovascular stress reactivity" (Aug 2010) 42(8) Medicine & Science in Sports & Exercise 1609–1616 — 학교에 걸어가는 것은 스트레스와 심혈관계 건강에 도움이 될 수 있다.

- Luymes, G. "School zone driving is getting worse in B.C., survey suggests" (5 Sep 2017) Vancouver Sun — 과속, 정차 실패 등 학교 앞 하차 문제에 대한 설문조사 결과 보도.

- Martínez-Gómez, D, et al. "Active commuting to school and cognitive performance in adolescents" (Apr 2011) Archives of Pediatrics and Adolescent Medicine 300–305 — "이런 새로운 연구 결과들은 신체 활동이 청소년의 인지 능력에 유익한 영향을 미칠 수 있다는 근거를 증가시킨다."

- McDonald, NC, et al. "Why parents drive children to school: Implications for safe routes to school programs" (30 Jun 2009) 75(3) Journal of the American Planning Association 331–342 — 부모들이 아이들을 학교까지 태워다주는 주

된 이유는 낯선 사람에 대한 두려움이다.

- Miller, MK, et al. "The psychology of AMBER Alert: Unresolved issues and implications" (Mar 2009) 46(1) The Social Science Journal 111–123.

- Moore, A. "Walking, biking to school improves concentration" (24 Nov 2012) Medical Daily ─ 학생 약 2만 명 대상의 연구에 대한 보도. 집중력이 향상된 것을 발견함.

- Moscowitz, L, et al. "'Every parent's worst nightmare': Myths of child abductions in US news" (2011) 5(2) Journal of Children and Media ─ 이 연구 결과 아동 유괴에 관한 언론 보도에서 편향성이 발견됐다. "중상류층 가정의 어린 백인 소녀들이 낯선 남자들에게 납치당하고 있다."

- Neufeld, L. "School zone speed limits reduce collisions and injuries, says city" (13 Oct 2016) CBC News ─ 이 기사는 2016년에 어린이보호구역에서 2건의 보행자 부상 사고가 발생했다고 전한다.

- Press Association, "Parents face fines for driving children to school in push to curb pollution" (6 Sep 2017) Guardian.

- Rothman, L, et al. "Dangerous student car drop-off behaviors and child pedestrian–motor vehicle collisions: An observational study" (3 Jul 2016) 17(5) Traffic Injury Prevention 454–459 ─ "104개 학교(88%)에서 위험한 하차 행위가 목격되었다." 이 연구는 또 "캐나다 토론토에서 학령기 어린이의 경우 매년 약 150건의 보행자 자동차 충돌 사고가 발생한다"고 지적한다.

- Rothman, L, et al. "Motor vehicle-pedestrian collisions and walking to school: The role of the built environment" (May 2014) 133(5) Pediatrics ─ 이 연구에서는 걸어서 등교하는 것이 안전하고, 의사들이 "부모들에게 건강한 생활 방식의 일환으로 아이들을 걸어서 학교에 보내도록 권장하는 상담을 해야 한다"는 결과가 나왔다. 또한 토론토 지역에서 481건의 충돌 사고가 발생했지만 대부분 심각하지 않았고, 총 30명의 중상자와 1명의 사망자가 발생한 것으로 확인됐다.

- Shalev, GK, et al. "The more eyes the better? A preliminary examination of the usefulness of child alert systems in the Netherlands, United Kingdom (UK), Czech Republic and Poland" (Mar 2016) University of Portsmouth, Centre for the Study of Missing Persons.

- Sicafuse, LL, et al. "Social psychological influences on the popularity of Amber Alerts" (30 Sep 2010) 37(11) Criminal Justice and Behavior 1237–1254 — "앰버 경보는 범죄를 통제하는 환상에 불과한 수단이므로, '범죄 통제 극장'으로 개념화될 수 있다. 이는 간단한 해결책으로 복잡한 문제에 접근하려는 문제적인 사회적 경향을 드러낸다.

- "Single dad barred from sending kids to school on city bus" (6 Sep 2017) CTV News.

- Skenazy, L. "Why I let my 9-year-old ride the subway alone" (1 Apr 2008) New York Sun.

- Smith, LJ. "Parents could land up to £1,000 in fines for driving their kids to school, this is why" (5 May 2017) Express.

- Stokes, MA. "Stranger danger: Child protection and parental fears in the risk society" (2009) Amsterdam Social Science 1(3) 6–24 — 이 기사는 낯선 사람의 위험을 분석하면서, 그것을 "'사악한 마녀' 또는 '부기맨'의 현대적 구현"으로 해석한다.

- Teschke, K, et al. "Risks of cycling, walking and driving put in context" (7 Aug 2013) Vancouver Sun.

- Thomas, AJ, et al. "Correction: No child left alone: Moral judgments about parents affect estimates of risk to children" (23 Aug 2016) 2(1) Collabra 1–15.

- Tremblay, MS, et al. "Position statement on active outdoor play" (8 Jun 2015) 12(6) International Journal of Environmental Research and Public Health 6475–6505 — 아이가 낯선 사람에게 유괴될 확률을 약 1,400만 분의 1로 추정한 입장 선언문.

- Valentine, G. "'Oh yes I can.' 'Oh no you can't': Children and parents' understandings of kids' competence to negotiate public space safely" (Jan 1997) 29(1) Antipode.

- Westman, J, et al. "What drives them to drive?—Parents' reasons for choosing the car to take their children to school" (8 Nov 2017) 8 Frontiers in Psychology, https://doi.org/10.3389/fpsyg.2017.01970 — 이 연구에서는 학교까지의 거리가 자녀를 학교까지 태워다주는 결정에서 중요한 요인이 아니며, 낯선 사람에 대한 두려움이 지배적인 관심사라는 것이 드러났다.

출근

- Andersen, LB. "Active commuting is beneficial for health" (19 Apr 2017) 357 BMJ — 모든 원인 사망률의 30% 감소 등 활동적인 통근의 효과 검토.

- Barth, B. "Why biking to work is a barrier for most Americans" (6 Apr 2015) Momentum Mag.

- Breakaway Research Group, "U.S. bicycling participation benchmarking study report" (Mar 2015) — 이 기사는 자전거 출퇴근의 걸림돌에 대한 미국인 대상의 설문조사를 검토한다.

- Bubbers, M. "What bicycle-friendly Copenhagen can teach us about commuting" (7 Mar 2018) Globe and Mail.

- Celis-Morales, CA, et al. "Association between active commuting and incident cardiovascular disease, cancer, and mortality: Prospective cohort study" (19 Apr 2017) 357 BMJ — "자전거 통근은 뇌혈관성 질병과 암, 모든 원인 사망의 위험 감소와 관련이 있었다. 보행 통근은 주요 교란 변수 측정치와 무관하게 뇌혈관성 질병의 위험 감소와 관련이 있었다."

- Cheung, A. "Drivers vs. cyclists—who's at fault? New study reveals who Canadians blame for road dangers" (28 Jun 2018) CBC News — "영국 런던 교통부의 2015년 보고서에 따르면, 사고가 났을 때 전적으로 자동차 운전자의 책임인 경우는 60~70%인 반면, 자전거 운전자의 책임이 있는 경우는 17~20%였다."

- De Hartog, JJ, et al. "Do the health benefits of cycling outweigh the risks?" (Aug 2010) 118(8) Environmental Health Perspectives 1109–1116 — "자전거 타기로 예상되는 건강상의 이점은 위험성보다 훨씬 더 크다."

- Department for Transport, "British Social Attitudes Survey 2014" (2014) — "2014년에 응답자의 64%가 도로에서 자전거를 타는 것이 너무 위험하다는 데 동의했다."

- Dinu, M, et al. "Active commuting and multiple health outcomes: A systematic review and meta-analysis" (Mar 2019) 49(3) Sports Medicine — "활동적인 통근을 택한 사람들은 모든 원인 사망률, 심혈관 질환 발생률, 당뇨병에 걸릴 위험이 현저하게 감소했다."

- Fruhen, LS, et al. "Car driver attitudes, perceptions of social norms and aggressive driving behaviour towards cyclists" (Oct 2015) 83 Accident

Analysis & Prevention 162–170.

- Goddard, T. "Exploring drivers' attitudes and behaviors toward bicyclists: The effect of explicit and implicit attitudes on self-reported safety behaviors" (Dec 2015) Portland State University Transportation and Research Center.

- Johnson, M, et al. "Riding through red lights: The rate, characteristics and risk factors of non-compliant urban commuter cyclists" (Jan 2011) 43(1) Accident Analysis & Prevention 323–328 — "2008년 10월부터 2009년 4월까지 호주 대도시 멜버른 전역의 10개 지역에서 몰래카메라를 이용하여 자전거 이용자의 행동을 관찰하는 횡단 관찰 연구가 진행되었다. 전체적으로, 4,225명의 자전거 이용자가 빨간 신호등을 만났고, 6.9%가 교통 법규를 준수하지 않았다."

- Kahneman, D, et al. "A survey method for characterizing daily life experience: The day reconstruction method." (3 Dec 2004) 306(5702) Science 1776–1780.

- Kemp, M. "Four in every five crashes between cars and bicycles caused by driver of car" (19 Feb 2013) AdelaideNow.

- Lin, P, et al. "Naturalistic bicycling behavior pilot study" (Nov 2017) University of South Florida Center for Urban Transportation Research — "자전거 이용자의 일반 교통 법규 준수율은 주간 88.1%, 야간 87.5%였다."

- Macmillan, A, et al. "Trends in local newspaper reporting of London cyclist fatalities 1992–2012: The role of the media in shaping the systems dynamics of cycling" (Jan 2016) 86 Accident Analysis & Prevention 137–145 — 자전거 사고 관련 보도에 관한 통계.

- Manning, J. "A short commute makes Londoners happier than sex" (30 Jan 2018) Time Out.

- Marshall, W, et al. "Scofflaw bicycling: Illegal but rational" (Apr 2017) 11(1) Journal of Transport and Land Use, 805–836 — 이 연구에서는 "자전거 이용자들도 자신의 불법적인 행위를 비슷하게 합리화하지만, 본인의 개인적인 안전이나 에너지 절약을 더 많이 언급하는 경향이 있다"는 사실이 발견됐다.

- Martin, A, et al. "Does active commuting improve psychological wellbeing? Longitudinal evidence from eighteen waves of the British Household Panel Survey" (Dec 2014) 69 Preventive Medicine 296–303.

- Morency, P, et al. "Traveling by bus instead of car on urban major roads: Safety benefits for vehicle occupants, pedestrians, and cyclists" (Apr 2018) 95(2) Journal of Urban Health 196–207 — "시내버스는 승객뿐만 아니라 이런 버스 노선을 따라 이동하는 자전거 이용자와 보행자에게도 자동차보다 더 안전한 교통수단이다."

- Mueller, N, et al. "Health impact assessment of active transportation: A systematic review" (Jul 2015) 76 Preventive Medicine 103–114 — "신체 활동의 효과가 교통과 관련된 충돌 사고나 배기가스 피해를 능가한다."

- Mullan, E. "Exercise, weather, safety, and public attitudes: A qualitative exploration of leisure cyclists' views on cycling for transport" (16 Jul 2013) Sage Open — "일반 대중들은 자전거와 자전거 이용자에 대해 매우 부정적인 태도를 보였다."

- Panter, J, et al. "Using alternatives to the car and risk of all-cause, cardiovascular and cancer mortality" (2018) Heart — "더 활동적인 이동 패턴은 성인의 모든 원인 사망률과 치명적인 뇌혈관성 질병, 사고 위험의 감소[30%]와 관련이 있다."

- Puentes, R. "How commuting is changing" (18 Sep 2017) US News — 미국인의 76.3%가 혼자 차를 타고 출퇴근한다.

- Seyda, L, et al. "Spoke'n word: A qualitative exploration of the image and psychological factors that deter bicycle commuting" (11 Jan 2015) — 제94회 교통조사위원회 연례 회의에 제출된 논문.

- Sims, D, et al. "Predicting discordance between perceived and estimated walk and bike times among university faculty, staff, and students" (10 Jan 2018) 14(8) Transportmetrica A: Transport Science — 근로자의 93%가 다양한 위치까지 자전거로 가는 데 걸리는 시간을 잘못 추정한 것을 보여주는 연구.

- St-Louis, E, et al. "The happy commuter: A comparison of commuter satisfaction across modes" (Aug 2014) 26 Transportation Research 160–170.

- Stafford, T. "The psychology of why cyclists enrage car drivers" (12 Feb 2013) BBC News.

- Statistics Canada, "Journey to work: Key results from the 2016 Census" (29 Nov 2017) — 통근 거리의 중간값이 7.7km임을 밝혀낸 통계.

- Teschke, K, et al. "Bicycling: Health risk or benefit?" (Mar 2012) 3(2) UBC Medical Journal.

- Tomer, A. "America's commuting choices: 5 major takeaways from 2016 census data" (3 Oct 2017) Brookings.

- Turcotte, M. "Like commuting? Workers' perceptions of their daily commute" (2005) Canadian Social Trends, Statistic Canada Catalogue No. 11-008 — 자전거 이용자들은 통근 시간을 좋아하는 유일한 통근자들이다.

- University of British Columbia, "Safety and travel mode" (26 Oct 2017) — 이 자료는 운전, 걷기, 자전거 타기로 인한 부상 사고를 비교하는 통계를 제공한다.

- Van Bekkum, JE, et al. "Cycle commuting and perceptions of barriers: Stages of change, gender and occupation" (18 Oct 2011) 111(6) Health Education 476–497.

- Winters, M, et al. "Motivators and deterrents of bicycling: Comparing influences on decisions to ride" (2011) 38(1) Transportation 15 — 몇 가지 영향력을 잘 검토하면서 안전이 거의 가장 큰 이유임을 지적한다.

- Wright, R, et al. "Is urban cycling worth the risk?" (2 Sep 2016) Financial Times Magazine — 자전거 타기와 관련된 사망과 부상에 관한 통계.

- Zijlema, WL, et al. "Active commuting through natural environments is associated with better mental health: Results from the PHENOTYPE project" (Dec 2018) 121 Environment International 721–727.

- Zwald, ML, et al. "Trends in active transportation and associations with cardiovascular disease risk factors among U.S. adults, 2007–2016" (Dec 2018) 116 Preventive Medicine 150–156 — "활동적인 이동 수단 이용은 뇌혈관성 질병에 걸릴 위험과 반비례하는 것으로 나타났다."

주차

- Cassady, CR, et al. "A probabilistic approach to evaluate strategies for selecting a parking space" (Feb 1998) 32 Transportation Science 30 — 처음 보이는 빈자리에 주차하는 것이 거의 언제나 최선임을 보여주는 수학적 모델링.

- Cookson, G, et al. "The impact of parking pain in the US, UK and Germany" (Jul 2017) INRIX Research — 주차에 허비한 시간과 주차 공간을 찾

는 데 보낸 시간(뉴욕시의 경우 연간 107시간)의 비용을 설명하는 연구. 그리고 주차 문제로 실랑이를 벌인 3분의 1에 관한 통계.

- Morgan, J. "Half of Britain's drivers suffer stress due to parking, study finds" (27 Sep 2017) Evening Standard.
- Pawlowski, A. "Avoid parking rage on Black Friday! How to find a spot every time" (16 Sep 2016) Today — 앤드루 벨키의 말을 인용한, 전략에 대한 논평.
- Ruback, RB, et al. "Territorial defense in parking lots: Retaliation against waiting drivers" (1997) 27 Journal of Applied Social Psychology 821–834.

업무 시작

- Pope, NG. "How the time of day affects productivity: Evidence from school schedules" (2016) 98(1) Review of Economics and Statistics 1–11 — "수학 수업을 아침에 하면 교사의 질을 4분의 1 표준 편차만큼 향상시킨 경우와 맞먹는 수준으로 시험 점수가 높아진다. 학교 일과를 재조정하면 학업 성적이 향상될 수 있다."

공중 변기 시트

- Doyle, P. "Footballers warned that spitting could help spread swine flu" (27 Oct 2009) Guardian — "'침 뱉기는 언제나 역겹습니다'라고 영국 건강보호국의 대변인은 말했다. '침은 비위생적이고 건강에 좋지 않습니다. 특히 다른 사람들 가까이에 침을 뱉는다면 말이죠. 축구 선수들도 다른 사람들처럼 실내에서 침을 뱉지 않아야 축구장에서도 침을 뱉지 않을 것입니다.'"
- Johnson, DL, et al. "Lifting the lid on toilet plume aerosol: A literature review with suggestions for future research" (Mar 2013) 41 American Journal of Infection Control 254–258.
- Kafer, A. "Other people's shit (and pee!)" (2016) 115(4) South Atlantic Quarterly — 성 중립적인 화장실에서 더러운 변기 시트 문제에 관한 분석.
- Lai, ACK, et al. "Emission strength of airborne pathogens during toilet flushing" (2018) 28(1) Indoor Air 73–79 — 변기 분무 현상에 관한 연구.
- Moore, KH, et al. "Crouching over the toilet seat: Prevalence among British

gynaecological outpatients and its effect upon micturition" (Jun 1991) 98(6) British Journal of Obstetrics and Gynaecology 569–572.

- Palmer, MH, et al. "Self-reported toileting behaviors in employed women: Are they associated with lower urinary tract symptoms?" (Feb 2018) 37(2) Neurology and Urodynamics 37(2) — "대부분의 습관적인 배변 행동은 직장에서 소변을 보기 위해 너무 오래 기다릴 때를 제외하고는 요절박(갑작스런 요의)과 관련이 없었다."

- Sjögren, J, et al. "Toileting behavior and urinary tract symptoms among younger women" (Nov 2017) 28(11) International Urogynecology Journal 1677–1684.

- World Health Organization, "2.1 billion people lack safe drinking water at home, more than twice as many lack safe sanitation" (21 Jul 2017).

손 씻기

- Allen, L. "Science confirms the obvious: People wash their hands more when they're watched" (15 Oct 2009).

- Azor-Martínez, E, et al. "Effectiveness of a multifactorial handwashing program to reduce school absenteeism due to acute gastroenteritis" (Feb 2014) 33(2) Pediatric Infectious Disease Journal 34–39 — "실험 집단의 아이들은 급성 위장염으로 인한 결석 위험이 36% 낮았다."

- Bearman, G, et al. "Healthcare personnel attire in non-operating-room settings" (Feb 2014) 35(2) Infection Control & Hospital Epidemiology — "교차 감염에서 옷의 영향은 아직 입증된 바 없으며, 보다 확실한 정보가 나올 때까지 건강관리와 관련된 감염을 예방하기 위해서는 근거 기반의 조치에 우선순위를 두어야 한다."

- Borchgrevink, CP, et al. "Hand washing practices in a college town environment" (Apr 2013) 75(8) Journal of Environmental Health — "오직 5% 정도만이 손을 씻고 비비고 헹구는 데 15초 이상 걸렸다."

- Bradley Corporation, "Global handwashing day focuses on need for universal hand hygiene" (14 Oct 2015) PR Newswire — 미국인의 92%가 공중 화장실에 다녀온 후에 손을 씻는 것이 중요하다고 생각하면서도 66%만이 공중

화장실에 다녀온 후에 항상 손을 씻는다고 응답했다. 비누로 씻는 방법에 대해서는, 거의 70%가 비누 거품을 내지 않고 그냥 물로만 헹궈낸다고 인정했다.

- Burton, M, et al. "The effect of handwashing with water or soap on bacterial contamination of hands" (Jan 2011) 8(1) International Journal of Environmental Research and Public Health 97–104.

- Centers for Disease Control and Prevention, "Hygiene fast facts" (26 Jul 2016) ─ "비누와 물로 손을 씻으면 설사와 관련된 사망을 최대 50%까지 줄일 수 있는 것으로 추정된다."

- Centers for Disease Control and Prevention, "Why wash your hands?" (17 Sep 2018) ─ 손 씻기의 이점에 대한 훌륭한 분석.

- Curtis, V, et al. "Effect of washing hands with soap on diarrhoea risk in the community: A systematic review" (May 2003) 3(5) The Lancet: Infectious Diseases 275–281 ─ "손 씻기로 막을 수 있는 잠재적인 설사 사망자 수를 약 100만 명(110만 명, 하한선 50만 명, 상한선 140만 명)으로 추정한다."

- Edmond, M. "Bare below the elbow and implications for infection control" (2017) Infectious Disease Advisor ─ '팔꿈치 아래로는 옷을 입지 않는' 전략의 가치에 대한 데이터 검토. 근거는 찾지 못하고 생물학적 타당성만 밝혀냈다.

- Huang, C, et al. "The hygienic efficacy of different hand-drying methods: A review of the evidence" (Aug 2012) 87(8) Mayo Clinic Proceedings 791–798.

- Huesca-Espitia, LDC, et al. "Deposition of bacteria and bacterial spores by bathroom hot-air hand dryers" (9 Feb 2018) Applied and Environmental Microbiology.

- Pickering, AJ, et al. "Video surveillance captures student hand hygiene behavior, reactivity to observation, and peer influence in Kenyan primary schools" (27 Mar 2014) 9 PLoS ONE ─ "영상 모니터링 결과, 학생들이 손을 씻는 상황에서 주변에 적어도 한 명의 다른 사람이 있으면 아무도 없을 때보다 손 씻는 비율(71%)이 더 높아졌다."

- Spector, D. "Here's what happens if you never wash your jeans" (27 Jul 2016) Independent.

- Zielinski, S. "The myth of the frozen jeans" (7 Nov 2011) Smithsonian.

멀티태스킹

- Carrier, LM, et al. "Productivity in peril: Higher and higher rates of technology multitasking" (8 Jan 2018) Behavioral Scientist.
- "The digital native is a myth" (27 Jul 2017) Nature.
- Hills, TT. "The dark side of information proliferation" (29 Nov 2018) 14(3) Perspectives on Psychological Science ─ 인지적 선택 편향의 영향에 대한 유용한 분석(연구 저자가 직접 제공함).
- Huth, S. "Employees waste 759 hours each year due to workplace distractions" (22 Jun 2015) Telegraph.
- Kirschner, PA, et al. "The myths of the digital native and the multitasker" (Oct 2017) 67 Teaching and Teacher Education 135–142 ─ "정보에 빠삭한 디지털 원주민이란 존재하지 않는다."
- Sanbonmatsu, DM, et al. "Who multi-tasks and why? Multi-tasking ability, perceived multi-tasking ability, impulsivity, and sensation seeking" (2013) 8(1) PLoS ONE ─ "미디어 멀티태스킹 목록Media Multitasking Inventory으로 측정한 멀티태스킹 활동과 참가자들이 보고한 운전 중 휴대 전화 사용은 실제 멀티태스킹 능력과 부적 상관관계가 있었다. 멀티태스킹은 참가자들의 인식된 멀티태스킹 능력과 정적 상관관계를 보였으나, 이 능력은 상당히 부풀려진 것으로 나타났다."
- Schulte, B. "Work interruptions can cost you 6 hours a day. An efficiency expert explains how to avoid them" (1 Jun 2015) Washington Post ─ 이 기사는 3분 5초마다 업무 중단이 발생한다는 연구를 소개하며, 다시 업무로 돌아가는 데 23분이 걸린다고 언급한다.
- Shamsi, T, et al. "Disruption and recovery of computing tasks: Field study, analysis, and directions" (2007) Proceedings of the 2007 CHI Conference on Human Factors in Computing Systems 677–686.
- Smith, N. "Distracted Workers Are Costing You Money" (2010) Business News Daily ─ "산만한 근로자들이 미국 기업에 연간 6,500억 달러의 비용을 떠안긴다."
- Stoet, G, et al. "Are women better than men at multi-tasking?" (2013) 1(18) BMC Psychology.

- Sullivan, B, et al. "Brain, Interrupted" (3 May 2013) New York Times — 멀티태 스킹을 하는 136명의 참가자에 대한 연구 결과 보도.
- Watson, JM, et al. "Supertaskers: Profiles in extraordinary multitasking ability" (Aug 2010) 17(4) Psychonomic Bulletin & Review 479–485 — "대다수 의 참가자가 (운전이나 OSPAN 과제[작업 기억 과제] 중 한 가지를 수행하는 조건에 비 해) 두 가지를 동시에 수행하는 조건에서 상당한 기능 저하를 보였지만, 표본의 2.5%는 기능 저하가 전혀 없는 것으로 나타났다.
- Westbrook, JI, et al. "Task errors by emergency physicians are associated with interruptions, multitasking, fatigue and working memory capacity: A prospective, direct observation study" (Jan 2018) 27(8) BMJ Quality & Safety — "업무 중단, 멀티태스킹, 수면 부족은 응급실 의사들의 처방 오류율의 유의미한 증가와 관련이 있었다."

점심시간 기다리기

- Malkoc, S. "Want to be more productive? Stop scheduling out your day" (25 Jun 2018) Quartz.
- Tonietto, GN, et al. "When an hour feels shorter: Future boundary tasks alter consumption by contracting time" (19 May 2018) 45(5) Journal of Consumer Research.

PART 2. 점심

점심 식사

- American Institute for Cancer Research, "New Report Finds Whole Grains Lower Colorectal Cancer Risk" (Sep 2017).
- Amirikian, K, et al. "Effects of the gluten-free diet on body mass indexes in pediatric celiac patients" (Mar 2019) 68(3) Journal of Pediatric Gastroenterology and Nutrition.
- Boseley, S. "Extreme dieters eating gluten-free food alongside smoking and vomiting" (18 Jun 2018) Guardian — "일부 사람들은 글루텐을 피하는 편이 살을

빼는 데 도움이 될 것으로 생각하여 불필요하게 글루텐 섭취를 피하고 있다."

- Choung, RS, et al. "Less hidden celiac disease but increased gluten avoidance without a diagnosis in the United States: Findings from the National Health and Nutrition Examination Surveys from 2009 to 2014" (2017) 92(1) Mayo Clinic Proceedings 30–38.

- Christoph, MJ, et al. "Who values gluten-free? Dietary intake, behaviors, and sociodemographic characteristics of young adults who value gluten-free food" (Aug 2018) 118(8) Journal of Academy of Nutrition and Dietetics 1389–1398.

- Elliott, C. "The nutritional quality of gluten-free products for children" (Aug 2018) 142(2) Pediatrics ― "일반적인 어린이 대상 식품에 비해 영양 면에서 우수하지 않으며 오히려 당분 함량 때문에 잠재적 위험이 더 크다."

- Fernan, C, et al. "Health halo effects from product titles and nutrient content claims in the context of 'protein' bars" (30 Aug 2017) 33(12) Health Communication 1–9.

- Food Insight, "Survey: Nutrition Information Abounds, But Many Doubt Food Choices" (5 May 2019) International Food Information Council Foundation ― "이들의 절반 이상(56%)이 서로 상반된 정보 때문에 자신의 선택을 의심하게 된다고 응답했다."

- "Gluten-free: Simply a way to healthier eating?" (7 Nov 2017) Hartman Group Newsletter.

- "'Gluten free' claims in the marketplace" (10 Nov 2017) Agriculture and Agri-Food Canada ― 캐나다인의 22%가 글루텐 섭취를 피한다.

- Halmos, EP, et al. "Gluten in 'gluten-free' manufactured foods in Australia: A cross-sectional study" (Aug 2018) 209(10) Medical Journal of Australia.

- King, J. "Experiences of coeliac disease in a changing gluten-free landscape" (2 Oct 2018) 32(1) Journal of Human Nutrition and Dietetics.

- Lebwohl, B, et al. "Coeliac Disease" (28 Jul 2017) 391(10115) The Lancet 70–81.

- Lebwohl, B, et al. "Long term gluten consumption in adults without celiac disease and risk of coronary heart disease: Prospective cohort study" (2 May

2017) BMJ 357 — "소아지방변증이 없는 사람에게 글루텐 프리 식단을 권장해서는 안 된다."

- Lis, D, et al. "Exploring the popularity, experiences, and beliefs surrounding gluten-free diets in nonceliac athletes" (Feb 2015) 25(1) International Journal of Sport Nutrition and Exercise Metabolism 37–45.
- Lis, D, et al. "No effects of a short-term gluten-free diet on performance in nonceliac athletes" (Dec 2015) 47(12) Medicine & Science in Sports & Exercise 2563–2570.
- McFadden, B. "'Gluten-free water' shows absurdity of trend in labeling what's absent" (28 Aug 2017) The Conversation.
- Meeting News, "Most who avoid gluten lack symptoms of intolerance, sensitivity" (5 Jun 2018) Healio.
- Niland, B, et al. "Health benefits and adverse effects of a gluten-free diet in non–celiac disease patients" (Feb 2018) 14(2) Gastroenterology & Hepatology — "글루텐을 피하는 것이 글루텐 관련 질병이 입증되지 않은 환자들에게는 악영향을 줄 수 있다."
- Okada, EM. "Justification effects on consumer choice of hedonic and utilitarian goods" (Feb 2005) 42(1) Journal of Marketing Research 43–53.
- Prada, M, et al. "The impact of a gluten-free claim on the perceived healthfulness, calories, level of processing and expected taste of food products" (Apr 2019) 73 Food Quality and Preference — "글루텐 프리 제품이 건강에 더 좋은 것으로 인식되었다."
- Saplakoglu, Y. "Keto, Mediterranean or vegan: Which diet is best for the heart?" (12 Nov 2018) Live Science.
- Servick, K. "What's really behind 'gluten sensitivity'?" (23 May 2018) Science.
- Stevens, L. "Gluten-free and regular foods: A cost comparison" (Aug 2008) 69(3) Canadian Journal of Dietetic Practice and Research 147–150 — "평균적으로 글루텐 프리 제품은 일반 제품에 비해 242% 더 비쌌다."

분노하기

- Bogart, N. "1 in 4 young people regret posts on social media" (29 Jul 2013)

Global News.

- Bushman, BJ. "Does venting anger feed or extinguish the flame? Catharsis, rumination, distraction, anger, and aggressive responding" (2002) 28(6) Personality and Social Psychology Bulletin, 724–731 — "아무것도 하지 않는 것이 화를 내는 것보다 더 효과적이었다. 이런 결과는 카타르시스 이론과 정면 으로 배치된다."

- Chapman, BP, et al. "Emotion suppression and mortality risk over a 12-year follow-up" (6 Aug 2013) 75(4) Journal of Psychosomatic Research 381–385 — "감정 억제는 암으로 인한 사망을 비롯해 조기 사망의 위험을 나타낼 수 있다." 소규모 상관관계 연구.

- Courter, B. "Studies show confession numbers are falling, but it's still considered important" (30 Jun 2014) Times Free Press — "고해성사는 종종 카 타르시스를 느끼는 경험이다."

- Davidson, KW, et al. "Anger expression and risk of coronary heart disease: Evidence from the Nova Scotia Health Survey" (Feb 2010) 159(2) American Heart Journal 199–206.

- Fan, R, et al. "Anger is more influential than joy: Sentiment correlation in Weibo" (15 Oct 2014) 9 PLoS ONE — "우리는 사용자들 사이에서 분노의 상관 관계가 기쁨의 상관관계보다 유의미하게 더 높다는 것을 발견한다."

- Frey, S, et al. "The rippling dynamics of valenced messages in naturalistic youth chat" (Aug 2019) 51(4) Behavior Research Methods.

- Heikkilä, K, et al. "Work stress and risk of cancer: Meta-analysis of 5700 incident cancer events in 116000 European men and women" (7 Feb 2013) 346 BMJ — "업무 긴장도로 정의 및 측정되는 업무 관련 스트레스는 기준선 수 준에서 대장암, 폐암, 유방암, 전립선암의 중요한 위험 요인이 되지 않을 가능성 이 높다."

- Kye, SY, et al. "Perceptions of cancer risk and cause of cancer risk in Korean adults" (Apr 2015) 47(2) Cancer Research and Treatment 158–165 — "암을 유 발하는 가장 중요한 원인으로 인식된 것이 스트레스였다."

- Leung, FH, et al. "Bless me, for I have sinned . . . Behaviour change and the confessional" (Jan 2009) 55(1) Canadian Family Physician 17–18 — "고해성사

의 신학을 파고들지 않더라도, 그것의 카타르시스적 특성은 자명하다."

- Martin, RC. "Three facts about venting online" (1 Aug 2014) Psychology Today — "트위터 사용자의 46%는 종종 분노에 대처하거나 분풀이하는 방법으로 트윗을 한다고 응답했다."
- Martin, RC, et al. "Anger on the Internet: The perceived value of rant-sites" (Feb 2013) 16(2) Cyberpsychology, Behavior, and Social Networking — 대부분의 참가자들에게 호통치는 글을 읽고 쓰는 것은 부정적인 기분 변화를 이끌어냈다.
- Mostofsky, E, et al. "Outbursts of anger as a trigger of acute cardiovascular events: A systematic review and meta-analysis" (1 Jun 2014) 35(21) European Heart Journal 1404–1410 — "분노 폭발 직후에 심혈관 질환이 발생할 위험이 더 높다."
- Mostofsky, E, et al. "Relation of outbursts of anger and risk of acute myocardial infarction" (1 Aug 2013) 112(3) American Journal of Cardiology 343–348 — "분노를 폭발시킨 후에 급성 심근경색을 경험할 위험이 다른 시기에 비해 2배 이상 높았고, 분노 강도가 높을수록 상대적으로 높은 위험과 관련이 있었다."
- Neil, SP. "More than half of Americans have social media regrets" (6 Dec 2017) HuffPostl — 57%가 게시물에 대해 후회한다고 밝힌 여론조사기관 유고브 옴니버스YouGov Omnibus의 연구 요약.
- "Psychological stress and cancer" (10 Dec 2012) National Cancer Institute.
- Shahab, L, et al. "Prevalence of beliefs about actual and mythical causes of cancer and their association with socio-demographic and health-related characteristics: Findings from a cross-sectional survey in England" (26 Apr 2018) 103 European Journal of Cancer — 43%는 스트레스가 암을 유발한다고 잘못 믿고 있다.
- "Stress" (11 May 2018) Cancer Research UK — "대부분의 과학적 연구에서 스트레스가 암 위험을 증가시키지 않는 것으로 드러났다."

감사 메모

- Algoe, SB. "Putting the 'you' in 'thank you': Examining other-praising behavior as the active relational ingredient in expressed gratitude" (7 Jun 2016) 7(7) Social Psychology and Personality Science, 658–666.

- Kumar, A, et al. "Undervaluing gratitude: Expressers misunderstand the consequences of showing appreciation" (27 Jun 2018) 29(9) Psychological Science 1–13.3

일어서 있기

- Adams, J, et al. "Why are some population interventions for diet and obesity more equitable and effective than others? The role of individual agency" (5 Apr 2016) 13(4) PLoS Medicine ─ "개인들에게 혜택을 누리려면 높은 수준의 주체성을 발휘하라고 요구하는 인구 개입은 전 세계 정부에서 선호되는 경향이 있다."

- Atkins, JD. "Inactivity induces resistance to the metabolic benefits following acute exercise" (1 Apr 2019) 126(4) Journal of Applied Physiology ─ "이런 자료는 신체 활동이 부족하면(예: 하루에 13.5시간까지 앉아 있고 4,000보 이하 걸음) 사람들이 급성 유산소 운동에서 비롯되는 신진대사 개선에 '저항성이 생기는' 상태가 된다는 것을 보여준다(즉, 운동 저항성)."

- Baker, R, et al. "A detailed description of the short-term musculoskeletal and cognitive effects of prolonged standing for office computer work" (7 Feb 2018) 61(7) Ergonomics 877–890 ─ "관찰된 변화는 앉아서 하던 업무를 일어서서 하려는 결정이 조심스럽게 이루어져야 한다고 시사한다. 2시간 동안 계속 서 있는 경우가 포함된 실험실 연구에서 (모든 신체 부위의) 불편함이 증가하고 반응 시간과 정신 상태가 악화된 반면, 창의적인 문제 해결 능력은 향상되었다. 장시간 일어서서 일하는 문제는 신중하게 결정해야 한다."

- Betts, J, et al. "The energy cost of sitting versus standing naturally in man" (Apr 2019) 51(4) Medicine & Science in Sports & Exercise ─ "앉아 있는 시간을 줄이기 위해 고안된 개입은 일반적으로 (거동[움직임]이 아니라) 제자리에 30~120분 더 서 있는 것을 권장하므로, 여기에서 앉아 있을 때와 서 있을 때 12%의 차이가 난다는 결과가 비만 치료(즉, 체중 감량)를 위한 효과적인 전략임을 의미하지는 않는다."

- Buckley, JP, et al. "The sedentary office: An expert statement on the growing case for change towards better health and productivity" (2015) 49(21) British Journal of Sports Medicine.

- Chau, JY, et al. "Overselling sit-stand desks: News coverage of workplace sitting guidelines" (Dec 2018) 33(12) Health Communication 1475–1481.

- Cheval, B, et al. "Avoiding sedentary behaviors requires more cortical resources than avoiding physical activity: An EEG study" (Oct 2018) 119 Neuropsychologia 68–80 — "주로 앉아 있는 행위에 끌리는 일반적인 경향을 벗어나려면 추가적인 두뇌 자원이 필요하다."

- Duvivier, B, et al. "Reducing sitting time versus adding exercise: Differential effects on biomarkers of endothelial dysfunction and metabolic risk" (5 Jun 2018) 8(1) Scientific Reports — "이 연구에서는 앉아 있는 것이 신진대사에 좋지 않다는 사실이 발견됐다. 가벼운 신체 활동과 중고강도 신체 활동은 심장 대사 건강의 위험 지표에 다른 영향을 미쳤고, 이런 결과는 매일 앉아 있는 시간을 줄이는 것과 구조화된 운동을 병행할 필요가 있음을 시사한다."

- Edwardson, CL, et al. "Effectiveness of the Stand More AT (SMART) Work intervention: Cluster randomised controlled trial" (8 Aug 2018) 363 BMJ.

- Gray, C. "Reducing sedentary behaviour in the workplace" (2018) 363 BMJ — "스마트 업무SMART Work 개입이 영국 국민건강보험NHS으로 이전될 수 있을지에 대한 의문이 남아 있다."

- Hanna, F, et al. "The relationship between sedentary behavior, back pain, and psychosocial correlates among university employees" (9 Apr 2019) 7 Frontiers in Public Health — "이 연구 결과는 앉아서 일하는 직원들이 요통과 정신 건강 문제 같은 증가하는 직업 재해에 노출되어 있음을 시사한다."

- Júdice, PB, et al. "What is the metabolic and energy cost of sitting, standing and sit/stand transitions?" (Feb 2016) 116(2) European Journal of Applied Physiology 263–273.

- "Key Statistics for Colorectal Cancer" (24 Jan 2019) American Cancer Society — 전반적으로 평생 대장암에 걸릴 위험은 남성이 22명 중 1명(4.49%), 여성이 24명 중 1명(4.15%)꼴이다.

- MacEwen, BT, et al. "Sit-stand desks to reduce workplace sitting time in office workers with abdominal obesity: A randomized controlled trial" (Sep

2017) 14(9) Journal of Physical Activity and Health 710–715 — "입좌식 책상은 위험한 상태의 인구에게 근무 시간 외에는 앉아 있는 행동이나 외부 신체 활동을 변화시키지 않았고, 직장에서 앉아 있는 행동을 줄이는 데 효과적이었다. 그러나 이런 변화는 이 모집단에서 심근경색 위험 지표를 개선하는 데 충분하지 않았다."

- Mansoubi, M, et al. "Using sit-to-stand workstations in offices: Is there a compensation effect?" (Apr 2016) 48(4) Medicine & Science in Sports & Exercise 720–725 — "이런 변화는 업무 외 시간에 활동량을 줄이고 앉아 있는 시간을 늘림으로써 보상되었다."

- Mantzari, E, et al. "Impact of sit-stand desks at work on energy expenditure, sitting time and cardio-metabolic risk factors: Multiphase feasibility study with randomised controlled component" (Mar 2019) 13 Preventive Medicine Reports — "입좌식 책상이 직장에서 앉아 있는 시간을 줄이는 데 미치는 전반적인 효과는 불확실하다. 예비 근거는 이 책상이 직장 내 앉아 있는 시간을 잠재적으로 줄일 수 있음을 시사하지만, 에너지 소비와 근무 외 시간의 앉아 있는 행위에 미칠 수 있는 악영향에 대해서는 우려를 제기한다."

- Patel, AV, et al. "Prolonged leisure time spent sitting in relation to cause-specific mortality in a large US cohort" (1 Oct 2018) 187(10) American Journal of Epidemiology — 이 연구에서는 장시간 앉아 있는 것이 암과 심장병을 비롯한 다양한 원인의 사망 위험 증가와 관련이 있는 것으로 나타났다.

- "The Price of Inactivity" (2015) American Heart Association.

- Riotta, C. "Standing at work is just as unhealthy as smoking cigarettes daily, study says" (9 Sep 2017) Newsweek.

- Shrestha, N, et al. "Workplace interventions (methods) for reducing time spent sitting at work" (20 Jun 2018) Cochrane Library — "현재로서는 중단기적인 추적 조사에서 입좌식 책상을 사용하면 직장 내 앉아 있는 시간이 줄어든다는 질 낮은 근거가 있다. 그러나 장기적인 추적 조사에서는 입좌식 책상이 직장 내 앉아 있는 시간에 영향을 미친다는 아무런 근거가 없다."

- Smith, P, et al. "The relationship between occupational standing and sitting and incident heart disease over a 12-year period in Ontario, Canada" (1 Jan 2018) 187(1) American Journal of Epidemiology 27–33 — 직장인 7,000명 이

상의 연구 결과 "주로 서서 일하는 직종이 주로 앉아서 일하는 직종에 비해 약 2배의 심장 질환 위험과 관련이 있었다."

- Snowbeck, C. "Standing desks have become an important workplace benefit" (15 Sep 2017) Waterloo Region Record — "인사관리협회의 6월 보고서에 따르면, 스탠딩 책상이 미국 직장에서 가장 빠르게 증가하는 직원 복리후생으로 부상했다."

- Stamatakis, E, et al. "Sitting behaviour is not associated with incident diabetes over 13 years: The Whitehall II cohort study" (May 2017) 51(10) British Journal of Sports Medicine 818–823 — "우리는 이 공무원 코호트에서 13년에 걸쳐 앉아 있는 생활과 당뇨병의 발병을 연결하는 제한된 근거를 발견했다."

- Vallance, JK, et al. "Evaluating the evidence on sitting, smoking, and health: Is sitting really the new smoking?" (Nov 2018) 108(11) American Journal of Public Health 1478–1482.

- Ward, R. "Sitting may be bad but it's still better than smoking, Alberta researcher says" (1 Oct 2018) CBC News.

- Wilcken, H. "Is sitting the new smoking, or isn't it?" (25 Sep 2017) 37 Medical Journal of Australia.

- Yang, L. "Trends in sedentary behavior among the US population, 2001–2016" (30 Apr 2019) 321(16) JAMA — "하루에 2시간 이상 앉아서 텔레비전이나 동영상을 시청하는 사람들의 추정 비율은 2015~2016년에 높았다(약 59~65%의 범위). 학교나 직장 밖에서 하루에 1시간 이상 컴퓨터를 사용하는 사람들의 추정 비율은 2001년부터 2016년까지 증가했다."

슬슬 커피 한 잔?

- Haber, N, et al. "Causal language and strength of inference in academic and media articles shared in social media (CLAIMS): A systematic review" (30 May 2018) 13(5) PLoS ONE — "우리는 연구 소비자에게 제시된 언어의 강도와 소셜 미디어에서 가장 널리 공유되는 연구들의 기저에 깔린 인과적 추론의 강도 사이에서 큰 차이를 발견했다."

- Loftfield, E, et al. "Association of coffee drinking with mortality by genetic variation in caffeine metabolism findings from the UK biobank" (2 Jul 2018) 178(8) JAMA — "이 연구는 [하루에 커피를 8잔 이상 마시는 사람들에게도] 커피 한잔이 건강한 식단의 일부가 될 수 있다는 추가적인 증거를 제시하여 커피를 마시는 사람들에게 안도감을 제공한다."

- Nagler, RH. "Adverse outcomes associated with media exposure to contradictory nutrition messages" (2014) 19(1) Journal of Health Communication 24–40 — "예를 들어 와인, 생선, 커피 등의 건강상 효과와 위험 에 대한 상반된 정보에 노출되는 것은 어떤 음식이 가장 먹기 좋은지에 대한 혼 란이나 영양학자들의 의견이 계속 바뀐다는 믿음을 유발한다. 이런 믿음은 결국 영양과 건강에 관한 조언을 전반적으로 의심하게 만들 수 있다는 근거가 있다."

- Rettner, R. "Here's how much caffeine you need, and when, for peak alertness" (6 Jun 2018) Live Science.

- Selvaraj, S, et al. "Media coverage of medical journals: Do the best articles make the news?" (17 Jan 2014) 9(1) PLoS ONE — "신문은 영향력이 큰 저널보 다 관찰 연구를 다룰 가능성이 더 높았고 무작위 통제 실험을 다룰 가능성이 더 낮았다. 또 언론에서 관찰 연구를 다룰 때는 품질이 떨어지는 기사를 선택한다. 신문들은 방법론이 더 약한 의학 연구들을 우선적으로 다룬다."

- Victory, J. "A venti-sized serving of misinformation in news stories on latest coffee study" (3 Jul 2018) HealthNewsReview.

- Vital-Lopez, FG, et al. "Caffeine dosing strategies to optimize alertness during sleep loss" (28 May 2018) 27(5) Journal of Sleep Research — 언제 커피 를 마실 것인가에 대한 미국 국방부의 연구.

- Wang, M, et al. "Reporting of limitations of observational research" (8 Jun 2015) 175(9) JAMA International Medicine 1571–1572 — "영향력이 큰 저널에 발표된 관찰 연구의 한계점은 관련된 뉴스 기사에서 자주 언급되지 않았다."

비누 사용

- Bannan, EA, et al. "The inability of soap bars to transmit bacteria" (Jun 1965) 55(6) American Journal of Public Health and the Nation's Health 915–922.

- Burton, M, et al. "The effect of handwashing with water or soap on bacterial contamination of hands" (Jan 2011) 8(1) International Journal of

Environmental Research and Public Health 97–104 — "비항균성 비누와 물로 손을 씻는 것은 물만으로 손을 씻는 것보다 대변에서 나올 수 있는 세균을 손에서 제거하는 데 더 효과적이다."

- Centers for Disease Control and Prevention, "When & how to use hand sanitizer" (17 Sep 2019).

- Centers for Disease Control and Prevention, "When & how to wash your hands" (Sep 18 2019).

- Food and Drug Administration, "Antibacterial soap? You can skip it, use plain soap and water" (16 May 2019) — "이런 제품이 비누와 물보다 더 많은 보호 기능이 있다고 생각해서 이것을 사용한다면 옳지 않다."

- Food and Drug Administration, "FDA issues final rule on safety and effectiveness of antibacterial soaps" (2 Sep 2016).

- Heinze, JE, et al. "Washing with contaminated bar soap is unlikely to transfer bacteria" (Aug 1988) 101(1) Epidemiology & Infection 135–142 — "이런 결과는 다른 발표된 보고서와 마찬가지로 기존의 막대 비누를 이용한 일상적인 손 씻기에 거의 위험이 없다는 것을 보여주며, 질병의 확산을 막기 위해 손을 씻을 때 비누와 물을 자주 사용하는 방법을 지지한다." 이 연구는 비누업계의 후원을 받았지만, 연구 자료는 모순되지 않았다.

- Luby, SP, et al. "Effect of intensive handwashing promotion on childhood diarrhea in high-risk communities in Pakistan: A randomized controlled trial" (2 Jun 2004) 291(21) JAMA 2547–2554 — "가정에서의 손 씻기가 개선되면서 설사로 인한 사망 위험이 높은 아동의 설사 발생률이 감소했다."

- Pickering, AJ, et al. "Efficacy of waterless hand hygiene compared with handwashing with soap: A field study in Dar es Salaam, Tanzania" (Feb 2010) 82(2) Tanzania American Journal of Tropical Medicine and Hygiene 270–278 — "배설물 연쇄상구균의 수준을 낮추는 측면에서는 손 세정제가 손 씻기보다 훨씬 더 우수했다."

- Ruffins, E. "Recycling hotel soap to save lives" (16 Jun 2011) CNN—Story on Derreck Kayongo.

- Zapka, CA, et al. "Bacterial hand contamination and transfer after use of contaminated bulk-soap-refillable dispensers" (May 2011) 77(9) Applied and

Environmental Microbiology 2898–2904 — "리필용 대량 비누 분사기에서 나온 오염된 비누로 씻으면 손에 있는 기회 감염균 수가 증가할 수 있다."

물 마시기

- "Bottled water contains more bacteria than tap water" (25 May 2010) Telegraph.
- Clark, WF, et al. "Effect of coaching to increase water intake on kidney function decline in adults with chronic kidney disease" (8 May 2018) 319(18) JAMA 1870–1879.
- Fenton, T, et al. "Systematic review of the association between dietary acid load, alkaline water and cancer" (Jun 2016) 6(6) BMJ Open.
- Piantadosi, C. "'Oxygenated' water and athletic performance" (Sep 2006) 40(9) British Journal of Sports Medicine 740–741.
- Rosinger, A, et al. "Association of caloric intake from sugar-sweetened beverages with water intake among US children and young adults in the 2011–2016 National Health and Nutrition Examination Survey" (1 Jun 2019) 173(6) JAMA Pediatrics.
- Schwarcz, J. "Alkaline water nonsense" (20 Mar 2017) McGill Office for Science and Society.
- "Taste test: Is bottled water better than tap?" (22 Mar 2012) CTV Atlantic.
- Williams-Grut, O. "People prefer tap water over 'premium' £1.49 Fiji Water in a blind taste test" (14 May 2017) Business Insider.

사무실 회의

- Allen, JA, et al. "Let's get this meeting started: Meeting lateness and actual meeting outcomes" (24 Mar 2018) 39(8) Journal of Organizational Behavior 1008–1021.
- Association for Psychological Sciences, "There's a Better Way to Brainstorm" (15 Mar 2016).
- Bernstein, ES, et al. "The impact of the 'open' workspace on human collaboration" (2 Jul 2018) 373(1753) Philosophical Transactions of the Royal

Society — 대면 상호작용이 70% 감소했다.

- Brown, VR, et al. "Making group brainstorming more effective: Recommendations from an associative memory perspective" (1 Dec 2002) 11(6) Current Directions in Psychological Science — "집단 브레인스토밍에 관한 많은 문헌에서 그것이 개인의 브레인스토밍보다 덜 효과적이라는 것을 발견했다."

- Carey, B. "Can big science be too big?" (13 Feb 2019) New York Times.

- Chamorro-Premuzic, T. "Why group brainstorming is a waste of time" (25 Mar 2015) Harvard Business Review — "결국 브레인스토밍은 직관적으로 옳은 일이라고 느껴져 계속 사용되고 있다."

- Derdowski, LA. "Here's why you dread brainstorming at work" (14 Nov 2018) Medical Xpress — "작업 집단의 사회적 프로세스는 팀원들이 원하는 창의적인 시너지 상태를 달성하는 것을 효과적으로 막을 수 있다. 명백히 집단적인 상호작용은 보통 거기에서 기대되는 효과를 저해한다."

- Furnham, A. "The brainstorming myth" (6 Jan 2003) 11(4) Business Strategy Review 21–28 — "이 연구 결과는 브레인스토밍 집단이 혼자 일하는 같은 수의 사람들보다 더 적고 질 나쁜 아이디어를 만들어낸다는 것을 명백하게 보여준다."

- Greenwood, V. "Is conference room air making you dumber?" (6 May 2019) New York Times.

- Kauffield, S, et al. "Meetings matter: Effects of team meetings on team and organizational success" (Apr 2012) 43(2) Small Group Research 130–158.

- Khazanchi, S, et al. "A spatial model of work relationships: The relationship-building and relationship-straining effects of workspace design" (11 Oct 2018) 43(4) Academy of Management Review.

- Lehrer, J. "Brainstorming: An idea past its prime" (19 Apr 2012) Washington Post — "수십 년간의 연구를 통해 브레인스토밍 집단이 각자 혼자서 일하고 나중에 아이디어를 공유하는 같은 수의 사람들보다 훨씬 더 적은 수의 아이디어를 짜낸다는 것이 일관되게 입증됐다."

- Lehrer, J. "Groupthink" (30 Jan 2012) New Yorker — 브레인스토밍의 신화를 파헤친다.

- Microsoft, "Survey finds workers average only three productive days per week" (15 Mar 2005) — 전 세계적으로 "사람들은 매주 5.6시간을 회의로 보낸다. 69%는 회의가 생산적이지 않다고 생각했다. (미국의 경우 : 5.5시간을 회의로 보내며, 71%가 회의가 생산적이지 않다고 생각했다.)"

- Perlow, LA, et al. "Stop the Meeting Madness" (Jul–Aug 2017) Harvard Business Review.

- Rogelberg, SG, et al. "The science and fiction of meetings" (Dec 2007) 48(2) MIT Sloan Management Review — "보수적으로 평균적인 직원들은 매주 예정된 회의에 대략 6시간을 할애한다."

- Romano, NC, et al. "Meeting analysis: Findings from research and practice" (Feb 2001) Proceedings of the 34th Hawaii International Conference on System Sciences — "여러 다양한 기능 영역의 관리자들은 회의의 생산성을 자체적으로 33~47% 정도로 추정한다."

- Thompson, D. "Study: Nobody is paying attention on your conference call" (14 Aug 2014) Atlantic — 어떻게 아무도 관심을 기울이지 않는지에 대한 데이터 요약.

- Tonietto, GN, et al. "When an hour feels shorter: Future boundary tasks alter consumption by contracting time" (19 May 2018) 45(5) Journal of Consumer Research — 이 연구는 회의 시간이 다가오면 우리가 시간이 더 빨리 간다고 느끼고 생산성이 저하된다는 것을 보여주었다.

- Ward, T. "Walking meetings? Proceed with caution" (13 Mar 2017) Psychology Today — 훌륭한 문헌 고찰로, 엇갈리는 결과들을 보여준다.

- Yoerger, M, et al. "The impact of premeeting talk on group performance" (2018) 49 Small Group Research 226–258.

낮잠 시간

- Bonnar, D, et al. "Sleep interventions designed to improve athletic performance and recovery: A systematic review of current approaches" (Mar 2018) 48(3) Sports Medicine 683–703.

- Brooks, A, et al. "A brief afternoon nap following nocturnal sleep restriction: Which nap duration is most recuperative?" (Jun 2006) 29(6) Sleep — "10분간의 낮잠이 이 연구에서 조사한 낮잠 시간 중에서 전반적으로 가장 효과적인 오

후 낮잠 시간이었다."

- Chen, GC, et al. "Daytime napping and risk of type 2 diabetes: A meta-analysis of prospective studies" (Sep 2018) 22(3) Sleep and Breathing — "이 메타 분석은 낮잠이 제2형 당뇨병의 위험 증가와 관련이 있음을 시사한다." 좋은 연구들이 제한적이므로 "우리의 발견은 매우 신중하게 해석되어야 한다."
- Cheungpasitporn, W, et al. "The effects of napping on the risk of hypertension: A systematic review and meta-analysis" (Nov 2016) 9(4) Journal of Evidence-Based Medicine — "우리의 메타 분석은 낮잠과 고혈압 사이의 중요한 연관성을 보여준다."
- DeMers, J. "Will you actually be more productive if you take a nap every day?" (5 Jun 2017) Entrepreneur — 예비 연구를 참조하면서 그것이 소규모 연구임을 밝히지 않은 기사의 예시.
- Fan, F, et al. "Daytime napping and cognition in older adults" (27 Apr 2018) 41(1) Sleep — "특정 기간/빈도 내의 낮잠은 인지 기능을 보호해줄 수 있다. 전반적으로 낮잠의 개입은 긍정적인 인지 효과를 보여주었다."
- Goldman, SE, et al. "Association between nighttime sleep and napping in older adults" (May 2008) 31(5) Sleep 733–740 — "수면 단편화의 증가는 낮잠을 잘 확률의 증가와 관련이 있었지만, 낮잠 지속 시간과는 관련이 없었다."
- Goldschmied, JG, et al. "Napping to modulate frustration and impulsivity: A pilot study" (12 Jun 2015) 86 Personality and Individual Differences 164–167 — 낮잠이 좌절감을 줄여준다는 주장을 뒷받침하는 데 이용된 예비 연구.
- Guo, VY, et al. "The association between daytime napping and risk of diabetes: A systematic review and meta-analysis of observational studies." (18 Jan 2017) 37 Sleep Medicine 105–112 — "하루에 1시간 이상 낮잠을 오래 자는 것은 만연하거나 부수적인 진성 당뇨병의 위험 증가와 관련이 있다. 연구 결과를 확인하기 위해서는 더 많은 연구가 필요하다."
- Heffron, TM. "Insomnia Awareness Day facts and stats" (10 Mar 2014).
- Hilditch, CJ, et al. "A 30-minute, but not a 10-minute nighttime nap is associated with sleep inertia" (1 Mar 2016) 39(3) Sleep 675–685.
- Hublin, C, et al. "Napping and the risk of type 2 diabetes: A population-based prospective study" (Jan 2016) 17 Sleep Medicine 144–148.

- Makino, S, et al. "Association between nighttime sleep duration, midday naps, and glycemic levels in Japanese patients with type 2 diabetes" (Apr 2018) 44 Sleep Medicine 4–11 — "수면의 질과 양이 좋지 않으면 제2형 당뇨병의 혈당 조절을 악화시킬 수 있다. 한낮의 낮잠은 짧은 밤 수면이 혈당 조절에 미치는 해로운 영향을 완화시킬 수 있다."

- Mantua, J, et al. "Exploring the nap paradox: Are mid-day sleep bouts a friend or foe?" (Sep 2017) 37 Sleep Medicine 88–97 — "노년층에게는 앞에서 설명한 낮잠의 명백한 이점과 반대로, 과도한 낮잠이 부정적인 결과와 연관된다."

- McVeigh, T. "Insomnia: Britons' health 'at risk' as 50% fail to get enough sleep" (13 Nov 2011) Guardian.

- Milner, CE, et al. "Benefits of napping in healthy adults: Impact of nap length, time of day, age, and experience with napping" (Jun 2009) 18(2) Journal of Sleep Research 272–281 — 낮잠이 유익성에 영향을 미치는 변수 검토. "기존 문헌을 보면 낮잠의 시점과 지속 시간, 연령, 낮잠 경험 등의 특정 변수가 낮잠의 이점에 영향을 미치는 중요한 조절 변수임을 알 수 있다."

- Mitler, MM, et al. "Catastrophes, sleep, and public policy: Consensus report" (Feb 1988) 11(1) Sleep 100–109 — 체르노빌 및 챌린저 사고 등의 산업 재해가 졸음과 관련이 있다는 지적.

- National Sleep Foundation, "Napping" — "만약 당신이 밤에 잠을 자는 데 어려움을 겪는다면, 낮잠은 문제를 증폭시킬 뿐이다."

- National Sleep Foundation, "The relationship between sleep and industrial accidents."

- "One in four Americans develop insomnia each year: 75 percent of those with insomnia recover" (5 Jun 2018) ScienceDaily.

- Owens, JF, et al. "Napping, nighttime sleep, and cardiovascular risk factors in mid-life adults" (15 Aug 2010) 6(4) Journal of Clinical Sleep Medicine 330–335 — "중년의 남녀 아프리카계 미국인들에게 낮잠은 전반적인 밤 수면 감소와 수면 효율 저하 그리고 체질량지수와 복부비만도의 증가와 관련이 있다."

- Petit, E, et al. "A 20-min nap in athletes changes subsequent sleep architecture but does not alter physical performances after normal sleep or 5-h phase-advance conditions" (Feb 2014) 114(2) European Journal of

Applied Physiology 305–315 — "낮잠은 (현지 시간이나 모의) 시차 적응 후에 운동하는 선수들의 단기 운동 성적에서는 신뢰할 만한 이점이 나타나지 않았다."

- Rosekind, MR, et al. "The cost of poor sleep: Workplace productivity loss and associated costs" (Jan 2010) 52(1) Journal of Occupational and Environmental Medicine 91–98 — "수면 장애는 고용주에게 높은 비용으로 직원의 생산성을 저하시키는 원인이 된다."

- Samuels, C, et al. "Sleep as a recovery tool for athletes" (17 Nov 2014) British Journal of Sports Medicine Blog.

- Sleep Health Foundation, "Insomnia" (2011) http://sleephealthfoundation.org.au/pdfs/Insomnia.pdf — "대략 3명 중 1명은 적어도 가벼운 불면증을 겪고 있다."

- Tietzel, AJ, et al. "The short-term benefits of brief and long naps following nocturnal sleep restriction" (1 May 2001) 24(3) Sleep — "30분간의 낮잠 후에 지연된 효과는 수면 관성 때문일 수 있으므로, 낮잠 이후 더 긴 시간을 관찰하는 실험이 필요하다. 그러나 우리는 수면 부족의 해로운 영향이 10분간의 오후 낮잠으로, 적어도 낮잠 이후 1시간 이내에는 더 빠르고 현저하게 개선되었다고 결론 내린다."

- Wannamethee, SG, et al. "Self-reported sleep duration, napping, and incident heart failure: Prospective associations in the British Regional Heart Study" (Sep 2016) 64(9) Journal of the American Geriatrics Study 1845–1850 — "남성 노인의 경우에 자가 보고한 1시간 이상의 낮잠은 심부전 위험의 증가와 관련이 있다."

- Watson, AM. "Sleep and athletic performance" (Nov–Dec 2017) 16(6) Current Sports Medicine Reports 413–418 — "낮잠이 운동 성적에 미치는 영향은 불분명하다."

- Weir, K. "The science of naps" (Jul–Aug 2016) 47(7) American Psychological Association Monitor on Psychology.

- Yamada, T, et al. "Daytime napping and the risk of cardiovascular disease and all-cause mortality: A prospective study and dose-response meta-analysis" (1 Dec 2015) 38(12) Sleep 1945–1953 — "메타 분석은 낮잠 시간과 심혈관 질환 사이에 유의미한 J자형 곡선의 용량-반응 관계를 입증했다."

- Yamada, T, et al. "J-curve relation between daytime nap duration and type

2 diabetes or metabolic syndrome: A dose-response meta-analysis" (2 Dec 2016) 6 Scientific Reports — "용량-반응 메타 분석에서 낮잠 시간과 당뇨병 또는 대사증후군의 위험 사이에 J자형 곡선 관계가 나타났다. 즉, 하루에 약 40분까지의 낮잠은 위험에 아무 영향도 미치지 않다가, 시간이 더 길어지면 위험이 급격히 증가했다. 요약하자면, 낮잠을 오래 자는 것은 대사 질환의 위험 증가와 관련이 있다. 짧은 낮잠의 이점을 확인하려면 더 많은 연구가 필요하다."

5초 규칙

- Aston University, "Researchers prove the five-second rule is real" (10 Mar 2014) — "설문조사 참여자의 87%가 바닥에 떨어진 음식을 이미 먹었거나 먹을 것이라고 응답했다. 바닥에 떨어진 음식을 먹는 여성의 81%는 5초 규정을 따른 것이다." 이 보고서는 이 주제에 관한 몇 안 되는 연구 중 하나지만, 논문에서 언급했듯이, "이 연구는 아직 동료 심사를 거치지 않았다."

- Beaulieu, M. "The '5-second rule' has been officially sanctioned by a germ scientist" (15 Mar 2017) CBC Life — "2,000명 이상의 굶주린 사람들을 대상으로 한 설문조사에서 79%는 바닥에 떨어진 음식을 먹은 적이 있다고 고백했다."

- Discovery Channel, "5 second rule with food on floor"—Description of the *MythBusters* show on the issue.

- Midkiff, S. "The percentage of people who apply the five-second rule might upset your stomach" (13 Dec 2017) Refinery29.

- Miranda, RC, et al. "Longer contact times increase cross-contamination of *Enterobacter aerogenes* from surfaces to food" (2 Sep 2016) 82(21) Applied and Environmental Microbiology — 이 주제에 대해 엄격하게 수행된 보기 드문 연구 중 하나.

- Sidder, A. "What does science say about the five-second rule? It's complicated" (13 Sep 2016) Smithsonian — "5초 규칙은 박테리아가 바닥에서 음식으로 옮겨갈 때 실제로 벌어지는 일을 지나치게 단순화한 것입니다. 박테리아는 즉각적으로 오염시킬 수 있습니다"라고 [도널드] 샤프너는 말했다.

- University of Illinois at Urbana-Champaign, "If you drop it, should you eat it? Scientists weigh in on the 5-second rule" (2 Sep 2003) — 고등학생 질리언 클라크Jillian Clarke의 미발표된 연구에 대한 보도.

이메일

- Ariely, D. "How many of our emails should we know about the moment someone decides to email us?" (23 Feb 2017) Dan Ariely — "2,050억 개. 이것은 2015년에 우리가 주고받은 이메일의 수이다. 2019년에는 이 수치가 2,460억 개로 증가할 것으로 예상된다. 이제 곧 밝혀지겠지만, 소수의 이메일—단 12%!—만이 전송 후 5분 이내에 확인될 필요가 있다."
- Barley, SR, et al. "E-mail as a source and symbol of stress" (Jul–Aug 2011) 22(4) Organization Science 887–906 — "사람들이 이메일을 처리하는 데 더 많은 시간을 보낼수록 스스로 과부하 상태라는 인식이 늘어났고, 처리하는 이메일이 많아질수록 인식되는 대처 능력도 증가했다."
- Beck, J. "How it became normal to ignore texts and emails" (11 Jan 2018) Atlantic.
- Becker, WJ, et al. "Killing me softly: Electronic communications monitoring and employee and spouse well-being" (9 Jul 2018) 2018(1) Academy of Management Proceedings — "기대가 해로운 건강과 관계에 미치는 영향은 부정적인 정서를 통해 매개된다. 여기에는 전자적 커뮤니케이션에 대한 기대가 파트너 건강 및 결혼 만족도에 미치는 교차 효과도 포함된다."
- Burnett, J. "Study: The average worker's inbox contains 199 unread emails" (2 Oct 2017) Ladders — 근로자의 94%가 '업무 관리를 위해 이메일에 의존한다'는 보도.
- Burnett, J. "24% of Americans think reaching 'inbox-zero' is an impossibility" (23 Aug 2018) Ladders.
- "Carleton study finds people spending a third of job time on email" (20 Apr 2017) Carleton Newsroom.
- Clark, D. "Why email is so stressful, even though it's not actually that time-consuming" (9 Apr 2018) Harvard Business Review.
- Collins, N. "Email 'raises stress levels'" (4 Jun 2013) Telegraph — 이메일 때문에 혈압이 높아질 수 있다는 연구에 대한 보도. 스트레스 수준은 "사람들의 받은 편지함이 가장 가득 찼던 날에 절정에 달했다."
- Counts, V. "De-clutter your inbox: Transform your perspective to see email as a tool" (28 Sep 2017) Proceedings of the Human Factors and Ergonomics

Society Annual Meeting — 이 연구에서는 메일 보관 폴더를 몇 개만 두는 것이 가장 좋은 방법이라고 주장한다.

- Dewey, C. "How many hours of your life have you wasted on work email? Try our depressing calculator" (3 Oct 2016) Washington Post — "우리는 매일 업무 이메일을 확인하는 데 평균 4.1시간을 보낸다." 이 기사는 또 79%의 사람들이 휴가 중에 이메일을 확인한다고 보도했다.

- Jackson, T, et al. "Case study: Evaluating the effect of email interruptions within the workplace" (Jan 2002) Conference on empirical assessment in software engineering 3-7 — "이메일의 대부분인 70%는 도착 후 6초 이내에, 85%는 도착 후 2분 이내에 응답되었다."

- Jerejian, ACM, et al. "The contribution of email volume, email management strategies and propensity to worry in predicting email stress among academics" (May 2013) 29(3) Computers in Human Behavior 991-996 — 이메일 용량이 스트레스를 예측했고, "이메일 관리로 이메일 용량과 스트레스의 관계가 조절되지 않았다."

- Kelleher, D. "Survey: 81% of U.S. employees check their work mail outside work hours" (20 May 2013) TechTalk — 32%는 15분 이내, 23%는 30분 이내에 답장 메일을 보낸다고 응답했다.

- Kim, J, et al. "Technology supported behavior restriction for mitigating self-interruptions in multi-device environments" (11 Sep 2017) 1(3) Proceedings of the ACM on Interactive, Mobile, Wearable and Ubiquitous Technologies — "다중 전자 기기가 차단되어 행동이 제한되었음에도 실험 집단의 스트레스는 낮아졌다."

- Kooti, F, et al. "Evolution of conversations in the age of email overload" (2 Apr 2015) Proceedings of the 24th International Conference on World Wide Web — 200만 명 이상의 이메일 사용자를 대상으로 한 연구에 따르면, "사용자들이 더 많은 이메일을 수신할수록 활동이 증가했지만, 더 늘어난 업무량에 대응할 만큼 충분하지는 않았다. 이는 사용자들이 점점 과부하 상태가 될수록 수신된 이메일의 더 낮은 비율에 더 짧은 메일로 응답하게 되었음을 의미한다. 그러나 사용자들의 반응성은 그대로 유지되었으며 심지어 더 빨라지기도 했다."

- Kushlev, K, et al. "Checking email less frequently reduces stress" (1 Feb 2015)

43 Computers in Human Behavior 220–228.

- MacKay, J. "Productivity in 2017: What we learned from analyzing 225 million hours of work time" (Jan 2018) RescueTime.

- Mark, G, et al. "Email duration, batching and self-interruption: Patterns of email use on productivity and stress" (7 May 2016) Proceedings of the 2016 CHI Conference on Human Factors in Computing Systems 1717–1728 — "이메일을 몰아서 한꺼번에 처리하는 방식은 이메일 확인 간격이 길어질수록 더 높은 생산성과 관련이 있지만, 널리 알려진 주장에도 불구하고 이런 이메일 관리 방법이 스트레스의 감소로 이어진다는 증거는 찾지 못했다."

- Mark, GJ, et al. "A pace not dictated by electrons: An empirical study of work without email" (May 2012) Proceedings of the Special Interest Group on Computer-Human Interaction — "이메일이 없을 때 사람들은 여러 윈도우 창을 오가는 빈도가 줄고 각 윈도우 창에서 작업하는 시간이 길어지면서 멀티태스킹이 줄어들고 한 작업에 더 오래 집중할 수 있었다. 나아가 우리는 웨어러블 심박수 모니터를 사용하여 스트레스를 직접 측정한 결과, 이메일이 없을 때 심박수 변동성으로 측정된 스트레스가 더 낮다는 것을 발견했다."

- Marulanda-Carter, L, et al. "Effects of e-mail addiction and interruptions on employees" (Mar 2012) 14(1) Journal of Systems and Information Technology 82–94 — "이메일로 인한 업무 중단은 직원들에게 부정적인 시간 영향을 미치며 중단을 처리하고 복귀하는 시간이 모두 존재한다는 것을 보여준다. 일상적인 업무도 이메일로 인해 중단되면 그렇지 않을 때보다 처리하는 데 3분의 1의 시간이 더 걸린다."

- Neporent, L. "Most emails answered in just two minutes, study finds" (Apr 13, 2015) ABC News — 약 90%의 사용자들이 하루 내에 이메일에 답했고, 절반 가량은 약 47분 안에 답장을 보냈다. 가장 빈번한 응답 시간은 단 2분이었다.

- O'Donnell, B. "Most U.S. workplaces still use 'old-school' tech like email and phone calls to communicate" (22 Feb 2017) Recode.

- Park, Y, et al. "The long arm of email incivility: Transmitted stress to the partner and partner work withdrawal" (8 May 2018) 39(10) Journal of Organizational Behaviour.

- Patrick, VM, et al. "How to say 'no': Conviction and identity attributions in persuasive refusal" (Dec 2012) 29(4) International Journal of Research in Marketing 390–394.

- Patrick, VM, et al. "'I don't' versus 'I can't': When empowered refusal motivates goaldirected behavior" (1 Aug 2012) 39(2) Journal of Consumer Research 371–381.

- Pavlus, J. "How email became the most reviled communication experience ever" (15 Jun 2015) Fast Company.

- Pielot, M, et al. "Productive, anxious, lonely: 24 hours without push notifications" (4 Sep 2017) Proceedings of the 19th International Conference on Human-Computer Interaction with Mobile Devices and Services —"연구 결과는 알림이 우리를 딜레마에 빠뜨렸다는 것을 시사한다. 알림이 없으면 참가 자들은 산만함이 줄고 생산성이 높아졌다. 그러나 그들은 더 이상 상대방의 기 대대로 대응하지 못한다고 느꼈기 때문에, 일부 참가자는 불안해하기도 했다. 또한 그들은 사회 집단과 덜 연결되어 있다고 느꼈다."

- Reeder, B. "The best times to send email for replies (backed by data)" Yesware —"메일함 경쟁률이 낮은 주말에 이메일 확인 및 응답 비율이 가장 높 다."

- Russell, E. "Strategies for effectively managing email at work" (Sep 2017) — 이 문헌 고찰은 우리가 하루에 몇 번만 이메일을 체크해야 한다는 것이 신화라 고 결론짓는다. "연구 결과는 사람들이 이메일 알림을 끄고 일정한 시간 간격으 로 메일을 확인하고 처리하는 시간을 할애함으로써 이메일 과부하를 줄이고 더 많은 통제력을 느낄 수 있다고 보고한다."

- Staley, O. "Inbox Zero is a waste of time. This is how a world-class behavioral economist tames his email" (22 Mar 2017) Quartz — 댄 애리얼리 : "이메일을 강박적으로 분류하고 삭제하는 것은 '체계적인 미루기'다."

- Stich, JF, et al. "E-mail load, workload stress and desired e-mail load: A cybernetic approach" (2019) Information Technology & People —"이메일 양 의 증가는 높은 업무량 스트레스와 관련이 있다."

- Tanase, L. "Email is still your customers' preferred communication tool" (Jun 2018) Entrepreneur.

- "Third of Brits are so stressed they have checked work emails in middle of night, study finds" (16 May 2018) Independent.

- Troy, D. "The truth about email: What's a normal inbox?" (5 Apr 2013) Pando — "우리가 표본으로 추출한 받은 편지함의 평균 크기는 8,024개의 메시지다."
- "The ultimate list of marketing statistics for 2018" (2018) HubSpot — "전문가의 86%가 업무 목적으로 의사소통할 때 이메일 사용을 선호했다."

악수

- Bernieri, FJ, et al. "The influence of handshakes on first impression accuracy" (Apr 2011) 6(2) Social Influence 78–87.
- Bishai, D, et al. "Quantifying school officials' exposure to bacterial pathogens at graduation ceremonies using repeated observational measures" (2011) 27(3) Journal of School Nursing 219–224 — "우리는 5,209번의 악수에 노출된 한 표본에서 1개의 새로운 박테리아 획득 위험을 측정하여, 악수 1번마다 0.019개의 병원체를 획득한다는 전체 추정치를 산출했다. 우리는 졸업식에서 한 번의 악수로 박테리아 병원체에 감염될 위험은 매우 낮다고 결론 내린다."
- Boshell, P. "How many hands will you shake in your lifetime?" (9 Jun 2015) Deb.
- Dahl, E. "Cruise tap versus handshake: Using common sense to reduce hand contamination and germ transmission on cruise ships" (2016) 67(4) International Maritime Health 181–184.
- Dolcos, S, et al. "The power of a handshake: Neural correlates of evaluative judgments in observed social interactions" (Dec 2012) 24(12) Journal of Cognitive Neuroscience 2292–2305.
- Firth, J, et al. "Grip strength is associated with cognitive performance in schizophrenia and the general population: A UK Biobank study of 476559 participants" (6 Jun 2018) 44(4) Schizophrenia Bulletin 728–736.
- Frumin, I, et al. "A social chemosignaling function for human handshaking" (3 Mar 2015) 4 eLife.
- Ghareeb, PA, et al. "Reducing pathogen transmission in a hospital setting. Handshake versus fist bump: A pilot study" (Dec 2013) 85(4) Journal of

Hospital Infection 321–323 — "보건의료 환경에서 주먹 맞대기로 인사하면 의료서비스 제공자 간의 세균 전파를 더욱 줄일 수 있다."

- "Handshake makes for better deals in business" (3 Aug 2018) Berkeley News — 율리아나 슈뢰더의 말 인용 : "악수는 우리가 상대방을 인식하는 방식뿐만 아니라 전체 게임에 대한 프레임을 바꿉니다."

- LeWine, H. "Fist bump better than handshake for cleanliness" (Jul 2014) Harvard Health.

- Mela, S, et al. "The fist bump: A more hygienic alternative to the handshake" (28 Jul 2014) 42(8) American Journal of Infection Control 916–917 — "주먹 맞대기를 인사 방법으로 채택하면 개인 간 전염병 전파를 상당히 줄일 수 있다."

- Parga, JJ, et al. "Handshake-free zone in a neonatal intensive care unit: Initial feasibility study" (1 Jul 2017) 45(7) American Journal of Infection Control 787–792.

- Schroeder, J, et al. "Handshaking promotes deal-making by signaling cooperative intent" (May 2019) 116(5) Journal of Personality and Social Psychology.

- Sklansky, M, et al. "Banning the handshake from the health care setting" (25 Jun 2014) 311(24) JAMA 2477–2478.

- Wooller, S. "People with a strong handshake are more intelligent: Study" (23 Apr 2018) New York Post.

포옹

- Cohen, S, et al. "Does hugging provide stress-buffering social support? A study of susceptibility to upper respiratory infection and illness" (19 Dec 2015) 26(2) Psychological Science 135–147 — "포옹은 사회적 지지를 전달하는 데 효과적일 수 있다."

- Forsell, LM, et al. "Meanings of hugging: From greeting behavior to touching implications" (Jan 2012) 1 Comprehensive Psychology.

- Murphy, MLM, et al. "Receiving a hug is associated with the attenuation of negative mood that occurs on days with interpersonal conflict" (3 Oct 2018) 13(10) PLoS ONE.

- Robinson, KJ, et al. "When in doubt, reach out: Touch is a covert but effective mode of soliciting and providing social support" (12 May 2015) 6(7) Social Psychological and Personality Science 831–839.

- Shiomi, M, et al. "A hug from a robot encourages prosocial behaviour" (2017) 26th Institute of Electrical and Electronics Engineers International Symposium on Robot and Interactive Communication 418–423 — "참가자 38 명 대상의 한 실험 결과, 로봇에게 안겼던 사람들이 로봇을 안기만 했던 사람들 보다 더 많은 돈을 기부했다."

- Suvilehto, J, et al. "Topography of social touching depends on emotional bonds between humans" (26 Oct 2015) 112(45) Proceedings of the National Academy of Sciences — "이런 신체 부위는 모든 영역이 참가자와 만지는 사람 사이의 정서적 유대 강도와 직결되는 관계 특화적인 지도를 형성했다. 문화적 영향은 미미했다."

시간 기근

- Amabile, TM, et al. "Time pressure and creativity in organizations: A longitudinal field study" (Apr 2002) Harvard Business School Working Papers No. 01-073 — "특정한 날의 시간 압박은 당일, 하루 후, 이틀 후 그리고 더 긴 기간에 걸쳐 창의적인 인지 처리를 부정적으로 예측했다."

- American Association for the Advancement of Science, "Research shows that busy people make healthier choices" (18 Sep 2018) EurekAlert — INSEAD의 마케팅 교수 아미타바 차토파디아이는 "우리가 스스로 바쁘다고 인식하면 자존감이 높아져서 더 바람직한 선택을 하는 쪽으로 균형이 기울게 된다"고 말했다.

- Bellezza, S, et al. "Conspicuous consumption of time: When busyness and lack of leisure time become a status symbol" (26 Dec 2017) 44(1) Journal of Consumer Research 118–138.

- Bicknell, J. "Money doesn't buy happiness—But time just might do it" (18 Jun 2018) Nautilus.

- Burkeman, O. "Why you feel busy all the time (when you're actually not)" (12 Sep 2016) BBC News.

- "The case for a 4-day workweek?" (4 Sep 2018) Workforce Institute at Kronos Incorporated and Future Workplace — 직장인 3,000명 대상의 설문조사 결과, "전 세계 직장인의 거의 절반이 매일 5시간 이내에 업무를 끝마칠 수 있다"고 응답했다.

- Cha, Y, et al. "Overwork and the slow convergence in the gender gap in wages" (8 Apr 2014) 79(3) American Sociological Review — "과로하는 직종에 종사하는 남성의 비율이 여성보다 높아지면서, 이런 변화로 남성의 임금이 여성보다 더 높아졌고, 성별 임금 격차가 총 임금 격차의 약 10% 수준으로 악화되었다."

- Chattopadhyay, A, et al. "Feel busy all the time? There's an upside to that" (6 Jun 2018) Harvard Business Review.

- Collingwood, J. "Hofstadter's Law and realistic planning" (8 Oct 2018) PsychCentral.

- Curtin, M. "In an 8-Hour Day, the Average Worker Is Productive for This Many Hours" (21 July 2016) Inc. — "평균적인 근로자는 하루에 2시간 53분 동안만 생산적으로 일한다."

- Deloitte, "Meet the MilleXZials: Generational Lines Blur as Media Consumption for Gen X, Millennials and Gen Z Converge" (20 Mar 2018).

- Dotti Sani, GM, et al. "Educational gradients in parents' child-care time across countries, 1965–2012" (Apr 2016) 78(4) Journal of Marriage and Family — "일반적으로 교육 수준이 높은 부모가 교육 수준이 낮은 부모보다 매일 육아에 더 많은 시간을 할애했다."

- Ebrahimi, M, et al. "To thrive or to suffer at the hand of busyness: How lay theories of busyness influence psychological empowerment and volunteering" (2017) 45 Advances in Consumer Research 79–84.

- Etkin, J, et al. "Pressed for time? Goal conflict shapes how time is perceived, spent, and valued" (1 Jun 2015) 52(3) Journal of Marketing Research 394–406 — "소비자들에게 천천히 심호흡을 하거나 불안을 흥분으로 재평가하도록 권장하면 목표 충돌의 해로운 영향을 크게 줄일 수 있다."

- Festini, SB, et al. "The busier the better: Greater busyness is associated with better cognition" (17 May 2016) 8 Frontiers in Aging Neuroscience — "비록 상

관관계이지만, 이런 자료는 바쁘게 사는 생활 방식이 더 나은 인지 능력과 관련이 있음을 입증한다."

- Havas Group, "The modern nomad: Connect me if you can" (9 Sep 2015) — 28개국의 1만 131명의 남녀를 대상으로 한 설문조사. "42%가 가끔 자신이 실제보다 더 바쁜 척한다는 것을 인정했고, 10명 중 6명은 다른 사람들도 실제보다 더 바쁜 척한다고 믿었다."
- Keinan, A, et al. "The symbolic value of time" (Apr 2019) 26 Current Opinion in Psychology 58–61 — "장시간의 노동과 여가 시간의 부족이 이제 지위의 상징이 되었다."
- Kim, JC, et al. "When busy is less indulging: Impact of busy mindset on self-control behaviors" (Feb 2019) 45(5) Journal of Consumer Research — "바쁜 사고방식은 사람들이 자제력을 발휘하는 능력을 촉진할 것으로 예측된다."
- Knecht, M, et al. "Going beyond work and family: A longitudinal study on the role of leisure in the work–life interplay" (4 Mar 2016) 37(7) Journal of Organizational Behaviour.
- Levine, R. "Time use, happiness and implications for social policy: A report to the United Nations" (2013) 6(2) Insights — "빠른 지역일수록 경제적으로 더 건강했고, 주민들이 삶이 다소 행복해졌다고 자가 보고하는 경향이 있었다."
- Livingston, G, et al. "7 facts about U.S. moms" (2018) Pew Research Center — "1965년에 여성들은 육아에 주당 10시간을 바쳤다. 2016년에는 그 수치가 14시간으로 늘어났다."
- Locker, M. "Survey: Americans would pay $2,700 for an extra hour a day" (30 Oct 2014) Time. 그리고 BusinessWire, "Time is money: Cracking the code for balanced living."
- MacKay, J. "Productivity in 2017: What we learned from analyzing 225 million hours of work time" (Jan 2018) RescueTime — "우리는 일주일에 12.5시간만 생산적으로 일한다."
- Mark, G, et al. "No task left behind? Examining the nature of fragmented work" (2005) Proceedings of the 2005 CHI Conference on Human Factors in Computing Systems — 멀티태스킹은 '여러 작업 과정을 계속 신경 쓰는 데 따른 스트레스'를 유발할 수 있다.

- Miller, C. "Women did everything right. Then work got greedy." (26 Apr 2019) New York Times — "오늘날 50시간 이상 일하는 사람들은 35~49시간 일하는 유사한 사람들보다 시간당 최대 8% 더 많은 수입을 올린다."

- Mogilner, C. "It's time for happiness" (19 Jul 2019) 26 Current Opinion in Psychology 80–84.

- Newby-Clark, IR, et al. "People focus on optimistic scenarios and disregard pessimistic scenarios while predicting task completion times" (Sep 2000) 6(3) Journal of Experimental Psychology 171–182.

- Oswald, AJ, et al. "Happiness and productivity" (7 Aug 2015) 33(4) Journal of Labor Economics — 일부 근로자를 더 행복하게 만들려는 목적의 실험 연구에서 그들은 '12% 더 높은 생산성'을 발견했다. 보다 일반적으로 "낮은 행복은 생산성 저하와 체계적으로 연관된다."

- Pearson, H. "The lab that knows where your time really goes" (21 Oct 2015) 526(7574) Nature — "예를 들어 주당 75시간 일한다고 추측하는 사람들은 자신이 일하는 시간을 50% 이상 과대평가할 수 있다. 변호사, 교사, 경찰관 등 일부 직업 종사자들은 일하는 시간을 20% 이상 과대평가한다."

- Roser, M. "Working hours" (2019) Our World in Data.

- Rudd, J. "Long working days can cause heart problems, study says" (14 Jul 2017) Guardian.

- Rudd, M. "Expand your breath, expand your time: Slow controlled breathing boosts time affluence" (2014) 42 Advances in Consumer Research 163–167.

- Rudd, M. "Feeling short on time: Trends, consequences, and possible remedies" (Apr 2019) 26 Current Opinion in Psychology 5–10 — 시간 기근 문제에 대한 탁월한 문헌 고찰. "수많은 설문조사에 따르면, 최근에 미국인의 약 3분의 2가 항상 또는 때때로 서두른다고 응답했고, 절반 정도는 시간을 통제하는 느낌이 거의 없다고 응답했다."

- Shepperd, JA, et al. "A primer on unrealistic optimism" (Jun 2015) 24(3) Current Directions in Psychological Science 232–237 — "사람들은 일반적으로 작업을 끝내는 데 걸리는 시간을 대단히 비현실적으로 예측한다. 이런 잘못된 판단을 '계획의 오류planning fallacy'라고 부른다."

- Swant, M. "We're not nearly as busy as we pretend to be, according to a new study" (10 Sep 2015) Adweek — 42%는 자신이 얼마나 바쁜지 과장해서 말하고 있다고 인정한다.

- Weller, C. "Forget the 9 to 5 — research suggests there's a case for the 3-hour workday" (26 Sep 2017) Business Insider.

- Wepfer, AG, et al. "Work-life boundaries and well-being: Does work-to-life integration impair well-being through lack of recovery?" (Dec 2018) 33(6) Journal of Business and Psychology — "일과 삶의 통합 상태에서 높은 점수를 받은 근로자들이 회복 활동이 적다고 보고했고, 그 결과 더 많이 소진되며 일과 삶의 균형을 더 적게 경험했다."

- Whillans, AV, et al. "Buying time promotes happiness" (2017) Proceedings of the National Academy of Sciences — "일하는 성인들은 물건 구매보다 시간을 절약하는 구매에서 더 큰 행복을 느낀다고 보고한다." 이 연구는 부에서 행복에 이르는, 이전에는 검토되지 않던 경로를 드러낸다. 바로 자유 시간을 벌기 위해 돈을 쓰는 것이다.

- "Why is everyone so busy?" (20 Dec 2014) Economist — "그렇다면 문제는 사람들이 얼마나 많은 시간을 갖고 있느냐보다 그 시간을 어떻게 바라보느냐이다."

- Wilcox, K, et al. "How being busy can increase motivation and reduce task completion time" (Mar 2016) 110(3) Journal of Personality and Social Psychology 371–384 — 이 연구에서는 바쁘다고 느끼는 사람이 일을 끝마칠 가능성이 더 높으며, 시간을 효율적으로 사용해야 할 동기가 생기므로 일을 끝내는 데 적은 시간이 걸린다는 것이 발견됐다.

- Yang, AX, et al. "Idleness versus busyness" (Apr 2019) 26 Current Opinion in Psychology 15–18 — "사람들은 활동에 참여하기 위해 목표를 추구한다."

PART 3. 저녁

운동

- Alizadeh, Z, et al. "Comparison between the effect of 6 weeks of morning or evening aerobic exercise on appetite and anthropometric indices: A randomized controlled trial" (Jun 2017) 7(3) Clinical Obesity 157–165 — "비활동적인 과체중 여성에게는 아침에 하는 중고강도의 유산소 운동이 식욕 조절, 칼로리 섭취, 체중 감량의 측면에서 저녁 운동보다 더 효과적인 프로그램이라고 볼 수 있을 듯하다."

- Blackwell, D, et al. "State variation in meeting the 2008 federal guidelines for both aerobic and muscle-strengthening activities" (Jun 2018) 112 National Health Statistics Reports — "18~64세 미국 성인의 22.9%가 유산소 및 근육 강화 운동에 대한 지침을 모두 충족했다."

- Brooker, P. "The feasibility and acceptability of morning versus evening exercise for overweight and obese adults: A randomized controlled trial" (11 Jan 2019) 14 Contemporary Clinical Trials Communications.

- Burman, M, et al. "Does nighttime exercise really disturb sleep? Results from the 2013 National Sleep Foundation Sleep in America Poll" (Jul 2014) 15(7) Sleep Medicine — "저녁 운동은 수면 악화와 관련이 없다. 이런 발견은 수면 위생의 권장 사항이 저녁 운동을 가로막아서는 안 된다는, 점점 증가하는 연구 결과의 일환이다."

- Carlson, L. "Influence of exercise time of day on salivary melatonin responses" (1 Mar 2019) 14(3) Human Kinetics Journal — "수면이 문제라면 아침 운동이 오후 운동보다 더 나을 수 있다."

- Cell Press, "Two studies explore whether time of day can affect the body's response to exercise" (18 Apr 2019) Medical Xpress — "저녁에 하는 운동이 더 생산적인 것으로 보인다."

- Chtourou, H, et al. "The effect of training at the same time of day and tapering period on the diurnal variation of short exercise performances" (Mar 2012) 26(3) Journal of Strength & Conditioning Research 697–708.

- Colley, R, et al. "Comparison of self-reported and accelerometer-measured physical activity in Canadian adults" (19 Dec 2018) 29(12) Statistics Canada Health Reports — "평균적으로 캐나다 성인들은 가속도계에 축적된 기록보다 더 많은 신체 활동량을 보고했다(하루에 49분 대 23분)."

- Colley, R, et al. "Physical activity of Canadian children and youth, 2007 to

2015" (18 Oct 2017) 28(10) Statistics Canada Health Reports — "캐나다 건강 측정 조사Canadian Health Measures Survey의 가장 최근 주기 데이터에 따르면, 아동과 청소년의 7%가 일주일에 최소 6일 동안 60분 이상의 중고강도 신체 활동을 축적한 것으로 나타났다."

- Gordon, B, et al. "Afternoon but not morning exercise lowers blood glucose concentrations" (Jan 2017) 20 Journal of Science and Medicine in Sport.
- Larsen, P, et al. "Evening high-intensity interval exercise does not disrupt sleep or alter energy intake despite changes in acylated ghrelin in middle-aged men" (29 Mar 2019) 104(6) Experimental Physiology — "고강도 간격 운동은 이후의 수면 방해 없이 초저녁에 수행할 수 있다."
- Statistics Canada, "Ten years of measuring physical activity—What have we learned?" (24 Nov 2017).
- Stutz, J, et al. "Effects of evening exercise on sleep in healthy participants: A systematic review and meta-analysis" (Feb 2019) 49(2) Sports Medicine — "전반적으로 여기에서 검토한 연구들은 저녁 운동이 수면에 부정적인 영향을 미친다는 가설을 지지하지 않는다. 오히려 그 반대이다."
- Vitale, J, et al. "Sleep quality and high intensity interval training at two different times of day: A crossover study on the influence of the chronotype in male collegiate soccer players" (2017) 34(2) Chronobiology International.
- Yamanaka, Y, et al. "Morning and evening physical exercise differentially regulate the autonomic nervous system during nocturnal sleep in humans" (1 Nov 2015) 309(9) American Journal of Physiology — 조절, 통합, 비교 생리학.
- Youngstedt, S, et al. "Human circadian phase–response curves for exercise" (Apr 2019) 597(8) Journal of Physiology.

아이들과 놀아주기

- Archer, C, et al. "Mother, baby and Facebook makes three: Does social media provide social support for new mothers?" (27 Jun 2018) 168(1) Media International Australia.
- Blakemore, E. "It doesn't matter how much time parents spend with their kids" (30 Mar 2015) Smithsonian.

- Borelli, JL, et al. "Bringing work home: Gender and parenting correlates of work-family guilt among parents of toddlers" (17 Mar 2017) 26 Journal of Child and Family Studies 1734-1745 — "엄마들은 직장에 다녀서 가정에 소홀해진다는 죄책감이 아빠들보다 유의미하게 더 높다고 보고했다."

- Chae, I. "'Am I a better mother than you?' Media and 21st-century motherhood in the context of the social comparison theory" (1 Jun 2015) 42(4) Communication Research 503-525.

- Coyne, SM, et al. "'Do you dare to compare?' Associations between maternal social comparisons on social networking sites and parenting, mental health, and romantic relationship outcomes" (May 2017) 70(C) Computers in Human Behavior 335-340 — "연구 결과는 소셜 네트워킹 사이트에서 이뤄지는 사회적 비교가 육아 결과와 관련이 있음을 보여주었다(더 높은 수준의 부모 역할 과부하, 더 낮은 수준의 부모 역량 및 인지된 사회적 지지의 형태로)."

- Dotti Sani, GM, et al. "Educational gradients in parents' child-care time across countries, 1965-2012" (19 Apr 2016) 78(4) Journal of Marriage and the Family — "연구 결과들은 부모 둘 다 육아 시간이 증가하고 광범위한 교육적 관심을 갖게 되었음을 시사했다."

- Farm Rich, "The 'guilty truth'—New research reveals top reasons for parental guilt" (13 Sep 2017) PR Newswire — "팜 리치Farm Rich의 의뢰로 학령기 아동의 부모 2,000명을 대상으로 한 새로운 전국 설문조사에서 '미국 부모들은 일주일에 평균 23회의 죄책감을 느낀다'는 결과가 나왔다."

- Fomby, P, et al. "Mothers' time, the parenting package, and links to healthy child development" (26 Jul 2017) 80(1) Journal of Marriage and Family.

- Gervis, Z. "Most parents think they're not making enough family memories" (15 Mar 2018) New York Post.

- Hernández-Alava, M, et al. "Children's development and parental input: Evidence from the UK millennium cohort study" (Apr 2017) 54(2) Demography 485-511.

- Hsin, A, et al. "When does time matter? Maternal employment, children's time with parents, and child development" (Oct 2014) 51(5) Demography 1867-1894 — "평균적으로 어머니가 일을 하는 것이 아동의 발달에 긍정적인 영

향을 미치는 활동 시간에는 아무 영향을 미치지 않으며, 아동의 발달에 해로울 수 있는 활동 시간은 단축시키는 효과가 있다."

- Hubert, S, et al. "Parental burnout: When exhausted mothers open up" (26 Jun 2018) 9 Frontiers in Psychology.
- Kremer-Sadlik, T, et al. "Everyday moments: Finding 'quality time' in American working families" (2007) 16(2–3) Time and Society — "일상적인 활동(집안일이나 심부름 등)은 가족에게 양질의 시간을 제공해줄 수 있다. 이는 부모가 '양질의 시간'에서 추구하는 중요한 관계 형성의 기능을 하는 비계획적이고 비구조적인 사회적 상호작용의 순간이다."
- Logan, J, et al. "When children are not read to at home: The million word gap" (Jun 2019) 40(5) Journal of Developmental and Behavioral Pediatrics — "매일 아이에게 그림책을 한 권씩만 읽어줘도 아이가 연간 약 7만 8천 단어에 노출된다."
- McGinn, K, et al. "Learning from Mum: Cross-national evidence linking maternal employment and adult children's outcomes" (30 Apr 2018) 33(3) Work, Employment and Society.
- Mikel, B. "Harvard study: Kids of working moms grow up just as happy as stay-at-home moms" (21 Jul 2018) Inc.
- Milkie, MA, et al. "Does the amount of time mothers spend with children or adolescents matter?" (Apr 2015) 77(2) Journal of Marriage and Family — "아동기와 청소년기에 엄마가 함께 보내는 시간의 양은 자녀의 행동, 감정, 학업 성적에 중요하지 않았지만, 사회적 지위 요인은 중요했다."
- Milkie, MA, et al. "Time deficits with children: The link to parents' mental and physical health" (9 May 2018) Society and Mental Health — "직장인 부모들이 시간의 측면에서 태만하다고 생각하는 것이 정확히 무엇인지는 불분명하다. 역설적으로 많은 부모가 시간 결핍을 인식하고 있으며, 이것이 그들에게 영향을 미친다. 오히려 그들은 이전 시대에 비해 자녀들과 많은 시간을 함께 보내는데도 말이다."
- Milkie, MA, et al. "What kind of war? 'Mommy Wars' discourse in U.S. and Canadian news, 1989–2013" (2016) 86(1) Sociological Inquiry 51–78.
- Miller, CC. "Mounting evidence of advantages for children of working

mothers" (15 May 2015) New York Times.

- Opondo, C, et al. "Father involvement in early child-rearing and behavioural outcomes in their pre-adolescent children: Evidence from the ALSPAC UK birth cohort" (22 Nov 2016) 6(11) BMJ Open — "아버지들이 직접적으로 육아에 참여하는 양보다는 스스로 부모로서 갖는 인식과 그 역할에 적응하는 방법이 자녀들의 긍정적인 행동 결과와 관련이 있다."

- "Parents now spend twice as much time with their children as 50 years ago" (27 Nov 2017) Economist.

- Roskam, I, et al. "Exhausted parents: Development and preliminary validation of the parental burnout inventory" (9 Feb 2017) 8 Frontiers in Psychology.

- Schulte, B. "Does parent time matter for kids? Your questions answered" (1 Apr 2015) Washington Post.

- Thompson, K. "How social media is making parenting more competitive than ever" (6 May 2016) Toronto Star.

- Thomsen, MK. "Parental time investments in children: Evidence from Denmark" (27 Feb 2015) 58(3) Acta Sociologica 249 — "이 연구는 처음으로 발달적인 돌봄과 아동의 교육 성과 사이에서 긍정적이고 유의미한 전반적인 연관성을 발견했다."

- "Today's parents spend more time with their kids than moms and dads did 50 years ago" (28 Sep 2016) UCI News.

- Varathan, P. "Modern parents spend more time with their kids than their parents spent with them" (30 Nov 2017) Quartz.

- Wolfers, J. "Yes, your time as a parent does make a difference" (1 Apr 2015) New York Times.

휴대폰 확인

- Allred, RJ, et al. "The 'mere presence' hypothesis: Investigating the nonverbal effects of cell-phone presence on conversation satisfaction" (2017) 68(1) Communication Studies 22–36 — "휴대폰의 존재만으로 대화 만족도에 영향을 미치지는 않았지만, 휴대폰의 존재 여부에 대한 개인의 기억은 그들이

실험 전후에 보고한 대화 만족도에 유의미하게 부정적인 영향을 미쳤다."

- Chotpitayasunondh, V, et al. "The effects of 'phubbing' on social interaction" (25 Mar 2018) Journal of Applied Social Psychology 48(6).

- Crowley, JP, et al. "Replication of the mere presence hypothesis: The effects of cell phones on face-to-face conversations" (14 May 2018) 69(3) Communication Studies 283–293.

- Davey, S, et al. "Predictors and consequences of 'phubbing' among adolescents and youth in India: An impact evaluation study" (Jan–Apr 2018) 25(1) Journal of Family and Community Medicine 35–42 — "퍼빙은 사회적 건강, 관계적 건강, 자기 번영에 중대한 영향을 미쳤으며, 우울증 및 고통과도 유의미한 관련이 있었다."

- Duke, K. "Cognitive costs of the mere presence of smartphones" (18 Aug 2017) Nature/NPJ Science of Learning — "학생들은 휴대폰이 눈앞의 책상 위에 있을 때 인지적 과제에서 가장 나쁜 성과를 보였고, 휴대폰이 다른 방에 있을 때 가장 좋은 성과를 보였다."

- Dwyer, RJ, et al. "Smartphone use undermines enjoyment of face-to-face social interactions" (Sep 2018) 78 Journal of Experimental Social Psychology 233–239 — "실제 카페의 환경에서 우리는 사람들이 휴대폰을 치울 때보다 곁에 둘 때 친구들과 식사를 덜 즐긴다는 것을 발견했다. 또한 사람들은 휴대폰이 (부재하는 경우에 비해) 존재하는 경우에 더 산만하다고 느꼈고, 이것은 더 광범위한 주관적 경험에 부정적인 영향을 미쳤다(예: 더 긴장된 각성과 지루함)."

- Ha, TH. "The beginning of silent reading changed Westerners' interior life" (19 Nov 2017) Quartz.

- Han, S, et al. "Understanding nomophobia: Structural equation modeling and semantic network analysis of smartphone separation anxiety" (Jul 2017) 20(7) Cyberpsychology, Behavior, and Social Networking — "사용자들이 스마트폰을 자신의 확장된 자아로 인식하면, 스마트폰에 애착을 느낄 가능성이 더 커져서, 결국 스마트폰에 대한 근접성 추구 성향이 높아지며 노모포비아 상태에 이른다."

- Hunter, JF, et al. "The use of smartphones as a digital security blanket: The influence of phone use and availability on psychological and physiological responses to social exclusion" (May 2018) 80(4) Psychosomatic Medicine 345–352 — "(반드시 휴대폰을 사용하지 않더라도) 단순히 휴대폰을 소지하는 것만으로도 사회적 배제의 부정적인 경험과 영향을 완화시킬 수 있다."

- Kushlev, K, et al. "Smartphones distract parents from cultivating feelings of connection when spending time with their children" (10 Apr 2018) 36(6) Journal of Social and Personal Relationships.

- Kushlev, K, et al. "Smartphones reduce smiles between strangers" (2019) 91 Computers in Human Behavior 12–16 — "낯선 사람들은 휴대폰을 소지한 상태로 대기실에 있을 때 서로에게 덜 웃어 보였다. 이런 발견은 자기 보고보다는 객관적인 행동 코딩에 기반을 두며, 디지털 세계에 계속 연결되어 있는 상태가 중요한 접근 행동을 방해할 수 있다는 명백한 증거를 제공한다."

- Lin, HL. "How your cell phone hurts your relationships" (4 Sep 2012) Scientific American.

- Misra, S, et al. "The iPhone effect: The quality of in-person social interactions in the presence of mobile devices" (2016) 48(2) Environment and Behavior — "모바일 기기 없이 대화를 나눈 사람들은 더 높은 수준의 공감대를 형성했다."

- "1 in 10 of us check our smartphones during sex—seriously" (13 May 2016) Telegraph — 연구 보고서는 95%가 사회적 상황에서 핸드폰을 사용한다고 언급한다.

- Przybylski, AK, et al. "Can you connect with me now? How the presence of mobile communication technology influences face-to-face conversation quality" (19 Jul 2012) 30(3) Journal of Social and Personal Relationships—"휴대폰의 존재는 인간관계를 방해할 수 있으며, 이런 영향은 사람들이 개인적으로 의미 있는 주제를 이야기할 때 가장 극명하게 나타난다."

- Roberts, JA, et al. "My life has become a major distraction from my cell phone: Partner phubbing and relationship satisfaction among romantic partners" (Jan 2016) 54 Computers in Human Behavior 134–141.

- Tams, S, et al. "Smartphone withdrawal creates stress: A moderated mediation model of nomophobia, social threat, and phone withdrawal context" (Apr 2018) 81 Computers in Human Behavior — "여기서 주장하는 간

접 효과는 확실성과 통제 가능성이 결합될 때, 즉 사람들이 얼마나 오랫동안 휴대폰을 사용할 수 없는지를 알고 있고 언제 스스로 상황을 통제할 수 있는지를 알고 있을 때만 중요하지 않다."

- Ward, AF, et al. "Brain drain: The mere presence of one's own smartphone reduces available cognitive capacity" (Apr 2017) 2(2) Journal of the Association for Consumer Research — "설령 사람들이 휴대전화를 확인하려는 유혹을 피할 때처럼 지속적인 주의를 유지하는 데 성공하더라도, 단순히 기기의 존재만으로도 사용 가능한 인지 능력이 감소한다."

- Wilmer, HH, et al. "Smartphones and cognition: A review of research exploring the links between mobile technology habits and cognitive functioning" (25 Apr 2017) 8 Frontiers in Psychology — "스마트폰 기술의 인지적 영향에 대한 경험적 연구는 여전히 상당히 제한적이다."

저녁 식사

- Danesi, G. "Pleasures and stress of eating alone and eating together among French and German young adults" (2012) School for Advanced Studies in the Social Sciences — 독일 및 프랑스 청년들과 그들의 혼자 하는 식사에 대한 관점이 포함된 연구.

- Dwyer, L, et al. "Promoting family meals: A review of existing interventions and opportunities for future research" (22 Jun 2015) 6 Adolescent Health, Medicine and Therapeutics 115–131 — 가족 식사의 빈도를 높이기 위한 다양한 전략에 대한 분석.

- Ewa, J. "Class and eating: Family meals in Britain" (1 Sep 2017) 116 Appetite 527–535.

- The Family Dinner Project, "Benefits of family dinners" — 가족이 함께하는 저녁 식사를 홍보하기 위한 프로젝트의 유용한 자료.

- Fishel, A. "Science says: Eat with your kids" (9 Jan 2015) The Conversation — 유용한 자료 요약.

- Ghobadi, S, et al. "Association of eating while television viewing and overweight/obesity among children and adolescents: A systematic review and meta-analysis of observational studies" (Mar 2018) 19(3) Obesity

Reviews — "TV를 보면서 식사하는 것은 아동 및 청소년에게 과체중이나 비만의 위험 요인이 될 수 있다."

- Gillman, M, et al. "Family dinner and diet quality among older children and adolescents" (2000) 9(3) Archives of Family Medicine 235–240 — "가족 저녁 식사는 과일과 채소의 증가, 튀긴 음식과 탄산음료의 감소, 포화 지방 및 트랜스 지방 감소, 혈당 부하 감소, 식품의 섬유질 및 미량 영양소 증가 등 건강한 식이 섭취 패턴과 관련이 있다."

- Hammons, AJ, et al. "Is frequency of shared family meals related to the nutritional health of children and adolescents?" (Jun 2011) 127(6) Pediatrics 1565–1574 — "일주일에 3번 이상 가족과 식사를 함께하는 아동과 청소년은 3번 미만 가족 식사를 하는 아이들보다 정상 체중에 해당하고 식단과 식생활 패턴이 더 건강할 가능성이 높다. 그뿐만 아니라 그들은 무질서한 식사를 할 가능성이 더 낮다."

- Harbec, MJ, et al. "Associations between early family meal environment quality and later well-being in school-age children" (Feb–Mar 2018) 39(2) Journal of Developmental & Behavioral Pediatrics 136–143.

- Harrison, ME, et al. "Systematic review of the effects of family meal frequency on psychosocial outcomes in youth" (Feb 2015) 61(2) Canadian Family Physician 96–106 — "이 체계적인 문헌 고찰은 빈번한 가족 식사가 이루어져야 한다는 추가적인 근거를 제공한다. 모든 보건의료 종사자는 가족들에게 규칙적인 가족 식사를 할 때 얻을 수 있는 혜택을 교육해야 한다."

- Kwon, A, et al. "Eating alone and metabolic syndrome: A population-based Korean National Health and Nutrition Examination Survey 2013–2014" (Mar–Apr 2018) 12(2) Obesity Research & Clinical Practice 146–157 — "혼자 식사하는 것은 대사증후군의 잠재적인 위험 요인일 수 있다."

- Litterbach, E. "Family meals with young children: An online study of family mealtime characteristics, among Australian families with children aged six months to six years" (24 Jan 2017) 17 BioMed Central Public Health.

- Livingstone, M, et al. "Portion size and obesity" (3 Nov 2014) 5(6) Advances in Nutrition 829–834.

- Mills, S, et al. "Frequency of eating home cooked meals and potential benefits for diet and health: Cross-sectional analysis of a population-based cohort study" (17 Aug 2017) 14(1) International Journal of Behavioral Nutrition and Physical Activity — "가정에서 만든 음식을 더 자주 먹는 것은 더 높은 식사 품질 및 더 낮은 지방 과다와 관련이 있었다."

- Robinson, E, et al. "Portion size and later food intake: Evidence on the 'normalizing' effect of reducing food portion sizes" (1 Apr 2018) 107(4) American Journal of Clinical Nutrition 640–646.

- Takeda, W, et al. "Spatial, temporal, and health associations of eating alone: A cross-cultural analysis of young adults in urban Australia and Japan" (2017) 118 Appetite 149–160 — 혼자 먹는 것과 문화적 연관성을 탐구한 흥미로운 연구. 예를 들어, 일부 호주인은 혼자 먹는 것을 더 건강한 식습관과 연관시켰다.

- Tani, Y, et al. "Combined effects of eating alone and living alone on unhealthy dietary behaviors, obesity and underweight in older Japanese adults" (Dec 2015) 95 Appetite 1–8 — "혼자 먹는 것은 노인과 여성의 건강에 좋지 않은 식생활 행동과 관련이 있었다."

- Utter, J, et al. "Feasibility of a family meal intervention to address nutritional wellbeing, emotional wellbeing and food insecurity of families with adolescents" (Jul–Aug 2018) 50(7) Journal of Nutrition Education and Behavior — "많은 가정에 식사 계획, 조리법, 식재료를 제공하는 것은 가족 식사를 개선할 수 있는 적절한 방법이다."

- Vik, FN, et al. "Associations between eating meals, watching TV while eating meals and weight status among children, ages 10–12 years in eight European countries: The ENERGY cross-sectional study" (13 May 2013) 10 International Journal of Behavioral Nutrition and Physical Activity.

- Walton, K, et al. "Exploring the role of family functioning in the association between frequency of family dinners and dietary intake among adolescents and young adults" (2 Nov 2018) 1(7) JAMA Network Open — "가족의 기능 수준에 관계없이 더 빈번한 가족 저녁 식사는 청소년들의 건강한 식생활과 관련이 있다. 저녁 식사는 청소년들의 식생활 개선을 위한 적절한 개입 대상이 될 수 있다."

- Wolfson, JA, et al. "Is cooking at home associated with better diet quality or weight-loss intention?" (Jun 2015) 18(8) Public Health Nutrition 1397–1406 — "집에서 자주 저녁 식사를 요리하는 것은 체중 감량을 시도하든 안 하든 더 건강한 식단의 섭취와 관련이 있다."

- Ziauddeen, N, et al. "Eating at food outlets and leisure places and 'on the go' is associated with less-healthy food choices than eating at home and in school in children" (1 Jun 2018) 107(6) American Journal of Clinical Nutrition 992–1003 — "집과 학교의 식사는 더 나은 음식 선택과 관련이 있는 반면, 다른 장소들은 형편없는 음식 선택과 관련이 있다."

와인

- Almenberg, J, et al. "When does the price affect the taste? Results from a wine experiment" (Jan 2011) 6(1) Journal of Wine Economics 111–121 — "와인을 맛보기 전에 높은 가격을 공개하면 상당히 높은 평점이 나온다."
- Berns, GS. "Price, placebo, and the brain" (1 Nov 2005) 42(4) Journal of Marketing Research — "고가 제품은 반복적인 노출을 통해 더 좋은 품질의 상품 및 서비스와 연관되는 경향이 있으므로 소비자에게 더 많은 효용을 제공할 것으로 기대된다."
- Bohannon, J, et al. "Can people distinguish pâté from dog food?" (Apr 2009) American Association of Wine Economists Working Papers 36 — "참여자들은 개 사료를 정확하게 구별하는 데 무작위로 선택하는 것보다 나을 것이 없었다."
- Centers for Disease Control and Prevention, "Moderate drinking" (18 Oct 2016).
- Danner, L, et al. "Context and wine quality effects on consumers' mood, emotions, liking and willingness to pay for Australian Shiraz wines" (Nov 2016) 89(1) Food Research International 254–265 — 소비 맥락이 맛을 좌우한다.
- Danner, L, et al. "'I like the sound of that!' Wine descriptions influence consumers' expectations, liking, emotions and willingness to pay for Australian white wines" (Sep 2017) 99(1) Food Research International 263–274 — "정교한 정보가 제공될 때 가장 높은 선호도, 지불 의사, 긍정적인 감정 등이 나타났다. 그리고 시음 후에 지불 의사가 현저히 증가했다."

- Doucleff, M. "Drinking with your eyes: How wine labels trick us into buying" (11 Oct 2013) NPR.
- Enax, L, et al. "Marketing placebo effects—From behavioral effects to behavior change?" (Nov 2015) 13(1) Journal of Agricultural & Food Industrial Organization 15–31.
- Goldstein, R, et al. "Do more expensive wines taste better? Evidence from a large sample of blind tastings" (Spring 2008) 3(1) Journal of Wine Economics — "대규모 블라인드 테스트 표본에서 우리는 가격과 전체 평점 사이의 상관관계가 높지 않고 오히려 역상관관계에 가까운 것을 발견했다. 전문가가 아닌 한, 사람들은 평균적으로 더 비싼 와인을 약간 덜 즐기는 것으로 나타났다."
- Haseeb, S, et al. "Wine and cardiovascular health: A comprehensive review" (10 Oct 2017) 136(15) Circulation — "이 음주 패턴(소량이나 적정량 섭취)에 대한 광범위한 역학적 지지가 있지만, 합의에 도달하지는 못했다."
- Hodgson, RT. "An examination of judge reliability at a major U.S. wine competition" (Winter 2008) 3(2) Journal of Wine Economics 105–113.
- Lee, WF, et al. "Effect of extrinsic cues on willingness to pay [WTP] of wine" (5 Nov 2018) 120(11) British Food Journal.
- McLaughlin, R, et al. "Putting coffee to the test: Does pricier java really taste better?" (5 Feb 2018) CTV News Vancouver.
- Morrot, G, et al. "The color of odors" (Nov 2001) 79(2) Brain and Language — 이 유명한 연구에서 전문가들은 적포도주와 백포도주를 구별하지 못했다.
- Parr, WV. "Demystifying wine tasting: Cognitive psychology's contribution" (Oct 2019) 124 Food Research International.
- Piqueras-Fiszman, B, et al. "Sensory expectations based on product-extrinsic food cues: An interdisciplinary review of the empirical evidence and theoretical accounts" (2015) 40(A) Food Quality and Preference 165–179.
- Plassmann, H, et al. "Marketing actions can modulate neural representations of experienced pleasantness" (Jan 2008) 105(3) Proceedings of the National Academy of Sciences — "와인 가격을 올리면 내측 안와전두피질에서 혈중 산소 수준에 의존하는 활동뿐만 아니라 풍미의 즐거움에 대한 주관적인 보고가 증가한다."

- Pomeroy, R. "The legendary study that embarrassed wine experts across the globe" (18 Aug 2014) RealClearScience.

- Sample, I. "Expensive wine and cheap plonk taste the same to most people" (14 Apr 2011) Guardian — 사람들이 저렴한 와인과 비싼 와인을 확실히 구분할 수 없었다는 연구 결과에 대한 보도. "사람들은 값싼 와인과 비싼 와인의 차이를 구별할 수 없었다. 답을 알고 있을 때는 그 차이를 구분할 수 있으리라 스스로를 속이지만, 대부분은 그냥 구분할 수 없다."

- Schmidt, L. "How context alters value: The brain's valuation and affective regulation system link price cues to experienced taste pleasantness" (14 Aug 2017) 7 Scientific Reports.

- Shiv, B, et al. "Placebo effects of marketing actions: Consumer may get what they pay for" (Nov 2005) 42(4) Journal of Marketing Research — "어떤 제품(예: 각성 효과가 있는 에너지 음료)에 대해 할인된 가격을 지불한 소비자들은 그 제품을 소비하는 데서 실질적인 이득을 적게 얻을 수 있다."

- Siegrist, M, et al. "Expectations influence sensory experience in a wine tasting" (Jun 2009) 52(3) Appetite 762 — "시음 전 와인 정보가 주어질 때, 와인에 대한 부정적인 정보를 받은 그룹은 긍정적인 정보를 받은 그룹에 비해 와인을 더 낮게 평가했다."

- Stanley, TL. "Payless opened a fake luxury store, 'Palessi,' to see how much people would pay for $20 shoes" (28 Nov 2018) Adweek.

- Swerdloff, A. "The majority of people might just genuinely prefer cheap coffee" (26 Aug 2016) Vice.

- University of Bonn, "Why expensive wine appears to taste better" (14 Aug 2017) Phys.org.

- Wang, Q, et al. "Assessing the influence of music on wine perception among wine professionals" (Mar 2018) 6(2) Food Science & Nutrition 295–301.

- Wang, QJ, et al. "Does blind wine tasting work? Investigating the impact of training on blind tasting accuracy and wine preference" (2018) Science & Wine.

- Wood, A, et al. "Risk thresholds for alcohol consumption: Combined analysis of individualparticipant data for 599 912 current drinkers in 83 prospective studies" (14 Apr 2018) 391(10129) The Lancet.

- World Health Organization, "Alcohol" (21 Sep 2018).
- Zeidler, M. "Like the label? You'll probably like the wine, says UBC researcher" (17 Mar 2019) CBC News.

설거지

- Carlson, DL, et al. "The gendered division of housework and couples' sexual relationships: A reexamination" (25 May 2016) 78(4) Journal of Marriage and Family.
- Carlson, DL, et al. "Sharing's more fun for everyone? Gender attitudes, sexual self-efficacy, and sexual frequency" (Aug 2018) 81(3) Journal of Marriage and Family.
- Carlson, DL, et al. "Stalled for whom? Change in the division of particular housework tasks and their consequences for middle- to low-income couples" (6 Apr 2018) 4 Socius: Sociological Research for a Dynamic World 1–17 — "모든 집안일 중 설거지 분담이 관계의 질에 가장 중요하고, 특히 여성의 경우에 그렇다."
- Council on Contemporary Families, "Not all housework is created equal: Particular housework tasks and couples' relationship quality" (3 Apr 2018).
- Johnson, MD, et al. "Skip the dishes? Not so fast! Sex and housework revisited" (Mar 2016) 30(2) Journal of Family Psychology — "이 연구는 남성의 집안일 참여가 부부의 성생활에 해롭다는 최근 연구 결과와 확고한 대조를 이룬다."

변기 시트, 올릴까 내릴까?

- Case, MA. "Why not abolish the laws of urinary segregation?" in Molotch, H, et al. (eds) *Toilet: Public Restrooms and the Politics of Sharing* (New York University Press, 2010).
- Choi, JP. "Up or down? A male economist's manifesto on the toilet seat etiquette" (Nov 2002) Michigan State University Working Papers.

- General, R. "33% of Japanese men in survey prefer sitting down while peeing" (11 Sep 2018) NextShark.
- Moss, G. "7 reasons dudes should be the ones to put the toilet seat back down—Every. Single. Time." (20 Mar 2015) Bustle.
- Nonaka, R. "44% of men pee at home while sitting down, survey reveals" (Dec 2017) Asahi Shimbun.
- Siddiqi, H. "The social norm of leaving the toilet seat down: A game theoretic analysis" (29 May 2007) Science Creative Quarterly.
- Stamp, J. "From turrets to toilets: A partial history of the throne room" (20 Jun 2014) Smithsonian.
- Wells, J. "Should men put the toilet seat down when they're finished?" (11 Oct 2015) Telegraph.

1만 보 걷기?

- Cox, D. "Watch your step: Why the 10,000 daily goal is built on bad science" (3 Sep 2018) Guardian.
- Cummins, E. "24/7 fitness trackers won't solve all your problems—and they might make you imagine new ones" (4 Mar 2019) Popular Science.
- Duke University, "Why counting your steps could make you unhappier" (21 Dec 2015) Fuqua School of Business.
- Etkins, J. "The hidden cost of personal quantification" (Apr 2016) 42(6) Journal of Consumer Research—활동을 추적하면 운동이 덜 즐거워질 수 있다.
- Feehan, L, et al. "Accuracy of Fitbit devices: Systematic review and narrative syntheses of quantitative data" (9 Aug 2018) 6(8) JMIR Health — "이동성에 제한이 없는 성인의 걸음 수를 측정하는 경우 외에, 핏빗Fitbit 기기를 연구 결과의 측정 도구로 사용하거나 보건의료 결정에 대한 정보를 얻기 위해 사용할 때는 반드시 신중하게 접근해야 한다. 이 기기가 정확한 측정치를 제공할 가능성이 있는 상황이 한정적인 것으로 보이기 때문이다."
- Finkelstein, E. "Effectiveness of activity trackers with and without incentives to increase physical activity (TRIPPA): A randomised controlled trial" (1 Dec 2016) 4(12) The Lancet Diabetes & Endocrinology — "우리는 인센티브가 있든

없든 건강 결과가 개선되었다는 근거를 찾지 못했으므로, 이런 기기의 건강 증진 효과에 의문을 제기한다."

- "Fitness trackers 'overestimate' calorie burning" (28 Jan 2019) BBC News.
- Heathman, A. "Your fitness tracker is probably overestimating the calories you're burning" (28 Jan 2019) Evening Standard.
- Jakicic, J, et al. "Effect of wearable technology combined with a lifestyle intervention on long-term weight loss" (20 Sep 2016) 316(11) JAMA —"신체 활동을 모니터링하고 피드백을 제공하는 기기들은 표준적인 행동 위주의 체중 감량 접근법에 비해 이점이 적을 수 있다."
- James, T, et al. "Using organismic integration theory to explore the associations between users' exercise motivations and fitness technology feature set use" (Mar 2019) 43(1) MIS Quarterly —"현재 피트니스 기술의 사회적 상호작용 및 데이터 관리 기능은 웰빙 결과를 지원할 수 있다는 가능성을 보여주지만, 이는 오로지 자기 결정적이고 동기가 부여된 운동자의 하위 유형에만 해당한다."
- Kerner, C. "The motivational impact of wearable healthy lifestyle technologies: A self-determination perspective on Fitbits with adolescents" (12 Apr 2017) 48(5) American Journal of Health Education —"이런 발견은 건강한 라이프스타일 기술이 결과적으로 부정적인 동기를 부여할 수 있음을 시사한다."
- Thosar, S, et al. "Self-regulated use of a wearable activity sensor is not associated with improvements in physical activity, cardiometabolic risk or subjective health status" (Sep 2018) 52(18) British Journal of Sports Medicine — 연구에 따르면, 참여자들은 스스로 더 활동적이라고 생각했지만 실제로는 기기를 사용할수록 활동이 감소했다.

TV 몰아서 보기

- Ahmed, AAM. "New era of TV-watching behavior: Binge watching and its psychological effects" (Jan 2017) 8(2) Media Watch 192–207.
- American Academy of Sleep Medicine, "Sleep or Netflix? You can have both when you binge-watch responsibly" (30 May 2017).

- Cakebread, C. "Here are all the reasons why Americans say they binge-watch TV shows" (15 Sep 2017) Business Insider.

- Chambliss, C, et al. "Distracted by binge-watching: Sources of academic and social disruption in students" (2017) 3(1) Atlantic Research Centre Journal of Pediatrics ─ "대학생의 다수(64%)가 넷플릭스와 다른 비스포츠 TV 프로그램을 과도하게 몰아서 본다고 보고했다."

- De Feijter, D, et al. "Confessions of a 'guilty' couch potato understanding and using context to optimize binge-watching behaviour" (17 Jun 2016) Proceedings of the ACM International Conference on Interactive Experiences for TV and Online Video ─ "네덜란드에서 TV를 몰아서 보는 사람들을 대상으로 현장 스마트폰 모니터링 설문조사를 실시한 결과, TV 몰아 보기 및 웰빙과 관련된 맥락 요인이 밝혀졌다. 조사 결과는 TV 몰아 보기가 온라인상 사회적으로 활동적인 상황에서 벌어지는 고독한 활동임을 시사한다."

- Deloitte, "Meet the MilleXZials: Generational Lines Blur as Media Consumption for Gen X, Millennials and Gen Z Converge" (20 Mar 2018).

- Devasagayam, R. "Media bingeing: A qualitative study of psychological influences" (Mar 2014) Proceedings of the Marketing Management Association Annual Conference ─ "연구는 시청자와 TV 캐릭터 사이에 일방적이고 무의식적인 유대감이 형성된다고 주장한다. 우리는 이 유대감이 TV 몰아 보기 행위에 영향을 미치는 주요 요인 중 하나라고 생각한다."

- Exelman, L, et al. "Binge viewing, sleep, and the role of pre-sleep arousal" (15 Aug 2017) 13(8) Journal of Clinical Sleep Medicine 1001–1008 ─ "TV 몰아 보기의 빈도 증가는 수면의 질 저하, 피로도 증가, 불면증 증상 증가와 관련이 있었지만, 일반적인 TV 시청은 그렇지 않았다."

- Fine, D. "Fear not, technology isn't actually making us dumber" (21 Dec 2016) Sydney Morning Herald ─ 콘래드 게스너의 의견 게재.

- Flayelle, M, et al. "Time for a plot twist: Beyond confirmatory approaches to binge-watching research" (Jan 2019) 8(3) Psychology of Popular Media Culture ─ 이 기사는 특히 유해성의 맥락에서 훌륭한 문헌 고찰을 제시한다. 여기서는 "TV 몰아 보기가 오늘날 사회에 널리 퍼져 있음에도 불구하고 여전히 연구되지 않는 현상으로 남아 있다"고 지적한다.

- Flayelle, M, et al. "Toward a qualitative understanding of binge-watching behaviors: A focus group approach" (1 Dec 2017) 6(4) Journal of Behavioral Addictions 457–471 — "의심할 여지 없이 TV 시리즈 시청은 여느 취미나 여가 활동과 마찬가지로 주로 오락적인 수요를 충족시킨다."

- Grace, M, et al. "Television viewing time and inflammatory-related mortality" (Oct 2017) 49(10) Medicine & Science in Sports & Exercise 2040–2047 — "여가 시간의 신체 활동을 조정하기 전에는 TV 시청 시간이 염증 관련 사망 위험의 증가와 관련이 있었다."

- Horvath, JC, et al. "The impact of binge watching on memory and perceived comprehension." (4 Sep 2017) 22(9) First Monday — "[TV 프로그램에 대한] 이런 기억은 매일 또는 매주 에피소드를 시청한 후 형성되는 기억보다 더 빨리 사라진다. 나아가 TV를 몰아서 본 참가자들은 매일 또는 매주 시청한 참가자들보다 훨씬 적은 즐거움을 느낀다고 보고했다."

- Kubota, Y, et al. "TV viewing and incident venous thromboembolism: The Atherosclerotic Risk in Communities Study" (Apr 2018) 45(4) Journal of Thrombosis and Thrombolysis 353–359 — "TV 시청 빈도가 높을수록 부분적으로 비만을 통해 매개되는 VTE(정맥 혈전 색전증) 위험이 증가했다. 신체 활동 권장량을 채우는 사람들도 잦은 TV 시청과 관련된 높은 VTE의 위험은 제거할 수 없었다. 빈번한 TV 시청을 피하고 신체 활동을 늘려가며 체중을 조절하면 VTE 예방에 도움이 될 수 있다."

- Morris, C. "Depression, disease and no sex are some dangers of binge watching" (26 Aug 2016) Consumer News and Business Channel.

- Netflix, "Ready, set, binge: More than 8 million viewers 'binge race' their favorite series" (17 Oct 2017) — "총 840만 명의 회원이 넷플릭스 가입 기간 동안 빈지 레이스Binge Race를 선택했다."

- Olson, S. "Binge watching TV linked to higher rates of depression and anxiety" (8 Nov 2015) Medical Daily — "참가자들은 단 2시간 동안 TV를 시청하고 나서도 TV 시청 시간이 더 적은 사람들에 비해 더 우울하고 불안하게 느껴진다고 보고했다"는 연구 결과에 대한 보도.

- Page, D. "What happens to your brain when you binge-watch a TV series" (4 Nov 2017).

- Patient.info, "Over 50% of Brits suffer from post binge-watching blues, Patient.info reports" (28 Feb 2018) PR Newswire — "설문 응답자 2,000명 중 절반 이상이 TV 시리즈가 끝나갈 무렵에 정신 건강 문제를 경험한 적이 있다고 인정했다."
- Rigby, JM, et al. "'I can watch what I want': A diary study of on-demand and cross-device viewing" (26–28 Jun 2018) Proceedings of the ACM International Conference on Interactive Experiences for TV and Online Video — "저녁 황금 시간대는 사람들이 주문형 콘텐츠를 시청하는 데 가장 인기 있는 시간이었다." "사람들은 총 135개 세션(75.8%)을 혼자 시청했다."
- Rodriguez, A. "The average young American binge-watches TV for five hours straight" (23 Mar 2017) Quartz.
- Spangler, T. "Binge nation: 70% of Americans engage in marathon TV viewing" (16 Mar 2016) Variety.
- Spruance, LA, et al. "Are you still watching?: Correlations between binge TV watching, diet and physical activity" (14 Jul 2017) Journal of Obesity & Weight Management.
- Sung, YH, et al. "A bad habit for your health? An exploration of psychological factors for binge watching behavior" (21 May 2015) 65th Annual Conference of the International Communication Association.
- Sung, YH, et al. "Why Do We Indulge? Exploring Motivations for Binge Watching" (12 Jul 2018) 62(3) Journal of Broadcasting & Electronic Media 408 — "TV 몰아 보기 수준이 낮은 사람들에게는 오직 오락적인 동기만이 TV 몰아 보기에 대한 중요한 예측 요인이다."
- Tuck, "Streaming content and sleep—2018 study" (2 Aug 2018) — "성인의 거의 절반(45%)이 지난해에 밤새워 TV 쇼를 본 적이 있다."
- Walton-Pattison, E, et al. "'Just one more episode': Frequency and theoretical correlates of television binge watching" (2018) 23(1) Journal of Health Psychology.

머리 감기

- "ASA finds TRESemme Naturals ads misleading" (5 Jul 2011) Cosmetic

Business.

- Brueck, H. "How often you actually need to shower, according to science" (1 Feb 2019) MSN.

- "Claims in shampoo ad 'misleading'" (11 May 2005) BBC News.

- Cruz, CF, et al. "Human hair and the impact of cosmetic procedures: A review on cleansing and shape-modulating cosmetics" (Jul 2016) 3(3) Cosmetics.

- Dawber, R. "Hair: Its structure and response to cosmetic reparation" (1996) 14(1) Clinics in Dermatology 105–112.

- De Blasio, B, et al. "From cradle to cane: The cost of being a female consumer" (Dec 2015) NYC Department of Consumer Affairs.

- Draelos, ZD. "Essentials of hair care often neglected: Hair cleansing" (2010) 2(1) International Journal of Trichology 24–29 ― "엄밀히 말하면, 피지가 많이 분비되지 않는 한 매일 샴푸할 필요는 없다. 사실 샴푸는 모발 줄기에 이롭기보다는 오히려 해롭다."

- Elgart, O. "Revealed: How shampoo ads have us all fooled" (6 Apr 2018) New Zealand Herald ― "69%는 헤어 케어 광고에 오해의 소지가 있다고 생각한다."

- "Facial moisturizers more expensive for women than for men" (1 May 2019) United Press International ― "평균적으로 여성용 제품은 남성용 제품보다 1온스(약 28그램)당 3.09달러가 더 비싸다."

- Gray, J. "Hair care and hair care products" (Mar–Apr 2001) 19(2) Clinics in Dermatology 227–236.

- Haskin, A, et al. "Breaking the cycle of hair breakage: Pearls for the management of acquired trichorrhexis nodosa" (Jun 2017) 28(4) Journal of Dermatological Treatment 322–326.

- Kenneth, JA. "Rolling back the 'pink tax': Dim prospects for eliminating gender-based price discrimination in the sale of consumer goods and services" (2018) 54(2) California Western Law Review ― "이 연구가 압도적으로 입증하듯이, 성별에 따른 가격 책정(일명 '핑크 택스' 또는 '젠더 택스')은 오로지 성별에 따른 차별이 아니면 설명할 수 없는 현실이다."

- Khazan, O. "How often people in various countries shower" (17 Feb 2015)

Atlantic.

- Morales, T. "Are expensive shampoos better?" (11 Apr 2005) CBS News — "비싼 제품과 저렴한 제품 사이에는 전혀 차이가 없다. 나는 이 점을 분명히 밝힌다."

- Schlossberg, M. "30 items that prove women pay more than men for the same products" (16 Jul 2016) Business Insider.

- Shaw, H. "'Pink tax' has women paying 43% more for their toiletries than men" (25 Apr 2016) Financial Post.

- Trüeb, RM. "Shampoos: Ingredients, efficacy and adverse effects" (May 2007) 5(5) Journal der Deutschen Dermatologischen Gesellschaft 356–365.

- Waters, L. "Does the price of your shampoo affect how clean your hair is? Here's the science" (23 Jan 2017) The Conversation.

치실 사용

- American Academy of Periodontology, "More than a quarter of U.S. adults are dishonest with dentists about how often they floss their teeth" (23 Jun 2015) — "미국 성인의 4분의 1 이상(27%)이 치실질 빈도에 대해 치과의사에게 거짓말을 한다고 인정했다. 더욱이 미국인의 3분의 1 이상(36%)은 치실질보다 차라리 화장실 청소 같은 불쾌한 활동을 더 선호했다."

- American Dental Association, "The medical benefit of daily flossing called into question" (2 Aug 2016) — "평균적인 효과는 작고 근거의 질은 매우 낮지만 (실제 평균적인 효과는 더 크거나 더 낮을 수 있다는 의미), 미국인의 절반이 치주 질환을 앓는다는 추정치를 감안하면, 아무리 작은 효과도 도움이 될 것이다."

- American Dental Association, "New survey highlights 'unusual' flossing habits" (20 Oct 2017) — "16%는 항상 하루에 한 번 이상 치실을 사용한다고 대답했다. 설문조사에 참여한 응답자의 44%는 치과의사에게 치실질을 얼마나 자주 하냐는 질문을 받았을 때 실제 빈도를 과장했다고 인정한다."

- Cepeda, MS, et al. "Association of flossing/inter-dental cleaning and periodontitis in adults" (Sep 2017) 44(9) Journal of Clinical Periodontology 866–871 — 이 연구는 인과관계를 규명할 수는 없었지만 "치실질이 약간 낮은 치주염 유병률과 관련이 있다"는 것을 발견했다. "일주일에 2~4일만 치실을 사

용해도 더 자주 사용하는 것만큼 효과를 얻을 수 있다."

- De Oliveira, KMH, et al. "Dental flossing and proximal caries in the primary dentition: A systematic review" (2017) 15(5) Oral Health and Preventive Dentistry 427–434 — "현재 문헌에서 치실 사용과 젖니의 인접면 우식증 감소 사이의 연관성을 보여주는 연구는 단 한 건뿐이다."

- "Dentists—Canada market research report" (Aug 2018) IBIS World — "2019년 까지 5년 동안 캐나다 치과업계는 치과 서비스 이용의 소폭 증가와 치과 서비스 지출 증가로 성장세를 보였다."

- Donn, J. "Medical benefits of dental floss unproven" (2 Aug 2016) Associated Press — "AP에 보낸 서한에서 정부는 치실질의 효과성에 대해 필요한 연구가 진행된 적이 없다는 사실을 인정했다."

- Fleming, EB, et al. "Prevalence of daily flossing among adults by selected risk factors for periodontal disease—United States, 2011–2014" (Aug 2018) 89(8) Journal of Periodontology 933–939 — "매일 치실질을 하는 비율은 소득이 많은 여성들의 경우에 더 높았다." 또 흡연자의 42.2%는 결코 치실을 사용하지 않았는데, 비흡연자의 경우에는 이 수치가 29.8%였다.

- Gumpert, K. "One-fourth of Americans lie to dentists about flossing" (Jul 2015) Scientific American — "해리스 여론 조사[Harris Poll]에 따르면, 치실질은 경우에 따라 칠판에 못 긁는 소리나 버스나 비행기 안에서 아이들 우는 소리를 듣는 것보다 더 달갑지 않은 활동이다."

- Hamilton, K, et al. "Dental flossing and automaticity: A longitudinal moderated mediation analysis" (Jun 2018) 23(5) Psychology, Health & Medicine 619–627.

- Hujoel, PP, et al. "Dental flossing and interproximal caries: A systematic review" (Apr 2006) 85(4) Journal of Dental Research 298–305 — "학교에서 주로 아이들의 젖니를 1.7년 동안 전문적으로 치실질한 실험 결과, 치실질이 충치 위험의 40% 감소와 관련이 있었다."

- Hujoel, PP, et al. "Personal oral hygiene and dental caries: A systematic review of randomised controlled trials" (Dec 2018) 35(4) Gerodontology 282–289 — "불소가 없는 상태의 개인 구강 위생은 충치 발생을 줄이는 측면에서 효과를 나타내지 못했다."

- Jupes, O. "Dentists have stopped being strung along by the great flossing yarn. About time" (3 Aug 2016) Guardian.

- Kassebaum, NJ, et al. "Global burden of untreated caries: A systematic review and metaregression" (May 2015) 94(5) Journal of Dental Research 650–658 — "1990년부터 2010년까지 세계적으로 연령에 따라 표준화된 유병률과 충치 발생률이 거의 변하지 않았다."

- Knapton, S. "Flossing teeth does little good, investigation finds as US removes recommendation from health advice" (2 Aug 2016) Telegraph.

- Kuru, BE, et al. "Role of the mechanical interdental plaque control in the management of periodontal health: How many options do we have?" in Gingival Disease—A Comprehensive and Professional Approach for Treatment and Prevention (5 Nov 2018) — "유감스럽게도 현재의 문헌 자료는 매일 꾸준한 치실 사용을 지지하지 않는다."

- Lee, JH, et al. "Association of toothbrushing and proximal cleaning with periodontal health among Korean adults: Results from Korea National Health and Nutrition Examination Survey in year 2010 and 2012" (Mar 2018) 45(3) Journal of Periodontology 322–335.

- Marchesan, JT, et al. "Interdental cleaning is associated with decreased oral disease prevalence" (Jul 2018) 97(7) Journal of Dental Research — 치아 사이의 세척과 구강 건강 사이에 연관성이 발견되었지만, 단지 상관관계일 뿐이다.

- Mazhari, F, et al. "The effect of toothbrushing and flossing sequence on interdental plaque reduction and fluoride retention: A randomized controlled clinical trial" (Jul 2018) 89(7) Journal of Periodontology — "치아 사이의 치석을 줄이고 그 부분의 불소 농도를 높이기 위해, 치실을 사용하고 나서 양치질을 하는 것이 양치질을 한 후에 치실을 사용하는 것보다 더 선호된다."

- Niederman, R. "Psychological approaches may improve oral hygiene behaviour" (25 Jun 2007) 8(2) Journal of Evidence-Based Dental Practice 39–40.

- Ontario Dental Association, "Your oral health" (2017) — "임상 현장에서 우리는 [치실질이 효과적이라는] 증거를 매일같이 확인한다. 치실이나 기타 방법을 이용하여 치아 사이의 음식 찌꺼기와 치석을 제거하는 환자들은 충치 발생률이

감소하고 잇몸 조직이 건강해지는 것으로 나타난다.”

- Ritchey, G. "May the Floss be with you?" (6 Nov 2015) Science Based Medicine.
- Sälzer, S, et al. "Efficacy of inter-dental mechanical plaque control in managing gingivitis—a meta-review" (Apr 2015) 42 Journal of Clinical Periodontology — "현재까지 진행된 연구들은 일반적으로 치실질이 치석 제거에 효과적이라는 것을 입증하는 데 실패했다.”
- Sambunjak, D, et al. "Flossing for the management of periodontal diseases and dental caries in adults" (7 Dec 2011) 12(12) Cochrane Library — "칫솔질에 추가로 치실을 사용하면 칫솔질만 하는 경우보다 치은염이 더 감소한다는 12건의 연구 결과에 몇 가지 근거가 있다. 또 치실질과 칫솔질을 같이 하면 1개월과 3개월 만에 치석이 소폭 감소한다는 10건의 연구에도 약하고 매우 신뢰할 수 없는 증거가 있다. 치실질과 칫솔질을 같이 하면 충치 예방에 효과가 있다고 보고한 연구는 없었다.” (주: 이 문헌 고찰은 2019년 4월에 업데이트되었지만, 결론은 비슷하다. Worthington H, et al. "Home use of interdental cleaning devices, in addition to toothbrushing, for preventing and controlling periodontal diseases and dental caries" (2019) 4 Cochrane Database of Systematic Reviews—"전반적으로 근거는 낮거나 매우 낮았으며, 관찰된 효과의 규모는 임상적으로 중요하지 않을 수 있다.”)
- Vernon, LT, et al. "In defense of flossing: Can we agree it's premature to claim flossing is ineffective to prevent dental caries?" (Jun 2017) 17(2) Journal of Evidence-Based Dental Practice 71–75.
- Wilder, RS, et al. "Improving periodontal outcomes: Merging clinical and behavioral science" (Jun 2016) 71(1) Periodontology 2000 65–81—Nice review of the literature.

섹스

- Anderson, RM. "Positive sexuality and its impact on overall well-being" (Feb 2013) 56(2) Bundesgesundheitsblatt–Gesundheitsforschung–Gesundheitsschutz — "성 건강, 신체 건강, 정신 건강, 전반적인 웰빙은 모두 성적 만족감, 성적 자존감, 성적 쾌락과 긍정적인 연관이 있다.”
- Loewenstein, G, et al. "Does increased sexual frequency enhance

happiness?" (Aug 2015) 116 Journal of Economic Behavior & Organization — "섹스의 빈도가 증가한다고 해서 행복감이 증가하는 것은 아니다. 아마도 섹스에 대한 욕구와 즐거움이 감소하기 때문일 것이다."

- Muise, A, et al. "Sexual frequency predicts greater well-being, but more is not always better" (Nov 2015) 7(4) Social Psychology and Personality Science — "커플들에게 섹스 빈도가 일주일에 한 번을 넘어가면 더 이상 행복과 유의미한 관련이 없다."

- Smith, A, et al. "Sexual and relationship satisfaction among heterosexual men and women: The importance of desired frequency of sex" (2011) 37(2) Journal of Sex and Marital Therapy — "남성의 46%와 여성의 58%만이 현재의 섹스 빈도에 만족했다."

- Strapagiel, L. "People think everyone is having a lot of sex, but a survey shows that's not the case" (9 Aug 2018) BuzzFeed — "남성들은 여성들이 [최근 4주 동안] 23번 섹스를 했을 것으로 추측했지만, 실제 섹스 횟수는 평균 5~6번이었다."

- Wadsworth, T. "Sex and the pursuit of happiness: How other people's sex lives are related to our sense of well-being" (Mar 2014) 116(1) Social Indicators Research — "섹스가 행복과 연관되는 전반적인 과정은 타인의 성생활에 대한 우리의 인식과 복잡하게 연결되어 있다."

섹스 후의 포옹

- Muise, A, et al. "Post sex affectionate exchanges promote sexual and relationship satisfaction" (Oct 2014) 43(7) Archives of Sexual Behavior 1391–1402 — "섹스 후의 시간은 친밀한 유대 관계에서 만족을 높이는 데 중요하다."

수면

- Baron, KG, et al. "Orthosomnia: Are some patients taking the quantified self too far?" (15 Feb 2017) 13(12) Journal of Clinical Sleep Medicine 351–354 — "대부분의 소비자는 이런 기기에 대한 주장이 종종 수면을 측정하고 개선하는 기기를 뒷받침하는 과학보다 더 중시된다는 것을 인식하지 못한다."

- Copland, S. "The many reasons that people are having less sex" (9 May 2017)

BBC News.

- Department of Health and Human Services, "Your guide to healthy sleep" (Sep 2011).

- Division of Sleep Medicine at Harvard Medical School, "Consequences of Insufficient Sleep" Healthy Sleep — "세 가지 대규모 횡단 역학 연구는 밤에 5시간 이하의 수면을 취하면 모든 원인 사망 위험이 약 15% 증가한다는 것을 밝혀냈다."

- Duncan, MJ, et al. "Greater bed- and wake-time variability is associated with less healthy lifestyle behaviors: A cross-sectional study" (Feb 2016) 24(1) Journal of Public Health 31–40 — "취침 시간이 30분 이상 변하는 것은 식사 품질 저하, 알코올 소비 증가, 앉아 있는 시간 증가, 수면 부족의 빈도 증가, 생활 습관의 전반적인 패턴 악화와 관련이 있었다."

- Feehan, LM, et al. "Accuracy of Fitbit devices: Systematic review and narrative syntheses of quantitative data" (9 Aug 2018) 6(8) JMIR mHealth and uHhealth.

- Gervis, Z. "Phones turn bedrooms into a no-sex zone" (15 Aug 2018) New York Post.

- Grandner, MA, et al. "Mortality associated with short sleep duration: The evidence, the possible mechanisms, and the future" (Jun 2010) 14(3) Sleep Medicine Reviews 191–203.

- Hakim, M, et al. "Comparison of the Fitbit® Charge and polysomnography [PSG] for measuring sleep quality in children with sleep disordered breathing" (7 Nov 2018) Minerva Pediatrica — "현재의 전향적 연구에서는 Fitbit® Charge가 폐쇄성 수면무호흡증OSA/수면호흡장애SDB 증상을 보이는 아동의 경우에 수면다원검사PSG에 비해 수면 시간을 과대평가하여, 이런 환자들에게는 웨어러블 활동 추적기를 이용한 수면 모니터링의 유효성이 제한적인 것으로 확인되었다."

- Hughes, N, et al. "Sleeping with the frenemy: How restricting 'bedroom use' of smartphones impacts happiness and wellbeing" (Aug 2018) 85 Computers in Human Behavior.

- Knapton, S. "Britons are having less sex, and Game of Thrones could be to blame" (5 Jun 2016) Telegraph.

- Ko, PR, et al. "Consumer sleep technologies: A review of the landscape" (15 Dec 2015) 11(12) Journal of Clinical Sleep Medicine 1455–1461.

- Lawrenson, J, et al. "The effect of blue-light blocking spectacle lenses on visual performance, macular health and the sleep-wake cycle: A systematic review of the literature" (Nov 2017) 37(6) Ophthalmic and Physiological Optics ― "우리는 시각 성능이나 수면의 질을 개선하기 위해 일반 대중을 위한 BB(블루라이트 차단) 안경 렌즈의 사용을 지지할 만한 양질의 근거가 부족하다는 사실을 발견했다."

- Lee, JM. "Comparison of wearable trackers' ability to estimate sleep" (15 Jun 2018) 15(6) International Journal of Environmental Research and Public Health.

- Liang, Z, et al. "Validity of consumer activity wristbands and wearable EEG for measuring overall sleep parameters and sleep structure in free-living conditions" (Jun 2018) 2(1–2) Journal of Healthcare Informatics Research 152–178.

- Lichstein, KL. "Insomnia identity" (Oct 2017) 97 Behaviour Research and Therapy 230–241. Lorman, S. "Simply thinking you have insomnia might cause health problems" (24 Nov 2017) CNN.

- Mansukhani, MP, et al. "Apps and fitness trackers that measure sleep: Are they useful?" (Jun 2017) 84(6) Cleveland Clinic Journal of Medicine ― "일반적으로 이런 기기들은 임상 집단에서 철저히 검증되지 않았기 때문에 중대한 단점과 제한적인 효용성을 지닌다."

- Meltzer, LJ, et al. "Comparison of a commercial accelerometer with polysomnography and actigraphy in children and adolescents" (1 Aug 2015) Sleep 38(8) 1323–1330 ― 상업용 기기들은 "총 수면 시간과 수면 효율성을 비롯하여 결과 데이터를 과대평가하거나 과소평가할 위험이 상당히 높다."

- Morley, J, et al. "Digitalisation, energy and data demand: The impact of Internet traffic on overall and peak electricity consumption" (Apr 2018) 38 Energy Research & Social Science 128–137 ― "데이터의 최고점은 온라인 엔터테인먼트의 이용을 반영하여 저녁 늦게 하락하는 것으로 보인다."

- Mortazavi, S, et al. "Blocking short-wavelength component of the visible light emitted by smartphones' screens improves human sleep quality" (1 Dec 2018) 8(4) Journal of Biomedical Physics and Engineering — 이 소규모 연구는 "블루라이트가 가시광선 스펙트럼의 긴 파장보다 멜라토닌 분비를 더 억제할 수 있다는 가설"을 지지한다."

- National Health Service, "How to get to sleep" (14 Jul 2016).

- Palavets, T, et al. "Blue-blocking filters and digital eyestrain" (Jan 2019) 96(1) Optometry and Vision Science — "발산되는 블루라이트의 99%를 차단하는 필터는 색에 중립적인 ND 필터보다 안구건조증 증상을 줄이는 데 더 효과적이지 않았다."

- Paterson, JL, et al. "Sleep schedule regularity is associated with sleep duration in older Australian adults" (9 Oct 2018) 41(2) Clinical Gerontologist — "수면 스케줄의 규칙성은 수면 시간과 관련 있을 수 있다."

- Perez Algorta, G, et al. "Blue blocking glasses worn at night in first year higher education students with sleep complaints: A feasibility study" (1 Nov 2018) 4 Pilot and Feasibility Studies.

- Phillips, A, et al. "Irregular sleep/wake patterns are associated with poorer academic performance and delayed circadian and sleep/wake timing" (12 Jun 2017) 7 Scientific Reports — "대학생들의 불규칙한 수면과 빛에 대한 노출 패턴은 지연된 일주기 리듬 및 낮은 학업 성취도와 관련이 있다."

- Price, C. "Putting down your phone may help you live longer" (24 Apr 2019) New York Times — "우리의 핸드폰 사용 시간은 스트레스 관련 호르몬인 코르티솔의 수치를 높임으로써 우리의 장기적인 건강을 위협하고 있는지도 모른다."

- Robbins, R. "Sleep myths: An expert-led study to identify false beliefs about sleep that impinge upon population sleep health practices" (17 Apr 2019) 5(4) Sleep Health.

- Schecter, A., et al. "Blocking nocturnal blue light for insomnia: A randomized controlled trial" (Jan 2018) 96 Journal of Psychiatric Research — 블루라이트 차단이 "불면증 증상이 있는 사람들의 수면을 다소 개선했다."

- Stillman, J. "Science has identified a new sleep disorder caused by sleep trackers" (4 Apr 2018) Inc.

- Tanier, M. "Next big thing: Sleep science is becoming the NFL's secret weapon" (5 Oct 2016) Bleacher Report.

- Van der Lely, S, et al. "Blue blocker glasses as a countermeasure for alerting effects of evening light-emitting diode screen exposure in male teenagers" (Jan 2015) 56(1) Journal of Adolescent Health — "블루 블로커 안경은 LED 스크린을 통해 빛에 노출되는 데 따른 각성 효과의 대책으로 청소년들에게 유용할 수 있으며, 따라서 현대식 조명이 저녁에 24시간 주기의 생리적 구조에 미치는 부정적인 영향을 잠재적으로 막을 수 있다."

- Xie, J, et al. "Evaluating the validity of current mainstream wearable devices in fitness tracking under various physical activities: Comparative study" (12 Apr 2018) 6(4) JMIR mHealth and uHealth — "각종 브랜드의 피트니스 트래커는 지표 측정의 측면에서 천차만별이고 활동 상태에 크게 영향을 받는데, 이는 피트니스 트래커 제조사들이 다양한 활동 상태에 대한 알고리즘을 개선할 필요가 있음을 나타낸다."

- Younes, M. "Technology of sleep monitoring . . . Consumer beware!" (27 Jun 2017) BioMed Central Network — "소비자 기기들은 수면 시간을 과대평가하고 깨어 있는 시간의 약 3분의 2를 놓친다. 이런 기기가 얕은 수면과 깊은 수면을 구분하거나 REM수면과 비REM수면을 구분한다는 주장은 설득력 있는 지지 근거가 없다."

불안을 잠재울 수 있는 6가지 전략

- Broniatowski, DA, et al. "Weaponized health communication: Twitter bots and Russian trolls amplify the vaccine debate" (Oct 2018) 108(10) American Journal of Public Health — "악성 소프트웨어와 원치 않는 콘텐츠를 유포하는 봇들이 백신 반대 메시지를 퍼뜨렸고, 러시아 트롤은 불화를 조장했다."

- Diresta, R. "The complexity of simply searching for medical advice" (3 Jul 2018) Wired.

- Edelman Trust Barometer, "Global Report" (2018).

- Gallup, "Confidence in institutions" (2018).

- Ghenai, A. "Health misinformation in search and social media" (2–5 Jul 2017) Proceedings of Digital Humanities Conference — "사람들은 검색 엔진 결과로

잠재적인 피해를 입을 수 있다.”

- Holone, H. "The filter bubble and its effect on online personal health information" (Jun 2016) 57(3) Croatian Medicine Journal 298–301 — "관련 정보를 신속하게 찾을 수 있도록 지원하는 알고리즘은 한편으로는 우리를 끌어당기는 정보의 블랙홀에 더 가까이 다가가게 만들어, 결과적으로 건강 문제에 대해 나쁜 결정을 하게 만들 수 있다.”

- Kahan, DM. "Why smart people are vulnerable to putting tribe before truth" (3 Dec 2018) Scientific American.

- Kelly, J, et al. "This is what filter bubbles actually look like" (22 Aug 2018) MIT Technology Review.

- Kiss, SJ, et al. "Balanced journalism amplifies minority positions: A case study of the newspaper coverage of a fluoridation plebiscite" (2018) 43(4) Canadian Journal of Communication 633–645.

- Knight Foundation, "American views: Trust, media and democracy" (16 Jan 2018).

- McNeil Jr, DG. "Russian trolls used vaccine debate to sow discord, study finds" (23 Aug 2018) New York Times.

- Nicas, J. "Google has picked an answer for you—Too bad it's often wrong" (16 Nov 2017) Wall Street Journal.

- Ortega, JL. "The presence of academic journals on Twitter and its relationship with dissemination (tweets) and research impact (citations)" (20 Nov 2017) 69(6) Aslib Journal of Information Management 674–687.

- Russell, FM. "The new gatekeepers: An institutional-level view of Silicon Valley and the disruption of journalism" (2019) 20(5) Journalism Studies 631—648.

- Scullin, M, et al. "The effects of bedtime writing on difficulty falling asleep: A polysomnographic study comparing to-do lists and completed activity lists" (Jan 2018) 147(1) Journal of Experimental Psychology 139–146 — "취침을 용이하게 하려면, 완료된 활동에 대해 일기를 쓰는 것보다 취침 시간에 5분 동안 매우 구체적인 할 일 목록을 작성하는 것이 도움이 될 수 있다.”

- Vosoughi, S, et al. "The spread of true and false news online" (9 Mar 2018)

359 Science 1146–1151 — 소셜 미디어에 대한 연구는 거짓이 "진실보다 훨씬 더 멀리, 더 빨리, 더 깊이 그리고 더 광범위하게 확산되었다"는 것을 밝혀냈다. 아마도 거짓말이 진실보다 더 흥미롭기 때문일 것이다.

- Welbers, K, et al. "Social media gatekeeping: An analysis of the gatekeeping influence of newspapers' public Facebook" (11 Jun 2018) 20 New Media and Society 4728–4747.